Ingmar Baumgart

Verteilter Namensdienst für dezentrale IP-Telefonie

Verteilter Namensdienst für dezentrale IP-Telefonie

von
Ingmar Baumgart

Dissertation, Karlsruher Institut für Technologie
Fakultät für Informatik,
Tag der mündlichen Prüfung: 03. Februar 2010
Referent: Prof. Dr. Martina Zitterbart, Karlsruher Institut für Technologie (KIT)
Korreferent: Prof. Dr. Phuoc Tran-Gia, Universität Würzburg

Impressum

Karlsruher Institut für Technologie (KIT)
KIT Scientific Publishing
Straße am Forum 2
D-76131 Karlsruhe
www.ksp.kit.edu

KIT – Universität des Landes Baden-Württemberg und nationales
Forschungszentrum in der Helmholtz-Gemeinschaft

KIT Scientific Publishing 2011
Print on Demand

ISBN: 978-3-86644-625-0

Verteilter Namensdienst für dezentrale IP-Telefonie

zur Erlangung des akademischen Grades eines

DOKTORS DER INGENIEURWISSENSCHAFTEN

der Fakultät für Informatik
des Karlsruher Instituts für Technologie (KIT)

genehmigte

Dissertation

von

Dipl.-Inform. Ingmar Baumgart

aus Villingen-Schwenningen

Tag der mündlichen Prüfung: 3. Februar 2010

Erste Gutachterin: Prof. Dr. Martina Zitterbart
                            Karlsruher Institut für Technologie (KIT)

Zweiter Gutachter: Prof. Dr. Phuoc Tran-Gia
                            Universität Würzburg

Danksagung

Die vorliegende Arbeit entstand während meiner Tätigkeit als wissenschaftlicher Mitarbeiter am Institut für Telematik des Karlsruher Instituts für Technologie (KIT). Diese Arbeit wäre ohne die Unterstützung zahlreicher Kollegen und Freunde nicht möglich gewesen, bei denen ich mich an dieser Stelle ganz herzlich bedanken möchte!

An erster Stelle möchte ich Frau Prof. Dr. Martina Zitterbart danken, die mir durch meine Anstellung am Institut die Erstellung dieser Dissertation erst ermöglicht hat. Insbesondere habe ich die große Freiheit bei der Ausrichtung der Dissertation sehr zu schätzen gelernt und möchte mich zudem für die vielen hilfreichen Anmerkungen und Diskussionen bedanken!

Des Weiteren geht ein großer Dank an Herrn Prof. Dr. Phuoc Tran-Gia, der sich trotz zahlreicher Verpflichtungen in Forschung und Lehre umgehend bereit erklärt hat, das Koreferat für meine Promotion zu übernehmen und ebenfalls sehr wertvolle Anmerkungen beigesteuert hat.

Meine Kolleginnen und Kollegen haben ebenfalls sehr entscheidend zum Gelingen dieser Arbeit beigetragen. Mein besonderer Dank gilt hier Herrn Bernhard Heep und Herrn Stephan Krause für die hervorragende Zusammenarbeit im ScaleNet-Projekt sowie bei der Entwicklung des Overlay-Frameworks *OverSim*. Bei Herrn Dr. Peter Baumung möchte ich mich herzlich für die Erstellung des Bildes für die Titelseite bedanken. Zahlreiche andere Mitarbeiter waren durch fachliche Diskussionen und das Teilen ihrer Erfahrungen auf dem Weg zur Promotion eine tolle Unterstützung und haben viel zu dem angenehmen Arbeitsklima am Institut beigetragen. Die Sekretärinnen des Instituts sowie das technische Personal haben schließlich einen ausgezeichneten organisatorischen Rahmen für die Durchführung der Promotion geboten.

Ein besonderer Dank gilt allen Studierenden, die als Studien- oder Diplomarbeiter sowie als wissenschaftliche Hilfskräfte neue Ideen eingebracht und entworfene Konzepte kritisch hinterfragt haben. Mein ganz besonderer Dank gilt hier Herrn Sebastian Mies, der mit seiner hervorragenden Diplomarbeit den Grundstein für die Promotion gelegt hat und mit dem ich später in seiner Zeit als Mitarbeiter am Institut noch viele wegweisende Diskussionen führen durfte.

Einen großen Anteil am Gelingen dieser Arbeit haben jedoch vor allem meine Freunde und meine Familie, die mich immer wieder motiviert und auch in schwierigen Phasen stets unterstützt haben. Ganz besonders möchte ich mich hier bei Annika Gehrmeyer, Katherina Hoffmann und Katrin Tomanek bedanken, die mir zudem noch tatkräftig beim Korrekturlesen geholfen haben!

Schließlich möchte ich mich noch ganz besonders bei meiner Lebensgefährtin Melanie Bitterwolf bedanken, die mich während dieser herausfordernden Lebensphase immer liebevoll begleitet und unterstützt hat. Vor allem in der schwierigen Endphase blieb oft wenig Zeit füreinander und doch hat sie nie die Geduld mit mir verloren und mir immer wieder neue Kraft gespendet.

Vielen Dank Euch allen!

Karlsruhe, im Februar 2010

Inhaltsverzeichnis

Abbildungsverzeichnis

Tabellenverzeichnis

Liste der Algorithmen

1. Einleitung

Mit dem Erfolg des Internets hat sich in der Telekommunikationslandschaft der Trend von klassischen leitungsvermittelten Ansätzen hin zu flexiblen und kostengünstigen paketvermittelten Netzen durchgesetzt. Unter dem Stichwort *Next Generation Networks* werden zunehmend analoge oder digitale Telefonanschlüsse durch *IP-Telefonielösungen* (engl. *Voice-over-IP*, kurz *VoIP*) ersetzt. Ein wesentliches Ziel des vom BMBF geförderten Projekts *ScaleNet* [138], in dessen Rahmen überwiegende Teile diese Arbeit entstanden sind, war die Verringerung der Betriebskosten für Telekommunikationsanbieter durch Verwendung eines gemeinsamen, flexiblen Netzes für Telefonie- und Datendienste. In *ScaleNet* wurde zudem untersucht wie ein solches diensteunabhängiges Kommunikationsnetz verwendet werden kann, um *schnell* und *kostengünstig* neuartige Dienste zu erbringen.

Neben der Kostenersparnis spielt auch die Robustheit eines Telekommunikationsdienstes eine bedeutende Rolle. Heutige *IP-Telefonielösungen* basieren auf dem sogenannten *Client/Server-Modell*. In diesem Modell registrieren sich die Telefonieendgeräte an einem zentralen Server, der daraufhin die Auffindung des gewünschten Kommunikationspartners übernimmt. Der Server stellt in diesem Fall einen sogenannten *Single Point of Failure* dar - sollte der Server ausfallen, bedeutet dies den vollständigen Ausfall des Telefoniedienstes. Ein weiterer Nachteil ist die Skalierbarkeit eines solchen Systems. Mit steigender Nutzerzahl müssen die Ressourcen des Servers kontinuierlich erweitert werden. Dies ist in der Regel kostenintensiv und aus hardwaretechnischen Gründen oft nur begrenzt möglich. Schließlich setzt das Client/Server-Modell auch zwingend eine vorhandene Infrastruktur voraus. In einem Katastrophenszenario, wie beispielsweise einem Erdbebengebiet, ist die Installation einer solchen Kommunikationsinfrastruktur oftmals sehr zeitaufwändig.

Als Alternative zum klassischen Client/Server-Modell bietet sich das *Peer-to-Peer-Modell* an. Ein System nach diesem Modell besteht aus vielen gleichberechtigten Knoten (den sogenannten *Peers*), die sowohl Dienste anbieten als auch gleichzeitig Dienste in Anspruch nehmen können. Peer-to-Peer-Systeme sind selbstorganisierend und benötigen daher weder zentrale Verwaltungskomponenten noch aufwändige manuelle Konfiguration durch einen Administrator. Des Weiteren sind solche Systeme aufgrund ihrer dezentralen Struktur robust gegenüber dem Ausfall einzelner Knoten. Mit jedem neuen, am System teilnehmenden Knoten werden weitere Ressourcen wie Rechenzeit, Speicherplatz sowie Kommunikationsbandbreite bereitgestellt. Somit skaliert ein Peer-to-Peer-System besser im Bezug auf eine steigende Teilnehmerzahl als eine zentrale Server-Lösung, da erforderliche Berechnungen sowie die Datenablage auf alle beteiligten Knoten aufgeteilt werden können.

Bisher wurden Peer-to-Peer-Systeme in der Praxis hauptsächlich für Dateitauschbörsen eingesetzt. Aus mehreren Gründen ist jedoch der Einsatz von Peer-to-Peer-Systemen auch für IP-Telefonielösungen attraktiv: Durch den Verzicht auf zentrale Komponenten entfallen die Betriebskosten für die Bereitstellung und Wartung der Server. Da sich ein solches Peer-to-Peer-System als reine Anwendungssoftware auf den Endgeräten realisieren lässt und keinerlei Änderung an Hardwarekomponenten erfordert, kann der Dienst zudem schnell und kostengünstig durch die Aktualisierung der Anwendungssoftware um neue Funktion erweitert werden. Insbesondere bietet sich der Einsatz in Bereichen an, in denen auf die aufwändige Installation zentraler Infrastrukturkomponenten verzichtet werden soll. Ein Anwendungsszenario ist daher die schnelle Errichtung eines Telekommunikationsnetzes auf Basis von drahtlosen Ad-hoc-Netzen in Katastrophengebieten, in denen die vorhandene Kommunikationsinfrastruktur zerstört wurde. Ebenfalls denkbar ist ein betreiberunabhängiger Einsatz im Internet als *kostengünstige* Alternative zu traditionellen Telefonielösungen. Schließlich ist auch eine Verwendung im Home- oder Office-Bereich denkbar. In diesen beiden Szenarien muss nur eine geringe Anzahl von Geräten innerhalb eines Gebäudes miteinander vernetzt werden. Der Vorteil eines Peer-to-Peer-Systems liegt hier in der *einfachen Installation* neuer Geräte, da diese automatisch ohne Konfigurationsaufwand in ein bestehendes Netz integriert werden können und keine zusätzliche Server-Komponente benötigt wird.

Durch den Erfolg der *Skype*-Software [166] erlangte der Einsatz von Peer-to-Peer-Technologien für die IP-Telefonie erstmals einen hohen Bekanntheitsgrad. Das Skype-Netzwerk basiert jedoch auf einem proprietären und nicht offen gelegten Protokoll, was die Analyse der Netzstruktur erschwert. Erste Untersuchungen [5][15] zeigen allerdings, dass das Skype-Netz kein vollständig dezentrales Netz darstellt, sondern zumindest für die Authentifizierung und Vergabe von eindeutigen Nutzerkennungen einen zentralen Login-Server verwendet. Peer-to-Peer-Technologien werden bei Skype hingegen hauptsächlich verwendet, um die Kommunikation zwischen Endgeräten zu ermöglichen, die sich hinter einer Firewall befinden. Weitgehend unklar ist aufgrund der Verschlüsselung des Protokolls in wieweit das Auffinden eines Teilnehmers bei Skype dezentral realisiert wird. Zumindest wurde in [5] in mehreren Fällen zusätzlich zur Abfrage des Peer-to-Peer-Systems eine Verbindung zum zentralen Login-Server beobachtet.

Da es sich bei Skype um ein proprietäres Protokoll handelt, entstand in der *IETF*[1] der Wunsch, ein offenes Protokoll für dezentrales Voice-over-IP zu standardisieren. Zu diesem Zweck wurde Anfang 2007 die *IETF P2PSIP Working Group* gegründet. Ziel der Arbeitsgruppe ist es, auf Basis des von der IETF standardisierten *Session Initiation Protocol (SIP)* [124] eine Protokollvariante zu entwickeln, die auf zentrale SIP-Server verzichtet und dabei bewährte Mechanismen von SIP beibehält (*P2PSIP*).

In heutigen SIP-Netzen werden zentrale Server hauptsächlich verwendet, um einen Namen oder eine Telefonnummer (sogenannte *Address of Record*, kurz *AoR*) zum aktuellen Aufenthaltsort (sogenannter *Contact URI*) des Benutzers aufzulösen. Zur Namensauflösung wird zudem die Infrastruktur des *Domain Name System (DNS)* benötigt.

1.1 Problemstellung

Gegenstand dieser Arbeit ist der Entwurf eines *dezentralen Namensdienstes*, der es ermöglicht, *Namen* zu *Transportadressen* aufzulösen ohne zentrale SIP-Server oder DNS zu verwenden. Mit Hilfe dieses Namensdienstes lässt sich somit auf einfache Weise ein P2PSIP-System konstruieren, das abgesehen von der Namensauflösung für den Verbindungsaufbau weiterhin das klassische SIP-Protokoll verwendet. Da das Konzept der Auflösung eines Namens zum aktuellen Aufenthaltsort eines Nutzers jedoch für eine Vielzahl weiterer Anwendungen im Bereich der Netzwerkkommunikation benötigt wird (unter anderem bei *DNS* oder *Instant Messaging*), soll der in dieser Arbeit entworfene Namensdienst nicht auf die Verwendung für dezentrale IP-Telefonie beschränkt sein, sondern *generisch* für verschiedene Anwendungen verwendet werden können.

Zur dezentralen Datenablage wurden in den letzten Jahren verschiedene Konzepte vorgestellt. Ein weit verbreiteter Ansatz hierzu, der auch in dieser Arbeit zum Tragen kommen soll, ist die Verwendung *strukturierter Overlay-Protokolle* (auch *Key-based Routing*, kurz *KBR*) zur Realisierung *verteilter Hashtabellen* (*Distributed Hash Tables*, kurz *DHTs*) [38]. Im Gegensatz zu *unstrukturierten* Overlay-Protokollen wie beispielsweise *GIA* [30] stellen DHTs effiziente Verfahren zur dezentralen Ablage und Auffindung von beliebigen *(Schlüssel, Wert)*-Paaren zur Verfügung. Anhand des *Schlüssels* lässt sich für jeden Datensatz mit den meisten strukturierten Overlay-Protokollen in $\mathcal{O}(\log N)$ Schritten ein *eindeutiger Ablageort* unter allen N am Peer-to-Peer-System beteiligten Knoten bestimmen [150].

In der Forschergemeinde wurde bereits eine Vielzahl solcher *strukturierter Overlay-Protokolle* [150][127][66][85][51] vorgeschlagen, die sich unter anderem in der zugrunde liegenden *Overlay-Topologie* (zum Beispiel Ring, Hyperkubus, ...) sowie in

---

[1]Die *IETF* (engl. für *Internet Engineering Task Force*) ist eine Organisation zur Weiterentwicklung des Internets, die in thematisch abgegrenzte Arbeitsgruppen untergliedert ist.

unterschiedlichen Mechanismen zur Routingtabellenwartung unterscheiden. Da bislang jedoch kaum Untersuchungen und Erfahrungen im praktischen Einsatz verteilter Hashtabellen vorliegen, muss zunächst untersucht werden, welche dieser Protokolle für die Realisierung eines Namensdienstes geeignet sind. Im Rahmen dieser Arbeit wurde dazu das Overlay-Framework *OverSim* entwickelt und ein umfassender Protokollvergleich durchgeführt. Neben der Verwendung als Simulator wird OverSim in dieser Arbeit außerdem zur Validierung der entwickelten Konzepte in echten Netzen eingesetzt.

Zur *Leistungsbeurteilung* sind insbesondere die beiden Kenngrößen *Zuverlässigkeit* und *Latenz* von Bedeutung. Neben der Optimierung der Leistungsfähigkeit muss jedoch gleichzeitig eine Minimierung der entstehenden *Kosten* wie *Bandbreitenbedarf* und erforderliche *CPU-Zeit* angestrebt werden, um die Ressourcen der beteiligten Endgeräte sowie des Zugangsnetzes zu schonen. Da eine Erhöhung der Leistungsfähigkeit (zum Beispiel geringere Latenzen) in der Regel auch die entstehenden Kosten beeinflusst (beispielsweise höhere Kosten für die Wartung größerer[2] Routingtabellen), müssen anhand des Anwendungsszenarios optimale Parameter ausgewählt werden. Im Rahmen dieser Arbeit werden daher anhand von Simulationen für eine Reihe bekannter Overlay-Protokolle zunächst geeignete Parameter für ein IP-Telefonieszenario ermittelt. Die ermittelten Parameter werden dann dazu verwendet, die Protokolle hinsichtlich der erzielbaren Effizienz miteinander zu vergleichen.

Des Weiteren sind Peer-to-Peer-Systeme oft von einer hohen Fluktuationsrate der beteiligten Knoten gekennzeichnet (sogenannter *Churn*). Daher müssen die auf den Knoten abgelegten Datensätze effizient auf mehrere Knoten *repliziert* werden, um Datenverluste bei einem Ausfall einzelner Knoten zu vermeiden. Eine hohe Churn-Rate kann zudem großen Einfluss auf die benötigte Zeit zur Namensauflösung haben, da gegebenenfalls versucht wird Knoten zu kontaktieren, die das Netz bereits wieder verlassen haben. Daher werden im Rahmen dieser Arbeit Verfahren entworfen und untersucht, die es erlauben, schnell und effizient auf Knotenausfälle reagieren zu können und auch in solchen Szenarien eine zuverlässige und effiziente Namensauflösung zu ermöglichen.

Ein wesentliches Problem stellt zudem die *Sicherheit* eines dezentralen Systems dar. Da ein Peer-to-Peer-System in der Regel aus einer Vielzahl *nicht vertrauenswürdiger Knoten* besteht, die für die Ablage der Daten (in diesem Fall der Namenszuordnungen) zuständig sind, werden in dieser Arbeit geeignete Verfahren entworfen, die eine hohe Verfügbarkeit und Eindeutigkeit der gespeicherten Namen sicherstellen. Da ohne die Verwendung zentraler vertrauenswürdiger Instanzen jedoch eine absolute Sicherheit nicht garantiert werden kann und durch Sicherheitsmechanismen zusätzliche Kosten entstehen, müssen auch hier entsprechend des gewählten Szenarios optimale Parameterkombinationen ermittelt werden. Anhand einer detaillierten Sicherheitsanalyse und der Modellierung eines Angreifers im Simulator werden in

---

[2]Die meisten Overlay-Protokolle bieten einen Parameter, der eine Vergrößerung der Routingtabelle zugunsten kürzerer Overlay-Pfade mit geringeren Latenzen ermöglicht.

dieser Arbeit geeignete Verfahren und Parameter vorgeschlagen, die eine Anpassung des Sicherheitsniveaus an das jeweilige Anwendungsszenario ermöglichen.

Ein wesentlicher Fokus dieser Arbeit liegt zudem auf der Praxistauglichkeit der entwickelten Konzepte. Daher wird der Namensdienst vollständig implementiert und sowohl im Simulator als auch auf den Experimentierplattformen *PlanetLab* und *G-Lab* validiert.

1.2 Annahmen und Ziele

Die im Rahmen dieser Arbeit entwickelten Konzepte und die durchgeführten Untersuchungen basieren auf den folgenden Annahmen:

IP-basiertes Transportnetz In dieser Arbeit wird davon ausgegangen, dass alle beteiligten Endgeräte über eine vorhandene IP-Infrastruktur miteinander kommunizieren können. Entsprechend den heutigen Gegebenheiten im Internet kann sich ein Teil der Endgeräte jedoch auch hinter NAT-Routern[3] befinden, wodurch die direkte Kommunikation zwischen zwei Endgeräten eingeschränkt sein kann. In Bezug auf die Leistungsfähigkeit des Netzes wird für diese Arbeit angenommen, dass *innerhalb des Netzes* ausreichend Ressourcen zur Verfügung stehen und Engpässe nur in den Zugangsnetzen entstehen.

Leistungsfähige Endgeräte Die zur Verfügung stehenden Ressourcen der am Netz beteiligten Endgeräte wie Rechenzeit, Speicher oder Batteriekapazität können sich abhängig vom Szenario stark unterscheiden. In dieser Arbeit wird davon ausgegangen, dass die beteiligten Endgeräte über ausreichend Ressourcen verfügen, um asymmetrische kryptographische Verfahren zur Signatur von Nachrichten verwenden zu können. Leistungsschwache Endgeräte wie beispielsweise drahtlose Sensorknoten werden nicht betrachtet.

Angreifer In dieser Arbeit wird davon ausgegangen, dass Angreifer existieren, die versuchen, die Funktionalität des Namensdienstes einzuschränken. Das dazugehörige Angreifermodell wird in Abschnitt 7.1 beschrieben.

Das Ziel dieser Arbeit besteht darin, einen Namensdienst zur Verfügung zu stellen, der die folgenden Anforderungen erfüllt:

Dezentrales System Der entworfene Namensdienst soll eine vollständig dezentrale Struktur aufweisen. Dadurch kann der Dienst auch in Netzen ohne zentrale Infrastrukturkomponenten (z.B. in drahtlose Ad-hoc-Netzen) verwendet werden. Durch Selbstorganisation soll der Ausfall einzelner Komponenten für den Nutzer transparent kompensiert werden und ein hohes Maß an Robustheit erzielt werden.

---

[3]Ein NAT-Router (*Network Address Translation*) ermöglicht die Anbindung mehrerer Endgeräte an das Internet unter Verwendung einer einzelnen IP-Adresse.

Sicherheit Die Architektur des Namensdienstes soll trotz der dezentralen Struktur in einem nicht vertrauenswürdigen Umfeld ein möglichst hohes Maß an Sicherheit bieten. Insbesondere soll die Eindeutigkeit registrierter Namen sichergestellt werden sowie der Diebstahl bereits registrierter Namen durch andere Benutzer verhindert werden.

Effizienz Ziel des Entwurfs ist ein möglichst leistungsfähiges System mit einer hohen Zuverlässigkeit und einer geringen Latenz für die Namensauflösung. Gleichzeitig soll jedoch der Ressourcenverbrauch der beteiligten Endgeräte gering gehalten werden. Ein besonderer Fokus liegt auf einem möglichst geringen Bandbreitenbedarf der Endgeräte zur Wartung der Overlay-Topologie und zur Namensauflösung.

Flexibilität Der Namensdienst soll für eine breite Anwendungspalette geeignet sein. Der Fokus dieser Arbeit liegt auf der Verwendung des Namensdienstes zur Realisierung eines dezentralen IP-Telefoniedienstes. Zusätzlich werden jedoch auch weitere Szenarien wie *dezentrales DNS* oder *ID/Locator-Split* berücksichtigt.

Modularität Die Architektur des Namensdienstes soll modular gehalten sein. Die im Rahmen der Arbeit entwickelten Teilkonzepte, wie zum Beispiel ein sicheres Overlay-Routingprotokoll, lassen sich so in einem anderen Kontext wiederverwenden. Zudem ermöglicht der modulare Aufbau eine flexible Adaption des Konzepts an unterschiedliche Anwendungsszenarien. Eine solche Anpassung kann beispielsweise durch den Austausch der Routingkomponente erfolgen.

1.3   Gliederung

In Kapitel 2 werden die für das Verständnis dieser Arbeit notwendigen Grundlagen vermittelt. Insbesondere wird die Funktionsweise strukturierter Peer-to-Peer-Systeme erläutert sowie kryptographische Verfahren vorgestellt, die zur Absicherung des Namensdienstes verwendet werden. Der aktuelle Stand der Forschung zu den Themen dezentrale IP-Telefonie, dezentrale Namensdienste sowie Effizenz- und Sicherheitsbetrachtungen von strukturierten Peer-to-Peer-Systemen wird in Kapitel 3 dargelegt. In Kapitel 4 wird das im Rahmen dieser Arbeit entwickelte Overlay-Framework *OverSim* vorgestellt, das zur Evaluierung der entworfenen Konzepte verwendet wird.

Im Anschluss wird in Kapitel 5 die Gesamtarchitektur des dezentralen Namensdienstes vorgestellt. Neben der Beschreibung der einzelnen Komponenten werden auch wesentliche Konzepte wie die zweistufige Namensauflösung erläutert. Abschließend werden in diesem Kapitel weitere Anwendungsszenarien für den Namensdienst dargelegt. In Kapitel 6 erfolgt eine detaillierte Evaluierung geeigneter strukturierter Overlay-Protokolle, um ein geeignetes Basisprotokoll für die KBR-Komponente des Namensdienstes auswählen zu können. Das Protokoll der KBR-Komponente wird in Kapitel 7 spezifiziert. Der Fokus liegt hier insbesondere auf dem Entwurf

von Sicherheitsmechanismen, die dazu dienen, die KBR-Komponente robust gegenüber Angriffen zu machen. Die sichere, verteilte Ablage registrierter Namen mit der
DHT-Komponente sowie geeignete Replikationsmechanismen werden in Kapitel 8
behandelt.

In Kapitel 9 werden Verfahren zur automatischen Konfiguration der beteiligten Endgeräte vorgestellt. Dies beinhaltet sowohl den automatischen Netzbeitritt als auch die
einfache Integration von NAT-Routern ohne Benutzerinteraktion. In Kapitel 10 werden schließlich die Ergebnisse der Evaluierung des Gesamtsystems vorgestellt. Die
Evaluierung beinhaltet zum einen die simulative Untersuchung des Namensdienstes
mit Hilfe des Overlay-Frameworks *OverSim* sowie die Validierung im weltweiten Pla-
netLab-Forschungsnetz. Zum Abschluss folgt in Kapitel 11 eine Zusammenfassung
dieser Arbeit.

2. Grundlagen

Im Folgenden werden die wesentlichen Grundlagen, die zum Verständnis dieser Arbeit erforderlich sind, kurz erläutert. Dies beinhaltet unter anderem die Bereiche *IP-Telefonie*, *Peer-to-Peer-Systeme* und *Kryptographie*.

2.1 IP-Telefonie

Mit dem Begriff *IP-Telefonie* oder auch *Voice-over-IP (VoIP)* wird eine Reihe von Kommunikationslösungen bezeichnet, welche die Übermittlung von Sprachdaten über IP-Netzwerke [110], wie beispielsweise dem Internet, ermöglichen. Im Unterschied zum herkömmlichen Telefonnetz, das *leitungsvermittelt* arbeitet, basiert die IP-Telefonie auf *paketvermittelten* Netzen.

Durch die Verwendung eines gemeinsamen Netzes für Telefonie und Datenübertragung lassen sich sowohl für den Netzbetreiber als auch für den Endnutzer Kosten einsparen. Mit der zunehmenden Verfügbarkeit von Breitbandanschlüssen hat die Verbreitung der IP-Telefonie daher in den letzten Jahren stark zugenommen. Für die Teilnahme an einem IP-Telefoniedienst stehen sowohl spezielle *IP-Telefone* oder reine *Softwarelösungen* (sogenannte *Softphones*) zur Verfügung. Mittels eines Adapters lassen sich auch herkömmliche Telefone weiterverwenden.

2.1.1 Session Initiation Protocol (SIP)

Für die Erbringung eines IP-Telefoniedienstes steht eine Reihe von zueinander inkompatiblen Protokollen zur Verfügung. Die meiste Verbreitung hat heutzutage das *Session Initiation Protocol (SIP)* [124], das von der *Internet Engineering Task Force*

(IETF) spezifiziert wurde. Die Hauptaufgabe von SIP ist die Erstellung, Modifikation und Beendigung von *Sitzungen*, die aus einem oder mehreren *Multimedia-Datenströmen* bestehen. Die Übertragung der Multimedia-Datenströme erfolgt über ein separates Protokoll, dem *Real-time Transport Protocol (RTP)* [130].

Die SIP-Architektur sieht eine Reihe von Komponenten vor, die die folgenden Funktionen übernehmen:

SIP User Agent Ein *SIP User Agent* (kurz *SIP UA*) ist ein logisches Endgerät, das SIP-Nachrichten versenden und empfangen kann. Jedes SIP-Telefon stellt einen *SIP UA* dar.

Proxy Server Der *Proxy Server* stellt ein Zwischensystem in der SIP-Architektur dar und übernimmt die Weiterleitung von SIP-Nachrichten in Richtung Empfänger. Der *Proxy Server* kann vermittelte Nachrichten zudem *verändern*. Diese Funktionalität kann verwendet werden um sicherzustellen, dass nur berechtigte Nutzer einen Anruf durchführen können.

Registrar Ein *Registrar* ist ein Server, an dem sich ein *SIP UA* mit seinem aktuellen Aufenthaltsort (*Contact URI*) registrieren kann. Über den *Registrar* kann ein weiterer *SIP UA* den aktuellen Aufenthaltsort ermitteln und somit eine Verbindung zwischen beiden *SIP UA* aufbauen.

Die Identifizierung eines *SIP UA* erfolgt anhand einem *Uniform Resource Identifier (URI)* der Form *sip:user@host*. Der aufenthaltsortsunabhängige URI eines Nutzers wird bei SIP *Address of Record (AoR)* genannt, während die aktuelle aufenthaltsortsabhängige URI als *Contact URI* bezeichnet wird.

Die wichtigsten Nachrichten von SIP sind *REGISTER* zur Registrierung des aktuellen Aufenthaltsorts eines *SIP UA* am *Registrar*, *INVITE* zum Aufbau einer Verbindung, *BYE* zur Beendigung einer Verbindung sowie *ACK* zur Empfangsbestätigung einer Nachricht.

Der Ablauf eines Verbindungsaufbaus mit einem *Registrar* ist in Abbildung 2.1 vereinfacht dargestellt. Zunächst registriert die Nutzerin *Alice* die Zuordnung von ihrer AoR *alice@tm.uka.de* zu ihrer aktuellen IP-Adresse. Möchte der Nutzer *Bob* zu einem späteren Zeitpunkt *Alice* anrufen, wird zunächst anhand der Domain *tm.uka.de* mittels *DNS* [92] die Adresse des *Registrars* ermittelt und dieser durch eine *INVITE*-Nachricht nach der aktuellen IP-Adresse von *Alice* gefragt. Mit dieser Information kann *Bob* daraufhin eine direkte Verbindung zu *Alice* aufbauen.

Mit SIP kann grundsätzlich auch direkt zwischen zwei *SIP UA* eine Verbindung aufgebaut werden, ohne dass ein zentraler SIP-Server oder *DNS* benötigt wird. In diesem Fall muss zum Verbindungsaufbau jedoch die aktuelle IP-Adresse der Gegenstelle bekannt sein, was die Praxistauglichkeit dieser Variante insbesondere für Endgeräte mit wechselnden IP-Adressen einschränkt.

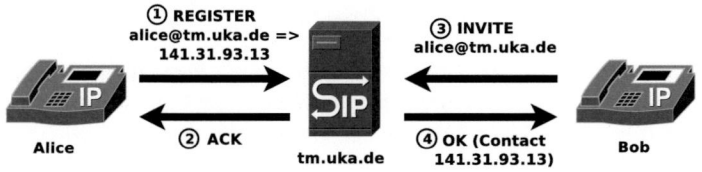

Abbildung 2.1 SIP-Verbindungsaufbau mit zentralem Server

Der in dieser Arbeit entworfene Namensdienst bietet die dezentrale Auflösung einer *SIP AoR* zur aktuellen IP-Adresse des Nutzers. In Kombination mit dem dezentralen Namensdienst ist SIP somit geeignet auch ohne zentrale Server einen benutzerfreundlichen IP-Telefoniedienst zu realisieren.

2.2 Peer-to-Peer-Systeme

Der dezentrale Namensdienst wird in dieser Arbeit durch ein *Peer-to-Peer-System* erbracht. Ein *Peer-to-Peer-System* ist ein *selbstorganisierendes Netz*, das aus einer Reihe von gleichberechtigten Teilnehmern (*Peers*) besteht, die sowohl Dienste anderer Teilnehmer in Anspruch nehmen als auch selbst Dienste anbieten. Auf diese Weise können Ressourcen wie Rechenzeit oder Speicherplatz unter den Teilnehmern gemeinsam genutzt werden. Im Internet werden Peer-to-Peer-Systeme bisher hauptsächlich für *Dateitauschbörsen* verwendet, auch wenn in letzter Zeit eine Reihe weiterer Anwendungsszenarien entwickelt wurden. Einen umfassenden Überblick über Peer-to-Peer-Systeme und deren Anwendungen bietet [148].

Gegenüber dem *Client/Server-Modell*, bei dem ein Dienst von einem einzelnen *Server* erbracht und von mehreren *Clients* genutzt wird, bieten Peer-to-Peer-Systeme eine Reihe von Vorteilen. Da die Verfügbarkeit eines Dienstes nicht von einem einzelnen Server abhängt, sondern von allen Teilnehmern gleichermaßen erbracht wird, bieten Peer-to-Peer-Systeme eine bessere *Ausfallsicherheit*. Des Weiteren können Peer-to-Peer-Systeme *kostengünstiger* realisiert werden, da die Anschaffung und Wartung eines Servers entfällt. Schließlich werden in einem Peer-to-Peer-System mit jedem neuen Teilnehmer zusätzliche Ressourcen für den Betrieb eingebracht, sodass ein Peer-to-Peer-System in Bezug auf die Teilnehmeranzahl besser *skaliert* als eine Client/Server-Lösung.

Ein Peer-to-Peer-System wird in der Regel als *Overlay-Netz* realisiert. Das bedeutet, dass die Teilnehmer über ein vorhandenes physisches Netz (dem sogenannten *Underlay*) miteinander kommunizieren und dadurch eine logische *Overlay-Topologie* über dem Underlay errichten. Als Underlay kann beispielsweise das Internet verwendet werden. Die Teilnehmer eines Peer-to-Peer-Systems sind somit die *Knoten* der Overlay-Topologie und die *Verbindungen auf Anwendungsschicht* sind die *Kanten* der Overlay-Topologie. Die Overlay-Topologie kann abhängig vom Overlay-Protokoll unterschiedliche Formen annehmen. Gängige Topologien sind beispielweise ein Ring, ein Hyperkubus oder ein *De-Bruijn-Graph* (siehe Abschnitt 2.3).

2.2.1 Unstrukturierte Peer-to-Peer-Systeme

Die erste Generation von Peer-to-Peer-Systemen waren sogenannte *unstrukturierte Peer-to-Peer-Systeme*, die hauptsächlich für Dateitauschbörsen verwendet wurden. Zu dieser ersten Generation zählen beispielsweise *hybride Ansätze*, bei denen ein zentraler Server zur Auffindung von Teilnehmern verwendet wird, die dann eine bestimmte Datei zur Verfügung stellen.

Zu den unstrukturierten Peer-to-Peer-Systemen mit *dezentraler Struktur* gehören *Gnutella* [119] sowie dessen Nachfolger *GIA* [30]. In diesen Systemen kennt jeder Teilnehmer eine Reihe weiterer Teilnehmer, die zufällig ausgewählt werden. Um ein bestimmtes Datum (z.B. eine Datei) aufzufinden, wird eine Suchanfrage im Netz *geflutet*. Nach einer vorher festgelegten Anzahl von Weiterleitungen wird die Suchanfrage verworfen, um den erforderlichen Kommunikationsaufwand zu beschränken. Sobald ein Teilnehmer ein passendes Datum zu einer erhaltenen Suchanfrage gespeichert hat, antwortet dieser dem Initiator der Suche.

Durch das Fluten der Suchanfragen ist der Betrieb eines unstrukturierten Peer-to-Peer-Systems sehr kommunikationsaufwändig und skaliert schlecht in Bezug auf die Netzgröße. Zudem eignet sich der Suchalgorithmus nur für weit verbreitete Daten, die auf einer Vielzahl von Knoten zwischengespeichert sind und somit eine hohe Wahrscheinlichkeit besteht, in wenigen Suchschritten ein Datum aufzufinden.

2.2.2 Strukturierte Peer-to-Peer-Systeme

Durch eine neue Generation sogenannter *strukturierter Peer-to-Peer-Systeme* werden die Skalierbarkeitsprobleme unstrukturierter Peer-to-Peer-Systeme vermieden. Zu diesen Systemen gehören zum Beispiel *Chord* [150], *Kademlia* [85], *Pastry* [127][24], *Bamboo* [117], *Koorde* [66] und *Broose* [52].

In strukturierten Peer-to-Peer-Systemen wird jedem Knoten eine eindeutig Kennung, die sogenannte *NodeID*, zugewiesen. Anhand dieser werden gezielt Verbindungen zu weiteren Teilnehmern aufgebaut, sodass sich eine bestimmte Overlay-Struktur ergibt (z.B. Ring, Hyperkubus, ...). Diese Struktur ermöglicht die gezielte Suche nach Teilnehmern und abgelegten Daten, ohne Suchanfragen im Netz fluten zu müssen.

In der Regel werden strukturierte Peer-to-Peer-Systeme verwendet, um einen Dienst zur verteilten Datenablage zu realisieren. In [38] wird vorgeschlagen, die Funktionalität eines strukturierten Peer-to-Peer-Systems für die Erbringung eines Dienstes zur dezentralen Datenablage in die beiden Aspekte *schlüsselbasiertes Routing (Key-based Routing, KBR)* und *verteilte Hashtabelle (Distributed Hash Table, DHT)* aufzuteilen. Die in [38] definierte Schnittstelle zwischen KBR-Dienst und DHT-Dienst wird im Folgenden als *Common-API-Schnittstelle* bezeichnet.

2.2.2.1 Schlüsselbasiertes Routing (KBR)

Der grundlegende Dienst, der von allen strukturierten Peer-to-Peer-Systemen erbracht wird, ist das *schlüsselbasierte Routing (Key-based Routing, KBR)* [38]. Dieser Dienst ermöglicht die effiziente Weiterleitung von Nachrichten an *Schlüssel* aus einem festgelegten Schlüsselraum. Jeder am Overlay teilnehmende Knoten wählt sich aus diesem Schlüsselraum zur Adressierung eine eindeutige *NodeID* aus. Zusätzlich verwaltet jeder Knoten eine Routingtabelle bestehend aus NodeIDs und IP-Adressen seiner Nachbarknoten in der Overlay-Topologie.

Die teilnehmenden Knoten sind jeweils für einen bestimmten Bereich des Schlüsselraums zuständig. Der KBR-Dienst bietet nun die Möglichkeit Nachrichten anhand eines gegebenen Zielschlüssels effizient an den dafür zuständigen Knoten zuzustellen. Dazu wird die Nachricht schrittweise an einen Overlay-Nachbarn weitergeleitet, dessen NodeID näher am Zielschlüssel liegt als die eigene NodeID, bis schließlich der nächstgelegene Knoten zum Zielschlüssel erreicht wird.

2.2.2.2   Verteilte Hashtabellen (DHT)

Um einen Dienst zur dezentralen Datenablage zu realisieren, wird zusätzlich zum KBR-Dienst noch die Funktionalität einer *verteilten Hashtabelle (Distributed Hash Table, DHT)* benötigt [38].

Die DHT bietet die dezentrale *Ablage* von Datensätzen in Form von *(Schlüssel, Wert)*-Paaren. Jeder Knoten ist für die Speicherung von Datensätzen einer bestimmten Schlüsselmenge zuständig, die sich aufgrund seiner NodeID ergibt. Um einen Datensatz mit einem gegebenen Schlüssel *aufzufinden*, wird über den KBR-Dienst anhand des Schlüssels zunächst der zuständige Knoten für diesen Datensatz ermittelt. In einem zweiten Schritt kann der Datensatz von diesem Knoten abgerufen werden.

Um die Zuverlässigkeit einer DHT zu erhöhen, können Datensätze zudem auf einer Reihe von Knoten *repliziert* werden. Da sich aufgrund von Knotenfluktuation die Zuständigkeit für einen Datensatz ändern kann, muss dieser gegebenenfalls zwischen Knoten transferiert werden.

In der Literatur werden die Begriffe *strukturiertes Peer-to-Peer-System* und *DHT* oft synonym verwendet und keine Trennung zwischen KBR- und DHT-Funktionalität vorgenommen. Für diese Arbeit wird, wie in [38], mit *DHT* lediglich der Aspekt der Datenablage und Datenauffindung bezeichnet.

2.2.3   Sicherheit in Peer-to-Peer-Systemen

Aufgrund der Tatsache, dass Peer-to-Peer-Systeme als Overlay-Netze realisiert werden, hängt deren Verfügbarkeit direkt von der Verfügbarkeit des darunter liegenden Netzes (des sogenannten *Underlays*) ab. Falls das Routing im Underlay infolge eines Angriffs gestört ist, kann auch zwischen Overlay-Nachbarn keine Kommunikation mehr stattfinden. Angriffe auf die Verfügbarkeit (*Denial-of-Service, DoS*) können in Overlay-Netzen somit also nur verhindert werden, wenn die Protokolle der darunter liegenden Schichten ebenfalls robust gegenüber Angriffen sind.

Eine kurze Zusammenstellung möglicher Angriffe und Abwehrmaßnahmen auf strukturierte Peer-to-Peer-Systeme gibt [142]. Die dort vorgestellten Angriffe können großteils in zwei Gruppen aufgeteilt werden: Angriffe auf das Routing sowie Angriffe auf das Speichern und Abfragen von Daten. Die meisten Angriffe, die auf Protokolle der Vermittlungsschicht durchgeführt werden können, sind in ähnlicher Weise auch auf die Wegewahl in strukturierten Peer-to-Peer-Systemen anwendbar.

Bösartige Knoten können Nachrichten, für dessen Weiterleitung sie zuständig sind, verwerfen oder an einen falschen Knoten weiterleiten. Da der bösartige Knoten gegenüber seinen Nachbarn als funktionsfähig und vertrauenswürdig auftritt, werden auch die Sendewiederholungen der verworfenen Nachrichten wieder über diesen Knoten verschickt und somit die Kommunikation zwischen den Endgeräten wirksam unterbunden. Zusätzlich besteht für den vermittelnden Knoten die Möglichkeit, den Inhalt einer weiterzuleitenden Nachricht zu modifizieren. Da die Routingtabellen der Knoten aufgrund der von Nachbarn verbreiteten Informationen aufgestellt werden, kann ein bösartiger Knoten durch die Verbreitung falscher Routinginformationen die Routingtabellen seiner Nachbarn unbrauchbar machen.

Des Weiteren kann mit Hilfe mehrerer Angreifer ein zweites, parallel existierendes Netz aufgebaut werden. Ein neu hinzukommender Knoten kann sich an diesem Netz anmelden, ohne zu bemerken, dass es sich um das Netz der Angreifer handelt. Dieser Angriff kann zur Beeinträchtigung der Verfügbarkeit des Netzes verwendet werden.

In [25] wird detailliert auf sicheres Routing in Peer-to-Peer-Systemen eingegangen. Die Autoren stellen dort drei Voraussetzungen auf, die für sicheres Routing in strukturierten Peer-to-Peer-Systemen benötigt werden:

Sichere Zuweisung der NodeID Falls in einem Netz die Teilnehmer ihre NodeID frei wählen können, kann dies leicht von einem Angreifer ausgenutzt werden, um gezielt einzelne Knoten im Netz anzugreifen. Dazu muss der Angreifer nur die Identität der Nachbarknoten des betroffenen Knoten annehmen und erlangt dadurch die vollständige Kontrolle über dessen Routingtabelle. Alternativ kann der Angreifer durch geschickte Wahl seiner NodeID auch die Zuständigkeit für einen bestimmten Datensatz, der in der DHT abgelegt wurde, erlangen und dadurch anfragenden Knoten den Zugriff auf den Datensatz verweigern. Sofern ein Angreifer eine große Anzahl an NodeIDs erzeugen kann, wird zudem der später beschriebene *Sybil-Angriff* ermöglicht.

Sichere Wartung der Routingtabelle Durch die Verbreitung falscher Routinginformationen kann ein Angreifer versuchen einen hohen Anteil bösartiger Knoten in den Routingtabellen legitimer Knoten zu platzieren, um somit die Weiterleitung von Nachrichten stärker beeinflussen zu können. In Peer-to-Peer-Systemen, in denen die Wahl der Nachbarknoten stark von deren NodeID abhängt (wie z.B. in CAN [114]), sind solche Angriffe jedoch schwer durchzuführen.

Sichere Weiterleitung von Nachrichten Falls eine Nachricht auf ihrem Weg zum Ziel einen bösartigen Knoten passiert, kann dieser die Nachricht modifizieren oder verwerfen. Somit kann eine Nachricht nur sicher zum Ziel geleitet werden, wenn alle $h - 1$ Zwischenknoten auf dem Weg zum Ziel gutartig sind.

Bei einem Anteil bösartiger Knoten f beträgt die Wahrscheinlichkeit hierfür nur $(1 - f)^{h-1}$. Die Erfolgswahrscheinlichkeit hängt also direkt von der durchschnittlichen Weglänge h ab. Sofern durch das Overlay mehrere disjunkte Pfade zum Ziel zur Verfügung gestellt werden, kann durch das redundante Verschicken der Nachricht über mehrere Pfade die Wahrscheinlichkeit für eine erfolgreiche Zustellung der Nachricht erhöht werden.

2.2.3.1 Sybil-Angriff

Das Auftreten eines einzelnen Knotens unter mehreren Identitäten wird *Sybil-Angriff* [45] genannt. Durch diesen Angriff kann die Effektivität von Schutzmechanismen wie die *Verwendung von Replikaten* oder das *Routing über disjunkte Pfade* reduziert werden. Durch einen Sybil-Angriff kann ein Angreifer vortäuschen, dass die vermeintlich verschiedenen Pfade von disjunkten Knoten gebildet werden, obwohl diese in der Realität alle über denselben Angreifer führen. Auf diese Weise werden die genannten Schutzmechanismen ausgehebelt.

2.2.3.2 Eclipse-Angriff

Der Einfluss eines Angreifers auf die Weiterleitung von Nachrichten ist umso größer, je höher der Anteil bösartiger Knoten in den Routingtabellen gutartiger Knoten ist. Sofern es einem Angreifer gelingt die Routingtabelle eines Knotens so zu manipulieren, dass diese nur noch bösartige Knoten enthält, kann der Angreifer den betroffenen Knoten vollständig vom Netz abtrennen. Dieser Angriff wird als *Eclipse-Angriff* [139][140] bezeichnet.

Ein Eclipse-Angriff wird insbesondere durch einen Sybil-Angriff ermöglicht, da ein Angreifer durch die Erzeugung einer großen Anzahl an Identitäten die Routingtabelle eines Knotens mit bösartigen Identitäten überschwemmen kann.

Durch das Verhindern eines Sybil-Angriffs wird jedoch nicht gleichermaßen automatisch ein Eclipse-Angriff verhindert. Falls der Mechanismus zur Wartung der Routingtabelle keine geeigneten Sicherheitsmechanismen aufweist, kann ein Angreifer selbst mit einer geringeren Anzahl bösartiger Identitäten die Routingtabelle eines einzelnen Knoten gezielt übernehmen und diesen somit wirksam vom Netz trennen.

2.2.3.3 Angriffe auf die Datenablage

Die zweite Klasse von Angriffen richtet sich gegen die Ablage und Auffindung von Datensätzen in einer DHT. Ein Knoten kann Datensätze, die in seinem Schlüsselbereich liegen, beliebig modifizieren oder einem anfragenden Knoten den Datensatz vorenthalten. Diese Angriffe können durch die Verwendung von Redundanz abgewehrt werden. Dazu werden mehrere Replikate eines Datensatzes bei verschiedenen Knoten im Netz gespeichert. Ein anfragender Knoten kann dann durch Vergleich der Replikate manipulierte Datensätze erkennen und verwerfen.

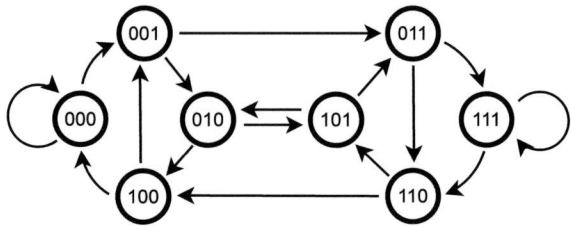

Abbildung 2.2   De-Bruijn-Graph mit b=3

2.2.3.4   Angriff auf die Verfügbarkeit

Schließlich kann ein Angreifer versuchen die Verfügbarkeit des Overlay-Netzes durch die Überlastung einzelner Knoten einzuschränken, indem er beispielsweise das Netz mit häufigen Anfragen überflutet oder einzelne Knoten veranlasst rechenintensive Operationen durchzuführen.

2.3   De-Bruijn-Graphen

De-Bruijn-Graphen stellen aufgrund des konstanten Knotengrades bei nahezu optimalem Durchmesser eine viel versprechende Topologie für strukturierte Overlay-Netze dar. Die beiden in Kapitel 6 beschriebenen Protokolle *Broose* und *Koorde* setzen beide auf De-Bruijn-Graphen auf.

Ein *binärer De-Bruijn-Graph* ist ein Graph, in dem jeder Knoten mit einer eindeutigen Binärzahl mit b Bit identifiziert wird. Jeder Knoten hat zwei Ausgangskanten, die anhand der Identität des Knotens bestimmt werden. Ein Knoten mit Identität m besitzt eine Kante zum Knoten mit Identität $2m \mod 2^b$ sowie eine weitere Kante zum Knoten mit Identität $2m + 1 \mod 2^b$. Die Identität der beiden Knoten ergibt sich also durch *Linksschieben* der Identität m, bei dem das höchstwertigste Bit verworfen wird und ein neues niederwertigstes Bit hineingeschoben wird. Als vereinfachte Schreibweise wird im Folgenden $m \circ 0 := 2m \mod 2^b$ und $m \circ 1 := 2m + 1 \mod 2^b$ verwendet. In Abbildung 2.2 ist ein De-Bruijn-Graph für $b = 3$ dargestellt.

Durch Ablaufen der Kanten eines De-Bruijn-Graph kann eine Identität m in eine beliebige Identität n überführt werden. Dazu wird in jedem Schritt ein Bit aus n in die Ausgangsidentität m hineingeschoben bis n erreicht wird. Da in jedem Schritt ein Bit korrigiert wird, terminiert das Verfahren nach spätestens b Schritten. Sofern das Suffix von m mit dem Präfix von n in i Stellen übereinstimmt, werden $b - i$ Schritte benötigt. Für ein Graph mit $N = 2^b$ Knoten ergibt sich also der Durchmesser $\log N$.

Der binäre De-Bruijn-Graph kann durch Verwendung eines Alphabets mit k Zeichen zur Konstruktion der Knotenidentität zu einem *allgemeinen De-Bruijn-Graph* erweitert werden. Ein vollständiger allgemeiner De-Bruijn-Graph hat somit $N = k^b$ Knoten. Der allgemeine De-Bruijn-Graph weist einen Knotengrad k und Durchmesser $\frac{\log N}{\log k}$ auf.

2.4   Experimentierplattformen

Die Evaluierung der entwickelten Konzepte erfolgt für diese Arbeit sowohl im *Simulator* als auch in einem *Testbed*.

Das Testbed besteht in dieser Arbeit aus den beiden Experimentierplattformen *PlanetLab* und *G-Lab*, die im Folgenden kurz vorgestellt werden.

2.4.1   PlanetLab

Die *PlanetLab*-Experimentierplattform [106][14] stellt ein weltweites Forschungsnetzwerk dar, das zurzeit aus 1045 Knoten an 490 Standorten besteht. Die Experimentierplattform wird vom PlanetLab-Konsortium betrieben, das sich großteils aus Universitäten und Forschungseinrichtungen zusammensetzt. Jede am PlanetLab teilnehmende Einrichtung muss sich bereit erklären, mindestens zwei eigene PlanetLab-Knoten zu betreiben und diese den Mitgliedern des Konsortiums zur Verfügung zu stellen.

Dienste und Anwendungen sind in PlanetLab an einen sogenannten *Slice* gebunden, dem eine Reihe von PlanetLab-Knoten zugeordnet werden können. Auf jedem dieser Knoten wird der Anwendung ein Teil der Ressourcen zur Verfügung gestellt. PlanetLab stellt somit eine *verteilte Virtualisierungslösung* dar.

Die Erzeugung und Verwaltung eines Slice kann entweder über eine Weboberfläche oder über die *PlanetLab Central API (PLCAPI)* erfolgen. Für den Zugriff auf die PLCAPI wird das Protokoll *XML-RPC* über *HTTPS* verwendet. Sobald ein PlanetLab-Knoten zu einem Slice hinzugefügt wurde, kann auf den Knoten per SSH-Protokoll zugegriffen werden. Auf den Knoten steht eine einfache Linux-Umgebung unter *Fedora Core 8* zur Verfügung, die nachträglich um eigene Pakete und Anwendungen erweitert werden kann.

Das PlanetLab-Netzwerk stellt eine relativ unzuverlässige Umgebung dar. Aufgrund von Hardwareausfällen oder Überlastsituationen können nur rund die Hälfte aller PlanetLab-Knoten zuverlässig verwendet werden [107]. Zudem können auch während der Laufzeit eines Experiments Überlastsituationen auftreten, so dass eine Reproduzierbarkeit von Ergebnissen nicht gewährleistet werden kann.

2.4.2   G-Lab

Im Rahmen des BMBF-Projekts *G-Lab* [154] wurde eine deutschlandweite Experimentierplattform aufgebaut, welche die genannten Unzulänglichkeiten der PlanetLab-Plattform vermeiden soll. Durch eine bessere Isolation der Experimente untereinander sowie durch einen engmaschigen Monitoransatz soll so die Reproduzierbarkeit von Experimenten ermöglicht werden. Da ein zentraler Aspekt des G-Lab-Projekts die Erforschung neuer Wegewahl- und Adressierungsverfahren für das zukünftige Internet darstellt, bietet die Experimentierplattform zudem die Möglichkeit neben *IPv4* und *IPv6* andere Vermittlungsschichtprotokolle einzusetzen.

Die G-Lab-Plattform besteht zurzeit aus 175 Knoten, die über 6 Standorte verteilt sind. Jeder Knoten besteht aus einem *Sun Fire X4150*-Server mit 2x4 Kern *Intel Xeon L5420 Prozessor* und 16 GB RAM. An jedem Standort stehen mindestens zwei Knoten mit acht Gigabit-Ethernet-Schnittstellen zur Verfügung, während die restlichen Knoten jeweils über zwei solcher Schnittstellen angebunden sind.

Zur Zeit werden die Knoten der Experimentierplattform mit der PlanetLab-Software betrieben, sodass wie bei PlanetLab die Verwaltung eines Experiments über die *PLCAPI*-Schnittstelle erfolgen kann.

2.5 Kryptographische Verfahren

Dieser Abschnitt gibt einen kurzen Überblick über kryptographische Verfahren. Diese werden im Rahmen dieser Arbeit unter anderem zur Authentifizierung von Nachrichten benötigt. Ein umfassender Überblick über kryptographische Verfahren wird in [87] gegeben.

2.5.1 Hashfunktionen

Zur *Integritätsprüfung* einer Nachricht kommen in der Regel *Hashfunktionen* zum Einsatz. Diese bilden eine Nachricht von beliebiger Länge auf einen kurzen Hashwert mit fester Länge ab. Damit eine Hashfunktion für *kryptographische Zwecke* geeignet ist, muss diese mehrere Eigenschaften erfüllen:

- Zu einem gegebenen Hashwert darf es mit einem vertretbaren Rechenaufwand praktisch nicht möglich sein eine Nachricht zu finden, die zu diesem Hashwert passt. Eine solche Hashfunktion stellt also eine Einwegfunktion dar.

- Zu einer gegebenen Nachricht kann praktisch keine zweite Nachricht gefunden werden, die den gleichen Hashwert wie die vorgegebene Nachricht besitzt.

- Es muss das Prinzip der Kollisionsfreiheit gelten. Das bedeutet es muss praktisch unmöglich sein, zwei beliebige Nachrichten zu finden, die den gleichen Hashwert besitzen.

Der Hashwert stellt einen digitalen Fingerabdruck der ursprünglichen Nachricht dar und wird auch als *modification detection code (MDC)* bezeichnet. Eine häufig verwendete kryptographische Hashfunktion ist *SHA-1*, die einen Hashwert der Länge 160 Bit erzeugt.

2.5.2 Symmetrische Verschlüsselungsverfahren

Das Schutzziel *Vertraulichkeit* wird in der Regel durch Einsatz von Verschlüsselungsverfahren erreicht, welche einen Klartext unter Verwendung ein oder mehrerer Schlüssel in ein Chiffrat überführen. Bei den Verschlüsselungsverfahren kann zwischen *symmetrischen* und *asymmetrischen* Verfahren unterschieden werden.

Symmetrische Verschlüsselungsverfahren verwenden einen gemeinsamen Schlüssel, der sowohl zur Ver- als auch zur Entschlüsselung verwendet wird. Dieser gemeinsame Schlüssel muss im Voraus über einen sicheren Kanal zwischen den Kommunikationspartnern ausgetauscht werden. Typische Vertreter dieser Klasse sind die Verfahren *DES*, *IDEA* und *AES*. Ein symmetrischer Verschlüsselungsalgorithmus gilt üblicherweise als sicher, sofern keine schnellere Angriffsmethode als ein *Brute-Force-Angriff* bekannt ist. Bei dieser Angriffsmethode muss systematisch der gesamte Schlüsselraum durchsucht werden, um den Klartext aus einem Chiffrat ohne Kenntnis des gemeinsamen Schlüssels zu erhalten. Sofern kein effektiverer Angriff als ein Brute-Force-Angriff bekannt ist, werden heutzutage Schlüssellängen von 96 Bit als ausreichend erachtet [143].

2.5.3 Asymmetrische Verschlüsselungsverfahren

Im Unterschied zu den symmetrischen Verfahren kommen bei asymmetrischen Verfahren wie *RSA* und *ElGamal* getrennte Schlüssel für die Ver- und Entschlüsselung zum Einsatz. Der Schlüssel, der zur Verschlüsselung verwendet wird, heißt öffentlicher Schlüssel[1] und kann allen Kommunikationspartnern öffentlich mitgeteilt werden. Der zugehörige geheime Schlüssel dient zum Entschlüsseln der Nachrichten. Die Übertragung des öffentlichen Schlüssels kann, im Gegensatz zu den symmetrischen Verfahren, über einen unsicheren Kanal erfolgen und ermöglicht somit die sichere Kommunikation zwischen zwei Kommunikationspartnern, ohne vorherigen Austausch geheimen Schlüsselmaterials.

Asymmetrische Verfahren basieren in der Regel auf mathematischen Problemen, wie dem Faktorisieren großer Zahlen oder dem Berechnen des diskreten Logarithmus, von denen angenommen wird, dass diese aufwändig zu lösen sind. Da Algorithmen zur Lösung dieser Probleme dennoch effektiver sind als ein direkter *Brute-Force-Angriff* auf den Schlüssel, müssen bei asymmetrischen Verfahren längere Schlüssel eingesetzt werden als dies bei symmetrischen Verfahren notwendig ist. Momentan werden Schlüssellängen in der Größenordnung von 1776 Bit als sicher angesehen [143].

Ein Nachteil von asymmetrischen Verfahren stellt deren Ressourcenverbrauch dar. Beispielsweise ist RSA im Vergleich zu DES bei einer Softwareimplementierung um ungefähr den Faktor 100, bei einer Hardwareimplementierung um den Faktor 1000 - 10000 langsamer.

2.5.4 Signaturverfahren

Um die *Authentizität* von Nachrichten sicherzustellen, werden *Signaturverfahren* eingesetzt. Diese gehören ebenfalls zur Klasse der *asymmetrischen Kryptosysteme*, da zur Erstellung der Signatur ein anderer Schlüssel als zur Überprüfung verwendet wird.

---

[1]Asymmetrische Kryptographie wird daher auch *Public-Key-Kryptographie* genannt.

Das bereits beschriebene Verfahren *RSA* kann neben der Verwendung als Verschlüsselungsverfahren auch zur Erstellung von Signaturen eingesetzt werden. Die beiden
Signaturverfahren *DSA* und *ECDSA* beruhen, wie das Verschlüsselungsverfahren
ElGamal, auf der Schwierigkeit den *diskreten Logarithmus* in endlichen Körpern
effizient zu berechnen. Im Gegensatz zu RSA können diese Verfahren jedoch nicht
zur Verschlüsselung von Nachrichten eingesetzt werden.

Damit die Authentizität einer Nachricht überprüft werden kann, muss der Sender
zunächst mit Hilfe seines *geheimen Schlüssels* eine Signatur über die Nachricht
berechnen. Da die Anwendung des Signaturverfahrens auf große Nachrichten sehr
rechenaufwändig ist, wird in der Regel nur der *Hashwert* über die Nachricht signiert.
Zur Überprüfung bildet der Empfänger zunächst ebenfalls den Hashwert über die
Nachricht und prüft anhand des *öffentlichen Schlüssels* des Absenders, ob die Signatur
zu dem berechneten Hashwert passt.

Für die Erstellung einer sicheren Signatur werden mit den Verfahren RSA und DSA,
wie bei den asymmetrischen Verschlüsselungsverfahren, Schlüssellängen der Größenordnung von 1776 Bit als sicher angesehen [143]. Das Verfahren ECDSA basiert
auf der Schwierigkeit den diskreten Logarithmus in *elliptischen Kurven* effizient
zu berechnen. Da dieses Problem komplexer ist als die Berechnung in einfachen
endlichen Körpern, werden für das gleiche Sicherheitsniveau, wie bei DSA, nur
Schlüssellängen von rund 224 Bit benötigt [143]. Das ECDSA-Verfahren ist für
den Einsatz in Kommunikationsprotokollen besonders geeignet, da durch die geringe Schlüssellänge Kommunikationsaufwand für die Übertragung der öffentlichen
Schlüssel eingespart werden kann.

3. Stand der Forschung

In diesem Kapitel wird der aktuelle Stand der Forschung, zu den für diese Arbeit relevanten Themenbereichen, kurz zusammengefasst. Einen Schwerpunkt bilden die Arbeiten der Standardisierungsorganisation *Internet Engineering Task Force (IETF)* zum Thema dezentrale IP-Telefonie. Im Anschluss werden Arbeiten zu Leistungs- und Sicherheitsuntersuchungen im Bereich strukturierter Overlay-Protokolle vorgestellt.

3.1 Dezentrale IP-Telefonie

In Kapitel 1 wurde bereits erläutert, dass das *Skype-Protokoll* [166] einen der ersten Ansätze darstellte, um Peer-to-Peer-Technologien erfolgreich für dezentrale IP-Telefoniedienste einzusetzen. Die Analyse der Skype-Netzstruktur wird jedoch durch die Tatsache, dass es sich bei Skype um ein proprietäres Protokoll handelt, wesentlich erschwert. In [5] wurde allerdings gezeigt, dass die Netzstruktur zumindest für die Authentifizierung und die Vergabe von eindeutigen Nutzerkennungen von einem zentralen Login-Server abhängig ist. Peer-to-Peer-Technologien werden bei Skype hauptsächlich zur Umgehung der NAT-Problematik eingesetzt.

Die Entwicklung eines offenen Standards für dezentrale IP-Telefonie wird insbesondere durch die Anfang 2007 gegründete *P2PSIP Working Group* [19] der Standardisierungsorganisation IETF vorangetrieben. Daher wird im Folgenden zunächst ein Überblick über die Arbeiten dieser Arbeitsgruppe gegeben.

3.1.1 IETF P2PSIP

Innerhalb der P2PSIP Working Group wurden seit der Gründung verschiedene Lösungen zur Erbringung eines dezentralen IP-Telefoniedienstes auf Basis von SIP diskutiert. Im Folgenden wird zunächst die innerhalb der Arbeitsgruppe verwendete Terminologie eingeführt und darauf aufbauend die bisherigen Protokollvorschläge vorgestellt.

3.1.1.1 Terminologie

Damit verschiedene Protokollansätze besser miteinander verglichen werden können, wurde innerhalb der Arbeitsgruppe ein gemeinsames Konzeptdokument [22] mit einer einheitlichen Terminologie zusammengestellt. Nach dieser Darstellung ist ein *P2PSIP-Overlay* eine Menge von Knoten, die sich zum Zweck der Echtzeitkommunikation auf Basis des SIP-Protokolls (siehe Abschnitt 2.1.1) zu einem Peer-to-Peer-Overlay zusammenschließen. Die Knoten haben als wesentliche Aufgabe die Zuordnung von Namen (*Addresses of Records, AoRs*) zu *Contact URIs* zu ermöglichen und somit die Funktionalität eines *Location Servers* zu erbringen, wie er in RFC3261 [124] definiert ist. Dies stellt somit eine Alternative zum klassischen RFC3263 [123] dar, in dem eine Auflösung mittels zentralem DNS beschrieben wird. Zusätzlich bietet ein P2PSIP-Overlay noch eine Transportfunktion, um beliebige SIP-Nachrichten zwischen zwei Overlay-Knoten austauschen zu können.

Das P2PSIP-Overlay besteht aus mehreren sogenannten *P2PSIP-Peers*, die eine verteilte Datenbank bereitstellen, die das effiziente Ablegen und Auffinden von Datensätzen erlaubt. Die Daten können auf mehreren Knoten repliziert abgelegt werden, um deren Verfügbarkeit zu erhöhen, falls Knoten das Netz verlassen.

Jeder Peer bietet ein oder mehrere *Dienste* an. Zusätzlich zu der verteilten Datenspeicherung kann dies beispielsweise ein Voicemail-System oder ein Server zur Durchdringung von Firewalls sein. Einige Ansätze sehen zusätzlich zu den P2PSIP-Peers auch noch *P2PSIP-Clients* vor. Das sind Knoten, die dem Overlay aufgrund knapper Ressourcen keine eigenen Dienste zur Verfügung stellen, aber mit Hilfe eines eigenen Client-Protokolls Dienste des Overlays in Anspruch nehmen können. Die Unterscheidung zwischen Peers und Clients ist innerhalb der Working Group umstritten und wird oft als unnötige Erhöhung der Protokollkomplexität angesehen. Einem P2PSIP-Peer oder P2PSIP-Client können ein oder mehrere *SIP User Agents (UAs)* zugeordnet werden, die die Schnittstelle zu den Benutzern des Systems darstellen.

3.1.1.2 Die verteilte Datenbank

Die meisten der bisherigen Vorschläge für P2PSIP-Architekturen verwenden eine DHT, um Datensätze dezentral im Netz abzulegen. In [22] werden vier Varianten beschrieben, wie diese DHT verwendet werden kann, um eine SIP-Session aufzubauen. Im Folgenden werden diese in Abb. 3.1 dargestellten Ansätze vorgestellt:

1. **Lookup:** Dieser Ansatz sieht vor die Kontaktinformation für einen Nutzer in einem dem Nutzer zugeordneten Resource Record abzulegen. Diese wird mittels der DHT auf einem der Peers gespeichert. Möchte ein Nutzer, der Peer

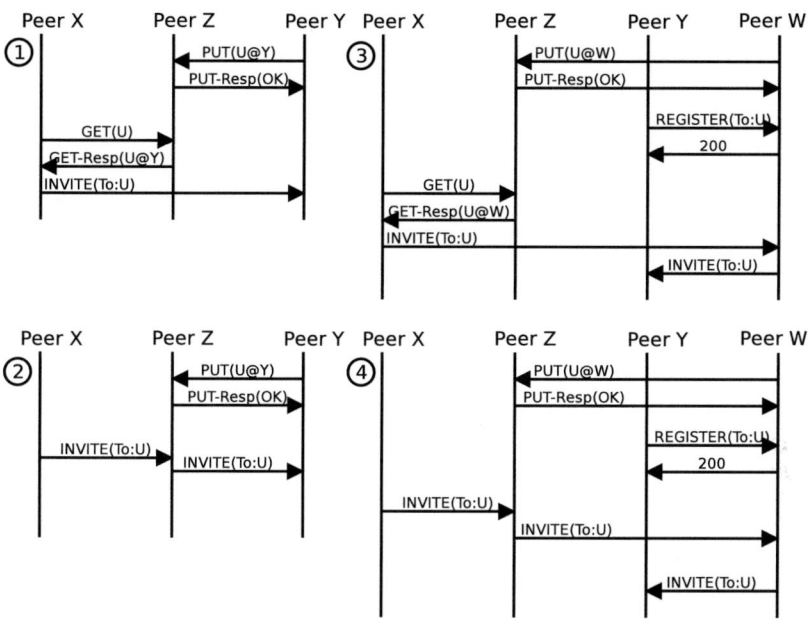

Abbildung 3.1 Varianten für die Verwendung einer verteilten Datenbank in P2PSIP

X zugeordnet ist, eine Verbindung zu Nutzer **U** aufbauen, fragt er den Resource Record für **U** in der DHT ab. Erhält dieser beispielsweise die Information, dass **U** unter Peer **Y** zu erreichen ist, schickt Peer **X** daraufhin das SIP-INVITE an Peer **Y**.

2. **Weiterleitung:** In diesem Ansatz wird ebenfalls die Kontaktinformation im zugehörigen Resource Record abgelegt. Allerdings wird bei dieser Variante das INVITE von Peer **X** an Peer **Z** geschickt, welcher die Kontaktinformation für **U** gespeichert hat. Peer **Z** leitet daraufhin das INVITE an Peer **Y** weiter.

3. **Lookup mit Proxy:** Dieser Ansatz sieht einen zusätzlichen Peer **W** vor, der als SIP-Proxy fungiert und als Service-Knoten verwendet werden kann, um beispielsweise *Presence Composition* [131] zu realisieren. Bei diesem Ansatz hinterlegt Peer **W** in der Datenbank die Kontaktinformation für Nutzer **U**. Der dem Nutzer **U** zugeordnete Peer **Y** registriert sich daraufhin mit einem REGISTER bei **W**. Zum Aufbau einer Verbindung holt der dem Peer **X** zugeordnete Nutzer die Kontaktinformation aus der Datenbank und sendet ein INVITE an **W**. Dieser leitet das INVITE an Peer **Y** weiter.

4. **Weiterleitung mit Proxy:** Dieser Ansatz entspricht weitgehend dem Ansatz *Lookup mit Proxy*. Im Unterschied dazu wird zum Aufbau einer Verbindung

nicht die Kontaktinformation aus der Datenbank abgefragt, sondern das INVI-TE über mehrere Schritte durch das Overlay weitergeleitet.

Welcher dieser Ansätze für ein zukünftiges P2PSIP-Protokoll verwendet werden wird, ist momentan noch offen. Die beiden letzten Ansätze bieten gegenüber den ersten beiden Ansätzen den Vorteil durch den zusätzlichen Proxy-Knoten erweiterte Dienste wie die Verwendung von *CPL-Skripten* [74] oder *Presence Composition* [131] zu ermöglichen, sind jedoch aufwändiger zu realisieren. Die Weiterleitung der INVITE-Nachricht in den Ansätzen 2 und 4 entspricht eher der Semantik des klassischen SIP-Protokolls, stellt jedoch ein Sicherheitsrisiko dar, da vertrauliche Verbindungsinformationen an Zwischenknoten weitergeleitet werden.

3.1.1.3 Protokolle der P2PSIP Working Group

Die ersten Vorschläge für P2PSIP-Protokolle waren *SOSIMPLE* [18], *SIPPEER* [141] und *dSIP* [20].

SOSIMPLE ist eine P2P-Erweiterung des *SIMPLE*-Protokolls, das in serverbasierten SIP-Netzen für *Instant Messaging* verwendet wird. Bei SOSIMPLE wird ein iteratives Chord-Overlay verwendet, um SIP-Registrierungen dezentral zu speichern. Das Protokoll *dSIP* stellt eine Weiterentwicklung von *SOSIMPLE* dar. Die Signalisierung innerhalb des Overlays erfolgt ebenso wie bei *SIPPEER* mit SIP-Nachrichten. Die Verwendung von SIP-Nachrichten zur Overlay-Signalisierung ist innerhalb der Arbeitsgruppe umstritten, da dies im Vergleich zur Verwendung von binärkodierten Nachrichten einen höheren Kommunikationsaufwand erfordert.

Daher wird bei den beiden alternativen Vorschläge *P2PP* [6] und *XPP* [82] ein generisches Nachrichtenformat zur Overlay-Signalisierung spezifizieren, das nicht auf SIP beruht. Im Gegensatz zu P2PP unterstützt XPP auch den gleichzeitigen Aufbau mehrerer Verbindungen.

Ein völlig anderer Weg wird mit dem *HIP-HOP* [34] Vorschlag verfolgt. Die Autoren schlagen vor die verteilte Datenbank mit Hilfe des standardisierten *Host-Identity-Protocol (HIP)* zu realisieren, anstatt ein eigenes Overlay-Protokoll zu spezifizieren. Durch die Verwendung von HIP wird zudem die Verwendung mobiler Geräte erleichtert.

Inzwischen konzentriert sich die Arbeitsgruppe auf die Entwicklung des Protokolls *RELOAD* [65], das aus der Vereinigung mehrerer Protokollvorschläge entstanden ist. RELOAD setzt auf ein binäres Nachrichtenformat zur Overlay-Signalisierung auf. Zudem erlaubt RELOAD die Verwendung verschiedener Overlay-Topologien, setzt aus Kompatibilitätsgründen allerdings weiterhin die Unterstützung von Chord voraus.

Bryan et al. diskutieren in [21] unterschiedliche Sicherheits- und Leistungsaspekte des IETF RELOAD-Protokolls. Um die Eindeutigkeit und Verfügbarkeit registrierter Namen sicherzustellen, schlagen die Autoren eine zentrale vertrauenswürdige Instanz vor, die sowohl *NodeIDs* als auch registrierte *Namen* signiert. Des Weiteren

werden Überlegung zu verschiedenen Routingvarianten erörtert sowie Vorschlä-
ge zur Verwendung von RELOAD in Netzen mit NAT-Routern (*Network Address
Translation*) dargestellt. Einen Überblick über die *Sicherheitsanforderungen* an ein
P2PSIP-Protokoll wird in [144] gegeben.

Die Arbeiten der P2PSIP Working Group haben sich bisher auf die Festlegung einer
gemeinsamen Terminologie sowie der Spezifikation von Nachrichtenformaten zur
Overlay-Signalisierung konzentriert. In Bezug auf die Sicherheitsarchitektur wird
angenommen, dass weiterhin eine zentrale vertrauenswürdige Instanz für die Vergabe von Namen und Overlay-Identitäten benötigt wird. Momentan ist weiterhin
unklar, welche Overlay-Topologien besonders geeignet sind, um mit RELOAD einen
effizienten P2PSIP-Dienst zu erbringen. Da sich die Arbeiten der Arbeitsgruppe
inzwischen nur noch auf die Weiterentwicklung von RELOAD konzentrieren, werden in den weiteren Kapiteln dieser Arbeit die Unterschiede des hier entwickelten
Ansatzes im Vergleich zu RELOAD hervorgehoben.

3.1.2 P2PSIP-Aktivitäten ohne IETF-Beteiligung

Neben den Aktivitäten der IETF P2PSIP Working Group wurden in den letzten
Jahren auch einige P2PSIP-Ansätze ohne IETF-Beteiligung veröffentlicht.

Banerjee et al. [4] beschäftigen sich mit dezentralem SIP in drahtlosen mobilen
Ad-hoc-Netzen. Sie schlagen zwei Protokollvarianten vor, die beide stark mit den
in Ad-hoc-Netzen verwendeten Routingprotokollen verknüpft sind und sich nicht
für dezentrale IP-Telefonie im Internet eignen. Ein ähnlicher Ansatz, der nur für
Ad-hoc-Netze geeignet ist, stellt [101] dar.

Tsietsi et al. [155] verwenden existierende Implementierungen der Overlay-Protokolle *Chord* und *Bamboo*, um daraus einen Prototyp eines *P2PSIP User Agent* zu
entwickeln. Le und Kuo [72] schlagen die Verwendung einer hierarchischen Overlay-
Struktur am Beispiel von *Chord* vor, um die Skalierbarkeit und Verfügbarkeit des
P2PSIP-Systems zu verbessern.

Cheng et al. [31] reduzieren den Kommunikationsaufwand und die Latenz eines
P2PSIP-Netzes durch Verwendung eine unstrukturierten Overlay-Topologie, die
Bekanntschaftsbeziehungen (*Buddies*) zur Topologieoptimierung berücksichtigt.
Schmidt et al. [129] verwenden das *JXTA-Framework* zur dezentralen Namens-
registrierung und präsentieren Evaluierungsergebnisse der Prototypimplementierung
in einem lokalen Netzwerk.

In den bisher vorgestellten Konzepten wurden keine Überlegungen zur Sicherheit
oder Eindeutigkeit registrierter Namen angestellt. Eine ganze Reihe ähnlicher Ansätze (u.a. [83][161][136][76][167][160][90]) verwendet ebenfalls eine DHT zur
Realisierung eines P2PSIP-Netzes, ohne jedoch Sicherheitsaspekte zu berücksichtigen.

Dhara et al. [40] schlagen ein P2PSIP-System auf Basis des Chord-Protokolls vor.
Das System verwendet XML zur Kodierung von Signalisierungsnachrichten und
benötigt einen zentralen, vertrauenswürdigen *Login-Server*.

Fessi et al. [46] verwenden eine DHT auf Basis des *Bamboo*-Protokolls, um durch Parallelbetrieb eines Overlay-Netzes die Zuverlässigkeit des klassischen serverbasierten SIP-Netzes zu erhöhen. Angriffe auf das Overlay-Netz sollen durch vertrauenswürdige Server verhindert werden. Ein weiterer Ansatz, der ebenfalls einen zentralen Vertrauensanker voraussetzt, wird in [73] vorgestellt.

Seedorf et al. [135][134][133] untersuchen verschiedene Sicherheitsmechanismen für ein P2PSIP-System anhand eines emulierten Angreifers. Eine wesentliche Säule des Sicherheitskonzepts stellt die Verwendung von selbstzertifizierten Namen dar. Dies hat den Nachteil, dass ein Namen durch den Nutzer nicht mehr frei wählbar ist und zudem als 160 Bit Hashwert für einen Menschen schwer zu merken ist.

3.2   Dezentrales DNS

Eine Reihe von Publikationen widmet sich der Realisierung eines dezentralen DNS-Dienstes. Cox et al. [35] schlagen vor eine DHT auf Basis von *Chord* und *DHash* zu verwenden, um *DNS Record Records* dezentral abzulegen. Um die Modifikation abgelegter Datensätze durch einen Angreifer zu erschweren, wird vorgeschlagen eine *DNSSEC*-Vertrauenshierarchie zu verwenden, die allerdings einen zentralen Vertrauensanker erfordert. Ein ähnlicher Ansatz mit dem gleichen Nachteil wird in [113] vorgeschlagen.

Walfish et al. [159] schlagen ebenfalls einen dezentralen DNS-Dienst auf Basis von *DHash* vor. Mit diesem Dienst können jedoch nur noch 160 Bit Hashwerte als Domainnamen verwendet werden, wodurch der Dienst von Menschen schwer zu nutzen ist.

In einer Reihe weiterer Publikationen (u.a. [95][44][61][112][104]) werden sehr ähnliche Konzepte auf Basis von DHTs vorgeschlagen, die alle keine Sicherheitsaspekte berücksichtigen.

Des Weiteren werden eine Reihe von hybriden Ansätzen (u.a. [50][113][23]) vorgeschlagen, die aufgrund der erforderlichen Infrastrukturkomponenten nicht für den Einsatz in vollständig dezentralen Umgebungen geeignet sind.

3.3   Leistungsevaluierung von KBR- und DHT-Protokollen

Loguinov et al. [77] stellen eine graphentheoretische Analyse verschiedener KBR-Protokolle hinsichtlich Netzdurchmesser und Ausfallsicherheit vor. Die Analyse zeigt, dass Topologien auf Basis eines *De-Bruijn-Graph* nahezu optimalen Netzdurchmesser erzielen. Gummadi et al. [57] untersuchen ebenfalls die Ausfallsicherheit für eine Reihe von Overlay-Topologien anhand eines statischen Ausfallmodells.

Stutzbach et al. [151] stellen analytische Überlegungen in Hinblick auf die Zuverlässigkeit und die Latenz für verschiedene Kademlia-Varianten vor und validieren diese anhand von Messungen in der Dateitauschbörse *Kad*. Dabek et al. haben das Protokoll *DHash++* auf Basis von *Chord* im PlanetLab-Testbed auf 180 Knoten evaluiert und präsentieren ihre Messergebnisse in [37].

In einer Reihe von Publikationen (u.a. [78][59]) werden die theoretischen Eigenschaften verschiedener KBR-Protokolle tabellarisch miteinander verglichen, ohne eine analytische oder simulative Evaluierung durchzuführen.

In allen bisher genannten Arbeiten wurde der Einfluss von Knotenfluktuation und Stabilisierungsverfahren nicht berücksichtigt. Rhea et al. stellen in [117] einen Vergleich zwischen den Protokollen *Chord* und *Bamboo* in Szenarien mit Knotenfluktuation vor. Der Vergleich wurden anhand Messungen in einem Testbed mit 1000 Overlay-Knoten unter Verwendung eines Netzwerkemulators durchgeführt wurde.

Eine umfassende Evaluierung der Protokolle *Kademlia, Kelips, Chord, Tapestry* und *OneHop* in Netzen mit Knotenfluktuation wurde von Li et al. anhand von Simulationen mit 1024 Knoten durchgeführt [75]. Für die Evaluierung wird im Unterschied zu vorherigen Arbeiten berücksichtigt, dass sich die Parameter von KBR-Protokollen gegenseitig beeinflussen. Damm et al. [39] führen ebenfalls einen Protokollvergleich, mit dem gleichen Simulator wie in [75], durch und ergänzen diesen um eine Implementierung des Protokolls *Viceroy*. In beiden Studien wird ein einfaches Underlay-Modell zugrunde gelegt, das beispielsweise den Einfluss von Warteschlangeneffekten auf die Verzögerung von Nachrichten vernachlässigt.

3.4 Sicherheit von KBR- und DHT-Protokollen

Castro et al. [25] untersuchen Angriffe auf die Weiterleitung von Nachrichten in strukturierten Overlay-Netzen. Sie schlagen mehrere Abwehrmechanismen vor, um den Knotenbeitritt, die Routingtabellenwartung und die Nachrichtenweiterleitung abzusichern. Die Vergabe sicherer *NodeIDs* wird an eine zentrale vertrauenswürdige Zertifizierungsstelle übertragen.

Sit und Morris [142] stellen eine Kategorisierung verschiedener Angriffsvarianten auf verteilte Hashtabellen mit den Protokollen *Chord, CAN* und *Pastry* vor. Sie identifizieren die *Angriffserkennung* durch Definition überprüfbarer Systeminvarianten als wesentlichen Schritt zur Angriffsabwehr. Zum Beispiel können Knoten fehlerhafte *Lookups* erkennen, indem sie überprüfen, dass der Lookup in jedem Routingschritt näher an den Zielschlüssel gelangt.

Srivatsa und Liu [146] untersuchen drei Bedrohungen für DHT-basierte Peer-to-Peer-Systeme. Zunächst stellen die Autoren einen Angriff auf den Routingmechanismus vor, bei dem ein einzelner bösartiger Knoten alle Lookup-Anfragen blockieren kann, sofern keine alternativen Pfade zur Verfügung stehen. Daher stellen sie die Verfügbarkeit mehrerer alternativer optimaler Pfade in Verbindung mit der Fähigkeit fehlerhafte Lookup-Ergebnisse zu erkennen als wesentliche Voraussetzung zur Angriffsabwehr hervor. Des Weiteren skizzieren die Autoren einen Angriff auf die *Datenablage* und zeigen, dass *Replikation* alleine nicht ausreichend ist um Angriffe durch bösartige Knoten zu vereiteln, sondern zusätzlich mit kryptographischen Mechanismen kombiniert werden muss um wirksam zu sein. Schließlich zeigen Sie, dass die freie Wahl der *NodeID* eingeschränkt werden muss, um bösartige Knoten daran zu hindern gezielt Datensätze manipulieren zu können.

Awerbuch und Scheideler [1] stellen ein theoretisch gehaltenes DHT-Konzept vor, das es erlaubt zu *beweisen*, dass eine solche DHT sowohl gegenüber bösartigen *Join-Leave-Angriffen* als auch *Insert-Lookup-Angriffen* resistent ist. Der Entwurf der DHT ist abstrakt gehalten und es bleibt offen, ob sich der Ansatz auf einen praxistauglichen Protokollentwurf übertragen lässt. Eine weitere DHT mit beweisbarer Resistenz gegenüber *Join-Leave-Angriffen* ist S-Chord [47], die jedoch auf eine lineare Anzahl bösartige Knotenbeitritte beschränkt ist.

Cerri et al. [27] legen den Fokus auf Angriffe, die sich durch freie NodeID-Wahl erge-ben und erläutern diese am Beispiel des Kademlia-Protokolls. Die Autoren schlagen vor die freie NodeID-Wahl einzuschränken, indem die NodeID durch Anwendung einer Hashfunktion auf die Verknüpfung von IP-Adresse und Port erzeugt wird. Um gezielte Angriffe auf bestimmte Datensätze zu erschweren, schlagen Sie vor Datensätze unter einem *temporären Schlüssel* abzulegen, der regelmäßig rotiert wird. Der temporäre Schlüssel wird mit Hilfe einer Hashfunktion und der Verknüpfung von Datensatzschlüssel und einer zeitabhängigen Komponente erzeugt.

Eine Reihe von Publikationen beschäftigen sich mit Maßnahmen zum Schutz vor *Sybil-Angriffen*: In [126] präsentieren die Autoren Rowaihy et al. ein Zugangskon-trollsystem für strukturierte Peer-to-Peer-Systeme. Das System konstruiert eine baumartige Hierarchie von kooperativen Zugangskontrollknoten, die den Beitritts-wunsch eines neuen Knotens autorisieren müssen. Ein weiterer Ansatz [42] um Sybil-Angriffe abzuwehren sieht die Speicherung der IP-Adressen aller teilnehmen-den Knoten in einer sicheren DHT vor. So kann bei neuen Knotenbeitritten durch Abfrage der DHT die Zahl der NodeIDs pro IP-Adresse beschränkt werden.

Singh et al. [140] untersuchen den Einfluss von *Eclipse-Angriffen* auf strukturierte Overlay-Netze und schlagen als Abwehrmaßnahme vor, dass Knoten gegenseitig den Konnektivitätsgrad in ihrer Nachbarschaft prüfen. Knoten, die einen Eclipse-Angriff durchführen weisen einen höheren Knotengrad auf als der Netzdurchschnitt.

Nielson et al. [99] betrachten die Klasse der *rationalen Angriffe*. Sie nehmen an, dass ein Großteil aller Knoten in einem Peer-to-Peer-System eigennützig handelt und daher versuchen den Verbrauch von Systemressourcen zu maximieren und gleichzeitigen den Verbrauch eigener Ressourcen zu minimieren.

3.5 Zusammenfassung

Bisherige Arbeiten zum Thema dezentrale IP-Telefonie schlagen meist die Verwen-dung einer externen DHT zur dezentralen Namensablage vor. Die Wahl des jeweiligen Overlay-Protokolls zur Realisierung der DHT erscheint jedoch oft willkürlich. Die in Abschnitt 3.1 vorgestellten Ansätze schlagen unter anderem die Verwendung der Protokolle *Chord*, *Pastry* oder *Bamboo* vor. Ein detaillierter Leistungsvergleich geeigneter Overlay-Protokolle zur Konstruktion eines P2PSIP-Systems fehlt jedoch bisher. Den bisher umfangreichsten Vergleich von Overlay-Protokollen bietet [75]. In diesem Vergleich fehlt jedoch das viel versprechende Protokoll *Bamboo* sowie neuere Protokollvorschläge auf Basis von De-Bruijn-Graphen. Zudem werden nur kleine Netze mit 1024 Knoten betrachtet.

Ein anderer wesentlicher Aspekt, der bei den vorgestellten Ansätzen nur unzureichend berücksichtigt wird, ist die Sicherheit der P2PSIP-Architektur. Die bisher vorgeschlagenen Sicherheitslösungen für P2PSIP, einschließlich des momentan in der IETF entwickelten RELOAD-Protokolls, setzen alle eine zentrale vertrauenswürdige Instanz voraus, um registrierte Namen effektiv zu schützen. Vollständig dezentrale Sicherheitsmechanismen wurden für dieses Anwendungsszenario bisher nicht betrachtet.

Daher werden in dieser Arbeit einerseits umfangreiche *Studien zur Wahl eines geeigneten Overlay-Protokolls* durchgeführt sowie andererseits *Sicherheitsmechanismen* entwickelt, um auch in vollständig dezentralen Netzen einen zuverlässigen IP-Telefoniedienst zu erbringen.

4. Overlay-Framework OverSim

Ein zentrales Problem bei der Erforschung von Peer-to-Peer-Systemen stellt die Evaluation neuer Protokolle dar. Im Rahmen dieser Dissertation wurde in Zusammenarbeit mit weiteren Kollegen das Overlay-Framework *OverSim* [10][11][12] auf Basis von *OMNeT++* [157] entwickelt, das eine Reihe von Anforderungen erfüllt, die von bisherigen Simulationswerkzeugen vernachlässigt wurden. Eine herausragende Fähigkeit von OverSim ist beispielsweise die Wiederverwendbarkeit der Protokollimplementierungen sowohl für die Simulation als auch für die Evaluierung in echten Netzen. Das Overlay-Framework wird in dieser Arbeit zur Wahl eines geeigneten strukturierten Overlay-Protokolls für den Namensdienst (siehe Kapitel 6) sowie für die Evaluierung der entwickelten Konzepte eingesetzt.

OverSim enthält bereits mehrere Implementierungen strukturierter und unstrukturierter Overlay-Protokolle wie beispielsweise Chord, Kademlia oder GIA. Um die Implementierung weiterer Overlay-Protokolle zu vereinfachen und eine bessere Vergleichbarkeit der Protokolle untereinander zu erzielen, werden von OverSim verschiedene gemeinsame Funktionalitäten wie eine RPC-Schnittstelle oder eine generische Lookup-Klasse für strukturierte Overlay-Protokolle bereitgestellt. Mehrere austauschbare Underlay-Modelle erlauben zudem sowohl die Modellierung komplexer, heterogener Netzstrukturen sowie die Simulation großer Netze anhand vereinfachter Modelle. Dadurch können mit OverSim Overlay-Netze mit über 100.000 Knoten simuliert werden.

Im Folgenden werden zunächst die Anforderungen aufgestellt, die ein Overlay-Simulationswerkzeug für diese Arbeit erfüllen soll. Des Weiteren werden bereits existierende Overlay-Simulatoren mit ihren jeweiligen Beschränkungen vorgestellt. Im Anschluss werden Designentscheidungen und die Architektur von OverSim dargestellt. Zum Abschluss wird eine Leistungsevaluierung des Frameworks präsentiert.

4.1   Anforderungen

Ein Overlay-Simulator sollte die vollständige Analyse und Evaluierung von Overlay-Netzen mit großer Anzahl von Knoten ermöglichen. Im Einzelnen ergeben sich die folgenden Anforderungen:

- **Skalierbarkeit:** Der Simulator soll die Möglichkeit bieten, ein Overlay-Netz mit einer großen Anzahl von Knoten in praktikabler Zeit zu simulieren.

- **Flexibilität:** Mit dem Simulator sollen sowohl strukturierte als auch unstrukturierte Overlay-Netze modelliert werden können. Der Nutzer sollte alle relevanten Simulationsparameter über eine zentrale Konfigurationsdatei angeben können. Durch Verwendung einer modularen Architektur sollte der Simulator leicht erweitert werden können, um beispielsweise das Verhalten bösartiger Knoten modellieren zu können.

- **Churn-Modelle:** Overlay-Netze zeichnen sich insbesondere durch häufige Knotenfluktuation (sogenannter Churn) aus. Aus diesem Grund sollte der Simulator verschiedene Churn-Modelle enthalten, die eine realistische Modellierung des Knotenfluktuationsverhaltens erlauben.

- **Underlay-Modellierung:** Das unter dem Overlay liegende Netzwerkmodell sollte austauschbar sein. Einerseits sollen durch die Verwendung eines stark abstrahierenden Underlay-Modells besonders große Netze simuliert werden können. Anderseits soll aber auch die detaillierte Modellierung des Netzwerk-Backbones bis auf Router-Ebene sowie drahtloser Zugangsnetztechnologien ermöglicht werden.

- **Evaluierung in echten Netzen:** Die Protokollimplementierungen sollten sowohl für die Simulation als auch für die Emulation in echten Netzen verwendet werden können. Auf diese Weise können Simulationsergebnisse mit Messungen aus Forschungsnetzwerken wie beispielsweise *PlanetLab* oder *G-Lab* verifiziert werden.

- **Statistikerfassung:** Der Simulator sollte möglichst umfassende Statistikdaten wie die benötigte Senderate, die erfolgreiche Auslieferungsrate oder die Anzahl der benötigten Routingschritte erfassen. Das Ausgabeformat der Statistikdaten soll zudem die leichte Nachbearbeitung sowie die Erstellung von Schaubildern erlauben.

- **Dokumentation:** Um die Verwendung und Erweiterung des Simulators zu erleichtern, müssen der Quellcode, die Schnittstellen sowie die Parameter ausführlich dokumentiert sein.

- **Visualisierung:** Der Simulator sollte eine interaktive, graphische Benutzeroberfläche bieten, um die Entwicklung neuer Overlay-Protokolle zu vereinfachen. Die Benutzeroberfläche sollte insbesondere zur Visualisierung der Netztopologie sowie versandter Nachrichten dienen.

4.2 Existierende Simulatoren

In den letzten Jahren wurde eine Reihe von Overlay-Simulatoren veröffentlicht. Zu den bekanntesten Simulatoren gehören:

P2PSim [75] ist ein in C++ geschriebener, diskreter Ereignissimulator für strukturierte Overlay-Netze. Der Simulator enthält sieben Protokollimplementierungen inklusive der etwas aktuelleren Protokolle Koorde [66] und Kademlia [13]. Der Simulator bietet mehrere Underlay-Modelle, die jedoch alle nur eine abstrakte Modellierung des Netzes erlauben und somit beispielsweise keine heterogenen Netzzugänge simuliert werden können. P2PSim ist zudem weitgehend undokumentiert und dadurch nur schwer zu erweitern.

Overlay Weaver [137] ist ein in Java geschriebenes *Overlay-Konstruktionswerkzeug*, das zur schnellen und einfachen Entwicklung neuer Overlay-Protokolle und Anwendungen verwendet werden kann. Overlay Weaver enthält einen sogenannten *Distributed Environment Emulator*, der mehrere Instanzen einer Java-Applikation auf einem einzelnen Rechner starten und verwalten kann. Dadurch können mit Overlay Weaver Emulationen mit bis zu 4000 Knoten durchgeführt werden. Da die Emulationen jedoch in Echtzeit laufen müssen und keine Statistikdaten gesammelt werden, ist der Nutzen von Overlay Weaver als Simulator sehr beschränkt.

PlanetSim [53] ist ein objektorientiertes Simulationsframework für Overlay-Netze und -Anwendungen in Java. Das Framework basiert auf einer modularen Architektur und verwendet die *Common-API*-Schnittstelle [38]. Zusätzlich zu den Overlay-Protokollen Chord [150] und Symphony [81] stehen mehrere Dienste wie CAST und eine DHT auf der Anwendungsschicht zur Verfügung. PlanetSim bietet nur begrenzt die Möglichkeit, Statistikdaten zu erheben und hat zudem nur ein stark vereinfachtes Underlay-Modell ohne Modellierung von Bandbreiten oder Latenz. Eine Modellierung heterogener Zugangsnetze oder mobiler Knoten ist somit nicht möglich. Am Ende eines Simulationslaufs besteht die Option, die aktuelle Overlay-Topologie zu visualisieren. Eine interaktive GUI existiert jedoch nicht.

PeerfactSim [68] ist ein relativ neuer Overlay-Simulator in Java, der sich ebenfalls an der *Common-API*-Schnittstelle orientiert. Die modulare Architektur bietet ein hohes Maß an Flexibilität. Bisher sind jedoch mit GIA und Kademlia nur zwei Overlay-Protokolle verfügbar. Eine Anbindung des Simulators an echte Netze ist nicht möglich.

PeerSim [64] zählt zu den etabliertesten Overlay-Simulatoren. Der Simulator bietet zusätzlich zur üblichen ereignisbasierten Simulation einen zyklusbasierten Modus, der aufgrund des geringen Detaillierungsgrades der Simulationsmodelle sehr skalierbare Simulationen ermöglicht. Der eigentliche Simulationskern wird aus Stabilitäts- und Skalierbarkeitsgründen bewusst sehr kompakt gehalten und nicht mehr erweitert. Eine Vielzahl von Overlay-Protokollen mit dem

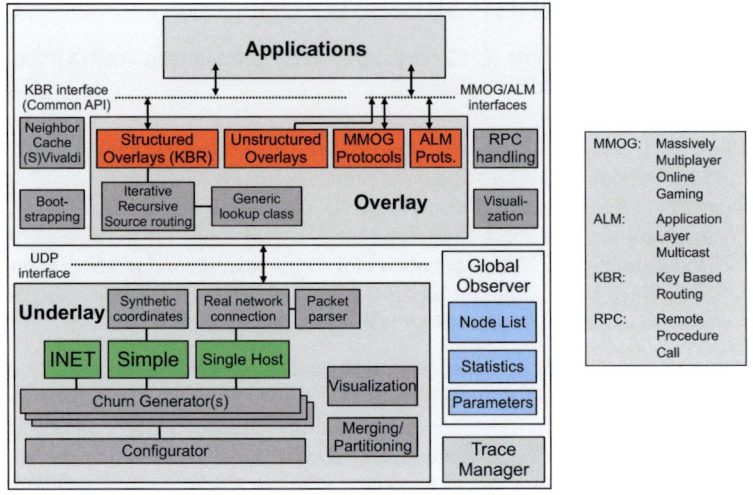

Abbildung 4.1 Modulare Architektur des Overlay-Frameworks OverSim (Darstellung ohne Anwendungskomponenten)

Fokus auf Gossip-Protokolle steht als Erweiterungspaket zur Verfügung. Der Simulator bietet keine GUI sowie keine Anbindung an echte Netze.

Einen umfassenden Überblick über Peer-to-Peer-Simulatoren bietet [96], allerdings wurden dort einige der hier vorgestellten neueren Simulatoren noch nicht berücksichtigt. Die Autoren der Studie zeigen, dass die meisten verfügbaren Simulatoren schwerwiegende Mängel aufweisen und sich daher nur sehr eingeschränkt für Forschungszwecke eignen. Da keiner der bereits existieren Simulatoren die aufgestellten Anforderungen erfüllte, wurde mit OverSim ein neuer Simulator entwickelt.

4.3   Architektur

Die Architektur von OverSim ist sehr modular gehalten, um ein hohes Maß an Flexibilität hinsichtlich des Austauschs und der Verknüpfung einzelner Komponenten zu erlauben. Einen Überblick über die Architektur gibt Abbildung 4.1. Im Folgenden werden einzelne Komponenten im Detail beschrieben.

4.3.1   Simulationskern OMNeT++

Das OverSim-Framework ist ein *diskreter Ereignissimulator* auf *Nachrichtenebene*. Das bedeutet, dass jede zu versendende Nachricht als eigenes Ereignis modelliert wird und als solches in einer zentralen Ereigniswarteschlange eingetragen wird.

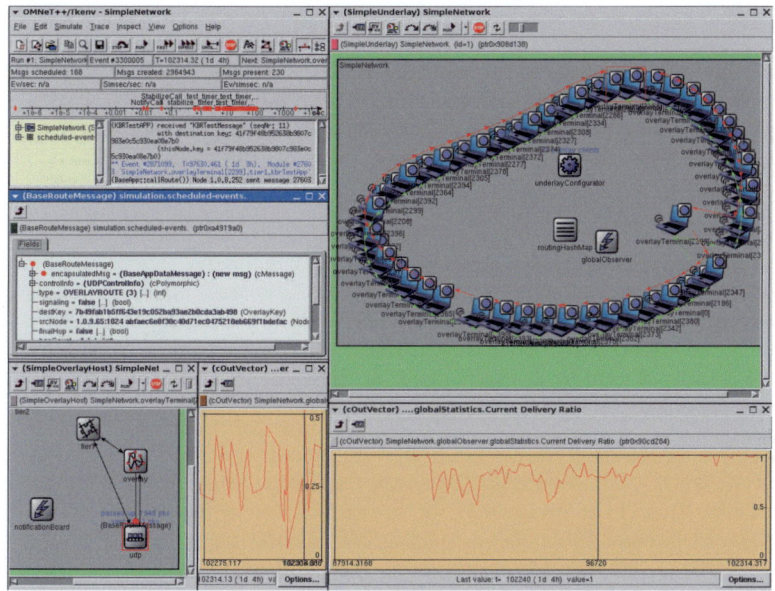

Abbildung 4.2   Screenshot der Benutzeroberfläche von OverSim

Als Simulationskern wird das Open-Source-Simulationswerkzeug OMNeT++ [157] verwendet, das für die nicht kommerzielle Nutzung frei verfügbar ist und eine Reihe von Vorteilen gegenüber anderen Ereignissimulatoren bietet.

Insbesondere die Umsetzung der modularen OverSim-Architektur wird durch Verwendung von OMNeT++ stark vereinfacht. Mit Hilfe der Beschreibungssprache *NED* können Module definiert und miteinander verknüpft werden. Module sind in OMNeT++ entweder *Compound Modules*, die aus mehreren anderen Modulen zusammengesetzt werden oder *Simple Modules*, deren Funktionalität direkt in C++ implementiert wird. Die Module kommunizieren untereinander durch versenden von Nachrichten über sogenannte *Channels*.

Nachrichten werden in OMNeT++ mit Hilfe einer eigenen Beschreibungssprache definiert. Ein Nachrichtengenerator erzeugt aus kompakten Nachrichtendefinitionen C++-Klassen, die dann bei Bedarf durch den Entwickler erweitert werden können.

Als weitere Eigenschaft bietet OMNeT++ bereits eine graphische Benutzeroberfläche, die eine Visualisierung von Knoten, Nachrichten und Netztopologie ermöglicht. Zur Fehlersuche können zudem der Nachrichteninhalt sowie die Zustandsvariablen in den Modulen inspiziert werden. Für große Simulationsläufe lässt sich die GUI deaktivieren. Abbildung 4.2 zeigt einen Screenshot der OverSim-Benutzeroberfläche.

4.3.2   Underlay-Modelle

OverSim enthält mehrere austauschbare Underlay-Modelle[1], die sich hinsichtlich
der Skalierbarkeit aufgrund unterschiedlicher Abstraktionsgrade unterscheiden. Im
Folgenden werden die drei implementierten Modelle *Simple-Underlay*, *Inet-Underlay*
und *Single-Host-Underlay* kurz vorgestellt.

4.3.2.1   Simple-Underlay-Modell

Das *Simple-Underlay*-Modell ermöglicht die effiziente Simulation großer Netze auf
Nachrichtenebene (*message level simulation*). Im Gegensatz zur Modellierung auf
Paketebene (*packet level simulation*) wird von der Netzwerkschicht und darunter liegenden Schichten abstrahiert. In diesem Modell werden Nachrichten direkt zwischen
zwei Overlay-Knoten ausgetauscht und dabei abhängig vom Kanalmodell verzögert
oder verworfen.

Um eine Verzögerung von Nachrichten so zu modellieren, wie sie für das heutige
Internet typisch sind, werden Messdaten aus dem Skitter-Projekt [62][80] verwendet.
In diesem Projekt wurden innerhalb der letzten 10 Jahre kontinuierlich Laufzeitmes-
sungen im Internet durchgeführt. Anhand dieser Laufzeitmessungen von mehreren
geographisch verteilten Messstationen zu einer großen Anzahl von Endsystemen
können jedem Endsystem synthetische Koordinaten in einem mehrdimensionalen
Euklidischen Raum zugeordnet werden. Auf diese Weise lassen sich effizient mit n
Koordinaten alle n^2 Latenzen zwischen beliebigen Endsystemen approximieren.

Zusätzlich zur Ausbreitungsverzögerung d_{AB} zwischen zwei Knoten A und B mit
$d_{AB} = c \cdot \|A - B\|_2$ werden auch Verzögerungen durch die jeweilige Zugangsnetz-
technologie modelliert. Um auch heterogene Zugangsnetze modellieren zu können,
werden daher jedem Knoten A zusätzlich zu seinen synthetischen Koordinaten ein
logisches Zugangsnetz mit den Eigenschaften Zugangsnetzverzögerung d_A, Uplink-
Bandbreite b_up_A, Downlink-Bandbreite b_down_A sowie die Bitfehlerwahrscheinlichkeit bep_A zugewiesen. Die Ende-zu-Ende-Verzögerung d_e für eine Nachricht der
Länge l, die von A an B geschickt wird, ergibt sich dann als

$$d_e = d_A + \frac{l}{b\_up_A} + c \cdot \|A - B\|_2 + d_B + \frac{l}{b\_down_B}$$

wobei c eine Konstante abhängig vom gewählten Koordinatensystem darstellt. Mit
der Wahrscheinlichkeit

$$(1 - (1 - bep_A)^l (1 - bep_B)^l)$$

wird die Nachricht aufgrund von Übertragungsfehlern verworfen.

---

[1] Als *Underlay* wird das physische Netzwerk bezeichnet, über das Peer-to-Peer-Anwendungen
Nachrichten miteinander austauschen können und so eine logische *Overlay-Topologie* über dem
Underlay aufbauen.

Auf diese Weise können alle wesentlichen Eigenschaften des Underlays mit einem einzelnen Simulationsereignis mit Ankunftszeitpunkt $t_{send} + d_e$ modelliert werden. Um die Effekte einer Sendewarteschlange zu modellieren, wird für jede versendete Nachricht der Zeitpunkt $t_{txFinishedA}$, an dem die Warteschlange auf Knoten A leer wird, wie folgt aktualisiert:

$$t_{txFinishedA} = max(t_{txFinishedA}, t_{send}) + \frac{l}{b\_up_A}$$

Unter Berücksichtigung von Warteschlangeneffekten ergibt sich somit die Ankunftszeit der Nachricht auf Knoten B als

$$t_{txFinishedA} + c \cdot \|A - B\|_2 + d_B + \frac{l}{b\_down_B}$$

Soll zusätzlich die Sendewarteschlange für den Downlink vom Zugangsnetzrouter zu Knoten B modelliert werden, ist die Verwendung von zwei Simulationsereignissen notwendig. In diesem Fall wird zunächst nur der Ankunftszeitpunkt der Nachricht am Zugangsnetzrouter von B berechnet und die Nachricht mit der berechneten Ankunftszeit in die Ereigniswarteschlange des Simulators eingetragen. Analog zum Zustand $t_{txFinishedA}$ wird auf Knoten B ein Zustand $t_{rxFinishedB}$ gehalten, der den Zeitpunk angibt, an dem die Sendewarteschlange der Zugangsnetzrouters im Downlink wieder frei wird. Sobald die Nachricht am Zugangsnetzrouter von B ankommt, wird die Nachricht ein zweites Mal in die Ereigniswarteschlange mit der endgültigen Ankunftszeit eingetragen:

$$t_{rxFinishedB} + d_B + \frac{l}{b\_down_B}$$

Abhängig vom Simulationsszenario muss die Abwägung erfolgen, ob die Modellierung der Sendewarteschlange des Zugangsnetzrouters von Knoten B wesentlichen Einfluss auf das Underlay-Modell hat und somit der zusätzliche Aufwand in Form eines zweiten Simulationsereignisses erforderlich ist. In allen Fällen wird aus Effizienzgründen ein idealisiertes *Backbone* ohne Stausituationen angenommen.

Kleinere Firmennetzwerke sind in den meisten Fällen nicht redundant an das Internet angebunden. Durch den Verlust der Außenanbindung kommt es somit zur *Partitionierung* des Underlays sowie des Overlays. Nach Wiederherstellung der Außenanbindung werden somit Verfahren benötigt, um getrennte Overlay-Partitionen wieder zu verschmelzen. Zur Evaluierung solcher Szenarien können im Simple-Underlay Knotengruppen gebildet werden. Mittels einer Szenarioeingabedatei kann in diesem Fall die Konnektivität zwischen Knoten aus unterschiedlichen Knotengruppen zeitweise eingeschränkt werden, um Effekte auf die Overlay-Topologie zu untersuchen.

Zusammenfassend bietet das Simple-Underlay-Modell die effiziente Modellierung realistischer Verzögerungen, mit der Möglichkeit heterogene Zugangsnetztechnologien mit asymmetrischen Bandbreiten zu verwenden und dennoch nur $\mathcal{O}(n)$ Zustand[2] halten zu müssen. Durch einfache Zuweisung neuer Koordinaten, neuer Zugangsnetzeigenschaften und einer neuen IP-Adresse bietet das Modell schließlich auch eine einfache Möglichkeit, Knotenmobilität zu modellieren.

4.3.2.2 Single-Host-Underlay-Modell

Das *Single-Host-Underlay* ermöglicht den Einsatz unmodifizierter Overlay-Protokollimplementierungen von OverSim in echten Netzen wie beispielsweise dem PlanetLab-Forschungsnetzwerk. In diesem Szenario emuliert jede OverSim-Instanz nur einen einzelnen Knoten. Anstatt innerhalb einer OverSim-Instanz über ein simuliertes Underlay miteinander zu kommunizieren, kommunizieren mehrere OverSim-Instanzen über ein echtes Netzwerk miteinander.

Die Verwendung von OverSim in echten Netzen unterscheidet sich in mehreren Aspekten von einer Simulation. Im Simulationsmodus werden Ereignisse aus der Ereigniswarteschlange so schnell wie möglich abgearbeitet. Somit ist die Simulationszeit von der Realzeit entkoppelt. Für das Single-Host-Underlay wird daher der OMNeT++-Scheduler durch einen eigenen Scheduler ersetzt, der Ereignisse erst zum Ankunftszeitpunkt in der Realzeit aus der Ereigniswarteschlange holt. Dadurch ergibt sich im Idealfall[3] eine Synchronisation zwischen Simulationszeit und Realzeit.

Zwischen der Abarbeitung der Ereignisse aus der Warteschlange wird über die Betriebssystemschnittstelle auf eingehende Nachrichten vom echten Netzwerk gewartet. Jede empfangene Nachricht wird zunächst in eine OMNeT++-Nachricht konvertiert und dann wie reguläres Simulationsereignis behandelt. Zur Serialisierung der Nachrichten wird auf OMNeT++-Methoden zurückgegriffen, die ursprünglich zum Nachrichtenaustausch für verteilte Simulationen entworfen wurden.

4.3.2.3 Inet-Underlay-Modell

Das *Inet-Underlay* basiert auf dem *INET-Framework* [156], das eine umfangreiche Sammlung von Internet-Protokollmodellen einschließlich IP, ICMP, UDP und TCP enthält. Dadurch ermöglicht das *Inet-Underlay* die Modellierung des Underlay-Backbones auf Routerebene mit allen Protokollschichten oberhalb der Sicherungsschicht. Für die Verbindung zwischen Routern sowie die Verbindung zwischen Router und Endgerät lassen sich separate Kanaleigenschaften wie die Bandbreite, die Verzögerung und die Bitfehlerwahrscheinlichkeit definieren.

Im Gegensatz zum Simple-Underlay können mit dem Inet-Underlay die Effekte von Overlay-Knoten im Backbone sowie Zugangsnetzrouter mit Overlay-Funktionalität modelliert werden. Solche Overlay-Knoten können vom Netzbetreiber bereitgestellt werden, um schmalbandig angebundene Endgeräte vom Overlay-Verkehr zu entlasten

---

[2]Falls für jede mögliche Knotenpaarung die Latenz direkt gespeichert würde, müsste in einem Netz mit n Knoten $\mathcal{O}(n^2)$ Zustand gehalten werden. Dies ist für große Netze nicht praktikabel.

[3]Sofern die Rechenressourcen nicht ausreichen um ein Ereignis abzuarbeiten, bevor das nächste Ereignis in der Warteschlange fällig wird, kann die Simulationszeit zeitweise hinter die Echtzeit zurückfallen

und um mit Hilfe von Topologieadaptionsmechanismen eine effiziente Annäherung von Overlay- und Underlay-Topologie zu erzielen. Des Weiteren lassen sich mit dem Inet-Underlay Stausituationen in den Backboneroutern modellieren, was mit dem Simple-Underlay nicht möglich ist. Schließlich enthält das INET-Framework ein IEEE 802.11 MAC-Modell, so dass die Wechselwirkung von Overlay-Verkehr über ein geteiltes, drahtloses Zugangsmedium untersucht werden kann.

Analog zum Single-Host-Underlay kann das Inet-Underlay zusätzlich in Verbindung mit echten Netzen verwendet werden, sofern mehrere Knoten mit einer einzelnen OverSim-Instanz emuliert werden sollen. Über ein spezielles Router-Modul werden Daten aus dem emulierten Netzwerk über ein *TUN-Interface* des Betriebssystems ins echte Netz geleitet. Das TUN-Interface bietet Anwendungsprogrammen die Möglichkeit, beliebige IP-Pakete vom Netzwerk abzugreifen und einzuspielen. Somit können unter Verwendung des Inet-Underlay in Kombination mit einem TUN-Interface mehrere Knoten mit unterschiedlichen IP-Adressen in einer OverSim-Instanz emuliert werden. Dies kann beispielsweise für Demonstrationszwecke eingesetzt werden, um zusätzlich zu den real vorhandenen Overlay-Knoten eine Reihe weiterer Knoten in einer einzelnen OverSim-Instanz zu emulieren und mittels der OverSim-Benutzeroberfläche Protokollabläufe anschaulich darzustellen.

Der Nachteil des Inet-Underlay liegt in der hohen Komplexität der Modellierung. Während mit dem Simple-Underlay die Auslieferung einer Nachricht mit einem einzelnen Simulationsereignis modelliert wird, entstehen im Inet-Underlay pro Router auf dem Weg zwischen zwei Overlay-Knoten jeweils fünf Ereignisse für die Modellierung von Ein- und Ausgangswarteschlangen sowie für die IP-Wegewahl. Selbst bei kleinen Backbone-Topologien mit wenigen Routern müssen so um den Faktor $10 - 100$ mehr Ereignisse abgearbeitet werden, wodurch der Rechenaufwand um ein Vielfaches steigt (siehe Leistungsevaluierung in Abschnitt 4.4). Durch verschiedene Leistungsverbesserungen am INET-Framework (u.a. die konsequente Verwendung von Hashtabellen für IP-Routingtabellen) sind mit kleinen Backbone-Topologien dennoch Simulationen mit bis zu 100.000 Knoten realisierbar.

Da alle der genannten Underlay-Modelle die gleiche UDP-Schnittstelle zur Verfügung stellen, ist ein flexibler Austausch des Underlay-Modells möglich ohne Änderungen an der Overlay-Implementierung vornehmen zu müssen.

4.3.3   Churn-Modelle

Ein charakteristisches Merkmal von vielen Peer-to-Peer-Systemen stellt der ständige Wechsel der am Overlay beteiligten Knoten dar. Diese Knotenfluktuation wird als Churn bezeichnet. Für die Modellierung des Churn-Verhaltens werden in der Literatur verschiedene Modelle vorgeschlagen, die großteils auf Beobachtungen des Nutzerverhaltens in Dateitauschbörsen beruhen.

OverSim besitzt eine Reihe von Churn-Modellen, die einfach ausgetauscht und miteinander kombiniert werden können. Das *LifetimeChurn*-Modell ordnet dabei jedem neu beitretenden Knoten eine zufällige Lebenszeit $t_{lifetime_1}$ nach einer vorgegebenen

Verteilungsfunktion zu. Nach Ablauf seiner Lebenszeit verlässt der Knoten für eine ebenfalls zufällige Totzeit $t_{deadtime_1}$ das Netz, um dann mit neuer Lebenszeit $t_{lifetime_2}$ erneut beizutreten. Dieser Vorgang wiederholt sich periodisch mit wechselnden Lebens- und Totzeiten. Beobachtungen in Dateitauschbörsen haben gezeigt, dass ein Großteil der Knoten das Overlay nach kurzer Zeit wieder verlässt, während wenige Knoten sehr lange im Overlay verbleiben. Der Median der beobachteten Lebenszeiten schwankt zwischen den einzelnen Studien stark im Bereich von wenigen Minuten bis zu einer Stunde [117]. Als Verteilungsfunktionen zur Modellierung der Lebenszeit werden unter anderem Exponential-, Pareto- und Weibull-Verteilungen vorgeschlagen. Insbesondere Studien [147][152] über Beobachtungen im *Kad*-Dateitauschnetzwerk kommen übereinstimmend zu dem Ergebnis, dass Lebenszeiten durch eine Weibull-Verteilung mit Parameter $k \approx 0{,}5$ angenähert werden können.

Das *ParetoChurn*-Modell beruht auf einer in [164] vorgeschlagenen *zweistufigen* Lebenszeitberechnung. In diesem Modell werden zunächst für jeden Knoten A die individuellen *Erwartungswerte* $E_A(t_{lifetime})$ sowie $E_A(t_{deadtime})$ anhand einer Pareto-Verteilung bestimmt. Im zweiten Schritt werden dann, wie beim *LifetimeChurn*-Modell, die einzelnen $t_{lifetime_i}$ und $t_{deadtime_i}$ anhand einer Pareto-Verteilung, die durch die zuvor für diesen Knoten bestimmten Erwartungswerte parametrisiert ist, ermittelt. Im Gegensatz zum *LifetimeChurn*-Modell zeigt beim *ParetoChurn*-Modell somit ein Knoten bei jedem Wiederbeitritt bezüglich der Lebenszeit ein ähnliches Verhalten. Wie in [164] gezeigt wird, lässt sich zudem für den initialen Knotenbeitritt in der Netzaufbauphase für jeden Knoten eine individuelle Restlebenszeit bestimmen, sodass die übliche Einschwingphase zu Beginn einer Simulation für das *Pareto-Churn*-Modell kürzer ausfällt als für das *LifetimeChurn*-Modell. Allerdings ist die Berechnung der Restlebenszeit an die Verwendung der Pareto-Verteilung gebunden, während die bereits erwähnten neueren Studien eine bessere Approximation durch Verwendung einer Weibull-Verteilung erzielen.

Das *TraceChurn*-Modell bietet die Möglichkeit das Churn-Verhalten über eine Szenariodatei festzulegen. Diese enthält eine Liste von Tupeln der Form *(Zeitpunkt, NodeID, Ereignis)*. Zusätzlich zu den beiden Churn-Ereignissen *JOIN* und *LEAVE* können unter anderem auch Lookups initiiert werden (*LOOKUP)* sowie Daten in der DHT gespeichert (*PUT*) und abgefragt werden (*GET*). Das Churn-Modell *RandomChurn* bietet schließlich die Möglichkeit, in festen Intervallen einen zufälligen Knoten zu entfernen, hinzuzufügen oder in ein anderes Zugangsnetz zu migrieren.

Für komplexe Szenarien können in OverSim mehrere Churn-Generatoren gleichzeitig verwendet werden. Pro Churn-Generator können Eigenschaften der zu erzeugenden Knoten wie beispielsweise Protokollparameter spezifiziert werden. So kann beispielsweise ein Szenario modelliert werden, in welchem ein Netzbetreiber eine feste Anzahl ständig verfügbarer, leistungsfähiger Overlay-Knoten stellt und dynamisch weitere Overlay-Knoten durch Endsysteme der Benutzer mit exponentialverteilten Lebenszeiten hinzugefügt werden.

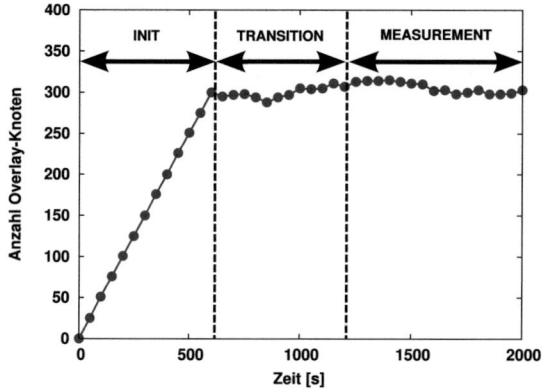

Abbildung 4.3 Anzahl der Knoten im zeitlichen Verlauf einer Simulation

Eine Simulation läuft mit OverSim in mehreren *Phasen* ab. Zur Verdeutlichung dieser Phasen ist in Abbildung 4.3 der zeitliche Verlauf der Netzgröße dargestellt, der anhand der Ergebnisse eines exemplarischen OverSim-Laufs erzeugt wurde.

In der *Init-Phase* erzeugt zunächst jeder Churn-Generator alle *initPhaseCreationInterval* Sekunden einen neuen Knoten, bis jeweils *targetOverlayTerminalNum* Knoten erzeugt wurden. Ab diesem Zeitpunkt werden Knoten entsprechenden dem verwendeten Churn-Modell hinzugefügt und entfernt. Sobald alle Churn-Generatoren die initiale Erzeugung von Overlay-Knoten abgeschlossen haben, beginnt die *Transition-Phase*. In diese Übergangsphase wirken sich noch Effekte aus der von schnellen Knotenbeitritten geprägten Init-Phase aus. Daher werden zunächst noch keine Statistikdaten erfasst, bis sich das Netz stabilisiert hat. In der sich anschließenden *Measurement-Phase* erfolgt schließlich die Erfassung aller Statistikdaten. Nach Abschluss dieser Phase wird die Simulation beendet.

4.3.4 Overlay-Protokolle

Für OverSim wurde eine Reihe von Overlay-Implementierungen entwickelt. Neben den strukturierten Overlay-Protokollen mit logarithmischem Knotengrad wie Chord [150][84], Pastry [127][102], Kademlia [85][91] und Bamboo [117][108] sind auch die Protokolle Koorde [66][128] und Broose [51][128] mit konstantem Knotengrad implementiert, die beide auf De-Bruijn-Graphen basieren. Einen weiteren Schwerpunkt stellen Overlay-Protokolle zur Verbreitung von Ereignisnachrichten in Peer-to-Peer-Multiplayer-Spielen (*virtuelle Welten*) dar. Hier sind Implementierungen für VAST [60], QuON [2] und ein Publish-/Subscribe-Overlay [163] vorhanden. Zu Vergleichszwecken steht neben den oben erwähnten strukturierten Overlays mit GIA [30][103] schließlich auch eine Implementierung eines unstrukturierten Overlay-Protokolls zur Verfügung.

Um die Implementierung neuer Overlay-Protokolle zu vereinfachen und um die Vergleichbarkeit verschiedener Implementierungen zu verbessern, werden die folgenden gemeinsam benötigten Funktionalitäten protokollunabhängig von OverSim bereitgestellt:

- RPC-Dienst zur Nachrichtenverwaltung

- Auffinden von Bootstrap-Knoten

- Erfassung von Statistikdaten

- Generische *iterative* und *rekursive* Routingverfahren

- Visualisierung der Overlay-Topologie

- Verfahren zur Topologieadaption (Vivaldi [36] und GNP [98])

Der *RPC-Dienst (Remote Procedure Call)* bietet verschiedene Mechanismen zur einfachen Verwaltung asynchroner Nachrichtenübertragung. Für versendete Nachrichten wird automatisch ein Zustand gehalten, der verwendet wird, um eingehende Antworten zuordnen zu können und um auf Fehler reagieren zu können. Im Fall eines Nachrichtenverlusts übernimmt der RPC-Dienst automatisch Sendewiederholungen und informiert das Overlay über auftretende Zeitüberschreitungen. Da die effiziente und schnelle Erkennung von verlorenen Nachrichten unter anderem eine entscheidende Rolle für die Routinglatenz in strukturierten Overlay-Netzen spielt, ist es besonders wichtig, hier eine protokollunabhängige Implementierung bereitzustellen, die von allen zu vergleichenden Protokollen verwendet wird. Nur auf diese Weise lassen sich beispielsweise die Effekte unterschiedlicher Overlay-Topologien auf die Routinglatenz isoliert bewerten. Der für den Nachrichtenversand anfallende Kommunikationsaufwand wird getrennt nach Nachrichtenkategorien kontinuierlich erfasst und am Ende der Simulation als aggregierte Statistikdaten ausgegeben.

Die Weiterleitung von Nachrichten in strukturierten Overlay-Netzen erfolgt durch Greedy-Algorithmen. Anhand einer *protokollspezifischen Metrik* werden aus der lokalen Routingtabelle die nächsten Knoten zum Zielschlüssel ermittelt, um somit schrittweise näher an den für den Zielschlüssel zuständigen Knoten zu gelangen. OverSim enthält daher generische iterative und rekursive Methoden (siehe Abschnitt 6.3) zur Auffindung des Zielknotens. Die Overlay-Implementierungen müssen somit lediglich eine spezifische `findNode()`-Methode zu Verfügung stellen, die näher gelegene Knoten zum Zielschlüssel zurück liefert, sowie eine `isSiblingFor()`-Methode, die überprüft, ob der gesuchte Schlüssel in den Zuständigkeitsbereich des Knotens fällt. Anhand der Verwendung generischer Lookup-Methoden für alle sechs implementierten strukturierten Overlay-Protokolle, konnte gezeigt werden, dass eine Abstraktion auf dieser Ebene möglich ist, ohne dabei Einschränkungen bei der Protokollkonformität hinnehmen zu müssen.

Um den Einfluss bösartiger Knoten auf den Lookup-Prozess untersuchen zu können, stehen Modellierungen mehrerer Angriffe zur Verfügung. Der umfangreiche iterative Lookup-Mechanismus bietet unter anderem die Möglichkeit, parallele Anfragen

über disjunkte Pfade zu versenden und somit die Zuverlässigkeit in Gegenwart
bösartiger Knoten zu verbessern. Zudem stehen verschiedene parametrisierbare
Verfahren zu Behandlung von Knotenausfällen zur Verfügung. Analog zu obiger
Argumentation über die Vorteile eines generischen RPC-Dienstes reduziert sich
durch Einsatz der generischen Lookup-Verfahren der Implementierungsaufwand
pro Overlay-Protokoll deutlich. Durch den Einsatz eines gemeinsamen Lookup-
Verfahrens verbessert sich die Wartbarkeit der Implementierung und reduziert sich die
Gefahr von Implementierungsfehlern, was zu einer Verbesserung der Vergleichbarkeit
führt.

Zur Fehlersuche bei der Erstellung neuer Protokollimplementierungen kann die
grafische Benutzeroberfläche von OMNeT++ eingesetzt werden. Die Oberfläche
visualisiert die zwischen Overlay-Knoten ausgetauschten Signalisierungsnachrichten
und ermöglicht die Inspektion einzelner Nachrichtenfelder. Des Weiteren können
auf den Overlay-Knoten gehaltene Zustände wie beispielsweise Routingtabellen
bei Bedarf sogar während der Simulation geändert werden. Mit Hilfe von Pfeil-
symbolen bietet OverSim dem Entwickler die Möglichkeit Overlay-Beziehungen
zwischen Knoten zu visualisieren und dadurch die Overlay-Topologie darzustellen.
Verschiedene Beispiele für die Visualisierungsfunktionalität des Frameworks zeigt
Abbildung 4.4. Neben der strukturierten Ring-Topologie von Chord und der unstrukturierten GIA-Topologie ist auch eine mit dem *Inet-Underlay* erzeugte Underlay-
Topologie abgebildet.

Jede Simulation enthält ein zentrales *Global Observer* Modul, in welchem globales
Wissen über den Simulationsablauf abgelegt wird. Das Modul wird unter anderem
verwendet, um für neu hinzukommende Overlay-Knoten einen zufälligen *Bootstrap-
Knoten* bereitzustellen, der als Eintrittspunkt in das Overlay verwendet werden kann.
Die zentrale Erfassung und Aggregation von Statistikdaten [132] erfolgt ebenfalls
in diesem Modul. Das Modul kann auch um weitere benutzerspezifische Komponenten erweitert werden. Dadurch lässt sich zum Beispiel mit globalem Wissen eine
kontinuierliche Konsistenzprüfung der Overlay-Topologie vornehmen.

Durch die Wiederverwendbarkeit gemeinsam benötigter Funktionalitäten in mehreren
Overlay-Implementierungen, können neue Overlay-Protokolle somit sehr schnell und
weniger fehleranfällig implementiert werden. Zudem wird durch die einheitliche Implementierung von Nachrichtenbehandlung, Lookup-Verfahren und Testanwendung
die Vergleichbarkeit der Overlay-Implementierungen verbessert.

4.3.5   Anwendungen

Komplexe Overlay-Anwendungen können wie in [38] vorgeschlagen als *Schichtenmodell* realisiert werden. Das bedeutet, dass eine Anwendung jeweils nur die Dienste
derjenigen Anwendung in Anspruch nehmen kann, die sich in der Architektur auf
der direkt darunter liegenden Schicht befindet. Wie in Abbildung 4.5 dargestellt, ist
dies unter anderem für die virtuelle Welten-Anwendung *SimMud* [67] der Fall. Diese

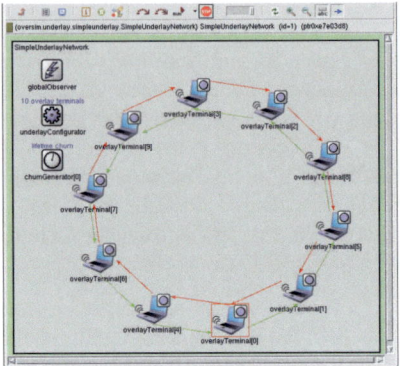

(a) Chord-Topologie

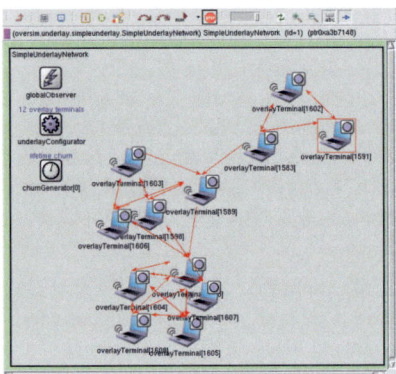

(b) GIA-Topologie

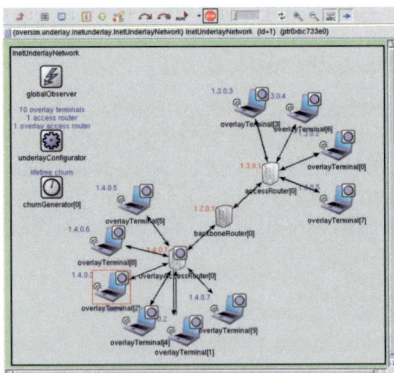

(c) Underlay-Topologie

Abbildung 4.4   Visualisierung von Underlay- und Overlay-Topologien

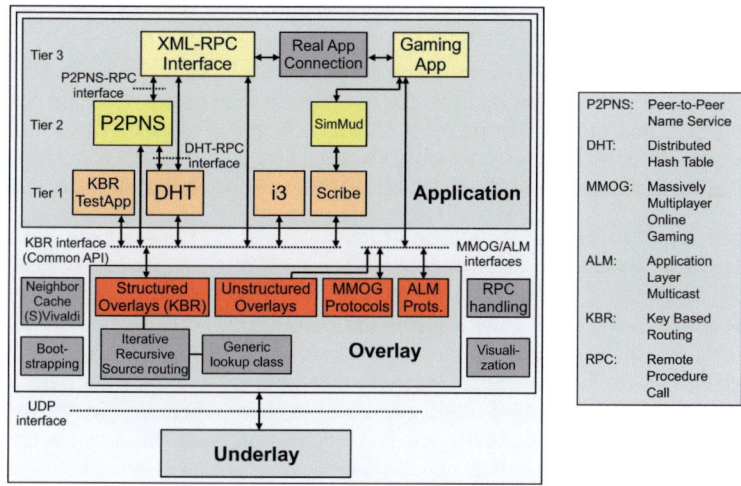

Abbildung 4.5 Modulare Architektur des Overlay-Frameworks OverSim (Darstellung ohne Underlay-Komponenten)

setzt auf den von der darunter liegenden Schicht bereitgestellten *Application-Layer-Multicast*-Dienst *Scribe* [26] auf, der wiederum das darunter liegende strukturierte Overlay-Protokoll *Pastry* [127] verwendet.

Als flexible Alternative zum Schichtenmodell bietet OverSim die Möglichkeit, Anwendungen mit einer *komponentenbasierten Architektur* zu modellieren. Im Unterschied zum Schichtenmodell, bei dem nur auf den Dienst der darunterliegenden Schicht zugegriffen wird, kann hier jede Komponente Dienste aller anderen Komponenten in Anspruch nehmen. Der im Rahmen dieser Arbeit entworfene P2PNS-Dienst nimmt beispielsweise, wie in Abbildung 4.5 dargestellt, sowohl Dienste des strukturieren Overlays (KBR) als auch Dienste der verteilten Datenablage (DHT) in Anspruch.

Die Kommunikation zwischen den Komponenten innerhalb eines Overlay-Knotens erfolgt mit dem gleichen RPC-Mechanismus, der auch zur Kommunikation mit externen Overlay-Knoten verwendet wird. Zur Adressierung wird jede Komponente mit Namen lokal am Overlay-Modul registriert. Das Overlay-Modul übernimmt das Demultiplexing empfangener RPC-Nachrichten und leitet diese an die entsprechende lokale Zielkomponente weiter. Der RPC-Mechanismus bietet somit auch die Möglichkeit, beliebige Zielkomponenten auf externen Knoten zu adressieren.

Die Kommunikation zwischen Anwendung und Overlay erfolgt über einheitliche Schnittstellen. Abhängig von der Art des Overlay-Protokolls stehen eine erweiterte *Common-API*-Schnittstelle [38], eine *Application-Layer-Multicast*-Schnittstelle sowie eine Schnittstelle für *virtuelle Welten und Gaming* zur Verfügung. Die für den P2PNS-Namensdienst relevanten Erweiterungen der Common-API-Schnittstelle werden in Kapitel 5 vorgestellt. Durch die Verwendung einheitlicher Schnittstellen lässt sich eine Overlay-Anwendung mit unterschiedlichen Overlay-Protokollen evaluieren. Wird OverSim als Emulator in echten Netzen (siehe Abschnitt 4.3.2.2) verwendet, können die Dienste eines Overlays auch von *externen Anwendungen* verwendet werden. Diese Anwendungen werden über eine XML-RPC-Schnittstelle angebunden, die an die von OpenDHT [118] eingesetzte Schnittstelle angelehnt ist.

Neben den beiden Testanwendungen *KBRTestApp* und *DHTTestApp*, die durch das periodische Versenden von Nachrichten über die KBR-Komponente beziehungsweise durch das periodisches Ablegen und Auffinden von Datensätzen über die DHT-Komponente zur Evaluierung strukturierter Overlay-Netze verwendet werden, existiert eine Reihe weiterer Anwendungen, die selbst wiederum komplexere Dienste anbieten. Die *DHT*-Anwendung [88] (siehe Abschnitt 2.2.2.2) bietet auf Basis strukturierter Overlay-Netze einen Dienst zur *verteilten Datenablage* an. Die Anwendung enthält verschiedene Datenwartungs- und Replikationsmechanismen, um auch in Netzen mit hoher Knotenfluktuation die Konsistenz abgelegter Datensätze sicherzustellen. Ein abstrahiertes Kommunikationsmodell wird mit *i3* (*Internet Indirection Infrastructure*) [149] realisiert. Die i3-Anwendung setzt auf das Chord-Protokoll auf, um Multicast-, Anycast- sowie Mobilitätsunterstützung zu bieten. Zur Evaluierung von Ereignisverteilprotokollen für virtuelle Welten verfügt OverSim zudem über die *SimpleGameClient*-Anwendung.

4.4   Leistungsevaluierung

Eine bedeutende Anforderung an einen Simulator ist die Skalierbarkeit hinsichtlich der Anzahl der Knoten. Da der Rechenaufwand für die Simulation eines Knotens von einer Reihe von Faktoren (zum Beispiel Underlay-Modell und Overlay-Parameter) abhängt, kann jeweils nur die Leistung bezüglich eines bestimmten Szenarios angegeben werden. Zur Leistungsevaluierung wurden daher die gleichen Szenarien sowohl mit *OverSim* als auch mit *P2PSim* simuliert und der Verbrauch der CPU-Zeit und des Speichers bestimmt. Der Simulator *P2PSim* wurde für den Vergleich ausgewählt, da dieser einerseits einen hohen Verbreitungsgrad für die Evaluierung strukturierter Overlay-Netze aufweist und andererseits als einziger anderer Overlay-Simulator eine mit OverSim vergleichbare Underlay-Modellierung ermöglicht. Alle Vergleichsexperimente wurden mit dem Chord-Protokoll und rekursivem Routing auf einem Opteron-Rechner mit 1.8 GHz und 8 GB Speicher durchgeführt. Der Simulationsablauf bestand jeweils aus dem Beitritt einer festen Anzahl Knoten und dem darauf folgenden periodischen Versenden von Testnachrichten an zufällige Schlüssel.

Die Evaluierung wurde sowohl mit dem Simple-Underlay-Modell wie auch dem Inet-Underlay-Modell durchgeführt. Für das Inet-Underlay-Modell wurde ein einfaches Backbone-Netzwerk bestehend aus 20 Backbone- und 20 Zugangsnetzroutern modelliert, die über 10 GBit/s-Links zufällig verbunden wurden. Für das Simple-Underlay-Modell sowie für Simulationen mit P2PSim wurde aus Gründen der Vergleichbarkeit

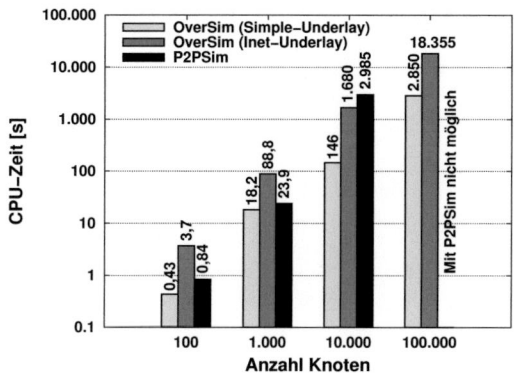

Abbildung 4.6 Einfluss der Anzahl simulierter Knoten auf die CPU-Zeit

als gemeinsamer Nenner eine konstante Verzögerung von 50 ms zwischen Overlay-Knoten gewählt.

Abbildung 4.6 zeigt die benötigte CPU-Zeit zur Simulation eines Szenarios von 1000 s abhängig von der Anzahl der simulierten Knoten. Die Simulationsgeschwindigkeit wird dabei insbesondere von der Anzahl gesendeter Nachrichten beeinflusst. In den durchgeführten Experimenten wurden alle 20 s Chord-Stabilisierungsnachrichten ausgetauscht sowie alle 120 s die Chord-Fingertabelle aktualisiert. Alle 10 s wurde zudem von der Testanwendung eine Nachricht an einen zufälligen Schlüssel versendet.

Mit beiden Simulatoren können Netze mit 1000 Knoten in wenigen Sekunden simuliert werden. Für eine größere Simulation mit 10.000 Knoten benötigt P2PSim jedoch für einen einzelnen Simulationslauf bereits 45 Minuten und ist damit um den Faktor 20 langsamer als OverSim mit dem *Simple-Underlay*. Der Versuch, ein Netzwerk mit 100.000 Knoten mit P2PSim zu simulieren führte nach mehreren Stunden aufgrund von Pufferüberläufen zu einem Absturz. Mit OverSim konnte hingegen unter Verwendung des *Simple-Underlay* ein gleicher Simulationslauf in weniger als einer Stunde erfolgreich durchgeführt werden.

Abbildung 4.6 zeigt deutlich den Einfluss des Underlay-Modells auf die Leistungsfähigkeit des Simulators. In Simulationen mit dem *Inet-Underlay* werden für jede versendete Overlay-Nachricht mehrere Ereignisnachrichten in allen durchlaufenen Backbone-Routern erzeugt. Durch die Vielzahl erzeugter Ereignisnachrichten sind Simulationen mit dem *Inet-Underlay* im untersuchten Szenario um ca. den Faktor 10 langsamer als Simulationen mit dem *Simple-Underlay*.

Der Speicherverbrauch steigt wie in Abbildung 4.7 dargestellt sowohl bei OverSim als auch bei P2Psim linear mit der Anzahl simulierter Knoten und für beide Simulatoren rund 35 kB pro Knoten, sofern für OverSim das *Simple-Underlay* verwendet wird.

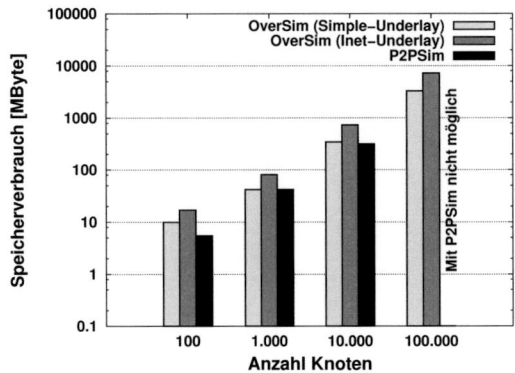

Abbildung 4.7 Speicherbedarf von OverSim und P2PSim abhängig von der Netzgröße

Das aufwändigere *Inet-Underlay* hat im Vergleich zum *Simple-Underlay* einen rund doppelt so hohen Speicherbedarf pro Knoten. Die Ergebnisse zeigen, dass OverSim geeignet ist, um auf einem Simulationsrechner mit moderaten Hardwareanforderungen selbst große Simulationen mit 100.000 Knoten durchzuführen.

4.5   Validierung

Eine wesentliche Herausforderung bei der Entwicklung eines neuen Simulators stellt die Validierung der implementierten Modelle dar. Zunächst muss sichergestellt werden, dass bei der Modellierung keine wesentlichen Aspekte vernachlässigt oder zu stark abstrahiert werden. Bei dezentralen Protokollen besteht insbesondere die Gefahr, in Simulationen auf global verfügbares Wissen zurückzugreifen, das in realen Umgebungen nicht zur Verfügung steht. In OverSim wird soweit wie möglich auf die Verwendung zentralen Wissens verzichtet. Ausnahmen stellen lediglich die Auffindung von Bootstrap-Knoten[4] sowie die Konsistenzprüfung durch Testanwendungen dar. Des Weiteren wird im *Simple-Underlay* globales Wissen verwendet, um den für eine IP-Nachricht zuständigen Empfängerknoten zu ermitteln. Bis auf die genannten Ausnahmen sind alle Overlay- und Anwendungsimplementierungen vollständig dezentral organisiert, so dass Zustände zwischen den Knoten nur über die Versendung von Signalisierungsnachrichten ausgetauscht werden können und der dadurch entstehende Bandbreitenbedarf durch das Statistikmodul automatisch erfasst wird. Diese Beschränkung ist auch erforderlich, um Protokoll-Implementierungen unmodifiziert in echten Netzen einsetzen zu können.

---

[4]Die *vollständig dezentrale* Auffindung von Bootstrap-Knoten stellt momentan noch ein offenes Forschungsthema dar.

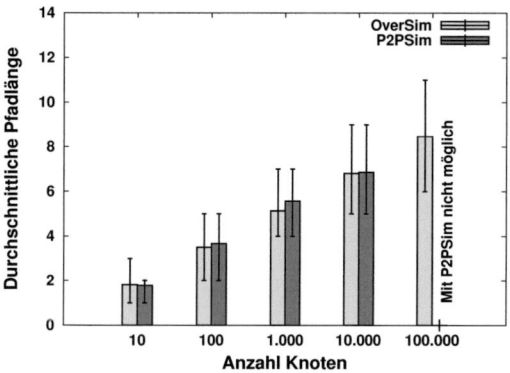

Abbildung 4.8 Durchschnittliche Pfad-Länge in Chord abhängig von der Netzgröße

Zur Validierung der Stabilisierungs- und Routingverfahren strukturierter Overlay-Protokolle wurden Nachrichten an NodeIDs von existierenden Overlay-Knoten geroutet und so kontinuierlich die Konsistenz und der Zusammenhalt der Overlay-Topologie überprüft. Für einfache Topologien (z.b. Chord-Ring) in kleinen Netzen kann die Überprüfung auch visuell über die OverSim-Benutzeroberfläche erfolgen. Zusätzlich zur Konsistenzprüfung wurde auch die durchschnittliche Pfadlänge validiert. Abbildung 4.8 zeigt die Übereinstimmung der mit OverSim und P2PSim ermittelten durchschnittlichen Pfadlänge für das Chord-Protokoll. Der mit beiden Simulatoren ermittelte Bandbreitenbedarf für den Signalisierungsverkehr liegt ebenfalls im gleichen Rahmen. Insgesamt stellt sich eine Protokollverifikation jedoch als schwierig dar, sofern keine vergleichbare Referenzimplementierung zur Verfügung steht. Für die meisten publizierten Protokollvorschläge werden diese nicht bereitgestellt.

4.6 Zusammenfassung

Das im Rahmen dieser Arbeit in Zusammenarbeit mit weiteren Kollegen entwickelte OverSim-Framework bietet eine Reihe von Eigenschaften, die von bisherigen Overlay-Simulatoren vernachlässigt wurden.

Durch die Bereitstellung gemeinsam benötigter Funktionalitäten wie Nachrichtenverwaltung, Visualisierung und generische Lookup-Verfahren können neue Protokolle schnell und weniger fehleranfällig implementiert und evaluiert werden. Durch den modularen Aufbau können zudem einzelne Komponenten flexibel erweitert oder ausgetauscht werden. Ein wesentlicher Vorteil gegenüber existierenden Simulatoren stellt die Wiederverwendbarkeit der Protokoll-Implementierungen für Evaluierungen in echten Netzen dar. Dadurch besteht die einfache Möglichkeit, die Simulationsmodelle durch Experimente in echten Netzen zu validieren.

Die große Anzahl implementierter Overlay-Protokolle sowie die umfangreiche Statistikerfassung machen OverSim zu einem hervorragenden Evaluierungswerkzeug. Der

Framework ist ausführlich dokumentiert, wird kontinuierlich weiterentwickelt und wurde als Open-Source-Projekt unter `http://www.oversim.org/` veröffentlicht. OverSim wird inzwischen national und international in Forschung und Lehre erfolgreich eingesetzt und wurde zudem im Jahr 2009 mit dem KuVS-Communication-Software-Preis ausgezeichnet.

5. Gesamtarchitektur

In diesem Kapitel wird ein Überblick über die Gesamtarchitektur des entwickelten Namensdienstes gegeben sowie die verschiedenen Schnittstellen erläutert.

Die Architektur des dezentralen Namensdienstes *P2PNS* [1] [8][7][9][91] ist *modular* aufgebaut. Dies ermöglicht die *flexible Anpassung* des Namensdienstes an unterschiedliche Anwendungsszenarien durch den Austausch einzelner Komponenten. Beispielsweise kann bei einer Anwendung im Heimbereich mit geringer Knotenanzahl ein Overlay-Protokoll mit Vollvermaschung eingesetzt werden, das aufgrund der Topologie eine Namensauflösung mit sehr kurzen Latenzen bietet. Die modulare Architektur erleichtert zudem die *Wiederverwendbarkeit* einzelner Komponenten in anderem Kontext. Zum Beispiel wird die Overlay-Komponente in dieser Arbeit als Basis für einen Dienst zur verteilten Datenablage verwendet und könnte in Kombination mit *Scribe* [26] ebenso als Gruppenkommunikationsdienst in einem anderen Szenario weiterverwendet werden.

Die in Abschnitt 3.1 vorgestellten Ansätze berücksichtigen Sicherheitsanforderungen nur unzureichend oder greifen auf zentrale Infrastrukturkomponenten als Vertrauensanker zurück. Die im Folgenden vorgestellte Architektur bezieht daher *Sicherheitsüberlegungen* von Grund auf mit ein und ist *vollständig dezentral* organisiert.

Die Architektur des Namensdienstes ist in Abbildung 5.1 dargestellt. Die beiden Kernkomponenten des Namensdienstes stellen die in Kapitel 2.2.2 beschriebenen Dienste *KBR* und *DHT* zur Verfügung. Alle Komponenten bieten ihre Dienste über eine gemeinsame, an die *Common-API* [38] angelehnte, Schnittstelle an. Da jedes

---

[1] Peer-to-Peer Name Service

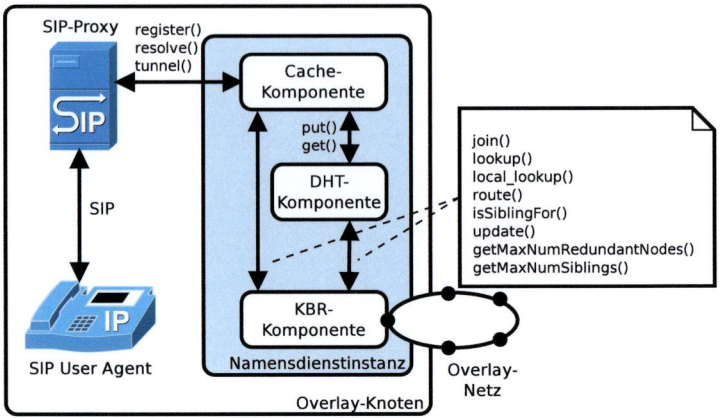

Abbildung 5.1 Architektur eines Overlay-Knotens, der am dezentralen Namensdienst *P2PNS* teilnimmt

KBR-Protokoll die gleiche Basisfunktionalität erbringt, lässt sich so unter anderem dieselbe DHT-Implementierung mit verschiedenen KBR-Implementierungen
kombinieren. Auf diese Weise kann abhängig vom Anwendungsszenario ein geeignetes KBR-Protokoll ausgewählt werden. Das Anwendungsszenario *dezentrales DNS*
erfordert zum Beispiel eine möglichst schnelle Namensauflösung.

Um die Anbindung klassischer, serverbasierter SIP-Telefone zu ermöglichen, wurde
eine Proxy-Architektur gewählt. Somit besteht jeder Overlay-Knoten aus einem *SIP
User Agent*, einem *SIP-Proxy* sowie einer Instanz des *dezentralen Namensdienstes*,
die KBR-und DHT-Dienste beinhaltet.

Im Folgenden werden zunächst die Aufgaben der einzelnen Komponenten sowie
deren Schnittstellen beschrieben.

5.1   KBR-Komponente

Die *KBR-Komponente* stellt die Basis des Namensdienstes dar. Sie stellt einen
Dienst zur effizienten *Weiterleitung von Nachrichten* über eine strukturierte Overlay-
Topologie zur Verfügung.

Jeder Knoten X in einem Overlay-Netz mit N Knoten besitzt dazu eine zufällig
gewählte *NodeID* $id_X \in \mathbb{Z}_{2^i}$. Um Kollisionen bei einer zufälligen Wahl der NodeID
unwahrscheinlich zu machen, wird üblicherweise $i = 128$ oder $i = 160$ gewählt. Die
KBR-Dienst bietet über die *route()*-Methode die Weiterleitung einer Nachricht *msg* in
$\mathcal{O}(\log N)$ Schritten an den Knoten, dessen *NodeID* nach der Metrik des verwendeten
Schlüsselraums am nächsten zum Zielschlüssel *key* mit $key \in \mathbb{Z}_{2^i}$ liegt.

Zu diesem Zweck verwaltet jeder Knoten abhängig vom jeweiligen Overlay-Protokoll eine *Routingtabelle* mit $O(1)$ oder $\mathcal{O}(\log N)$ Einträgen anderer Overlay-Knoten.

Jeder *Routingtabelleneintrag* besteht aus einem Tupel $(id_X, transAddr_X)$. Die Transportadresse *transAddr$_X$* enthält alle notwendigen Informationen, um den Knoten über das darunterliegende Transportnetz zu adressieren (in der Regel *IP-Adresse* und *UDP-Port*).

Um die Eindeutigkeit, Auffindbarkeit und Manipulationsresistenz der im Namensdienst registrierten Namen sicherzustellen, sind die folgenden wesentlichen Eigenschaften der KBR-Komponente von Bedeutung:

- Anhand der *NodeIDs* der Knoten erfolgt eine *eindeutige Aufteilung* des Schlüsselraums auf alle beteiligten Knoten.

- Die zuständigen Knoten für einen Schlüssel lassen sich in $\mathcal{O}(\log N)$ Schritten *effizient* auffinden.

Eine Alternative für die Verwendung *strukturierter* Overlay-Protokolle sind die im Abschnitt 2.2.1 eingeführten *unstrukturierten* Overlay-Protokolle. Diese bieten jedoch weder eine effiziente Adressierung einzelner Knoten noch einen effizienten Mechanismus um die Eindeutigkeit abgelegter Datensätze zu überprüfen. Daher sind diese für die Realisierung eines dezentralen sicheren Namensdienstes nicht geeignet.

Die KBR-Komponente stellt die folgende Schnittstelle bereit. Die Erweiterungen der Schnittstelle gegenüber [38] sind zur Verdeutlichung **fettgedruckt**.

- *route($\rightarrow$key, $\rightarrow$destComp, $\rightarrow$srcComp, $\rightarrow$msg, $\rightarrow$srcRoute, $\rightarrow$routingMode)*

  Durch den Aufruf von *route()* wird die Nachricht *msg* an den zum Schlüssel *key* nächstgelegenen Knoten über gegebenenfalls mehrere Zwischenschritte weitergeleitet. Über die beiden Parameter *srcComp* und *destComp* werden die Absender- und Zielkomponente innerhalb eines Knoten adressiert. Die *Common-API*-Schnittstelle verwendet im Gegensatz zu der hier vorliegenden Komponentenarchitektur ein strenges Schichtenmodell und sieht daher die Verwendung des KBR-Dienstes nur von der darüberliegenden Overlay-Anwendungsschicht vor.

  Über den Parameter *srcRoute* kann eine optionale Liste von *Transportadressen* angegeben werden, um die Nachricht zunächst über eine vordefinierte Overlay-Route zu leiten. Der Parameter *routingMode* gibt schließlich an, ob das Routing *rekursiv* oder *iterativ* erfolgen soll. Die einzelnen Routingvarianten werden in Abschnitt 6.3 näher beschrieben.

- *isSiblingFor($\rightarrow$node, $\rightarrow$key, $\rightarrow$numSiblings, $\leftarrow$result, $\leftarrow$error)*

  Über die Methode *isSiblingFor()* kann geprüft werden, ob der Knoten *node* ein sogenannter *Sibling* für den Schlüssel *key* ist. *Siblings* sind die im Schlüsselraum nächstgelegenen Knoten zu einem Schlüssel. Die Menge aller Knoten, die *Siblings* zum Schlüssel *key* sind, wird im Folgenden als $\mathscr{S}_{key}$ bezeichnet. Die Methode *isSiblingFor()* ersetzt die *Common-API*-Methode *range()*, da die

Funktionalität von *range()* von einigen Protokollvarianten (z.B. *Kademlia* [85])
nicht bereitgestellt werden kann.

Im Gegensatz zu den im *Common-API*-Ansatz definierten *r-roots* handelt es
sich bei den *Siblings* um eine *symmetrische* Nachbarschaftsbeziehung. Das
bedeutet, dass ein Knoten *A*, der sich unter den nächsten *numSiblings* Knoten
zu einem Schlüssel *key* befindet, durch seine Nachbarschaftstabelle auch alle
weiteren *numSiblings* − 1 nächsten Knoten kennt. Die *Sibling*-Nachbarschaft
ist für das in den Kapiteln 7 und 8 eingeführte Sicherheitskonzept von zentraler
Bedeutung. Über den Parameter *numSiblings* wird die Anzahl der verwendeten
Siblings spezifiziert.

Der boolsche Rückgabewert *result* liefert das Ergebnis der Prüfung zurück.
Falls der lokale Knoten nicht eindeutig bestimmen kann, ob Knoten *node* ein
Sibling für Schlüssel *key* ist, wird über den Ausgabeparameter *error* ein Fehler
zurückgegeben.

- *update(←node, ←joined)*

  Durch die *update()*-Methode signalisiert die KBR-Komponente an die DHT-
  Komponente Änderungen in der *Siblings*-Nachbarschaft des lokalen Knotens.
  Falls der Parameter *joined* den Wert *wahr* annimmt, ist Knoten *node* der Nach-
  barschaft beigetreten, anderenfalls hat er die Nachbarschaft verlassen. Diese
  Information wird von der DHT-Komponente verwendet, um die Replikation
  gespeicherter Datensätze auf neu hinzugekommene *Siblings* anzustoßen.

- *lookup(→key, →numSiblings, →routingMode, ←siblings)*

  Mit Hilfe von *lookup()* können die nächstgelegenen *numSiblings* Knoten zum
  Schlüssel *key* über gegebenenfalls mehrere Routingschritte bestimmt werden.
  Der Parameter *routingMode* spezifiziert die verwendete Routingvariante. Die
  aufgefundenen Knoten werden über den Rückgabewert *siblings* zurückgeliefert.

  Die *Common-API*-Schnittstelle bietet keine *lookup()*-Methode. Für iterative
  Routingvarianten (siehe Abschnitt 6.3.2) stellt *lookup()* jedoch gegenüber *rou-
  te()* eine effizientere Schnittstelle dar, falls nur die *Siblings* aufgefunden werden
  sollen und keine Nachricht versendet wird. Zudem bietet die *lookup()*-Methode
  dem Lookup-Initiator die Möglichkeit, alle *Siblings* zu einem Schlüssel *direkt* zu kontaktieren. Diese Eigenschaft ist insbesondere für die in Kapitel 5
  beschriebenen Sicherheitsmechanismen zur DHT-Replikation erforderlich.

- *local_lookup(→key, →num, ←nextHops)*

  Die *local_lookup()*-Methode liefert *num* Knoten aus der Routingtabelle des
  lokalen Knotens zurück, die als nächster Weiterleitungsschritt zum Schlüssel
  key geeignet sind. Wird die Methode auf Knoten *X* mit $X \in \mathscr{S}_{key}$ aufgerufen,
  werden alle *Siblings* zum Schlüssel *key* zurückgeliefert. Für *num* = −1 wird
  die maximale Anzahl verfügbarer Knoten zurückgeliefert. Der Rückgabewert
  nextHops enthält die aufgefundenen Knoten.

Die *local_lookup( )*-Methode ersetzt die drei *Common-API*-Methoden *local_-lookup( )*, *neighborSet( )* und *replicaSet( )* durch eine gemeinsame Methode.

- **join(→id)**

  Durch Aufruf der *join( )*-Methode tritt der Knoten *A* unter der NodeID id_A dem Overlay bei. Diese Methode wird benötigt, da das in Abschnitt 7.3 vorgestellte Sicherheitskonzept vorsieht, dass ein Knoten nur mittels einer kryptographisch abgesicherten *NodeID* dem Overlay beitreten darf. Der *Common-API*-Ansatz sieht hingegen vor, dass die *NodeID* vom Overlay selbst gewählt wird.

- **getMaxNumRedundantNodes(←numRedundantNodes)**

  Die Methode *getMaxNumRedundantNodes( )* liefert die maximale Anzahl der pro Routingschritt verfügbaren redundanten Knoten zurück. Der Wert ist abhängig vom eingesetzten Routingprotokoll und ist in der Regel durch Erhöhung der Redundanz in der Routingtabellen parametrierbar.

- **getMaxNumSiblings(←numSiblings)**

  Die Methode *getMaxNumSiblings( )* liefert die maximale Anzahl verfügbarer *Siblings* zurück. Analog zu *getMaxNumRedundantNodes( )* ist dieser Wert vom verwendeten Routingprotokoll abhängig.

Die Analyse geeigneter KBR-Protokolle für den Namensdienst sowie erforderliche Sicherheitsmechanismen werden im Detail in Kapitel 6 erläutert.

5.2 DHT-Komponente

Die DHT-Komponente ist für die effiziente und sichere Ablage von *(key, value)*-Paaren zuständig. Der Namensdienst speichert auf diese Weise die Zuordnung $[name_X \rightarrow location_X]$. Der für die Ablage des Namens $name_X$ verwendete Schlüssel key_X ergibt sich durch Anwendung einer Hashfunktion H:

$$key_X = H(name_X)$$

Der Schlüssel key_X muss aus demselben Schlüsselraum $\mathbb{Z}_{2^i}$ wie die *NodeIDs* der KBR-Komponente stammen.

Die gleichmäßige und eindeutige Verteilung der zu speichernden Datensätze auf alle beteiligten Overlay-Knoten erfolgt unter Verwendung der KBR-Komponente. Über die *lookup( )*-Methode der KBR-Komponente lassen sich die für die Ablage eines Datensatzes zuständigen *Siblings* auffinden. Um die Verfügbarkeit der gespeicherten Daten sicherzustellen, sind folgende Mechanismen erforderlich:

Datenreplikation Um Datenverlust durch Knotenausfälle oder bösartige Knoten zu vermeiden, wird ein Datensatz vom Urheber auf allen zuständigen *Siblings* *redundant* abgelegt.

Datenwartung Da der Urheber eines Datensatzes das Overlay-Netz zeitweise verlassen kann, sind im weiteren Verlauf die *Siblings* für den Erhalt des Datensatzes zuständig. Mit Hilfe der *update()*-Methode wird die DHT-Komponente von der KBR-Komponente über Änderungen in der Nachbarschaft informiert und kann daraufhin die Übertragung des Datensatzes auf neue *Siblings* sicherstellen.

Der DHT-Dienst wird über die folgende Schnittstelle bereitgestellt:

- *put(→key, →kind, →id, →value, →ttl)*

  Die *put()*-Methode legt den Wert *value* unter dem Schlüssel *key* mit dem Typ *kind* und der Kennung *id* in der DHT ab. Die Parameter *kind* und *id* werden für das in Abschnitt 5.6.1 beschriebene Anwendungsszenario *dezentrales DNS* benötigt und dort erläutert. Die Lebenszeit *ttl* gibt die Zeitspanne an, nach der der Datensatz aus der DHT entfernt werden soll. Das Sicherheitskonzept der DHT-Komponente sieht vor, dass die Tupel (*key*, *kind*, *id*) aller gespeicherten Datensätze *paarweise disjunkt* sind. Auf diese Weise wird die Eindeutigkeit registrierter Namen sichergestellt. Gespeicherte Datensätze können nur vom Eigentümer modifiziert oder gelöscht werden. Dies erfolgt durch erneutes Aufrufen der *put()*-Methode mit modifiziertem oder leerem Parameter *value*.

- *get(→key, →kind, →id, ←value)*

  Über die *get()*-Methode wird der unter dem Schlüssel *key* mit dem Typ *kind* und Kennung *id* gespeicherte Datensatz abgerufen und dessen Wert *value* zurückgeliefert. Dazu werden zunächst über die *lookup()*-Methode der KBR-Komponente die zuständigen *Siblings* ermittelt. In einem zweiten Schritt werden die gespeicherten Replikate des Datensatzes von allen *Siblings* abgerufen und mittels eines Mehrheitsentscheides der wahrscheinlichste Wert ermittelt und zurückgeliefert.

Für den Namensdienst geeignete Replikations- und Wartungsmechanismen sowie detaillierte Sicherheitsbetrachtungen zur DHT-Komponente werden in Kapitel 8 vorgestellt.

5.3   Cache-Komponente

Der Namensdienst verfügt über eine *Cache*-Komponente, um die Auflösung wiederholt angefragter Namen zu beschleunigen und den anfallenden Signalisierungsverkehr zu minimieren. Die Komponente enthält zudem den in Abschnitt 5.5 beschriebenen zweistufigen Namensauflösungsmechanismus. Schließlich stellt die Cache-Komponente über die beiden Methoden *register()* und *resolve()* die Schnittstelle zu externen Anwendungen bereit. Für das Anwendungsszenario *ID/Locator-Split* steht zudem die Methode *tunnel()* zur Verfügung.

Der Namendienst wird durch die Cache-Komponente über die folgende Schnittstelle bereitgestellt:

- *register(→name, →location, →kind, →id, →cache_ttl)*

  Die *register()*-Methode dient zur Registrierung eines Namens *name*. Über den Parameter *location* wird eine Zuordnung zum aktuellen Aufenthaltsort des Benutzers angelegt oder aktualisiert. Die Struktur des *location*-Parameters ist abhängig vom Anwendungsszenario des Namensdienstes. Für dezentrale IP-Telefonie entspricht er der *Contact URI* des Teilnehmers. Die Parameter *kind* und *id* geben den Typ sowie eine eindeutige Kennung für den Datensatz an und werden für das in Abschnitt 5.6.1 beschriebene Anwendungsszenario *dezentrales DNS* benötigt. Der Parameter *cache_ttl* gibt die maximal erlaubte Zwischenspeicherungsdauer für die Namenszuordnung an. Nach Ablauf der Zwischenspeicherungsdauer wird eine Namenszuordnung aus dem Cache gelöscht.

- *resolve(→name, →kind, →id, ←location)*

  Über die Methode *resolve()* wird der Name *name* mit dem Typ *kind* und der Kennung *id* zum aktuellen Aufenthaltsort *location* des Benutzers aufgelöst. Befindet sich bereits ein gültiger Namenseintrag im lokalen Cache, wird diese Zuordnung zurückgeliefert. Anderenfalls wird der in Abschnitt 5.5 beschriebene Algorithmus zur Namensauflösung über die KBR- und DHT-Komponenten verwendet. Die so erhaltene Namenszuordnung wird an die Anwendung zurückgeliefert und zudem im Cache zwischengespeichert.

- *tunnel(→addr, →msg)*

  Die Methode *tunnel()* wird für das in Abschnitt 5.6.2 beschriebene Anwendungsszenario *ID/Locator-Split* verwendet. Anhand des Identifikators *addr* wird eine virtuelle Verbindung zu einer weiteren Instanz des Namensdienstes aufgebaut und an diese die Nachricht *msg* weitergeleitet.

5.4   Proxy für dezentrale IP-Telefonie

In diesem Abschnitt wird die Anwendung des Namensdienstes zur Realisierung eines dezentralen IP-Telefonienetzes auf Basis des in Abschnitt 2.1 eingeführten SIP-Protokolls [124] beschrieben. Ziele der Architektur sind zum einen die einfache Integration *unmodifizierter* SIP-Endgeräte sowie zum anderen ein einfacher Übergang zwischen serverbasierten SIP-Netzen und P2PSIP-Netzen. Diese Ziele können durch die in Abbildung 5.1 dargestellte *Proxy-Architektur* erreicht werden.

Nach dieser Architektur besteht jeder P2PSIP-Knoten aus einem *SIP User Agent*, einem *P2PSIP-Proxy* und dem dezentralen Namensdienst. Der lokale *P2PSIP-Proxy* erfüllt die Funktion eines *SIP Location Server*, der über die *register()*- und *resolve()*-Methoden des dezentralen Namensdienstes eine *AoR* zur aktuellen *Contact URI* auflöst. Für den lokal angebundenen *SIP User Agent* ist die dezentrale Namensauflösung somit vollkommen transparent.

Um einen einfachen Übergang zwischen serverbasierten SIP-Netzen und P2PSIP-Netzen zu ermöglichen, werden *P2PSIP-AoR* nach folgendem Schema vergeben:

$$sip : username@p2psipdomain$$

Der Bezeichner *p2psipdomain* dient zur Identifikation des Overlay-Netzes, in welchem der Benutzername *username* registriert ist. Durch *DNS SRV Records* [56] für die Domäne *p2psipdomain* können somit mehrere Gateway-Knoten für das P2PSIP-Overlay bekanntgemacht werden. Ein *SRV Record* für einen SIP-Proxy, der UDP verwendet, beginnt mit dem Namenspräfix *_sip._udp.* und enthält die maximale *Cachehaltezeit* in Sekunden, die *Priorität*, ein *Gewicht*, den *SIP-Port* sowie den *Name des SIP-Proxy*. Ein Eintrag für die Domäne *p2pname.org* könnte beispielsweise wie folgt aussehen:

```
_sip._udp.p2pname.org._86400_IN_SRV_5_0_5060_gw1.kit.edu.
_sip._udp.p2pname.org._86400_IN_SRV_5_0_5060_gw2.kit.edu.
```

Möchte eine Nutzer aus einem klassischen SIP-Netz nun den P2PSIP-Nutzer *bob* mit der *AoR sip:bob@p2pname.org* kontaktieren, führt der SIP UA zunächst einen DNS-SRV-Lookup für die Domäne *_sip._udp.p2pname.org* durch. Da die beiden eingetragenen Gateway-Knoten die gleiche Priorität *5* besitzen, wird zufällig einer der beiden Knoten ausgewählt und ein *SIP INVITE* an dessen UDP-Port 5060 gesendet. Auf diesen Port hört der lokale P2PSIP-Proxy und stößt nach Empfang der INVITE-Nachricht die dezentrale Namensauflösung für den Namen *bob* an. Die Gateway-Funktionalität kann aufgrund der Proxy-Architektur von jedem P2PSIP-Knoten erbracht werden.

Neben der in Abbildung 5.1 dargestellten Architektur kann sowohl die Verbindung zwischen *SIP User Agent* und *SIP-Proxy* als auch die Verbindung zwischen *SIP-Proxy* und dezentralem Namensdienst über ein Netzwerk erfolgen. Somit ist beispielsweise auch der Betrieb eines dezentralen P2PSIP-Netzes durch einen Internetprovider denkbar, der seinen Kunden anbietet, deren *SIP User Agents* direkt an die vom Provider betriebenen P2PSIP-Proxies anzubinden.

5.5 Namensauflösung

Die Auflösung von *Namen* zur *Lokation* kann entweder *einstufig* oder *zweistufig* erfolgen. Jeder Knoten wählt sich hierzu einmalig seine *NodeID* unter der er dem Overlay beitritt. Diese *NodeID* behält der Knoten auch bei, falls sich seine IP-Adresse aufgrund von Mobilität ändert oder er das Overlay zeitweise verlässt. Die KBR-Komponente ermöglicht nun, mittels eines *lookup()*-Aufrufs, die effiziente Auflösung der *NodeID* zur aktuellen IP-Adresse eines Knoten.

Würde im P2PSIP-Szenario eine *AoR* der Form *sip:NodeID@overlaydomain* gewählt, so könnte ein P2PSIP-Proxy allein unter Verwendung der KBR-Komponente

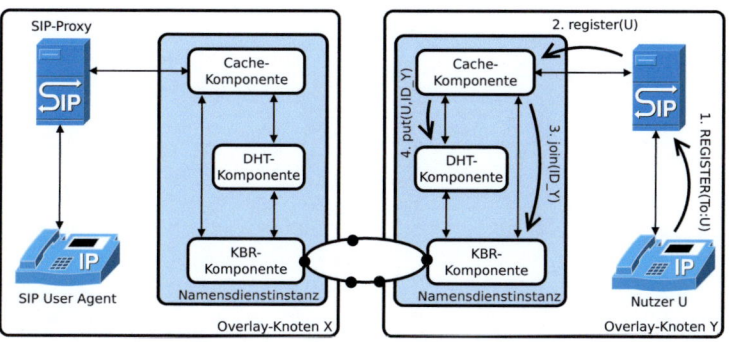

Abbildung 5.2 Registrierung einer AoR mit zweistufigem Ansatz

ein *SIP-INVITE* an den Ziel-Proxy weiterleiten ohne die DHT-Komponente in Anspruch nehmen zu müssen. Da jedoch die Verwendung der *NodeID* als Name der Anforderung widerspricht dem Nutzer die freie Wahl eines beliebigen Namens zu ermöglichen, wird zusätzlich noch eine Zuordnung [*name → NodeID*] über die DHT-Komponente dezentral im Overlay abgelegt. Somit erfordert die Namensauflösung in einem ersten Schritt zunächst die Auflösung des Namens zur NodeID des Zielknotens über die DHT-Komponente. In einem zweiten Schritt wird diese NodeID über die KBR-Komponente zur Zieladresse des Knotens aufgelöst.

Anstelle der zweistufigen Namensauflösung ist ebenso ein direktes Ablegen der Zuordnung [*name → location*] in der DHT möglich. Aufgrund der in Kapitel 8 beschriebenen erforderlichen Sicherheitsmechanismen ist das Ablegen und Verändern von Daten in der DHT jedoch relativ kommunikationsaufwändig, da die Datensätze auf einer Vielzahl von Knoten repliziert werden müssen. Wird der zweistufige Ansatz verwendet, ist eine spätere Aktualisierung des Datensatzes jedoch im Regelfall nicht erforderlich, da sich die Zuordnung [*name → NodeID*] nicht ändern. Ein Wechsel der IP-Adresse wirkt sich daher nur auf die KBR-Komponente aus, wodurch das Verfahren wesentlich effizienter wird. Die zweistufige Namensauflösung entspricht somit einer Trennung zwischen *Identifikator* und *Lokation* eines Knotens.

Nachteile der zweistufigen Namensauflösung sind die erhöhte Latenz sowie ein höherer Kommunikationsaufwand zur Auflösung eines Namens im Vergleich zur einstufigen Variante.

Der Ablauf einer Namensregistrierung im P2PSIP-Szenario ist in Abbildung 5.2 dargestellt. Im ersten Schritt schickt der *SIP User Agent* des Nutzers mit dem Namen *U* eine *REGISTER*-Nachricht an seinen lokalen P2PSIP-Proxy. Dieser stößt über den Aufruf von *register(U)* die Registrierung des Namens an. Sofern die lokale Instanz des Namensdienstes noch nicht mit dem Overlay verbunden ist, tritt diese unter der NodeID id_Y dem Overlay bei. Abschließend erfolgt im dritten Schritt die Ablage der Zuordnung [$U → id_Y$] in der DHT.

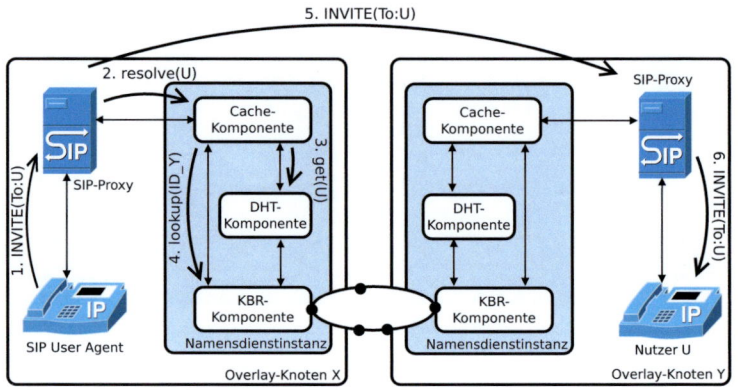

Abbildung 5.3 Namensauflösung mit zweistufigem Ansatz

Möchte der Nutzer an Knoten *X* (wie in Abbildung 5.3 dargestellt) eine Verbindung zu Nutzer *U* aufbauen, schickt der *SIP User Agent* von *X* zunächst eine INVITE-Nachricht an seinen lokalen P2PSIP-Proxy. Daraufhin stößt dieser durch Aufruf von *resolve(U)* die Namensauflösung an. Sofern sich der Name nicht bereits im Cache befindet, wird über die DHT-Komponente die dem Nutzer *U* zugeordnete NodeID abgefragt. Im nächsten Schritt wird die erhaltene NodeID durch die KBR-Komponente zur IP-Adresse von Knoten *Y* aufgelöst. Abschließend kann die INVITE-Nachricht über den P2PSIP-Proxy von Knoten *Y* an den *SIP User Agent* von *U* weitergeleitet werden.

5.6   Weitere Anwendungsszenarien

Neben dem Anwendungsszenario *dezentrale IP-Telefonie* existieren noch eine Reihe weiterer Anwendungsszenarien, in denen ebenfalls die Auflösung eines Namens zur aktuellen Benutzerlokation erforderlich ist. Die Architektur des dezentralen Namensdienstes wurde so gestaltet, dass dieser für ein breites Spektrum an Anwendungen verwendbar ist. Im Folgenden werden zwei dieser Anwendungsszenarien kurz vorgestellt.

5.6.1   Dezentrales DNS

Das *Domain Name System (DNS)*[92][93] stellt einen zentralen Dienst im Internet dar, der hauptsächlich dazu verwendet wird, um von Menschen leicht zu merkende *Domainnamen* in *IP-Adressen* aufzulösen. Für die Namensauflösung wird eine *hierarchische Infrastruktur* von *Nameservern* verwendet.

Der Namensraum ist bei DNS in eine Baumstruktur aufgeteilt. Jede Ebene des Baums enthält eine Reihe von *Resource Records*, die Datensätze für einen bestimmten Domainnamen darstellen. Ein *Domainname* besteht aus mehreren Zeichenketten, die durch einen Punkt voneinander getrennt werden. Jede Zeichenkette stellt eine Ebene der Baumstruktur dar, wobei die am weitesten rechts stehende Zeichenkette die Wurzel des Baums repräsentiert. Jeder Nameserver ist für ein oder mehrere *Zonen* zuständig, die Teilbäume des Namensraums darstellen. Die oberste Zone (*root zone*) wird von 13 sogenannten *Root-Servern* verwaltet.

Die Durchführung der Namensauflösung auf den Endsystemen erfolgt durch den *DNS Resolver*, der durch iterative Nameserver-Anfragen schrittweise in der Baumstruktur hinabsteigt, bis ein Nameserver erreicht wird, der für den aufzulösenden Domainnamen zuständig ist. Zusätzlich existiert eine Variante, in der die schrittweise Auflösung des Domainnamens durch den Nameserver übernommen wird (*recursive query*).

Im Unterschied zum hierarchischen Namensraum bei DNS stellt der hier entworfene dezentrale Namensdienst einen *flachen Namensraum* bereit. Ein Domainname kann zwar weiterhin aus mehreren Zeichenketten bestehen, die durch einen Punkt voneinander getrennt sind. Dies hat jedoch in einem flachen Namensraum keine semantische Bedeutung. Die Lastverteilung erfolgt in diesem Fall durch die KBR-Komponente, die anhand des Hashwertes des Domainnamens den für die Speicherung eines *Resource Records* zuständigen Knoten ermitteln kann.

Für die Verwendung des dezentralen Namensdienstes für DNS müssen im Vergleich zum Anwendungsszenario dezentrale IP-Telefonie die folgenden zusätzlichen Anforderungen erfüllt werden:

Datensatztypen Während für dezentrale IP-Telefonie nur ein Typ von Namensregistrierungen im Namensdienst abgelegt werden muss, kann ein *Resource Record* bei DNS eine Vielzahl unterschiedlicher *Datensatz-Typen* wie *A-Record, NS-Record* oder *MS-Record* annehmen. Der Namensdienst muss somit die Ablage von Datensätzen mit unterschiedlichem Typ ermöglichen.

Mehrfache Datensätze Bei DNS können unter dem gleichen Domainnamen mehrere Datensätze mit unterschiedlichem Typ sowie für bestimmte Typen auch mehrere Datensätze mit gleichem Typ existieren. Der Namensdienst muss somit die Ablage mehrer Datensätze unter gleichem Namen ermöglichen. Zudem soll die effiziente Auflösung *aller* Datensätze (*RR-Set)* unter einem bestimmten Namen möglich sein (*ANY query*).

Aufgrund dieser Anforderungen bietet die Schnittstelle des Namensdienstes für die Methoden *register()* und *resolve()* die Möglichkeit, mit dem Parametern *kind* den Typ des Datensatzes anzugeben. Des Weiteren steht ein Parameter *id* zur Verfügung, der es erlaubt, unter dem gleichen Namen und Typ mehrere Datensätze (mit unterschiedlichen Werten für *id*) abzulegen. Über das Tupel (*name, kind, id*) kann jeder Datensatz weiterhin eindeutig spezifziert werden. Dies ist beispielsweise zur gezielten Löschung eines Datensatzes erforderlich.

Eine einfache Möglichkeit, einen dezentralen DNS-Dienst umzusetzen, besteht in der Erweiterung eines Nameservers um eine Schnittstelle zum Namensdienst P2PNS.

Dieser Nameserver wird dann auf jedem beteiligten Overlay-Knoten betrieben und ist für Anwendungen völlig transparant, so dass diese ohne Modifikation weiterverwendet werden können. In Abschnitt 10.2.3 wird die Implementierung eines solchen Prototyps beschrieben.

5.6.2 ID/Locator-Split

Ein Nachteil der heutigen Internet-Architektur stellt die doppelte Semantik der verwendeten *hierarchischen IP-Adressen* dar. Diese werden sowohl verwendet um ein *Endgerät* eindeutig zu *identifizieren*, als auch um die aktuelle *Lokation* des Endgerätes zu beschreiben und somit eine effiziente Vermittlung von Paketen zu ermöglichen. In einer Reihe von Veröffentlichungen (u.a. [94][48][3]) wird hingegen vorgeschlagen, für die Adressierung von Endgeräten eine Trennung in einen ortsunabhängigen *Identifikator* sowie einen ortsgebundenen *Lokator* vorzunehmen.

Dies hat den Vorteil, dass für den Anwender zur Adressierung der aktuelle Aufenthaltsort des Endgeräts nicht bekannt sein muss, sondern stets der unveränderliche *Identifikator* verwendet werden kann. Des Weiteren führt eine Änderung des *Lokators* aufgrund von Mobilität des Endgerätes nicht zu einem Abbrechen der Verbindung, wie es bei der Verwendung von IP-Adressen als *Identifikator* momentan der Fall ist.

Mit der in Abschnitt 5.5 beschriebenen zweistufigen Namensauflösung wird das Konzept zur Trennung von *Identifikator* und *Lokator* in der Architektur des Namensdienstes bereits umgesetzt und kann daher auf einfache Weise auch von Anwendungen des Namensdienstes genutzt werden. Der *Identifikator* stellt in diesem Fall die *NodeID* eines Knoten dar, während als *Lokator* weiterhin *IPv4-* oder *IPv6-Adressen* verwendet werden.

Damit der Dienst auch transparent von unmodifizierten Anwendungen verwendet werden kann, wird der Identifikator nach außen als *IPv6*-Adresse dargestellt. Zu diesem Zweck wird der für solche Anwendungsszenarien vorgesehene *IPv6 Orchid-Präfix* [100] verwendet, dessen Adressen im Internet nicht vermittelt werden, sondern nur lokal gültig sind.

Da eine *IPv6-Adresse* als Identifikator für einen Menschen nur schwer zu merken ist, wird mit dem zuvor beschriebenen Ansatz für dezentrales DNS ein *AAAA-Record* im Namensdienst abgelegt, der von einem frei wählbaren Namen auf die *IPv6-Identifikatoradresse* des Endgeräts verweist. Nach der Auflösung eines Namens zur *IPv6-Identifikatoradresse* sendet eine unmodifizierte Anwendung reguläre *IPv6-Pakete* an den *Identifikator*. Alle IPv6-Pakete mit ORCHID-Präfix werden der Cache-Komponente des Namensdienstes zugeführt und dort an die Methode *tunnel()* übergeben.

In der Cache-Komponente wird daraufhin überprüft, ob zu dem gegebenen *Identifikator* bereits der aktuelle *Lokator* bekannt ist. Falls nicht, wird dieser zunächst durch einen Aufruf von *lookup()* über die KBR-Komponente ermittelt und in der Cache-Komponente als *virtuelle Verbindung* eingetragen. Falls zwischen den Endgeräten aufgrund von *NAT-Routern* keine direkte Kommunikation möglich ist, wird anhand des in Abschnitt 9.2 beschriebenen Verfahrens eine *Source-Route* als Lokator ermittelt. Daraufhin wird das IPv6-Paket in eine *Tunnel-Nachricht* eingekapselt und anhand des Lokators an die Namensdienstinstanz des Zielgeräts versendet. Auf diesem wird das IPv6-Paket von der Cache-Komponente ausgepackt und an die Anwendung übergeben.

Für jede im Namenscache hinterlegte virtuelle Verbindung werden periodisch *Ping-Call*-Nachrichten (siehe Abschnitt 7.2.1.3) an die Gegenstelle gesendet, um zu überprüfen, dass diese unter dem im Cache hinterlegten Lokator weiterhin erreichbar ist. Falls die Gegenstelle nicht antwortet, wird erneut ein *lookup()* über die KBR-Komponente durchgeführt, um im Fall eines Adresswechsels den neuen Lokator zu ermitteln. Zusätzlich wird beim Empfang einer *PingCall*-Nachricht anhand der Absenderadresse überprüft, ob sich der Lokator der Gegenstelle geändert hat und gegebenenfalls der Eintrag im Cache aktualisiert.

Die Architektur erlaubt somit den Aufbau einer Kommunikationsverbindung anhand eines frei wählbaren Namens unabhängig vom Aufenthaltsort des Nutzers und bei eingeschränkter Konnektivität durch einen NAT-Router. Zudem bleibt bei einem Wechsel der IP-Adresse die Verbindung erhalten.

Für dieses Anwendungsszenario wurde ebenfalls ein Prototyp entwickelt, der in Abschnitt 10.2.4 beschrieben wird.

5.7 Zusammenfassung

In diesem Kapitel wurde die Architektur des entworfenen Namensdienstes *P2PNS*, einschließlich der verwendeten Schnittstellen, vorgestellt. Eine Instanz des Namensdienstes besteht aus drei Komponenten:

- Das Overlay-Protokoll der *KBR-Komponente* erstellt eine strukturierte Overlay-Topologie und erlaubt die gezielte Auffindung eines Knotens.

- Die *DHT-Komponente* bietet die dezentrale Ablage von Namen unter Verwendung der KBR-Komponente.

- Die *Cache-Komponente* beschleunigt die wiederholte Auflösung eines Namens.

Durch die *modulare Architektur* kann beispielsweise mit geringem Implementierungsaufwand das verwendete Overlay-Protokoll ausgetauscht werden. Dadurch kann der Namensdienst leicht an die speziellen Anforderungen eines Anwendungsszenarios angepasst werden.

Die Schnittstelle zwischen KBR-Komponente und DHT-Komponente basiert auf der *Common-API*-Schnittstelle [38]. Da diese für bestimmte KBR-Protokolle nicht geeignet ist (z.B. range()-Methode für Kademlia) und teilweise benötigte Funktionalität fehlt (z.B. Durchführung von Lookups), werden mehrere *Erweiterungen der Schnittstelle* vorgeschlagen. Die Erweiterungen sind unabhängig vom Namensdienst für alle Peer-to-Peer-Anwendungen geeignet, die einen KBR- oder DHT-Dienst benötigen.

Die flexible Architektur des Namensdienstes ermöglicht verschiedene Anwendungs-szenarien, von denen drei in diesem Kapitel vorgestellt wurden. Für das Szenario *dezentrale IP-Telefonie* wird eine *Proxy-Architektur* verwendet, welche die einfache Anbindung unmodifizierter *SIP User Agents* ermöglicht. Für die beiden Szenarien *dezentrales DNS* und *ID/Locator-Split* kann durch Verwendung eines *zweistufigen Namensauflösungsverfahrens* in Netzen mit häufig wechselnden IP-Adressen eine effiziente Auffindung des Kommunikationspartners durchgeführt werden.

6. KBR-Protokollvergleich

In diesem Kapitel werden zunächst die Anforderungen dargestellt, die ein geeignetes Overlay-Protokoll für die KBR-Komponente des Namensdienstes erfüllen muss. Im Anschluss werden eine Reihe bekannter KBR-Protokolle vorgestellt und hinsichtlich ihrer Effizienz im Simulator OverSim verglichen. Die daraus gewonnenen Erkenntnisse werden zur Wahl eines geeigneten Protokolls für die KBR-Komponente des Namensdienstes verwendet. Die Beschreibung der KBR-Komponente einschließlich der entworfenen Sicherheitsmechanismen erfolgt dann in Kapitel 7.

6.1 Anforderungsanalyse

Die KBR-Komponente stellt die Basisfunktionalität des Namensdienstes bereit. Einerseits wird die KBR-Komponente in der zweiten Stufe der in Abschnitt 5.5 beschriebenen Namensauflösung verwendet, um eine *NodeID* effizient zur aktuellen Transportadresse eines Knotens aufzulösen. Anderseits setzt auch die DHT-Komponente zur dezentralen Datenablage auf die Dienste der KBR-Komponente auf. Die Leistungsfähigkeit der KBR-Komponente spielt somit eine entscheidende Rolle für die Leistungsfähigkeit des Gesamtsystems.

An ein geeignetes Protokoll für die KBR-Komponente werden somit die folgenden Anforderungen gestellt:

Geringe Latenz: Um eine schnelle Auflösung von Namen zu ermöglichen, muss die KBR-Komponente einen Schlüssel in möglichst kurzer Zeit auffinden können. Dies ist insbesondere wichtig, falls der Namensdienst als dezentraler Ersatz für DNS verwendet wird, da dort mit der bisherigen Infrastruktur sehr geringe Latenzen erzielt werden.

Geringer Kommunikationsaufwand: Um die Ressourcen der Nutzer zu schonen und damit die Akzeptanz für den Betrieb des Namensdienstes zu verbessern, muss die KBR-Komponente einen möglichst geringen Kommunikationsaufwand zur Stabilisierung der Overlay-Topologie und zur Auffindung von Schlüsseln aufweisen.

Zuverlässigkeit: Die KBR-Komponente muss auch in Szenarien mit hohen Knotenfluktuationsraten eine zuverlässige Auffindung von Schlüsseln erlauben.

Skalierbarkeit: Das Protokoll der KBR-Komponente muss sowohl in kleinen Netzen als auch in Netzen mit mehreren Millionen Nutzern einen zuverlässigen und effizienten Dienst ermöglichen.

Sicherheit: Die KBR-Komponente muss Sicherheitsmechanismen aufweisen, die in Netzen mit bösartigen Knoten mit möglichst hoher Wahrscheinlichkeit die korrekte Auffindung von Schlüsseln erlaubt.

6.2 Geeignete KBR-Protokolle

In den letzten Jahren wurde eine Vielzahl von KBR-Protokollen vorgeschlagen, die sich unter anderem in ihrer Overlay-Topologie und ihren Stabilisierungsmechanismen unterscheiden. Eine Vielzahl dieser Arbeiten stellen jedoch theoretische Ansätze dar, welche die Konstruktion einer Overlay-Topologie mit minimalem Knotengrad und optimalen Netzdurchmesser zum Ziel haben. Sie haben aber beispielsweise keine praxistauglichen Algorithmen zur Stabilisierung einer solchen Topologie in hochdynamischen Netzen enthalten. In einigen Bereichen werden KBR-Protokolle jedoch inzwischen auch in der Praxis erfolgreich eingesetzt. Bislang fehlen allerdings umfassende Vergleichsstudien zur Leistungsfähigkeit dieser Protokolle (siehe Abschnitt 3.3).

Anhand einer umfangreichen Literaturrecherche wurde daher zunächst eine Vorauswahl von sieben KBR-Protokollen mit Praxisbezug getroffen:

Das Protokoll *Chord* [150] auf Basis einer Ring-Topologie zählt zu den ältesten und am häufigsten zitierten Vorschlägen für ein KBR-Protokoll. Das *Kademlia*-Protokoll [85] auf Basis einer XOR-Metrik ist das einzige KBR-Protokoll, das heutzutage im Internet bereits erfolgreich in Dateitauschbörsen mit über 10^6 Nutzern erfolgreich eingesetzt wird. Die Protokolle *Pastry* [127][24] und dessen Nachfolger *Bamboo* [117] sind ebenfalls sehr bekannt und verwenden eine Kombination aus Ring-Metrik und Präfix-Metrik. Die beiden weniger bekannten Protokolle *Koorde* [66] und *Broose* [52] basieren auf den beiden Protokollen Chord bzw. Kademlia und sollen durch Verwendung von *De-Bruijn-Topologien* den Knotengrad reduzieren. Ein weiteres Protokoll auf Basis von De-Bruijn-Graphen mit Fokus auf analytischer Beweisbarkeit der Leistungsfähigkeit ist *Distance Halving* [97]. In einer Evaluierung mit OverSim hat sich *Distance Halving* jedoch für den praktischen Einsatz als ungeeignet erwiesen (siehe [69]) und wird im Folgenden daher nicht weiter betrachtet.

Beschreibung	Bezeichner
Anzahl der Overlay-Teilnehmer (Netzgröße)	N
Länge der NodeID in Bit	m
Anzahl der betrachteten Bits pro Routingschritt (*bits per digit*)	b
Faktor für redundante Routingtabelleneinträge	k, k'
Anzahl der in einem Routingschritt zurückgelieferten Knoten	r
Anzahl paralleler Lookup-Anfragen	α

Tabelle 6.1 Vereinheitlichte Variablenbezeichner für die Protokollbeschreibungen

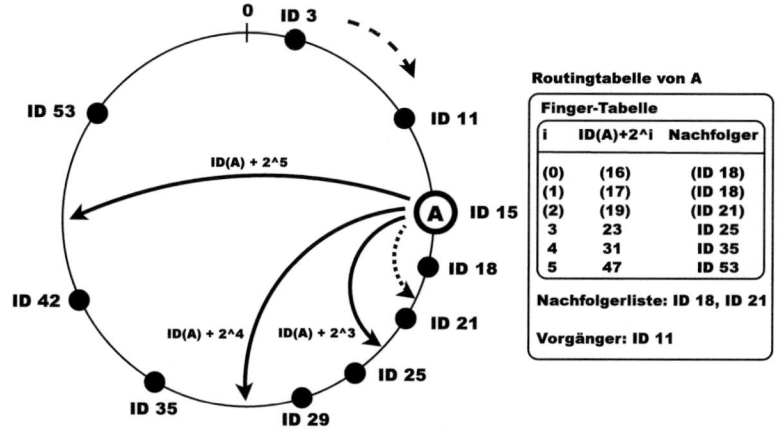

Abbildung 6.1 Chord-Ring mit Routingtabelle von Knoten A

Im Folgenden werden die genannten Protokolle vorgestellt sowie die Ergebnisse einer umfangreichen Leistungsevaluierung mit OverSim präsentiert. Um die Lesbarkeit der Protokollbeschreibungen zu verbessern, werden, anstelle der in den jeweiligen Publikationen verwendeten Variablenbezeichner, die in Tabelle 6.1 dargestellten *vereinheitlichten* Bezeichner verwendet.

6.2.1 Chord

Bei *Chord* [150][84] werden alle Knoten anhand ihrer *NodeID* aus $\mathbb{Z}_{2^m}$ wie in Abbildung 6.1 dargestellt logisch auf einem Ring modulo 2^m angeordnet. Die Zuständigkeit für einen Schlüssel k liegt bei dem ersten Knoten, dessen *NodeID* gleich k ist oder der als nächster Knoten im Uhrzeigersinn auf dem Ring folgt. Dieser Knoten wird als *successor*(k) bezeichnet.

Damit ein Knoten feststellen kann, ob er für einen Schlüssel k zuständig ist, muss er seinen aktuellen Vorgängerknoten (*predecessor*) auf dem Ring kennen. Das Routing entlang des Rings erfolgt bei Chord grundsätzlich nur im Uhrzeigersinn. Jeder Knoten verwaltet dazu eine Liste von *Nachfolgerknoten* auf dem Ring. Sofern jeder Knoten seinen aktuellen Nachfolgerknoten kennt, kann durch Weiterleitung der Nachricht im Uhrzeigersinn jeder Schlüssel in $\mathcal{O}(N)$ Schritten gefunden werden. Um den Suchaufwand auf $\mathcal{O}(\log N)$ Schritte zu reduzieren, verwaltet jeder Knoten zusätzlich noch eine *Finger-Tabelle* mit $\mathcal{O}(\log N)$ Einträgen. Der i-te Eintrag in der Tabelle eines Knoten X enthält den Knoten F, dessen *NodeID* mindestens 2^i von der eigenen *NodeID* entfernt ist, also $F = successor((id_X + 2^i) \mod 2^m)$. Durch Verwendung der Finger-Tabelle kann der Abstand zum gesuchten Schlüssel k in jedem Schritt halbiert werden, womit sich eine Pfadlänge von $\mathcal{O}(\log N)$ ergibt. Chord unterstützt sowohl rekursive wie iterative Lookups (siehe Abschnitt 6.3).

In Abbildung 6.1 ist ein Beispiel für die Routingtabelle des Knotens A mit $id_A = 15$ in einem Netz mit NodeIDs der Länge $m = 6$ dargestellt. In diesem Beispiel wird eine Nachfolgerliste von zwei Knoten verwendet. Somit kennt Knoten A seinen Vorgänger mit *NodeID* 11 sowie die beiden Nachfolger mit den *NodeIDs* 18 und 21. Die ersten drei Einträge in der *Finger-Tabelle* fallen noch in die Nachfolgerliste und müssen daher nicht zusätzlich gespeichert werden. Die Finger-Tabelle enthält somit nur drei Knoten mit den *NodeIDs* 25, 35 und 53.

Zum Netzbeitritt sendet ein Knoten X zunächst eine *JOIN*-Nachricht über einen Bootstrap-Knoten B. Von B wird die Nachricht schrittweise bis an $successor(id_X)$ weitergeleitet. Dieser Knoten Y antwortet X mit seiner NodeID id_Y und wird daraufhin von X als Nachfolgerknoten eingetragen.

Um neue beigetretene Knoten in die Routingtabellen aufzunehmen, sendet jeder Knoten K in einem periodischen Intervall eine *STABILIZE*-Nachricht an seinen Nachfolger N und fragt ihn nach dessen aktuellem Vorgänger V. Falls V zwischen K und N liegt, ist V kürzlich dem Netz beigetreten und wird von K als neuer Nachfolger eingetragen. Im Anschluss sendet K noch eine *NOTIFY*-Nachricht an seinen aktuellen Nachfolger, damit dieser gegebenenfalls K als neuen Vorgänger eintragen kann. Zusätzlich sendet jeder Knoten periodisch eine *CHECK_PREDECESSOR*-Nachricht an seinen Vorgänger um ausgefallene Knoten zu erkennen. Zum Aufbau und zur Stabilisierung der Finger-Tabelle werden ebenfalls in periodischen Intervallen *FIX_FINGER*-Nachrichten an alle $\mathcal{O}(\log N)$ $successor((id_X + 2^i) \mod 2^m)$ mit $i = 0, .., m-1$ geroutet, die nicht in den Bereich der Nachfolgerliste fallen.

Zur Beschleunigung eines Lookup schlagen die Autoren die Verwendung einer *erweiterten Finger-Tabelle* vor. Dazu werden in der Antwort auf eine *FIX_FINGER*-Nachricht zusätzlich Knoten aus der Nachfolgerliste des jeweiligen Finger-Knotens übertragen und mittels *PING*-Nachrichten die Latenz zu diesen Knoten bestimmt. Für das Routing stehen nun pro Finger-Eintrag mehrere Alternativen zur Verfügung, so dass jeweils die topologisch günstigste Alternative gewählt werden kann (sogenanntes *Proximity Routing*, kurz *PR* [24]) und somit die Latenz des Lookups reduziert wird.

6.2.1.1   Implementierungsentscheidungen und Erweiterungen von Chord

Der in [150] beschriebene Knotenbeitrittsprozess hat den Nachteil, dass sich nach dem Beitritt eines Knotens X zunächst eine inkonsistente Ringtopologie ergibt, die erst mit dem Ablauf des periodischen Stabilisierungsprotokolls auf dem Vorgänger-knoten von X wiederhergestellt wird. Die Evaluierung des Knotenbeitrittsprozesses hat ergeben, dass dieses insbesondere beim schnellen Netzaufbau und in Netzen mit hoher Knotenfluktuationsrate zu Nachrichtenverlusten führen kann.

Um den Knotenbeitrittprozess zu beschleunigen wurde dieser daher um folgende Schritte erweitert:

- Der Empfänger Y der *JOIN*-Nachricht setzt seinen Vorgängerzeiger sofort auf den beitretenden Knoten X

- Der Empfänger Y teilt dem beitretenden Knoten X in der Antwort auf die *JOIN*-Nachricht seinen ursprünglichen Vorgänger V mit, worauf X den Knoten V als Vorgänger einträgt.

- Der Empfänger Y sendet eine zusätzliche *NEW_SUCCESSOR_HINT*-Nach-richt an seinen Vorgänger V, der daraufhin X als neuen Nachfolger einträgt.

Durch das erweiterte Knotenbeitrittsverfahren ist bereits nach einer Paketumlaufzeit[1] der beitretende Knoten X integriert und eine vollständig konsistente Topologie wiederhergestellt.

In [150] wird zudem offen gelassen, ob bei Verwendung eines *iterativen Lookups* (siehe Abschnitt 6.3.2) in jedem Routingschritt mehrere *redundante Knoten* zurück-geliefert werden. Durch die Rückgabe redundanter Knoten kann der Lookup-Prozess fortgesetzt werden, falls der nächstgelegene Knoten auf dem Pfad ausgefallen ist. In der Evaluierung werden daher redundante Knoten durch Verwendung der erweiterten Finger-Tabelle sowie Knoten aus der Nachfolgerliste zurückgeliefert, sofern diese zur Verfügung stehen.

Des Weiteren wird in [150] nicht festgelegt, ob bei der Verwendung der *rekursiven* Lookup-Variante *Bestätigungen* eingesetzt werden sollen (siehe Abschnitt 6.3.1.3). Für die Evaluierung werden daher beide Varianten betrachtet. Falls Bestätigungen verwendet werden und eine Bestätigung ausbleibt, wird der betroffene Knoten aus der Routingtabelle entfernt und ein alternativer Knoten verwendet. Dies wird in dieser Form in [150] ebenfalls nicht beschrieben.

6.2.2 Koorde

Das Protokoll *Koorde* [66][128] setzt auf die Ringstruktur und Stabilisierungsver-fahren von Chord auf. Durch die Einbettung eines *De-Bruijn-Graphen* (siehe Ab-schnitt 2.3) in die Ringstruktur benötigt Koorde im Vergleich zu Chord jedoch nur einen konstanten Knotengrad. So können Lookups in $\mathcal{O}(\log N)$ Schritten mit nur zwei Nachbarn erreicht werden. Alternativ kann durch Verwendung von $\mathcal{O}(\log N)$

---

[1]Als Paketumlaufzeit wird die Zeit bezeichnet, die eine Nachricht benötigt, um von der Quelle zum Ziel und zurück übertragen zu werden.

Nachbarn pro Knoten die Zahl der Lookup-Schritte auf $\mathcal{O}(\log N / \log\log N)$ reduziert werden.

Wie bei Chord kennt jeder Knoten seinen Vorgängerknoten auf dem Ring und verwaltet eine Nachfolgerliste. Die Zuständigkeit für einen Schlüssel k liegt ebenfalls wie bei Chord beim nächsten Nachfolgerknoten $successor(k)$ auf dem Ring. Die $\mathcal{O}(\log N)$ Einträge in der Finger-Tabelle werden durch eine konstante Anzahl von *De-Bruijn-Knoten* ersetzt.

Als *De-Bruijn-Knoten* von Knoten A wird der Knoten D gewählt, der auf dem Ring *vor* dem Schlüssel $2 \cdot id_A \mod 2^m$ liegt. Da der zweite De-Bruijn-Zeiger $2 \cdot id_A + 1 \mod 2^m$ mit hoher Wahrscheinlichkeit ebenfalls D als direkten Vorgänger auf dem Ring hat, muss somit nur ein De-Bruijn-Knoten gespeichert werden.

Der Lookup des für den Schlüssel k zuständigen Knotens $successor(k)$ erfolgt wie in Abschnitt 2.3 beschrieben durch schrittweises Linksschieben der NodeID des Lookup-Initiators. Da in Koorde der De-Bruijn-Graph aufgrund der Lücken zwischen aufeinander folgenden NodeIDs nicht vollständig besetzt ist, wird das Routing über *imaginäre De-Bruijn-Knoten* simuliert. Für jeden Schlüssel i wird der real existierende Vorgängerknoten $predecessor(i)$ durchlaufen.

procedure A.findNode$(k, kshift, i)$
  if $k \in (id_A, id_S]$ **then**
    return S
  else if $i \in (id_A, id_S]$ **then**
    return D.findNode$(k, kshift \ll 1, i \circ topBit(kshift)))$
  else
    return S.findNode$(k, kshift, i))$
  end if

Algorithmus 6.1 Koorde-Algorithmus zur Bestimmung des nächsten Routingknotens

---

Das Verfahren zur Bestimmung des nächsten Routingschritts auf Knoten A mit Nachfolger S und De-Bruijn-Knoten D ist in Algorithmus 6.1 dargestellt. Zu Beginn des Lookups wird der imaginäre Routingschlüssel i mit einem Wert aus dem Zuständigkeitsbereich des Startknotens initialisiert (für Details siehe [66]). Sofern $k \in (id_A, id_S]$, ist der Nachfolgerknoten S für den Schlüssel zuständig. Falls $i \in (id_A, id_S]$ und somit $A = predecessor(i)$, ist A der korrekte De-Bruijn-Knoten für i. In diesem Fall wird das nächste Bit von k von links in den imaginären Routingschlüssel i hineingeschoben und die Nachricht an den De-Bruijn-Knoten D weitergeleitet. Durch die zufällige Wahl der NodeIDs werden die Knoten nicht vollständig gleichmäßig auf dem Ring verteilt. Aufgrund dieser Ungleichverteilung erhält Knoten A auch Nachrichten mit $i \notin (id_A, id_S]$. Somit ist $predecessor(i)$ einer der Nachfolgerknoten von A. In diesem Fall wird die Nachricht von A an seinen Nachfolger S weitergeleitet. In [66] wird bewiesen, dass sich bei zufälliger Wahl der NodeIDs sowie bei Kenntnis des Nachfolgerknotens des De-Bruijn-Knotens ein Schlüssel in $\mathcal{O}(\log N)$ Schritten gefunden werden kann.

Statt eines *binären* De-Bruijn-Graphen mit Knotengrad 2 kann in Koorde auch ein *allgemeiner* De-Bruijn-Graph mit Knotengrad $k = 2^b$ verwendet werden. In diesem Fall werden zusätzlich zu dem Knoten *predecessor*$(2 \cdot id_A)$ dessen k Nachfolgerknoten als De-Bruijn-Knoten benötigt. Somit können in jedem Routingschritt b Bit des Routingschlüssels korrigiert werden und es ergibt sich ein Lookup-Aufwand von $\mathcal{O}(\frac{\log N}{\log k})$ Schritten.

Um die Ausfallsicherheit von Koorde zu erhöhen, müssen in den Routingtabellen zusätzliche Knoten vorgehalten werden. Bei einem Ausfall des direkten Nachfolgers kann der nächstfolgende Knoten aus der Nachfolgerliste als Ersatz verwendet werden. Um einen Ausfall des De-Bruijn-Knotens *predecessor*$(2 \cdot id_A)$ auf gleiche Weise kompensieren zu können, müsste dazu eine *Vorgängerliste* zum De-Bruijn-Knoten geführt werden. Dieses Vorgehen würde jedoch verschiedene Invarianten verletzen, die zum Beweis der Leistungsfähigkeit von Chord und Koorde benötigt werden. Stattdessen kann jedoch ein Lookup auf *predecessor*$(2 \cdot id_A) - x$, mit $x = \mathcal{O}(\frac{\log N}{N})$ durchgeführt und von diesem Knoten die Nachfolgerliste mit $\mathcal{O}(\log N)$ Knoten abgefragt werden. Für dieses Verfahren wird eine Abschätzung der Netzgröße N benötigt, die sich leicht anhand der NodeID-Verteilung der Knoten in der Nachfolgerliste berechnen lässt. Durch das Verfahren kann mit einem Knotengrad von $\mathcal{O}(\log N)$ ein gleichzeitiger Ausfall der Hälfte aller Knoten toleriert werden (Beweis siehe [66]) sowie der Routingaufwand auf $\mathcal{O}(\frac{\log N}{\log \log N})$ Schritte reduziert werden.

6.2.2.1 Implementierungsentscheidungen und Erweiterungen von Koorde

Das in Algorithmus 6.1 beschriebene Verfahren zur Ermittlung des Knotens für den nächsten Routingschritt wurde dahingehend erweitert, dass die vollständige Nachfolgerliste für das Routing verwendet wird. Sofern Knoten A, der für die Weiterleitung der Nachricht mit Schlüssel i zuständig ist, nicht *predecessor(i)* ist, wird die Nachricht an den am weitesten entfernten Knoten aus der Nachfolgerliste weitergeleitet, der noch vor i auf dem Ring liegt. Des Weiteren wird in jedem Routingschritt überprüft, ob der Schlüssel k bereits in den Zuständigkeitsbereich einer der Knoten in der Nachfolgerliste fällt (auch wenn noch $i \neq k$). In diesem Fall wird die Nachricht ebenfalls an den nächsten Knoten aus der Nachfolgerliste weitergeleitet. Durch die Verwendung der vollständigen Nachfolgerliste lässt sich die Zahl der erforderlichen Routingschritte in einigen Fällen geringfügig reduzieren.

In [66] wird außerdem kein detailliertes Verfahren zur Stabilisierung der De-Bruijn-Knoten beschrieben. Ein einfacher Lookup auf den Schlüssel $d = 2 \cdot id_A - x \mod 2^m$ führt zu dem Knoten *successor(d)*. Der De-Bruijn-Knoten von A ist *predecessor(d)*. Daher wird eine *FIX_DEBRUIJN*-Nachricht an den für d zuständigen Knoten $W = successor(d)$ geroutet und von diesem sein Vorgängerknoten D sowie die Nachfolgerliste von W zurückgeliefert. Für A ist dann D der erste und W der zweite De-Bruijn-Knoten. Die Knoten aus der Nachfolgerliste von W bilden die weiteren De-Bruijn-Knoten. Um die in Abschnitt 6.2.2 beschriebene Redundanz für den

De-Bruijn-Knoten zu erhalten und gleichzeitig weitere De-Bruijn-Knoten für ein Routing mit $b>2$ zu erhalten, wird x als der Abstand $id_{S_{l/2}} - id_A$ gewählt, wobei $S_{l/2}$ ein Knoten aus der Mitte der Nachfolgerliste von A ist. Somit steht die eine Hälfte der Knoten als Ausfallsicherheit zur Verfügung, während die andere Hälfte zur Konstruktion des allgemeinen De-Bruijn-Graphen mit Grad 2^b verwendet werden kann.

Zur Stabilisierung des De-Bruijn-Knoten D wird periodisch eine *FIX_DEBRUIJN*-Nachricht an *successor*(d) geroutet. Sofern bereits ein (eventuell veralteter) De-Bruijn-Knoten D bekannt ist, wird die Nachricht aufgrund des Zielschlüssels direkt über D versendet. Ist D unbekannt, da Knoten A beispielsweise gerade erst dem Netz beigetreten ist, würde der Lookup zunächst schrittweise über die Nachfolgerliste bis an *successor*(d) weitergereicht. Da d jedoch in großer Entfernung zu id_A auf dem Ring liegen kann, führt dies in größeren Netzen zu einer nicht praktikablen Anzahl an Routingschritten. Daher wird in diesem Fall die Nachricht zunächst schrittweise über die Nachfolgerliste weitergeleitet, bis ein Knoten mit gesetztem De-Bruijn-Zeiger erreicht wird. Dieser Knoten verwendet dann reguläres De-Bruijn-Routing, um die Nachricht weiterzuleiten.

In Netzen mit hohem Churn besteht dennoch eine hohe Wahrscheinlichkeit dafür, dass auch einer der weiteren Zwischenknoten noch keinen aktuellen De-Bruijn-Zeiger besitzt und daher eine aufwändige Weiterleitung der Nachricht über die Nachfolgerlisten erfolgen muss. Dieses Problem tritt insbesondere auf, falls ein Knoten dem Netz beigetreten ist und dieser schon in die Ringstruktur integriert wurde, ohne dass die Stabilisierung des De-Bruijn-Zeigers bereits abgeschlossen wurde.

Um die Zeitspanne zwischen dem Netzbeitritt eines Knotens A (also der Integration in die Ringstruktur) und der Stabilisierung seines De-Bruijn-Zeigers möglichst gering zu halten, erfolgt die Stabilisierung des De-Bruijn-Zeigers über den Bootstrap-Knoten B gleichzeitig mit der Integration in den Ring. Somit ist Bootstrap-Knoten B sowohl für die Weiterleitung der *JOIN*-Nachricht an *successor*(id_A) sowie für Weiterleitung der *FIX_DEBRUIJN*-Nachricht an *successor*(d) zuständig.

6.2.3 Kademlia

Kademlia [85][91] ist ein strukturiertes Peer-to-Peer-System, das aufgrund der Verwendung der *XOR-Metrik* für die Distanz zwischen Knoten im Schlüsselraum Vorteile gegenüber Protokollen wie Chord bietet. Die XOR-Operation kann zur Konstruktion einer (nicht euklidischen) Metrik verwendet werden, da XOR die Dreiecksungleichung erfüllt: $u \oplus w = (u \oplus v) \oplus (v \oplus w)$ für alle u, v, w und $x \oplus y \leq x + y$ für alle x, y. Eine weitere Eigenschaft der XOR-Metrik ist, dass für jeden Abstand $d(x, y)$ zu einer Identität x genau ein y existiert. Dies führt dazu, dass in Kademlia Suchanfragen von unterschiedlichen Knoten nach demselben Schlüssel w in der Nähe des Zielknotens auf die gleichen Pfade konvergieren. Da XOR zudem eine symmetrische Operation darstellt, erhalten Kademlia-Knoten zudem Lookup-Anfragen von denselben Knoten, die auch für eigene ausgehende Lookup-Anfragen

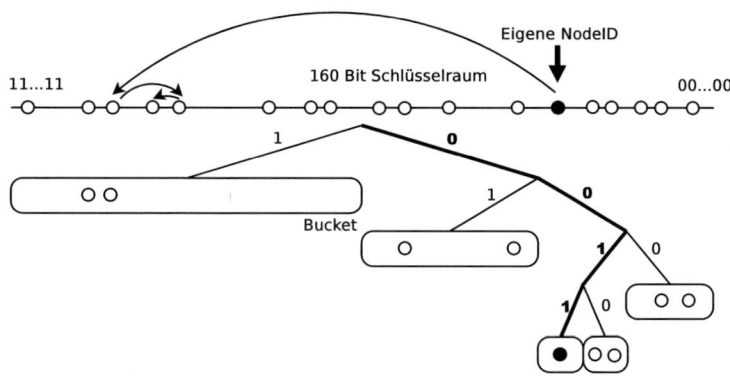

Abbildung 6.2 Kademlia-Routingtabelle für einen Knoten mit Präfix 0011

kontaktiert werden. Durch diese Eigenschaft kann der Signalisierungsverkehr zur Wartung der Routingtabellen auf ein Minimum reduziert werden, da Knoten aus eingehenden Lookup-Anfragen automatisch neue Overlay-Knoten kennenlernen können. Im Gegensatz dazu benötigt beispielsweise *Chord* aufgrund der unidirektionalen Ringtopologie ein eigenständiges Stabilisierungsprotokoll.

In Kademlia wählt jeder Knoten eine zufällige NodeID aus $\mathbb{Z}_{2^m}$ und verwaltet eine Routingtabelle mit $\mathcal{O}(\log N)$ sogenannten *Buckets*. Jeder Bucket kann bis zu k Overlay-Knoten speichern. Der Parameter k gibt den Grad der Redundanz im Overlay an. Durch ein größeres k wird das Routing durch die größere Anzahl der zur Verfügung stehenden Pfade zwischen zwei Overlay-Knoten robuster.

Die Buckets der Routingtabelle werden logisch als Binärbaum angeordnet. Zum Füllen der Routingtabelle werden den Buckets neu hinzukommende Knoten in Abhängigkeit vom kürzesten eindeutigen Präfix ihrer NodeID zugeteilt. In Abbildung 6.2 ist die Routingtabelle des Knotens A dargestellt, dessen NodeID mit 0011 beginnt. Zu Beginn besteht die Routingtabelle eines Knotens aus einem einzelnen Bucket, der den kompletten Schlüsselraum abdeckt. Sobald Knoten A einen neuen Overlay-Knoten W kennenlernt, fügt er diesen in den zum Präfix der NodeID von W zugehörigen Bucket ein. Falls dieser Bucket bereits k Knoten enthält und die eigene NodeID von A in den Bereich dieses Buckets fällt, wird der Bucket in zwei neue Buckets aufgeteilt und der neue Knoten W in den Bucket aufgenommen. Anderenfalls wird der Knoten W verworfen. Auf diese Weise wird sichergestellt, dass in den Routingtabellen ausreichend Informationen bereitstehen, um in einem Netz aus N Knoten jeden Knoten des Overlays in maximal $\mathcal{O}(\log N)$ Schritten über k alternative Pfade erreichen zu können.

Ein Problem entsteht jedoch bei einer ungleichmäßigen Verteilung der NodeIDs. In diesem Fall kann der obige Algorithmus dazu führen, dass einzelne Knoten nicht ihre vollständige *k-Nachbarschaft* kennen. Ein Beispiel dafür ist in Abbildung 6.3

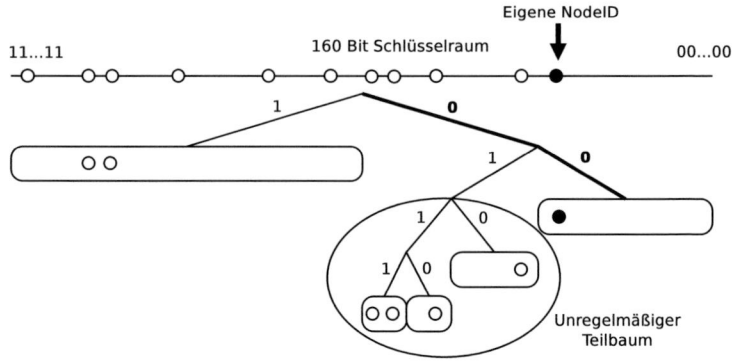

Abbildung 6.3   Unregelmäßige Kademlia-Routingtabelle

dargestellt. Die Abbildung zeigt die Routingtabelle des Knotens *A*, dessen NodeID mit dem Präfix 00 beginnt. Nach der obigen Bucket-Teilungsregel würde nur ein Bucket für den Präfix 01 mit *k* Einträgen angelegt, der nicht weiter geteilt wird. In diesem Fall könnte der Knoten mit dem Präfix 010 verworfen werden, obwohl er der nächstgelegen Knoten zu Knoten *A* ist. Um eine unvollständige Nachbarschaft zu vermeiden, schlagen die Autoren in [85] vor, in diesen Fällen auch Buckets zu teilen, in denen die NodeID von Knoten *A* nicht enthalten ist. Dies führt zu einem unregelmäßigen Teilbaum neben dem Bucket, der die NodeID von *A* enthält. Diese Ausnahme zum Bucket-Teilungsalgorithmus macht die Protokollimplementierung wesentlich aufwändiger und ineffizienter, da in diesem Fall pro Ebene mehrere Buckets existieren können.

Zum Auffinden eines Schlüssels *w* wird bei Kademlia ein *iterativer Lookup* verwendet. Der Lookup-Initiator *A* füllt dazu einen temporären Such-Bucket *K* mit den *k* nach XOR-Metrik nächsten Knoten zu *w* aus der eigenen Routingtabellen. Daraufhin werden α parallele *FIND_NODE*-Nachrichten an Knoten V_i aus dem Such-Bucket *K* gesendet. Der Protokoll-Parameter α wird zur Beschleunigung des Lookups verwendet und wird in [85] mit $\alpha = 3$ vorgeschlagen. Die Knoten V_i beantworten die Anfrage mit den *k* nächsten Knoten zu *w* und tragen den Absender *A* der Nachricht gegebenenfalls in ihre eigenen Buckets ein. Dieses Verfahren wird solange fortgeführt, bis alle Knoten im Such-Bucket *K* kontaktiert wurden und dabei kein näherer Knoten zu *w* gefunden wurde. Aufgrund der Konstruktion der Buckets terminiert das Verfahren nach $\mathcal{O}(\log N)$ Schritten und liefert im Such-Bucket *K* die *k* nächsten Knoten zu *w* zurück.

Jedes Mal wenn Knoten *A* eine *FIND_NODE*-Nachricht erhält, wird geprüft, ob der Absender *U* der Nachricht bereits im entsprechenden Bucket vorhanden ist. Falls der Bucket noch keine *k* Knoten enthält, wird *U* an das Ende des Buckets angehängt. Falls der Bucket bereits voll ist, wird der älteste Knoten *O* aus dem Bucket mittels einer *PING*-Nachricht überprüft. Falls *O* die *PING*-Nachricht nicht beantwortet, wird O aus dem Bucket entfernt und dafür U an das Ende des Buckets angehängt. Andernfalls wird U an das Ende des Buckets verschoben und O nicht in den Bucket eingetragen. Auf diese Weise werden Knoten die bereits lange im Netz vorhanden sind und noch auf *PING*-Nachrichten antworten bevorzugt in den Buckets gehalten. Untersuchungen in Dateitauschbörsen haben gezeigt, dass solche Knoten mit geringerer Wahrscheinlichkeit das Netz bald verlassen. Optional kann der Datenverkehr für *PING*-Nachrichten auch eingespart werden, indem der neue Knoten U zunächst in einem *Replacement Cache* zwischengespeichert wird. Erst sobald der bisher im Bucket vorhandene Knoten O für einen Lookup verwendet wird und nicht antwortet, wird dieser durch den neusten Knoten aus dem *Replacement Cache* ersetzt.

In der Regel werden Buckets automatisch durch Anwendungs-Lookups aktualisiert. Um zu verhindern, dass Buckets über längere Zeit nicht aktualisiert werden, wird für jeden Bucket ein Zeitstempel mit dem Zeitpunkt der letzten Nutzung verwaltet. Spätestens nach Ablauf des Stabilisierungsintervalls[2] wird der Bucket durch einen Lookup auf einen zufällig gewählten Schlüssel aus dem Bereich des Buckets erneuert.

Zum Knotenbeitritt fügt ein Knoten A zunächst den Bootstrap-Knoten B in seinen ersten Bucket ein. Anschließend führt A einen Lookup auf id_A durch. Abschließend führt A Lookups auf alle Buckets aus, die weiter entfernt liegen als der nächste Nachbar von A. Durch die Lookups werden einerseits die Buckets von A gefüllt und andererseits A bei anderen Knoten im Overlay bekannt gemacht.

Analog zu Koorde unterstützt Kademlia die gleichzeitige Betrachtung von b Bit pro Routingschritt. Dazu werden pro Ebene in der Routingtabelle nicht nur ein Bucket sondern $b - 1$ Buckets gespeichert. Somit ergibt sich eine durchschnittliche Routingtabellengröße von $2^b \log_{2^b} N$ *k-Buckets* bei einem durchschnittlichen Routingaufwand von $\log_{2^b} N$ Schritten.

6.2.3.1 Implementierungsentscheidungen und Erweiterungen von Kademlia

In der in [85] beschriebenen iterativen Lookup-Variante wird der Lookup erst beendet, wenn *alle* k Knoten aus dem Such-Bucket kontaktiert wurden und keiner dieser Knoten einen näheren Knoten zum gesuchten Schlüssel s gekannt hat (*Exhaustive-Iterative-Lookup*). Durch die Konstruktionsvorschrift der Buckets kennt jedoch ein für den Schlüssel s zuständiger Knoten W bereits alle anderen $k - 1$ nächsten Knoten zu k. Daher kann der Lookup bereits terminiert werden, sobald einer der angefragten Knoten feststellt, dass er zu den k nächsten Knoten zum Schlüssel s gehört (*Simple-Iterative-Lookup*). In diesem Fall setzt der Knoten in seiner *FIND_NODE*-Antwort ein *isSibling*-Flag und liefert die k nächsten Knoten zurück. Durch das verbesserte Verfahren können pro Lookup $k - 1$ Schritte eingespart werden, wodurch die Lookup-Latenz und der Kommunikationsaufwand sinkt. Eine Evaluierung des verbesserten Lookup-Verfahrens wird in Abschnitt 6.6 vorgestellt.

Eine weitere Möglichkeit, den Kommunikationsaufwand des Lookups zu reduzieren, entsteht durch die Einführung getrennter Redundanzparameter für die *Größe eines*

---

[2]In [85] wird eine Stunde als geeignetes Intervall vorgeschlagen.

Buckets k und die *Anzahl der in einem Routingschritt zurückgelieferten Knoten r.* In Kademlia werden ursprünglich mit jeder *FIND_NODE*-Antwort k Knoten zurückgeliefert, was der Größe eines vollständigen Buckets entspricht. Für den Erfolg des Lookups ist in der Regel jedoch auch eine geringere Anzahl von Knoten ausreichend. Kademlia wurde daher so erweitert, dass ein anfragender Knoten für jede *FIND_-NODE*-Anfrage die Anzahl gewünschter redundanter Knoten r unabhängig von k spezifizieren kann.

In Kademlia wird ursprünglich nur der Absender einer *FIND_NODE*-Nachricht in die Routingtabelle aufgenommen. Um die initiale Füllung der Buckets nach einem Knotenbeitritt zu beschleunigen, wurde Kademlia so erweitert, dass auch die in einer *FIND_NODE*-Antwort enthaltenen Knoten W_i in die Routingtabelle von A aufgenommen werden, falls der entsprechende Bucket nicht bereits gefüllt ist oder falls W_i zu den k nächsten Knoten von A gehört.

Ein wesentlicher Aspekt zur Realisierung einer sicheren, verteilten Datenablage stellt die *Replikation* der Daten auf mehreren Knoten dar. In Kademlia werden dazu die k nächsten Knoten zu einem Schlüssel verwendet. Um die Anzahl der zur Verfügung stehenden Replikationsknoten von der Bucket-Größe k zu entkoppeln, wurde Kademlia um eine Nachbarschaftstabelle (*Sibling Table*) erweitert, die wie ein zusätzlicher Bucket verwendet wird. In dieser Tabelle speichert ein Knoten A die $\delta \cdot s$ nächsten Knoten zur eigenen NodeID id_A. Durch geeignete Wahl der Konstanten δ kann mit hoher Wahrscheinlichkeit sichergestellt werden, dass ein Knoten, der sich unter den s nächsten Knoten zu einem Schlüssel w befindet, in seiner *Sibling Table* ebenfalls alle weiteren $s - 1$ nächsten Knoten zu w kennt. Analog zu dem Beweis in [51] über die erforderliche Größe des *Brother-Bucket* ergibt $\delta = 5$ für die Praxis eine ausreichend[3] hohe Wahrscheinlichkeit für eine vollständige *Sibling Table*.

Durch die Nachbarschaftstabelle kann zudem auf das aufwändig zu implementierende Bucket-Teilungsverfahren verzichtet werden, das in [85] für die Erzeugung irregulärer Teilbäume bei ungleicher NodeID-Verteilung benötigt wird.

6.2.4 Broose

Broose [51][52][128] ist ein Protokollvorschlag, bei dem die Praxistauglichkeit des Kademlia-Protokolls mit dem konstanten Knotengrad eines De-Bruijn-Graphen kombiniert werden soll. Wie bei Kademlia sind für einen Schlüssel die k Knoten mit dem geringsten XOR-Abstand zuständig. Die NodeID eines Knoten wird zufällig aus $\mathbb{Z}_{2^m}$ gewählt.

Die Routingtabelle besteht bei Broose aus den *Buckets* R_0, R_1, B und L. Der Bucket B kann bis zu $7k$ Knoten und der Bucket L bis zu $2k$ Knoten aufnehmen. Die beiden Buckets R_0 und R_1 des Knotens A enthalten die k' Knoten mit dem geringsten XOR-Abstand zu $0 \circ id_A$ bzw. $1 \circ id_A$ (zur Notation siehe Abschnitt 2.3). Der Overlay-Parameter k' liegt abhängig vom gewünschten Redundanzgrad zwischen $k/2$ und k.

---

[3]Für $s \geq 8$ und Netze bis 10^{10} Knoten ist die Wahrscheinlichkeit $> 99{,}9\%$ (siehe auch [13]).

Lookups nach Schlüsseln können bei Broose, wie bei Kademlia, nur *iterativ* durchgeführt werden. Für die folgende Erläuterung bedeutet die Notation $w[i,j]$ einen Teilstring des Schlüssels w von Position i bis Position j. Dabei stellt $w[1,1]$ das höchstwertigste Bit von w dar.

Für sogenannte *Right Shifting Lookups* werden bei Broose die beiden Buckets R_0 und R_1 verwendet. Bei dieser Lookup-Variante schätzt ein Knoten A zunächst die benötigten Routingschritte d bis zum gesuchten Schlüssel w ab. In [51] wird gezeigt, dass die Abschätzung $d = l + 1$ mit l als dem längsten gemeinsamen Präfix der Knoten in R_0 mit hoher Wahrscheinlichkeit ausreichend ist. Abhängig von $topBit(w \ll d)$ werden zunächst α Knoten aus R_0 oder R_1 nach k' Knoten aus ihrem $R_{topBit(w \ll d-1)}$ gefragt. In jedem Routingschritt i werden somit Knoten kontaktiert, deren NodeID nahe an $w[d-i+1,d]id_A[1,m-i]$ liegt. Nach d Schritten wird schließlich Knoten Z kontaktiert, dessen Präfix der NodeID in d Stellen mit dem Präfix von w übereinstimmt. Sofern die Abschätzung der Distanz d ausreichend war, gehört Z zu den nach XOR-Metrik k nächsten Knoten zu w.

Damit sicher alle k nächsten Knoten zu w gefunden werden, wird im letzten Routingschritt ein *Brother Lookup* durchgeführt. Jeder Knoten verwaltet dazu den *Brother Bucket B*, der die δ nächsten Knoten zu eigenen NodeIDs speichert. Der Parameter δ wird so gewählt, dass jeder der k nächsten Knoten zu einem Schlüssel w mit hoher Wahrscheinlichkeit auch *alle anderen* $k-1$ nächsten Knoten zum Schlüssel kennt. In [51] wird bewiesen, dass $\delta = 7k$ ausreichend ist.

Alternativ zum *Right Shifting Lookup* kann ein Knoten auch einen *Left Shifting Lookup* durchführen. Jeder Knoten A verwaltet dazu einen *Left Bucket L* mit Knoten nahe an $id_A \ll 1$. Analog zum *Right Shifting Lookup* wird zunächst die Distanz d zum Zielschlüssel w geschätzt. Jeder Knoten, der in einem *Left Shifting Lookup* kontaktiert wird, antwortet mit k' Knoten V_i aus seinem L-Bucket mit $id_V \ll d$ nahe an w. Im Gegensatz zum *Right Shifting Lookup* wird für die Routingentscheidung im ersten Routingschritt also zunächst das höchstwertigste Bit von w betrachtet. Ein Knoten V befindet sich im L-Bucket von U, falls U in einem der R-Buckets von V ist. Durch diese Symmetrie werden durch *Right Shifting Lookups* die L-Buckets und durch *Left Shifting Lookups* die R-Buckets aufgefrischt. Durch gleichmäßige Verwendung beider Lookup-Varianten ist somit wie bei Kademlia eine Stabilisierung der Routingtabellen durch eingehende Lookup-Anfragen möglich.

Wie andere strukturierte Overlay-Protokolle, unterstützt auch Broose die Erhöhung des Knotengrads durch einen Parameter b, der die Anzahl der in einem Routingschritt geschobenen Bits angibt. Die R-Buckets sowie der L-Bucket enthalten dann jeweils $2^b k'$ Knoten. Mit $b = \log\log N$ ergibt sich somit eine Routingtabellengröße von $\mathcal{O}(k \log N)$ und ein Routingaufwand von $\frac{1}{b}\log_2\frac{N}{k'} + 1 = \mathcal{O}(\frac{\log N}{\log\log N})$.

Für den Beitritt eines neuen Knotens J werden für Broose zwei Varianten skizziert. Die erste Variante sieht zunächst die Initialisierung der eigenen Buckets mit einem Bootstrap-Knoten B vor. Über 2^b Lookups an die Schlüssel $i \circ id_A$ mit $i \in 1. 2^b$ werden dann die R-Buckets gefüllt. Der B-Bucket kann daraufhin mit L-Buckets von

Knoten in den *R-Buckets* und der *L-Bucket* mit *L-Buckets* von den Knoten im *B-Bucket* gefüllt werden. Die zweite Variante sieht die Konstruktion des *B-Buckets* über mehrere Lookups in die Nähe der eigenen *NodeID* vor, um dann von diesen Knoten deren vollständige *B-Buckets* abzufragen. Der *L-Bucket* kann auch im laufenden Betrieb durch eingehende Lookup-Anfragen gefüllt werden.

Ähnlich zu Kademlia werden bei Broose neue Knoten durch eingehende Lookup-Anfragen kennengelernt und in die Buckets eingetragen. Da Broose in seinen Buckets jeweils die k nächsten Knoten zu einem Schlüssel speichert, wird ein Knoten sofort in einen Bucket eingetragen, falls er näher liegt als der bisher entfernteste Knoten im Bucket. Bei Kademlia bestehen dagegen mehr Freiheitsgrade bei der Auswahl, welche Knoten in einen Bucket aufgenommen werden. Die bei Kademlia eingesetzte Strategie, möglichst langlebige Knoten in den Buckets zu halten, funktioniert bei Broose daher nicht. Um ausgefallene Knoten zu detektieren, werden alle Knoten, zu denen für eine bestimmte Zeitspanne kein Kontakt bestand, mittels einer *PING*-Nachricht überprüft. Zusätzlich kann in jeder Lookup-Anfrage an Knoten V_i in Routingschritt i der Knoten V_{i-1} aus dem vorherigen Routingschritt mitgeliefert werden. Knoten V_i kann somit V_{i-1} in den eigenen Buckets als aktiv markieren und dadurch Signalisierungsaufwand für *PING*-Nachrichten einsparen.

6.2.4.1   Implementierungsentscheidungen und Erweiterungen von Broose

In [51] werden insbesondere die Aspekte *Knotenbeitritt* sowie *Bucket-Aktualisierung* nur grob skizziert. Für die Evaluierung von Broose werden daher die folgenden Designentscheidungen getroffen und Erweiterungen verwendet.

Das oben beschriebene Knotenbeitrittsverfahren lässt sich in der Praxis nicht umsetzten, da ein beitretender Knoten J nur mit Kenntnis des Bootstrap-Knotens B keine eigenen Lookups durchführen kann. Zur Durchführung des Lookups ist zunächst eine Abschätzung der Distanz d erforderlich, die aber nur mittels eines bereits gefüllten Buckets bestimmt werden kann.

Für die Evaluierung wird daher das folgende erweiterte Knotenbeitrittsverfahren verwendet: Der beitretende Knoten J lässt *über* den Bootstrap-Knoten B parallel 2^b *B_BUCKET_REQUEST* an die Schlüssel $i \circ id_A$ mit $i \in 1. \, 2^b$ *weiterleiten*. Die zuständigen Knoten R_u beantworten die Anfrage mit ihren vollständigen *B-Buckets*. Falls sich einer dieser Knoten ebenfalls noch im Knotenbeitrittsprozess befindet, verwirft dieser die Anfrage. Der anfragende Knoten J wird in diesem Schritt noch nicht in die Buckets der Knoten R_i aufgenommen. Sofern der Knoten J alle 2^b *B-Buckets* empfangen hat und damit seine *R-Buckets* gefüllt hat, wird an jeden der $2^b k'$ Einträge der *R-Buckets* ein *L_BUCKET_REQUEST* gesendet. Andernfalls wird das Knotenbeitrittsverfahren nochmals vollständig wiederholt. Der Knoten J kann mittels der gefüllten *R-Buckets* ab diesem Zeitpunkt die Distanzabschätzung d vornehmen und aktiv an *Right Shifting Lookups* teilnehmen.

Die Empfänger der *L_BUCKET_REQUEST* antworten nun mit ihren vollständigen *L-Buckets* und tragen diesmal den beitretenden Knoten J in ihre eigenen Routingtabellen ein, sofern J bereits einen gefüllten *B-Bucket* besitzt[4]. Mit Hilfe der Antworten kann J seinen *B-Bucket* füllen. Sobald mindestens $\frac{2^b k}{2}$ Antworten eingetroffen sind, wird abschließend an alle Knoten aus dem *B-Bucket* *L_BUCKET_REQUEST* gesendet, mit deren Antworten der eigene *L-Bucket* gefüllt wird. Mit diesem Schritt ist der Knotenbeitritt von J abgeschlossen.

Die Evaluierung des Lookup-Verfahrens hat gezeigt, dass insbesondere bei schnell nacheinander beitretenden Knoten die Konsistenz der Buckets mit dem in [51] beschriebenen Verfahren nicht gewährleistet ist. Durch das hier beschriebene Verfahren wird sichergestellt, dass ein Knoten erst dann in die Routingtabellen anderer Knoten eingetragen wird, sobald er selbst ausreichend gefüllte Routingtabellen besitzt.

Ein wesentlicher Nachteil von Broose ist die erforderliche Distanzabschätzung zur Durchführung eines Lookups. Im Gegensatz zu den anderen hier vorgestellten Protokollen unterstützt Broose kein *Greedy-Routing*, das es jedem Zwischenknoten erlauben würde, unabhängig vom bisherigen Lookup-Verlauf, einen näheren Knoten zum Zielschlüssel zu bestimmen. Stattdessen muss ein Lookup, der nach d Schritten noch nicht am Ziel angelangt ist, vollständig mit größerer Distanzabschätzung wiederholt werden. Daher wurde in dieser Arbeit versucht, die Zuverlässigkeit des Lookups durch Erhöhung der Distanzabschätzung um eine Konstante c zu verbessern. Der Nachteil des Verfahrens liegt in einer konstanten Erhöhung des Routingaufwands für jeden durchgeführten Lookup. Die Evaluierung hat ergeben, dass die dadurch hervorgerufene Latenzvergrößerung im Verhältnis zu einer relativ geringen Steigerung der Lookup-Erfolgsrate in den meisten Anwendungsfällen unerwünscht ist. Für die weitere Evaluierung von Broose wird dieser Ansatz daher nicht weiter verfolgt.

Wie bereits für Kademlia in Abschnitt 6.2.3.1 beschrieben, werden Lookups auch bei Broose mit dem effizienteren *Simple-Iterative-Verfahren* anstelle des in [51] beschriebenen *Exhaustive-Iterative-Verfahrens* durchgeführt. Die beiden Lookup-Varianten werden in Abschnitt 6.3.2 vorgestellt und in Abschnitt 6.6 einer Evaluierung unterzogen.

6.2.5 Pastry

Pastry [127][24][102] ist ein strukturiertes Overlay-Protokoll, das eine bidirektionale Ring-Topologie in Kombination mit einer Hyperkubus-Topologie verwendet. Der Fokus liegt bei Pastry auf der Erzielung möglichst geringer Lookup-Latenzen durch Einsatz von Topologieadaptionsmechanismen.

Für die Konstruktion der Hyperkubus-Topologie verwaltet ein Knoten A eine Routingtabelle R mit Knoten W, die mit A einen gemeinsamen Präfix der NodeID teilen. Die Routingtabelle R besteht aus $\lceil \log_{2^b} N \rceil$ Reihen mit jeweils $2^b - 1$ Einträgen. Der Parameter b bestimmt die Größe der Routingtabelle und wird typischerweise mit $b = 4$ verwendet [127]. Im Folgenden steht $shl(A, W)$ für den längsten gemeinsamen Präfix zwischen A und W, angegeben in Ziffern zur Basis b. Für jeden der $2^b - 1$

---

[4]Durch diese Bedingung wird eine *Verklemmung* vermieden, die ansonsten auftreten kann, falls zwei Knoten gleichzeitig dem Netz beitreten.

Knoten N_i in Reihe n der Routingtabelle gilt $shl(A,N_i) = n$. Für die Ziffer an Stelle $n+1$ der NodeIDs von N_i gilt $id_{N_i}[n+1] = a_i$ mit $a_i \in \{0,\ldots,b-1\} \setminus \{id_A[n+1]\}$. Somit kennt A für jede Ziffer an Stelle $n+1$, die sich von der eigenen Ziffer der NodeID an Stelle $n+1$ unterscheidet, einen Knoten mit passender NodeID. In der Regel existieren für eine Position in der Routingtabelle mehrere Knoten mit passender NodeID. Pastry wählt in diesem Fall den Knoten mit der geringsten Latenz im Underlay aus (sog. *Proximity Neighbor Selection, PNS*). Dazu wird zu allen Kandidaten für diese Position die Latenz bestimmt und der vorhandene Knoten durch den Knoten mit der geringsten Latenz ersetzt. Sofern für eine Position kein Knoten mit passender NodeID bekannt ist, bleibt der Eintrag leer.

Zusätzlich zur *Routingtabelle R* speichert ein Knoten A in seinem *Leaf Set S* noch die $|L|$ zu id_A numerisch nächsten Knoten zum Aufbau einer Ringstruktur. Die eine Hälfte der Knoten in L besitzt dabei eine kleinere NodeID als A, die andere Hälfte eine größere NodeID als A.

In [127] wird außerdem noch das *Neighborhood Set M* beschrieben, dass die $|M|$ Knoten mit der geringsten Underlay-Latenz zu A speichert. Das *Neighborhood Set* wird für das Routing nur in Ausnahmefällen verwendet. Es dient primär dazu, der Anwendung den Zugriff auf topologisch nahe Knoten zu ermöglichen. In der neuen Version ([24]) von Pastry findet das *Neighborhood Set* keine Erwähnung mehr.

procedure $A.\text{findNode}(k)$
  if $L_{-\lfloor |L|/2 \rfloor} \leq k \leq L_{\lfloor |L|/2 \rfloor}$ **then**
    // k liegt im *Leaf Set*
    return L_i mit $|k - id_{L_i}|$ minimal
  else
    // Verwende Routingtabelle
    $l = shl(k, id_A)$
    if $R_l^{k[l+1]} \neq null$ **then**
      return $r_l^{k[l+1]}$
    else
      return $T \in L \cup R \cup M, shl(id_T,k) \geq l, |id_T - k| < |id_A - k|$
    end if
  end if

Algorithmus 6.2 Routingalgorithmus von Pastry

Zur Auffindung eines Schlüssels k wird in Pastry rekursives Routing mittels Algorithmus 6.2 eingesetzt. Knoten A überprüft zunächst, ob der gesuchte Schlüssel in das *Leaf Set* fällt und liefert in diesem Fall auf dem bidirektionalen Ring numerisch nächsten Knoten zurück. Ansonsten wird der gemeinsame Präfix l von k und id_A berechnet und in der Routingtabelle R in Zeile l ein geeigneter Knoten gesucht, dessen NodeID an Ziffer $l+1$ mit der Ziffer $l+1$ des Schlüssels k übereinstimmt. Somit wird in jedem Routingschritt die Nachricht an einen Knoten V weitergeleitet, dessen NodeID id_V einen um mindestens eine Ziffer längeren Präfix mit k teilt als

id_A. Bedingt durch Knotenausfälle kann in seltenen Fällen die gesuchte Position in R unbesetzt sein. In diesem Fall wird in *Routingtabelle R, Leaf Set L* und *Neighbor Set M* nach einem Knoten gesucht, der mit k einen mindestens so langen Präfix wie A teilt und dessen NodeID numerisch am nächsten zu k liegt.

Möchte ein Knoten A dem Netz beitreten, so sendet er eine *JOIN*-Nachricht über den Bootstrap-Knoten B, der diese rekursiv an den Schlüssel id_A weiterleitet. Der Bootstrap-Knoten B sollte sich im Underlay möglichst nahe an A befinden, da dadurch die Routingtabellen von A automatisch mit im Underlay benachbarten Knoten gefüllt werden können. Jeder Knoten auf dem Pfad der *JOIN*-Nachricht antwortet A mit einer *STATE*-Nachricht, die dessen vollständigen *State* bestehend aus *Routingtabelle, Leaf Set* und *Neighborhood Set* enthält. Anhand dieser Informationen kann A seine Routingtabellen konstruieren. In einer zweiten Phase (*Second Stage*) sendet Knoten A selbst seinen vollständigen *State* an alle Knoten aus seiner *Routingtabelle*, seinem *Leaf Set* und seinem *Neighborhood Set*. Diese antworten ebenfalls mit deren vollständigen *State*. Durch diesen Schritt können neue Knoten mit geringeren Latenzen kennengelernt werden und im Underlay weiter entfernte Knoten in den Routingtabellen ersetzt werden.

Da dieses Beitrittsverfahren jedoch einen sehr hohen Kommunikationsaufwand verursacht ($\approx 3 \cdot 2^b \log_{2^b} N$ Nachrichten), wird in der neuen Pastry-Version ([24]) die *Second Stage* durch eine effizientere periodische Routingtabellenwartung ersetzt. Zur weiteren Reduktion der Kosten des Knotenbeitrittsverfahrens antworten die auf dem Pfad der *JOIN*-Nachricht liegenden Knoten nicht mit ihrem vollständigen *State*, sondern nur mit der passenden Zeile aus ihrer Routingtabelle R.

Ausgefallene Knoten werden von Pastry erkannt, sobald diese während des Routings verwendet werden und keine zeitnahe Antwort erhalten wird. Falls ein Knoten in einer Hälfte des *Leat Set* ausfällt, wird an den in dieser Hälfte äußersten Knoten Z des *Leat Set* eine *REPAIR*-Nachricht gesendet. Durch das in der Antwort enthaltene *Leaf Set* von Z kann das eigene *Leaf Set* komplettiert werden. Falls ein Knoten aus der Routingtabelle R ausfällt, wird ein anderer Knoten aus derselben Reihe nach einem entsprechenden Ersatzknoten gefragt. Zur Überprüfung des *Neighborhood Set M* werden die Knoten periodisch mit Hilfe von *PING*-Nachrichten überprüft. Falls Knoten nicht antworten, wird ein anderer Knoten aus M nach einem Ersatzknoten gefragt.

6.2.5.1   Implementierungsentscheidungen und Erweiterungen von Pastry

In [127] wird offen gelassen, wie ein Knoten im Detail feststellen kann, ob ein Knoten ausgefallen ist. Für die Evaluierung wird daher jede rekursiv weitergeleitete Nachricht mit einer *ACK*-Nachricht bestätigt. Sofern die Bestätigung innerhalb eines parametrisierbaren Intervalls nicht ankommt, wird der Knoten aus der Routingtabelle entfernt.

Um den Kommunikationsaufwand für *PING*-Nachrichten zu reduzieren, wird in OverSim ein *Neighbor-Cache* verwendet. Sofern zu einem Knoten kürzlich bereits eine Latenzmessung durchgeführt wurde, kann somit anstelle einer neuen Messung der zwischengespeicherte Wert der letzten Messung verwendet werden.

6.2.6   Bamboo

Bamboo [117][116][108] stellt eine Weiterentwicklung des in Abschnitt 6.2.5 vorgestellten Pastry-Protokolls dar. Der Fokus der Weiterentwicklung liegt insbesondere auf einem möglichst geringen Bandbreitenbedarf in Netzen mit hoher Knotenfluktuation.

Wie bei Pastry verwaltet ein Knoten A ein *Leaf Set L* mit den $2k = |L|$ numerisch nächsten Knoten zu id_A sowie eine *Routingtabelle R* mit $(2^b - 1) \cdot \lceil \log_{2^b} N \rceil$ Einträgen. Ein *Neighborhood Set*, wie es für das ursprüngliche Pastry-Protokoll vorgeschlagen wurde, wird bei Bamboo nicht verwendet. Für das Routing bei Bamboo wird der gleiche Algorithmus wie bei Pastry verwendet (siehe Algorithmus 6.2). Zusätzlich zum rekursiven Routing wie bei Pastry wird in [117] auf die Möglichkeit *iterativen Routings* hingewiesen.

Der Knotenbeitrittsprozess ist bei Bamboo minimal gehalten. Ein Knoten A sendet dazu eine *JOIN*-Nachricht über den Bootstrap-Knoten B an den Schlüssel id_A und fordert von dem zuständigen Knoten W dessen *Leaf Set* an. Da W der numerisch nächste Knoten zu A ist, kann A das *Leaf Set* von W direkt in das eigene *Leaf Set* übernehmen. Der Aufbau der Routingtabelle erfolgt erst im laufenden Betrieb durch periodische Wartungsmechanismen.

Zur Wartung des *Leaf Set* sendet ein Knoten A in periodischen Intervallen an einen zufälligen Knoten X aus seinem *Leaf Set* eine *PUSH*-Nachricht, die das *Leaf Set* von A enthält. Der Knoten X antwortet mit einer *PULL*-Nachricht, die im Gegenzug das *Leaf Set* von X enthält. Durch diesen Mechanismus kann in $\mathcal{O}(\log k)$ Stabilisierungsintervallen ein vollständiges *Leaf Set* erstellt werden.

Zum Aufbau und zur Stabilisierung der Routingtabelle werden bei Bamboo die beiden Verfahren *Global Tuning* und *Local Tuning* verwendet. Für das *Global Tuning*-Verfahren wählt ein Knoten eine leere oder zu aktualisierende Position in seiner Routingtabelle und startet einen Lookup auf einen Schlüssel dessen Präfix der zu füllenden Position in der Routingtabelle entspricht und dessen Suffix zufällig gewählt wird. Der *Local Tuning*-Mechanismus entspricht der Routingtabellenwartung von Pastry. Zur Aktualisierung einer Zeile l wählt A einen zufälligen Knoten R aus dieser Zeile aus und fordert von diesem alle Knoten an, deren Präfix in l Ziffern mit id_A übereinstimmt. Sofern die erhaltenen Knoten unbekannt sind, wird zunächst die Latenz zu diesen bestimmt um daraufhin Knoten mit längerer Latenz in den Routingtabellen zu ersetzen. Da auf diese Weise in einem Schritt eine ganze Zeile der Routingtabelle gefüllt werden kann, ist das *Local Tuning*-Verfahren schneller als *Global Tuning*.

6.2.6.1   Implementierungsentscheidungen und Erweiterungen von Bamboo

In [117] wird als Optimierung vorgeschlagen das Netzwerkkoordinatensystem *Vivaldi*[36] zu verwenden, um Latenzen zu anderen Knoten vorhersagen zu können. Mit diesen Informationen können kürzere Timeout-Werte gewählt werden, wodurch während des Lookups ausgefallene Knoten schneller erkannt werden können. Um

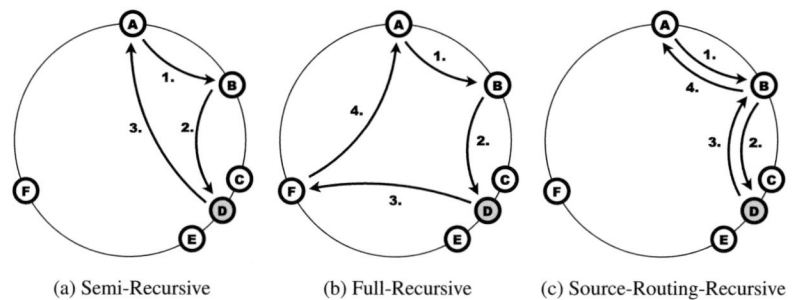

(a) Semi-Recursive   (b) Full-Recursive   (c) Source-Routing-Recursive

Abbildung 6.4 Darstellung rekursiver Lookup-Varianten

eine Vergleichbarkeit mit den anderen Protokollen zu gewährleisten (auf die dieses Verfahren ebenso anwendbar wäre), wird in der folgenden Evaluierung auf die Verwendung von *Vivaldi* verzichtet.

6.3 Lookup-Varianten

Für die Weiterleitung einer Nachricht m an Schlüssel k sowie für den Lookup des für den Schlüssel k zuständigen Knoten W existieren unterschiedliche Varianten, die prinzipiell mit jedem der hier vorgestellten Overlay-Protokolle verwendet werden können.

6.3.1 Rekursive Lookups

Für einen *rekursiven Lookup* nach Schlüssel k sendet Knoten A eine *Lookup-Nachricht* an den, nach der jeweiligen Overlay-Metrik, zum Schlüssel k nächsten Knoten B aus seiner lokalen Routingtabelle. Im weiteren Verlauf wird die Nachricht schrittweise von Knoten zu Knoten weitergeleitet bis der für den Schlüssel k zuständige Knoten D erreicht wird. Für die Antwort ergeben sich die im Folgenden erläuterten drei Varianten.

6.3.1.1 Semi-Recursive

In der *Semi-Recursive-Variante*, die in Abbildung 6.4a dargestellt ist, sendet der für den Schlüssel k zuständige Knoten seine Antwort direkt an den Lookup-Initiator A. Sofern für den Pfad von A nach D insgesamt $\log N$ Routingschritte benötigt werden, ergibt sich ein Gesamtaufwand von $\log N + 1$ Schritten. Die *Semi-Recursive-Variante* ist die in der Literatur am häufigsten zitierte Routingvariante, die unter anderem bei den Veröffentlichungen zu Chord, Koorde, Pastry und Bamboo erwähnt wird.

Ein Nachteil dieser Lookup-Variante ist der Aufbau einer neuen Verbindung von Knoten D zu Knoten A, da Knoten D in der Regel Knoten A nicht bereits in seiner

Routingtabelle enthält. Insbesondere in Netzen mit *NAT-Routern* und *Firewalls* ist der Aufbau einer neuen Verbindung jedoch oft zeit- und kommunikationsaufwändig (siehe Abschnitt 9.2). Das gleiche gilt für den Verbindungsaufbau einer neuen TCP-Verbindung (wg. 3-Wege-Handshake) und insbesondere für den Aufbau einer sicheren Verbindung mit *TLS* (wg. Schlüsselaushandlung). Daher werden in der *IETF P2PSIP Working Group* zurzeit die beiden folgenden Alternativen diskutiert.

6.3.1.2 Full-Recursive

In der *Full-Recursive-Variante* entfällt der Aufbau einer neuen Verbindung, da Nachrichten nur an Knoten aus der eigenen Routingtabelle weitergeleitet werden, zu denen bereits eine Verbindung besteht. Wie aus Abbildung 6.4b ersichtlich wird, leitet Knoten D die Antwort rekursiv an den für den Schlüssel id_A zuständigen Knoten A weiter. Somit ergibt sich ein Gesamtaufwand von $2 \cdot \log N$ Schritten.

6.3.1.3 Source-Routing-Recursive

Bei der *Source-Routing-Variante* wird die Antwort von Knoten D über den gleichen Pfad zurückgesendet, über den auch die Anfrage vermittelt wurde (siehe Abbildung 6.4c). Dazu muss zunächst der Pfad in der Anfrage aufgezeichnet werden, wodurch ein geringfügig höherer Kommunikationsaufwand entsteht. Für diese Variante müssen ebenfalls keine neuen Verbindungen aufgebaut werden. Der Gesamtaufwand beträgt ebenfalls $2 \cdot \log N$ Schritte.

6.3.1.4 Rekursive Lookups mit Bestätigungen

Die Erfolgswahrscheinlichkeit der hier beschriebenen rekursiven Lookup-Varianten kann zusätzlich durch die Verwendung von *Hop-by-Hop-Bestätigungen* verbessert werden. Abhängig von der Anzahl der benötigten Routingschritte h ergibt sich, ohne die Verwendung von Bestätigungen für die Ausfallwahrscheinlichkeit f eines Knoten innerhalb eines Stabilisierungsintervalls, eine Lookup-Erfolgswahrscheinlichkeit von $s = (1 - f)^h$. Daher ist insbesondere in hochdynamischen Netzen mit längeren Overlay-Pfaden eine reine Ende-zu-Ende-Wiederholung der Lookups äußerst ineffizient.

Bei den rekursiven Lookup-Varianten mit Bestätigungen wird die zu versendende Nachricht m von jedem Zwischenknoten A_i auf dem Pfad zusätzlich zu der Weiterleitung an den nächsten Knoten B lokal zwischengespeichert. Sofern Knoten A innerhalb eines Timeout-Intervalls t_{ack} von Knoten B keine Bestätigungsnachricht erhält, wird die Nachricht von Knoten A an einen alternativen Knoten C weitergeleitet und ebenfalls auf eine Bestätigung gewartet. Zusätzlich kann das Ausbleiben der Bestätigung von A als Hinweis auf einen Ausfall des Knotens gewertet werden und die Routingtabelle entsprechend angepasst werden. Bei diesem Verfahren können Nachrichten dupliziert werden, falls die Nachricht bei Knoten B ankommt, aber die Bestätigung auf dem Weg zu A verloren gehen. Daher müssen Nachrichten in diesem Fall mit einer eindeutigen Sequenznummer versehen werden, so dass der Empfänger prüfen kann, ob eine Nachricht zuvor bereits verarbeitet wurde.

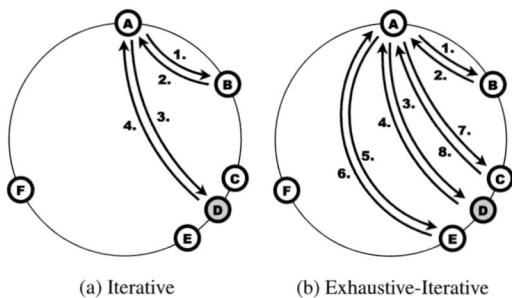

(a) Iterative   (b) Exhaustive-Iterative

Abbildung 6.5   Darstellung iterativer Lookup-Varianten

6.3.2   Iterative Lookups

Bei den in Abbildung 6.5 dargestellten iterativen Lookup-Varianten wird der gesamte Lookup-Prozess vom Lookup-Initiator A aus gesteuert. Dies bietet gegenüber der rekursiven Lookup-Variante ein höheres Maß an Sicherheit und Zuverlässigkeit, da der Lookup-Initiator den Lookup-Fortschritt kontinuierlich überprüfen kann.

6.3.2.1   Simple-Iterative

Die einfache Version des iterativen Lookups ist in Abbildung 6.5a dargestellt. Für einen *iterativen Lookup* nach Schlüssel w sendet Knoten A eine *FIND_NODE*-Nachricht an den nach der jeweiligen Overlay-Metrik zum Schlüssel w nächsten Knoten B aus seiner lokalen Routingtabelle. Dieser antwortet mit einer Nachricht, die eine Liste der von B bekannten nächsten Knoten zu w enthält. Im nächsten Schritt sendet A an den nächsten Knoten aus der Liste ebenfalls eine *FIND_NODE*-Nachricht. Der Empfänger D der *FIND_NODE*-Nachricht überprüft, ob der gesuchte Schlüssel w in seinem Zuständigkeitsbereich liegt und markiert dies in der Liste der zurückgelieferten nahen Knoten. Mit dem Empfang dieser Nachricht ist der Lookup beendet. Sofern für den Pfad von A nach D insgesamt $\log N$ Routingschritte benötigt werden, ergibt sich ein Gesamtaufwand von $2 \cdot \log N$ Schritten. Diese Lookup-Variante wird bei den Protokollen Chord und Bamboo als Ergänzung zu rekursiven Lookups erwähnt.

6.3.2.2   Exhaustive-Iterative

In der in Abbildung 6.5b dargestellten Variante wird die Entscheidung, ob ein Knoten für den Schlüssel w zuständig ist, vom Initiator des Lookups A getroffen. Der Lookup erfolgt zunächst analog zu der im vorhergehenden Abschnitt vorgestellten Lookup-Variante. Nachdem Knoten A von Knoten D die Antwort mit den nächsten k Knoten zu w erhalten hat, sendet dieser jedoch noch zusätzlich an alle $k - 1$ weiteren nächsten Knoten eine *FIND_NODE*-Nachricht. Erst sobald jeder der kontaktierten Knoten keine näheren, als die bereits bekannten Knoten zum Schlüssel w zurückliefert, wird der Lookup von A beendet. In diesem Fall ergibt sich ein Gesamtaufwand von $2 \cdot \log N(k-1)$ Schritten. Diese Variante wird in den Veröffentlichungen zu Kademlia und Broose vorgeschlagen.

6.3.2.3 Parallele Lookups

Bei beiden iterativen Lookup-Varianten besteht zudem die Möglichkeit, durch Versendung von α parallelen Lookup-Anfragen, den Lookup-Prozess zu beschleunigen. Wie anhand der Evaluierungsergebnisse von Kademlia in Abschnitt 6.5.5 zu sehen ist, kann durch dieses Verfahren eine deutliche Reduktion der Lookup-Latenz erzielt werden.

6.4   Evaluierungsmethodik

Für die Evaluierung der vorgestellten Protokolle stehen drei Möglichkeiten zur Wahl: Die *analytische Betrachtung*, die *Simulation* sowie die *Evaluierung in einem Testbed*.

Die Modellierung der Protokolle im Simulator bietet die Möglichkeit, für Netze bis $\approx 10^5$ Knoten unterschiedliche Protokollvarianten miteinander zu vergleichen. Wichtig für die Relevanz der erzielten Ergebnisse ist ein ausreichend hoher Detailgrad der verwendeten Modelle. Für die Evaluierung der vorgestellten Protokolle wird hauptsächlich diese Variante verwendet, da dadurch auf einfache Weise komplexe Wechselwirkungen zwischen verschiedenen Protokollmechanismen berücksichtigt werden können. Für die Simulationen wird das in Kapitel 4 vorgestellte OverSim-Framework verwendet. Einzelne Protokollaspekte werden zudem analytisch untersucht.

Zur Verifikation der so gewonnenen Ergebnisse wird das Gesamtsystem zusätzlich in den Forschungsnetzen *PlanetLab* und *G-Lab* untersucht. Ein Nachteil dieses Verfahrens ist, dass hierbei nur relativ kleine Netze mit bis zu 10^3 Knoten untersucht werden können. Insbesondere in der unzuverlässigen PlanetLab-Umgebung ist zudem die Reproduzierbarkeit der Experimente nicht sichergestellt. Die Ergebnisse zur Evaluierung im Testbed werden in Kapitel 10.4 vorgestellt.

Zur Beurteilung der Effizienz der KBR-Protokolle werden die beiden Kriterien *Leistungsfähigkeit* sowie die entstehenden *Kosten* in Form des erforderlichen Kommunikationsaufwands betrachten, die sich gegenseitig bedingen. Die Leistungsfähigkeit eines KBR-Protokolls ergibt sich wiederum aus zwei unterschiedlichen Kriterien. Einerseits spielt die *Zuverlässigkeit* des Protokolls in Form der *Paketzustellerfolgswahrscheinlichkeit* bzw. der *Lookup-Erfolgswahrscheinlichkeit* eine bedeutende Rolle. Andererseits ist für die Erbringung des Namensdienstes die benötigte *Lookup-Latenz* von entscheidender Bedeutung.

Jedes der hier vorgestellten Protokolle bietet eine Reihe von Parametern, die Einfluss auf die Leistungsfähigkeit und den entstehenden Kommunikationsaufwand haben. Beispielsweise benötigen alle hier vorgestellten Protokolle mit einer Routingtabelle der Größe $\mathcal{O}(\log N)$ für einen Lookup maximal $\mathcal{O}(\log N)$ Routingschritte. Durch die Vergrößerung der Routingtabelle auf $\mathcal{O}(N)$ Einträge kann unabhängig vom Protokoll

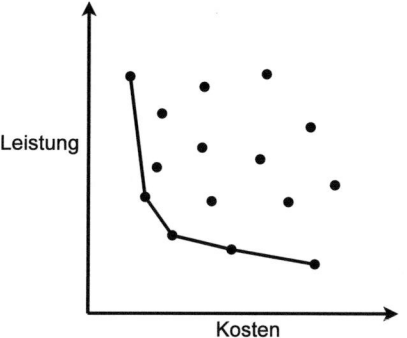

Abbildung 6.6 PVC-Framework: Konvexe Hülle

---

aufgrund der Vollvermaschung ein Lookup in $\mathcal{O}(1)$ Schritten beendet werden. Damit kann anhand der Wahl geeigneter Parameter für jedes Protokoll eine minimale Latenz erzielt werden. Natürlich entsteht durch die Vollvermaschung in größeren Netzen ein unpraktikabler Kommunikationsaufwand. Eine Evaluierung der Protokolle anhand nur eines der beiden Kriterien *Leistungsfähigkeit* oder *Kommunikationsaufwand* hat daher keine Aussagekraft.

Erschwerend kommt hinzu, dass sich die verschiedenen Overlay-Parameter gegenseitig beeinflussen und nur bestimmte Parameterkombinationen effizient sind. Für die Bewertung der Simulationsergebnisse wird daher auf die Idee des *Performance vs. Cost Framework (PVC)* [75] zurückgegriffen. Diese Methode sieht zunächst für eine Reihe zu untersuchender Parameter Simulationen mit jeder möglichen Parameterkombination vor. Die Simulationsergebnisse werden dann als Punkte in einem Streudiagramm mit den Merkmalen *Leistungsfähigkeit* und *Kosten* aufgetragen. Ein Beispiel für ein solches Streudiagramm zeigt Abbildung 6.6.

Zur Beurteilung des Streudiagramms wird die *konvexe Hülle* aller Punkte berechnet. Auf dieser liegen alle Parameterkombinationen, mit denen ein möglichst effizienter Dienst erbracht werden kann. Je nach Anforderung kann nun diejenige Parameterkombination ausgewählt werden, mit der die für das Anwendungsszenario erforderliche Leistung erzielt wird.

Um den Einfluss eines einzelnen Parameters $A \in \{1,2\}$ auf das Gesamtsystem zu untersuchen, wird, wie in Abbildung 6.7a gezeigt, für jeden Wert, den Parameter A annehmen kann, eine eigene konvexe Hülle berechnet, die nur Punkte mit dieser Parameter-Wert-Kombination enthält. Für den in Abbildung 6.7a dargestellten Parameter A lässt sich unter den verwendeten Werten $\{1,2\}$ der optimale Wert $par(A) = 1$ angeben, da die eine konvexe Hülle von der anderen Hülle komplett eingeschlossen wird. Im Gegensatz dazu lässt sich für den in Abbildung 6.7b dargestellten Parameter B kein optimaler Wert angeben, da sich die Hüllen überschneiden. In diesem Fall

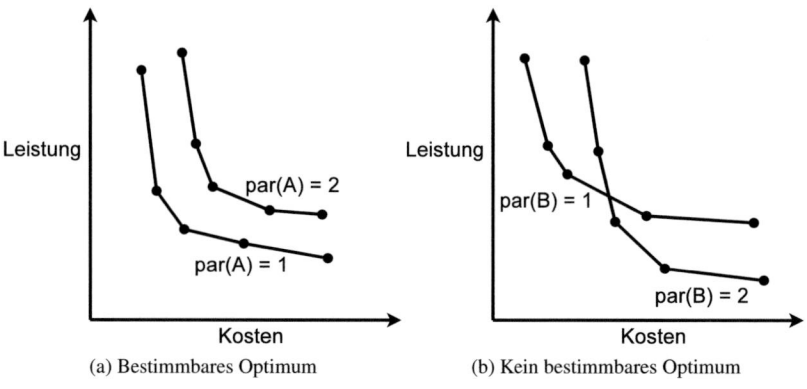

(a) Bestimmbares Optimum   (b) Kein bestimmbares Optimum

Abbildung 6.7 PVC-Framework: Fallunterscheidung bestimmbares Optimum

muss, abhängig von den Leistungsanforderungen des Szenarios, eine Abwägung zwischen $par(B) = 1$ und $par(B) = 2$ erfolgen.

Eine weitere Schwierigkeit stellt die Optimierung bezüglich der beiden Leistungskriterien *Latenz* und *Lookup-Erfolgsrate* dar. Aus diesem Grund wird die Methode der *multikriteriellen Optimierung* mit der Definition einer *Zielfunktion* $f(x) := l(x) + c(1 - d(x))$ angewandt. Die Funktion $l(x)$ steht für die mittlere erzielte Latenz[5] in Sekunden und die Funktion $d(x)$ für den Anteil erfolgreicher Lookups. Die Konstante c stellt ein Gewicht dar und wird für die KBR-Evaluierung auf $c = 10$ festgesetzt. Für $c = 10$ lässt sich der Wert von $f(x)$ anschaulich auch als Gesamtlatenz interpretieren, in die für jeden fehlgeschlagenen Lookup eine *Straflatenz* von 10 s eingeflossen ist. Der Wert von c wurde entsprechend dem Timeout-Wert[6] für die maximal verwendete Zeit zur Durchführung eines Lookup gewählt. Für die folgenden Evaluierungsabschnitte wird unter dem Begriff *Latenz* stets die Zielfunktion $f(x)$ verstanden.

Die Evaluierung mittels PVC-Framework kann nur anhand eines definierten *Anwendungsszenarios* erfolgen. Für die Evaluierung der KBR-Komponente spielen insbesondere die Aspekte *Churn-Verhalten*, *Netzgröße* sowie das *Anwendungsverkehrsmodell* eine entscheidende Rolle. Da eine Evaluierung der hier vorgestellten Protokolle anhand des PVC-Frameworks mit der Vielzahl der zu berücksichtigenden Parameter äußerst rechenaufwändig ist, werden die Evaluierungen zur Wahl optimaler Overlay-Parameter nur mit einem Standardszenario durchgeführt. In einem zweiten Schritt erfolgt die Variation der Szenarioparameter *Churn* und *Netzgröße* mit den zuvor ermittelten Overlay-Parametern.

---

[5]Für fehlgeschlagene Lookups wird $l(x) = 0$ verwendet.
[6]Eine Verzögerung von 10 s wird hier als maximal zu tolerierende Obergrenze für den Aufbau einer Telefonieverbindung angesehen.

Für diese Arbeit wurde als Standardszenario eine dezentral IP-Telefonielösung analog zu Skype [166] ausgewählt, mit der Nutzer Gespräche über das Internet kostenlos miteinander führen können. Da für das Churn-Verhalten von Skype-Nutzern keine Daten zur Verfügung stehen, wird stattdessen auf Beobachtungen des Churn-Verhaltens aus der Dateitauschbörse *KAD* zurückgegriffen [152][147]. Es ist anzunehmen, dass sich für das hier untersuchte IP-Telefonieszenario ähnliche Werte ergeben, da in beiden Szenarien die P2P-Anwendung in der Regel die gesamte Zeit im Hintergrund läuft, so lange der Nutzer seinen Rechner verwendet. Das hier modellierte *Churn-Verhalten*, also das Starten und Beenden der Telefonieanwendung, ist unabhängig von dem *Telefonieverhalten* eines Nutzers, für welches in Kapitel 10 für die Evaluierung des Gesamtsystems ein Modell erstellt wird.

Zur Modellierung des Churn-Verhaltens wird jedem Knoten eine zufällige *Weibullverteilte* Session-Zeit mit Parameter $k = 0,5$ und einer durchschnittlichen Lebenszeit von 10^4 s zugewiesen. Dies entspricht den bereits erwähnten Beobachtungen von [152] und [147] für die Dateitauschbörse *KAD*. Aufgrund der Charakteristik der Weibull-Verteilung verlässt ein Großteil der Knoten das Netz bereits nach sehr kurzer Zeit, während einige wenige Knoten für sehr lange im Netz bleiben. Auf jedem Knoten werden von einer Testanwendung kontinuierlich Lookups auf zufällig ausgewählte NodeIDs von aktiven Knoten durchgeführt. Das Intervall zwischen zwei Lookups ist normal verteilt mit einem Erwartungswert von 60 s und einer Standardabweichung von 6 s. Die erzielten Lookup-Latenzen und Lookup-Erfolgsraten aller Knoten werden in einem Statistikmodul von OverSim gesammelt und am Ende der Simulation ausgegeben

Zur Modellierung des Underlays wird das *Simple-Underlay*-Modell von OverSim verwendet. Dieses weist den Knoten synthetische Koordinaten zu, die mittels Daten aus dem CAIDA/Skitter-Projekt [62] ermittelt wurden und die Modellierung typischer Internet-Latenzen ermöglichen. Aus den Daten ergibt sich eine durchschnittliche Underlay-Verzögerung von 96 ms. Jeder der Knoten verfügt über eine Anbindung mit 10 MBit/s. Auf die berechnete Underlay-Verzögerung wird zudem ein normalverteilter zufälliger Jitter, mit einer Standardabweichung von 10% der berechneten Verzögerung, hinzugefügt.

Jeder Simulationslauf verläuft nach den in Abschnitt 4.3.3 dargestellten Phasen. Zunächst wird schrittweise ein Netz mit der zu untersuchenden Anzahl an Knoten aufgebaut. Darauf folgt eine Übergangsphase von 1800 s, in der sich das Churn-Verhalten der Knoten einschwingen kann und noch keine Statistikdaten erfasst werden. Im Anschluss werden in der Messphase für 1800 s Statistikdaten erfasst und am Ende der Simulation ausgegeben.

Um eine bessere Vergleichbarkeit zwischen den einzelnen Protokollimplementierungen zu schaffen, werden für alle Protokolle *NodeIDs* der Länge $m = 160$ Bit verwendet. Zur Erkennung von Paketverlusten wird bei allen Protokollen der RPC-Mechanismus von OverSim verwendet mit einem Timeout-Wert $t_1 = 1,5$ s für direkt ausgetauschte Nachrichten und einem Timeout-Wert $t_2 = 10$ s für über das Overlay

geroutete Nachrichten bzw. Lookups. Der Nachrichtenaustausch erfolgt bei allen
Protokollen über UDP und IPv4.

Die Evaluierung erfolgt in zwei Schritten. Zunächst werden unter Verwendung
des PVC-Frameworks in einem Netz mit 10000 Knoten mit dem oben angegebe-
nen Churn- und Anwendungsmodell für jedes der untersuchten KBR-Protokolle
geeignete Parameterkombinationen ermittelt sowie die Leistungsfähigkeit der Protokolle untereinander verglichen. Zusätzlich werden die in Abschnitt 6.3 vorgestellten
Lookup-Varianten evaluiert. Mit Hilfe der im ersten Schritt ermittelten geeigneten Parameterkombinationen werden im zweiten Schritt Variationen des Standardszenarios
bezüglich Knotenzahl und Churn-Rate durchgeführt.

6.5   Bestimmung optimaler Overlay-Parameter

In diesem Abschnitt werden die Evaluierungsergebnisse zur Ermittlung optimaler
Overlay-Parameter für das Standardszenario mittels PVC-Framework vorgestellt. Die
dargestellten Schaubilder zeigen also die *konvexen Hüllen* für die Kriterien *Latenz*
(Leistung anhand der Zielfunktion $f(x)$) und erforderliche *Senderate* (Kosten). Mit
dem Begriff *Effizienz* wird das Verhältnis von Leistung zu Kosten bezeichnet. Eine
Parameterkombination A ist somit *effizienter* als eine Parameterkombination B, wenn
bei *gleicher Senderate* eine *geringere Latenz* erzielt wird. Für die Wahl geeigneter
Overlay-Parameter wird hier eine durchschnittliche Senderate von $100 - 150$ Byte/s
sowie eine Latenz von unter 0,5 s angestrebt.

Die dargestellten konvexen Hüllen decken zum Teil nur einen Ausschnitt des Schaubilds ab. Die Endpunkte der konvexen Hülle repräsentieren in diesen Fällen die
geringste Senderate bzw. die geringste Latenz, die mit den gewählten Parameterkombinationen erzielt werden kann.

6.5.1   Chord

Für die Evaluierung von Chord wurden *rekursive* Lookups mit *Proximity Routing*
sowie eine erweiterte Fingertabelle mit bis zu 16 Einträgen verwendet.

In Abbildung 6.8 wird dargestellt, welchen Einfluss die Länge der Nachfolgerliste
auf die Leistungsfähigkeit von Chord hat. Die Verwendung von nur zwei Nachfolgern führte mit der verwendeten Churn-Rate zu einem Auseinanderbrechen der
Ring-Topologie und ist daher in dem in Abbildung 6.8 dargestellten Ausschnitt
nicht sichtbar. Ab einer Größe von vier Nachfolgerknoten ergibt sich eine stabile
Overlay-Topologie. Da die Nachfolgerliste nicht nur zur Ausfallsicherung, sondern
auch für die effizientere Weiterleitung von Nachrichten verwendet wird, kann jedoch
erst mit 8 Nachfolgerknoten ein effizienter Dienst erbracht werden. Mit zunehmender
Länge der Nachfolgerliste steigt der Kommunikationsaufwand, da in jedem Stabilisierungsintervall *stab* in der Antwort auf eine *STABILIZE*-Nachricht die vollständige
Nachfolgerliste übertragen wird. Außerdem sind weiter entfernte Knoten in der

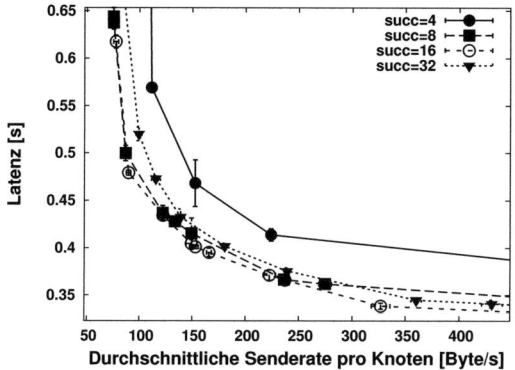

Abbildung 6.8 Chord: Länge der Nachfolgerliste

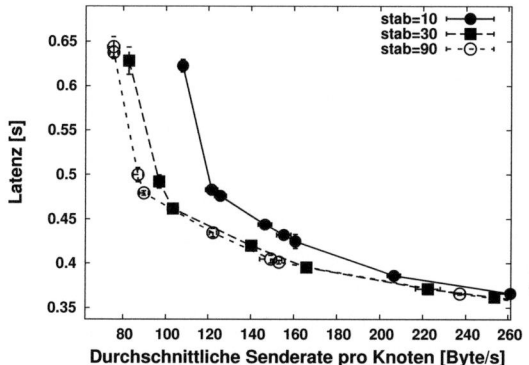

Abbildung 6.9 Chord: Stabilisierungsintervall (s)

Nachfolgerliste weniger aktuell, da die durchschnittliche Zeit bis sich neue Routinginformationen über einen Knoten an Position i verbreitet haben $\frac{1}{2} \cdot i \cdot stab$ beträgt. Eine Vergrößerung der Nachfolgerliste auf 16 Knoten ergibt daher keine signifikante Latenzverbesserung, bietet jedoch zusätzliche Redundanz für Szenarien mit höheren Churn-Raten. Eine weitere Vergrößerung auf 32 Knoten führt lediglich zu einem erhöhten Kommunikationsaufwand. Als geeigneter Wert wird somit eine *Länge der Nachfolgerliste von 16 Knoten* gewählt.

In den folgenden Abbildungen wird der Einfluss der drei periodischen Wartungsintervalle von Chord dargestellt. Abbildung 6.9 zeigt die Auswirkungen des Intervalls zur Stabilisierung der Nachfolgerliste. Durch größere Intervalle lässt sich der Bandbreitenbedarf erwartungsgemäß reduzieren. Insgesamt ist der Effekt aufgrund der verhältnismäßig geringen Größe der Stabilisierungsnachrichten allerdings nicht be-

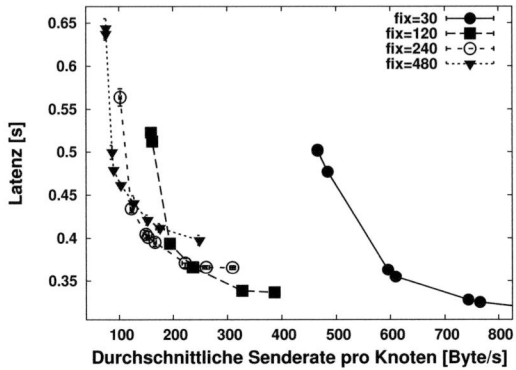

Abbildung 6.10   Chord: Intervall zur Fingertabellenwartung (s)

sonders ausgeprägt. Erst ab einem sehr kurzen Stabilisierungsintervall von 10 s fällt der erhöhte Signalisierungsaufwand ins Gewicht. Eine Verringerung der Latenz durch kürzere Stabilisierungsintervalle ist in dem in Abbildung 6.9 dargestellten Ausschnitt nicht zu erkennen, da die Nachfolgerliste im Gegensatz zur Fingertabelle nur für die letzten Routingschritte benötigt wird und somit einen geringen Einfluss auf die Gesamtlatenz hat. Ein Latenzvorteil zeigt sich erst, sobald eine große, erweiterte Fingertabelle verwendet wird (die aus Einträgen der Nachfolgerlisten konstruiert wird). Da diese Konfigurationen jedoch ein Vielfaches der im Ausschnitt dargestellten Senderate zur Folge haben und nur einen geringen Latenzgewinn erzielen, sind diese für das hier betrachtete Anwendungsszenario irrelevant. Als optimaler Parameter bietet sich somit ein *Stabilisierungsintervall von 30 s* an, da im Vergleich zu größeren Intervallen nur eine minimal erhöhte Senderate benötigt wird und gleichzeitig ein Sicherheitspuffer für Szenarien mit höheren Churn-Raten geschaffen wird.

Das Intervall zur Rekonstruktion der Fingertabelle hat hingegen einen deutlich größeren Einfluss auf die Leistungsfähigkeit. Zum einen ist der Aufwand für die Konstruktion eines Fingers mit $\mathcal{O}(\log N)$ Schritten aufwändiger als die Stabilisierung der Nachfolgerliste mit $\mathcal{O}(1)$ Schritten. Zum anderen spielt die Fingertabelle für die Latenz eine bedeutendere Rolle, da die meisten Routingschritte über die Fingertabelle durchgeführt werden. Wie in Abbildung 6.10 zu erkennen ist, muss hier eine Abwägung zwischen Latenz und Senderate getroffen werden. Für das hier untersuchte Anwendungsszenario wird ein *Intervall zur Fingertabellenwartung von 240 s* gewählt.

Das Intervall für die periodische Überprüfung des Vorgängerknotens mit einer *CHECK_PREDECESSOR*-Nachricht hat wie in Abbildung 6.11 dargestellt nur einen

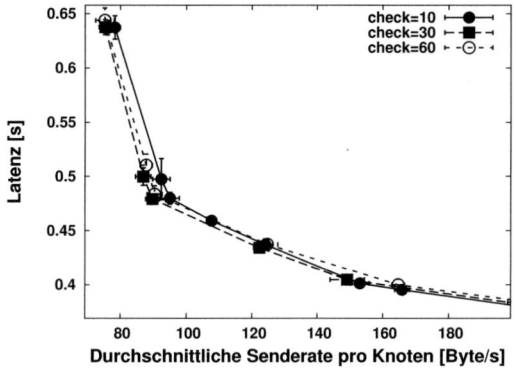

Abbildung 6.11   Chord: Intervall zur Vorgängerprüfung (s)

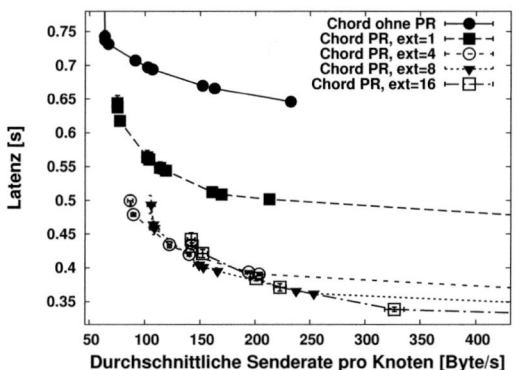

Abbildung 6.12   Chord: Erweiterte Fingertabelle

minimalen Einfluss auf die Leistungsfähigkeit. Als geeigneter Wert wird hier ein *Intervall zur Vorgängerprüfung von 30 s* gewählt.

Den wichtigsten Parameter für die Leistungsfähigkeit von Chord stellt die Größe der erweiterten Fingertabelle dar. Wie in Abbildung 6.12 dargestellt, kann die geringste Senderate erzielt werden, wenn keine erweiterte Fingertabelle verwendet wird. Durch Verwendung eines zusätzlichen Eintrags pro Finger kann mit einer geringfügig höheren Senderate eine signifikante Reduktion der Latenz erzielt werden. Dies liegt einerseits an der Verfügbarkeit eines Ersatzknotens, falls der primäre Finger ausgefallen ist. Außerdem kann durch das *Proximity Routing* von Chord der Fingerkandidat mit der geringsten Latenz im Underlay ausgewählt werden.

Ab einer Fingertabelle mit vier zusätzlichen Knoten wird nur noch eine geringe Latenzreduktion bei deutlich höherer Senderate erzielt. In diesem Fall stehen einerseits

Parameter	Wert
Länge der Nachfolgerliste	4, 8, **16**, 32
Stabilisierungsintervall	10 s, **30 s**, 90 s
Intervall zur Fingertabellenwartung	30 s, 120 s, **240 s**, 480 s
Intervall zur Vorgängerprüfung	10 s, **30 s**, 60 s
Erweiterte Fingertabelle	0, 1, **4**, 8, 16

Tabelle 6.2 Gewählte Parameter für Chord

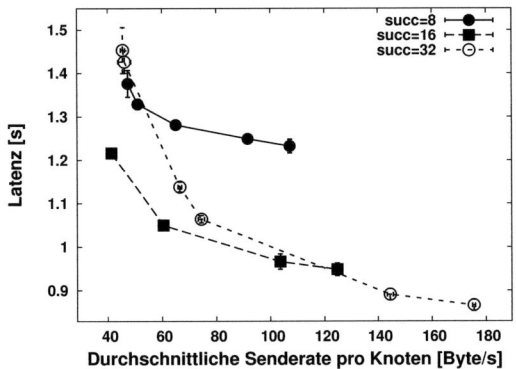

Abbildung 6.13 Koorde: Länge der Nachfolgerliste

in jedem Routingschritt nahe Knoten im Underlay zur Verfügung und anderseits ist genug Redundanz vorhanden, so dass mindestens einer der Kandidaten noch erreichbar ist. Zusätzlich spielt auch der im obigen Abschnitt erläuterte Effekt eine Rolle, dass weit entfernte Einträge in der Nachfolgerliste oftmals nicht mehr aktuell sind. Die die Nachfolgerliste zur Konstruktion der erweiterten Fingertabelle verwendet wird, sind auch hier mit zunehmender Größe mit höherer Wahrscheinlichkeit veraltete Einträge anzutreffen. Als geeigneter Wert wird daher eine *erweiterte Fingertabelle von 4 Knoten* gewählt.

In Tabelle 6.2 sind die gewählten Parameter für Chord zusammengefasst.

6.5.2   Koorde

Bei Koorde kommt der Nachfolgerliste größere Bedeutung zu als bei Chord. Zum einen ist diese bei Koorde im Durchschnitt in jedem zweiten Routingschritt involviert, während sie bei Chord nur am Ende eines Lookups benötigt wird. Zum anderen wird die Nachfolgerliste zur Konstruktion der De-Bruijn-Zeiger verwendet.

In Abbildung 6.13 ist dargestellt, welche Rolle die Länge der Nachfolgerliste spielt. Eine Vergrößerung der Nachfolgerliste führt erwartungsgemäß zu einem höheren

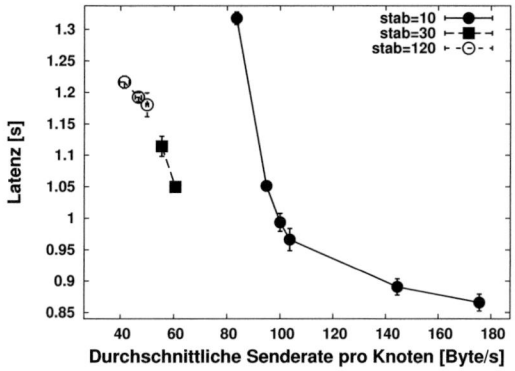

Abbildung 6.14   Koorde: Stabilisierungsintervall (s)

Signalisierungsaufwand. Für Anwendungsszenarien bei denen der Fokus auf einer Minimierung des Bandbreitenbedarfs liegt, kann mit einer kleinen Nachfolgerliste von 8 Knoten eine Senderate von ≈ 50 Byte/s erzielt werden. Um eine derart geringe Senderate zu erzielen, muss jedoch ein relative großes Stabilisierungsintervall *stab* von 120 s gewählt werden. Bei diesem Stabilisierungsintervall zeigt jedoch eine Vergrößerung der Nachfolgerliste keinen positiven Effekt auf die Latenz. Dies liegt an der bereits in Abschnitt 6.5.1 beschriebenen Problematik, dass weiter entfernte Knoten in der Nachfolgerliste mit höherer Wahrscheinlichkeit bereits veraltet sind. Für eine Nachfolgerliste mit 32 Knoten und *stab* = 120 s ergibt sich beispielsweise eine durchschnittliche Aktualisierungsverzögerung für den letzten Knoten in der Nachfolgerliste von $\frac{1}{2} \cdot 32 \cdot 120$ s $= 1920$ s.

Aus diesem Grund ist wie in Abbildung 6.13 dargestellt die Verwendung einer Nachfolgerliste mit 32 Knoten nicht sinnvoll. Ab einer durchschnittlichen Senderate von ≈ 60 Byte/s kann durch Verwendung eines mittleren Stabilisierungsintervalls von 30 s eine hinreichend aktuelle Nachfolgerliste erzielt werden und dadurch eine geringere Latenz als mit nur 8 Nachfolgerknoten erzielt werden. Als geeigneter Wert wird daher eine *Länge der Nachfolgerliste von 16 Knoten* gewählt.

Im Gegensatz zu Chord, bei dem das Stabilisierungsintervall eine vergleichsweise geringe Rolle spielt, stellt es bei Koorde den wichtigsten Parameter dar. Wie in Abbildung 6.14 zu sehen ist, muss hier eine klarer Abwägung zwischen Latenz und Senderate getroffen werden. Ein langes Stabilisierungsintervall von 120 s ermöglicht zwar geringe Senderaten von ≈ 45 Byte/s, führt aber zu hohen Latenzen von $\approx 1,2$ s. Durch ein kurzes Stabilisierungsintervall von 10 s können dagegen Latenzen von $\approx 0,9$ s erzielt werden, da mit dieser Parameterwahl längere sowie aktuelle Nachfolgerlisten verwaltet werden können, die Lookups mit weniger Routingschritten zur Folge haben. In diesem Fall entsteht eine durchschnittliche Senderate von 140 Byte/s. Da mit längeren Stabilisierungsintervallen nur deutlich höhere Latenzen erreicht wer-

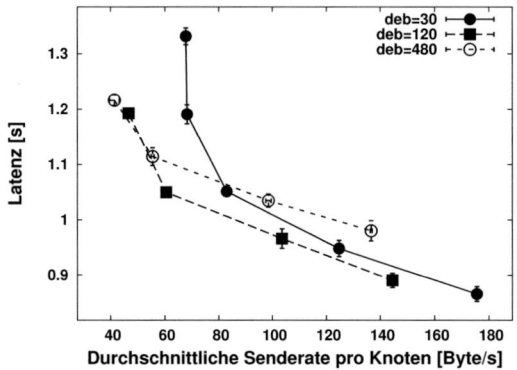

Abbildung 6.15   Koorde: De-Bruijn-Intervall (s)

den können, wird für den Vergleich der Routingprotokolle ein *Stabilisierungsintervall von 10 s* gewählt.

Der Einfluss des Intervalls zur Aktualisierung des *De-Bruijn-Knotens* wird in Abbildung 6.15 gezeigt. Hier muss ebenfalls eine Abwägung zwischen Latenz und Senderate getroffen werden. Zur Erzielung geringer Senderaten um 60 Byte/s sollte für möglichst geringe Latenzen das *De-Bruijn-Intervall* nicht zu kurz gewählt werden, da sonst keine Bandbreite mehr für eine häufige Stabilisierung der Nachfolgerliste zur Verfügung steht. Wie im oberen Absatz dargestellt, ist dies für die erzielte Latenz bei Koorde von entscheidender Bedeutung. Da sich durch kürzere De-Bruijn-Intervalle jedoch entscheidend geringere Latenzen erzielen lassen und im betrachteten Szenario ein Bandbreitenbedarf von $100 - 150$ Byte/s angestrebt wird, wird ein *De-Bruijn-Intervall von 120 s* als geeigneter Wert für den zweiten Evaluierungsteil gewählt.

Für die Zahl der in einem Routingschritt betrachteten Bits b muss für das betrachtete Anwendungsszenario keine Abwägung erfolgen. Wie aus Abbildung 6.16 zu entnehmen ist, stellt die Verwendung von $b = 4$ mit allen weiteren Parameterkombinationen stets das Optimum dar. Dieses Ergebnis ist nicht direkt zu erwarten, da üblicherweise für größere b ein höherer Signalisierungsaufwand für die Wartung der größeren Routingtabellen anfällt. Im Fall von Koorde bestimmt der Parameter b jedoch lediglich die Anzahl der Stellen, die der Routingschlüssel in jedem Schritt nach links geschoben wird, und hat keinen Einfluss auf die Routingtabellengröße. Damit der Lookup jedoch von einem höheren b profitieren kann, muss die Länge der Nachfolgerliste entsprechend angepasst werden. Andernfalls fallen nach einer Verwendung des De-Bruijn-Knotens zusätzliche Routingschritte über die Nachfolgerliste an.

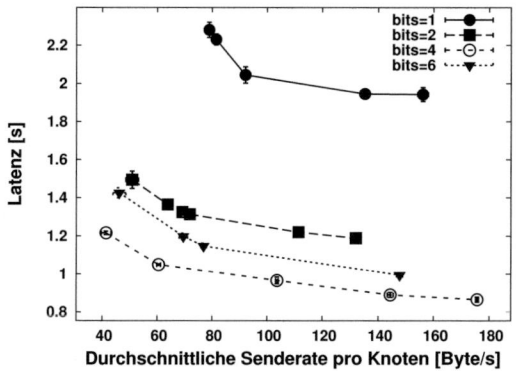

Abbildung 6.16 Koorde: Anzahl der betrachteten Bits

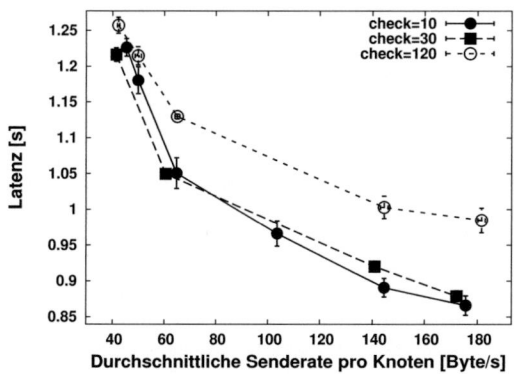

Abbildung 6.17 Koorde: Intervall zur Vorgängerprüfung (s)

Nach Konstruktionsvorschrift der De-Bruijn-Liste aus Abschnitt 6.2.2 wäre eine Nachfolgerliste der Länge $2 \cdot 2^b$ erforderlich[7]. Für $b = 4$ wäre folglich eine Nachfolgerliste von 32 Knoten optimal. Die Evaluierungsergebnisse (siehe Abbildung 6.13) zeigen jedoch, dass eine Nachfolgerliste von 32 Knoten auch bei $b = 4$ stets schlechtere Latenzen erzielt als eine Nachfolgerliste mit nur 16 Knoten. Dies ist wiederum auf die Problematik der schlechten Aktualität langer Nachfolgerlisten zurückzuführen. Somit stellt der Parameter b bei Koorde keine geeignete Maßnahme dar, um die Latenz weiter zu reduzieren. Als optimaler Wert wird eine *Anzahl der betrachteten Bits von 4* gewählt.

---

[7]Die Hälfte der Nachfolgerliste wird als Ausfallredundanz verwendet und steht für das De-Bruijn-Routing nicht zur Verfügung.

Parameter	Wert
Länge der Nachfolgerliste	8, **16**, 32
Stabilisierungsintervall	**10 s**, 30 s, 60 s
De-Bruijn-Intervall	30 s, **120 s**, 480 s
Anzahl der betrachteten Bits	1, 2, **4**, 6
Intervall zur Vorgängerprüfung	**10 s**, 30 s, 120 s

Tabelle 6.3 Gewählte Parameter für Koorde

Ein großes Intervall für die periodische Überprüfung des Vorgängerknotens führt bei Koorde wie aus Abbildung 6.17 ersichtlich wird zu höheren Latenzen. Als geeigneter Wert wird ein *Intervall zur Vorgängerprüfung von 10 s* gewählt.

In Tabelle 6.3 sind die gewählten Parameter für Koorde zusammengefasst.

6.5.3   Pastry

Wie in Abschnitt 6.2.5 dargestellt verwendet Pastry ein sehr kommunikationsaufwändiges Knotenbeitrittsverfahren, das von allen Knoten auf dem Pfad der *JOIN*-Nachricht deren vollständige Routingtabelle, Leaf Set und Neighborhood Set anfordert. Daher kann mit Pastry die angestrebte Latenz von unter 0,5 s mit einer gewünschten Senderate von $100 - 150$ Byte/s nicht erreicht werden. Um die Latenzanforderungen dennoch zu erfüllen, wird für die Wahl geeigneter Overlay-Parameter eine höhere Senderate in Kauf genommen.

In Abbildung 6.18 werden die Auswirkungen der Größe des *Leaf Set* dargestellt. Mit einem *Leaf Set*, bestehend aus nur vier Knoten, stehen pro Ringseite nur zwei Knoten zur Verfügung. Der geringe Redundanzgrad kann dazu führen, dass vereinzelt Lookups verloren gehen, was sich in einer erhöhten Latenz zeigt. Ab einer Größe von 8 Knoten kann durch die Vergrößerung des *Leaf Set* nur ein geringer Latenzgewinn erzielt werden. Dieser ergibt sich aus geringfügig kürzeren Routingpfaden, da das *Leaf Set* in diesem Fall einen größeren Bereich des Schlüsselraums abdeckt und somit gegebenenfalls Routingschritte über die Routingtabelle entfallen können. Da beim Beitritt eines neuen Knotens sowie bei Knotenausfällen jedoch stets das vollständige *Leaf Set* angefordert wird, ergibt sich durch ein größeres *Leaf Set* eine signifikante Zunahme des Kommunikationsaufwands. Aus diesem Grund wird für das betrachtete Szenario ein *Größe des Leaf Set von 8 Knoten* als geeigneter Wert gewählt.

In Abbildung 6.19 wird der Einfluss der Größe des *Neighborhood Set* veranschaulicht. Da das *Neighborhood Set* nur in Ausnahmefällen für das Routing verwendet wird, zeigt sich auch kein positiver Einfluss auf die erzielte Latenz. Für die Wartung entsteht jedoch ein von der Größe des *Neighborhood Set* abhängiger zusätzlicher Kommunikationsaufwand. In der zweiten Version des Pastry-Protokolls [24] wird das *Neighborhood Set* auch nicht mehr verwendet. Wie ebenfalls aus Abbildung 6.19

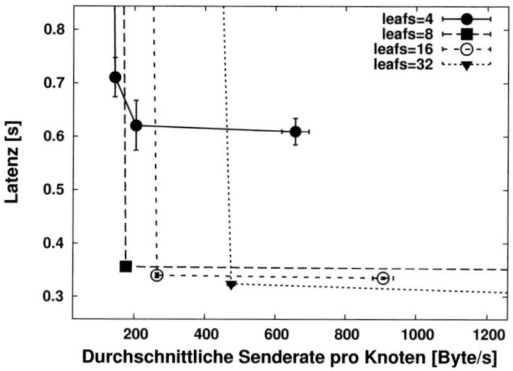

Abbildung 6.18 Pastry: Größe des *Leaf Set*

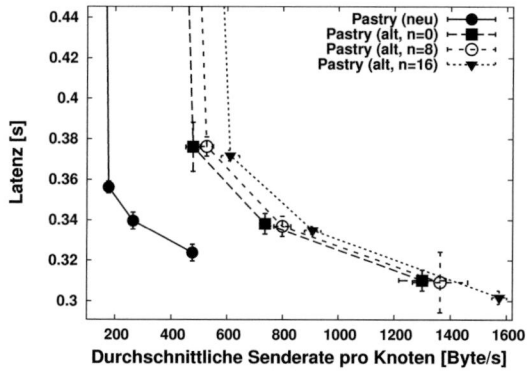

Abbildung 6.19 Pastry: Größe des *Neighborhood Set* mit Pastry-Varianten

ersichtlich ist, wird durch das verbesserte Knotenbeitrittsverfahren der zweiten Pastry-Version im Vergleich zur ursprünglichen Fassung jeweils ohne *Neighborhood Set* eine um ein vielfaches geringere Senderate benötigt.

Durch den Parameter b wird bei Pastry die Größe der Routingtabelle bestimmt. Wie in Abbildung 6.20 zu entnehmen ist, resultiert aus der Verwendung großer b ein sehr hoher Bandbreitenbedarf. Eine zu erwartende Reduktion der Latenz aufgrund kürzerer Routingpfade ergibt sich jedoch nicht. Die Ursache für den ausbleibenden Latenzgewinn liegt im Churn-Verhalten der Knoten. Die Evaluierung in einem vergleichbaren Szenario ohne Churn zeigt für größere b kürzere Latenzen. Ausgefallene Knoten werden bei Pastry nur erkannt, wenn diese durch Anwendungsverkehr für das Routing verwendet werden und die Bestätigung ausbleibt. Unter Verwendung des gleichen Anwendungsverkehrsmodells wird somit ein Knoten in einer Routingtabelle

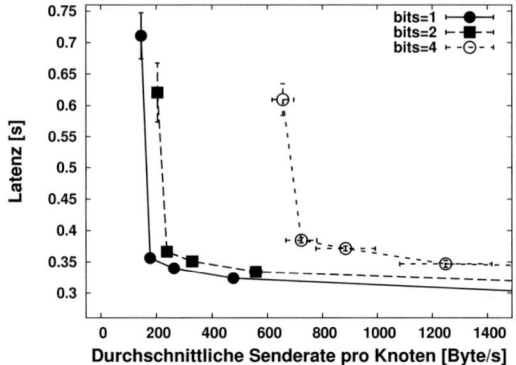

Abbildung 6.20 Pastry: Anzahl der betrachteten Bits

Parameter	Wert
Größe des *Leaf Set*	4, **8**, 16, 32
Größe des *Neighborhood Set* / Pastry-Varianten	**0 (neu)**, 0 (alt), 8 (alt),16 (alt)
Anzahl der betrachteten Bits	**1**, 2, 4

Tabelle 6.4 Gewählte Parameter für Pastry

mit höherem b im Durchschnitt seltener überprüft als ein Knoten in einer Routingtabelle mit kleinerem b. Somit befinden sich in der Routingtabelle mit größerem b mit höherer Wahrscheinlichkeit ausgefallene Knoten, die den Lookup verzögern. Für das hier betrachtete Szenario wird daher eine *Anzahl der betrachteten Bits von 1* als optimaler Parameter gewählt.

In Tabelle 6.4 sind die gewählten Parameter für Pastry zusammengefasst.

6.5.4 Bamboo

Bamboo hat einen deutlich effizienteren Knotenbeitrittsprozess als Pastry. Während bei Pastry pro Knotenbeitritt jeweils $\approx 3 \cdot 2^b \log_{2^b} N$ (alte Version) bzw. $\approx 2^b \log_{2^b} N$ (neue Version) vollständige *Leaf Sets* übertragen werden, muss bei Bamboo nur ein einzelnes *Leaf Set* gesendet werden. Bei Bamboo werden zusätzlich pro Knoten in einem festen periodischen Intervall zwei *Leaf Sets* übertragen. Dies fällt insbesondere in Netzen mit hoher Knotenfluktuation jedoch weniger ins Gewicht. Wie in Abbildung 6.21 erkennbar, stellt für das untersuchte Szenario eine *Größe des Leaf Set von 8 Knoten* einen optimalen Wert dar.

Der Einfluss des Intervalls zur periodischen Wartung des *Leaf Set* wird in Abbildung 6.22 dargestellt. Mit einem sehr kurzen Intervall von 4 s entsteht ein hoher

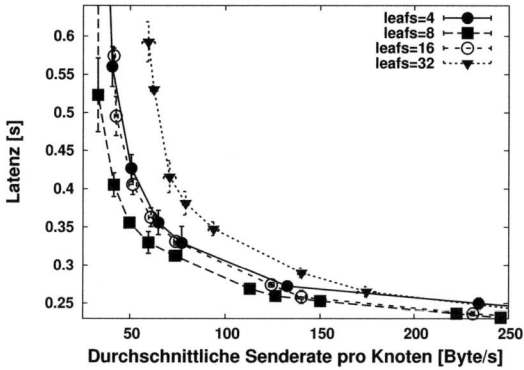

Abbildung 6.21 Bamboo: Größe des *Leaf Set*

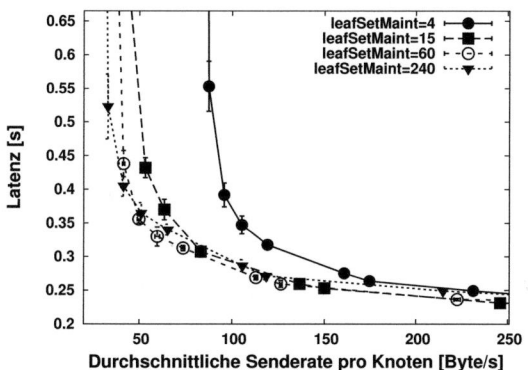

Abbildung 6.22 Bamboo: Intervall zur Wartung des *Leaf Set* (s)

Signalisierungsaufwand, der erst für sehr hohe Senderaten einen geringen Latenzvorteil gegenüber längeren Intervallen aufweist. Als geeigneter Wert wird ein *Intervall zur Wartung des Leaf Set von 60 s* gewählt, da mit diesem für Kommunikationsaufwand von ≈ 40 − 130 Byte/s die geringsten Latenzen erzielt werden können.

Zur Wartung der Routingtabelle werden bei Bamboo zwei periodische Verfahren verwendet. Das *Local Tuning*-Verfahren hat, wie aus Abbildung 6.23 hervorgeht, nur geringe Auswirkungen auf Latenz und Senderate. Der Signalisierungsaufwand ist im Vergleich zum *Global Tuning* sehr gering, da pro Intervall nur eine Zeile der Routingtabelle mit $2^b - 1$ Einträgen zwischen zwei Knoten ausgetauscht wird. Eine signifikante Reduktion der Latenz lässt sich mit kürzeren Intervallen jedoch nicht erzielen. Zur Ersetzung von Routingtabelleneinträgen mit im Underlay nahen Knoten (*Proximity Neighbor Selection, PNS*) ist *Local Tuning* somit wenig geeignet. Dies

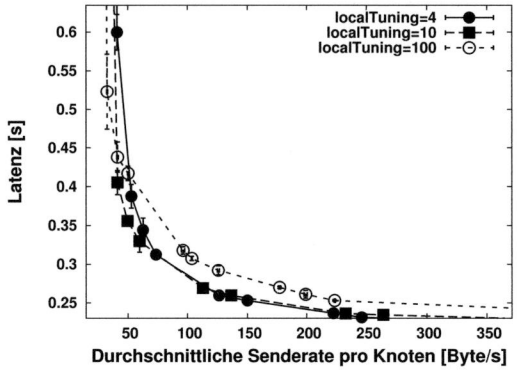

Abbildung 6.23 Bamboo: *Local Tuning* Intervall (s)

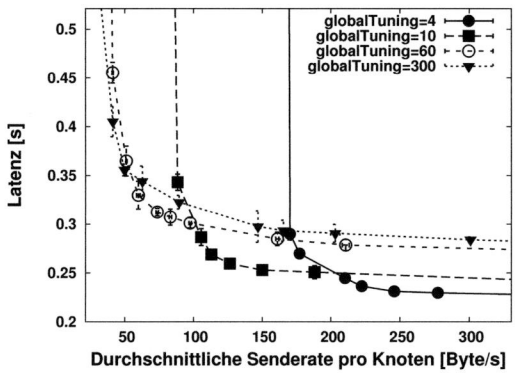

Abbildung 6.24 Bamboo: *Global Tuning* Intervall (s)

deckt sich mit den Ergebnissen aus [117]. Als geeigneter Wert wird somit ein *Local Tuning Intervall von 10 s* gewählt.

Aus Abbildung 6.24 wird ersichtlich, dass die Wahl des *Global Tuning Intervalls* einen deutlich größeren Einfluss auf die erzielte Latenz hat. Da in jedem Intervall ein Lookup mit $\mathcal{O}(\log_{2^b} N)$ Schritten durchgeführt wird, ist das Verfahren jedoch auch deutlich kommunikationsaufwändiger als *Local Tuning*. Für diesen Parameter muss eine klare Abwägung zwischen Latenz und Senderate getroffen werden. Für den zweiten Evaluierungsteil wird ein *Global Tuning Intervall von 10 s* gewählt, das für moderate Senderaten ab $\approx$ 100 Byte/s die geringsten Latenzen ermöglicht.

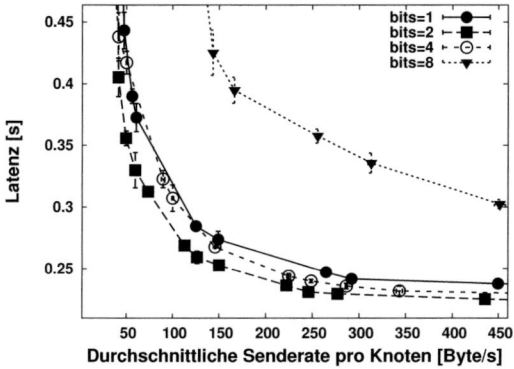

Abbildung 6.25 Bamboo: Anzahl der betrachteten Bits

Parameter	Wert
Größe des *Leaf Set*	4, **8**, 16, 32
Intervall zur Wartung des *Leaf Set*	4 s, 15 s, **60 s**, 240 s
Local Tuning Intervall	4 s, **10 s**, 30 s, 150 s
Global Tuning Intervall	**10 s**, 60 s, 300 s, 600 s
Anzahl der betrachteten Bits	1, **2**, 4, 8

Tabelle 6.5 Gewählte Parameter für Bamboo

Die Zahl der pro Routingschritt betrachteten Bits b und die daraus resultierende Größe der Routingtabelle stellt bei Bamboo, ähnlich wie bei Pastry, keinen geeigneten Parameter dar, um eine Reduktion der Latenz mit höherer Senderate zu erreichen. Die Ergebnisse der Evaluierung sind in Abbildung 6.25 dargestellt. Hier ergibt sich eine ähnliche Problematik wie bei Pastry: Durch eine Vergrößerung der Routingtabelle steigt die Wahrscheinlichkeit, dass diese veraltete Einträge enthält. Durch kürzere Intervalle für *Local Tuning* und *Global Tuning* kann dies vermieden werden, jedoch steigt der Signalisierungsaufwand in diesem Fall erheblich. Für $b = 8$ lässt sich so beispielsweise eine Latenz von $\approx 0{,}205$ s bei einer sehr hohen Senderate von ≈ 3600 Byte/s erzielen (im Ausschnitt der Abbildung nicht dargestellt). Als optimaler Wert für das hier betrachtete Szenario wird eine *Anzahl der betrachteten Bits von 2* gewählt.

In Tabelle 6.5 sind die gewählten Parameter für Bamboo zusammengefasst.

6.5.5 Kademlia

Kademlia zeichnet sich im Gegensatz zu den anderen Protokollen durch einen hohen Grad an Redundanz in der Routingtabelle aus. In Abbildung 6.26 ist der Einfluss der Bucket-Größe k dargestellt. Da Kademlia aus eingehenden Lookup-Anfragen neue Knoten kennenlernen kann und daher kein dediziertes Stabilisierungsprotokoll

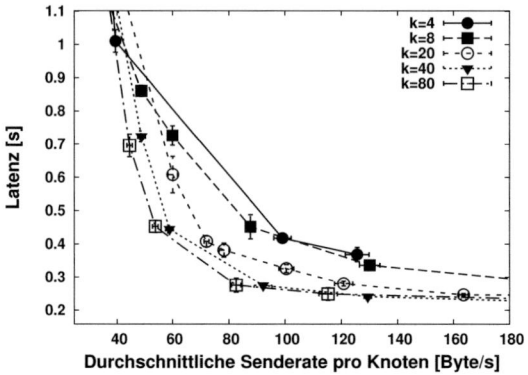

Abbildung 6.26 Kademlia: Bucket-Größe k

benötigt, ist eine Vergrößerung der Routingtabelle nicht mit einem größeren Kommunikationsaufwand verknüpft, wie das bei anderen Protokollen der Fall ist. Durch größere Routingtabellen kann zudem die durchschnittliche Pfadlänge verkürzt und damit die Latenz gesenkt werden. Die kürzeren Pfadlängen ergeben sich, da mit höherer Wahrscheinlichkeit ein Knoten vorhanden ist, mit dem in einem Routingschritt mehrere Bits des Routingschlüssels korrigiert werden können.

Ausgefallene Knoten werden bei Kademlia erkannt, sobald ein Knoten für einen Anwendungs-Lookup verwendet wird und nicht zeitnah antwortet. Bei gleichem Anwendungsverkehrsmodell steigt somit mit zunehmender Bucket-Größe der Anteil ausgefallener Knoten in der Routingtabelle, was sich wiederum negativ auf die Latenz auswirkt. Wie in Abbildung 6.26 zu sehen ist, zeigt daher eine zunehmende Vergrößerung der Routingtabelle immer geringere Effekte. Im untersuchten Szenario ergibt sich als optimaler Wert eine *Bucket-Größe von 40 Knoten*. Zwar lassen sich für Senderaten unter ≈ 120 Byte/s mit $k = 80$ noch geringfügig niedrigere Latenzen erzielen - dem steht jedoch ein doppelt so großer Speicheraufwand für die Routingtabelle entgegen.

Wie in Abschnitt 6.2.3.1 erläutert, wird für die hier durchgeführte Untersuchung die Zahl der in einem Routingschritt zurückgelieferten Knoten von der Bucket-Größe k entkoppelt. Aus Abbildung 6.27 wird ersichtlich, dass mit zunehmender Anzahl redundanter Knoten die Pfadlänge geringfügig sinkt, wodurch geringere Latenzen erzielt werden. Gleichzeitig steigt der Kommunikationsaufwand, da in jedem Routingschritt eine größere Anzahl von Knoten zurückgeliefert wird. Somit muss für diesen Parameter eine Abwägung getroffen werden. Für das hier betrachtete Anwendungsszenario wird als geeigneter Wert eine *Anzahl der pro Routingschritt zurückgelieferten Knoten von 8* gewählt, da sich für größere Werte nur mit deutlicher Steigerung der Senderate eine Latenzreduktion erzielen lässt. Dieser Wert ist deutlich

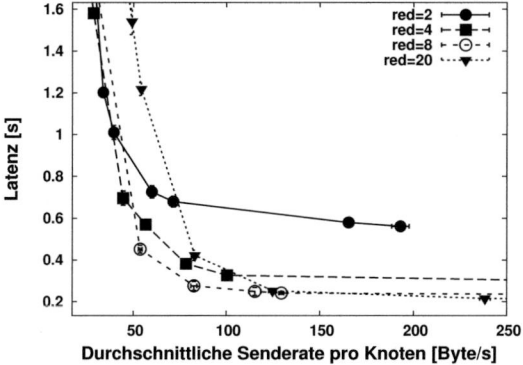

Abbildung 6.27 Kademlia: Anzahl der pro Routingschritt zurückgelieferten Knoten

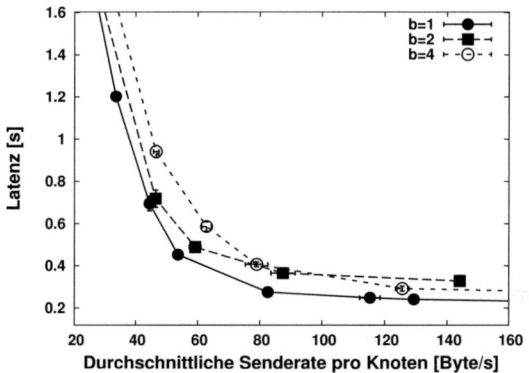

Abbildung 6.28 Kademlia: Anzahl der betrachteten Bits

geringer als die im vorherigen Abschnitt ermittelte optimale Bucket-Größe von 40 Knoten. Somit konnte gezeigt werden, dass die in Abschnitt 6.2.3.1 eingeführte Trennung von Bucket-Größe k und der Anzahl zurückgelieferter Knoten geeignet ist, um die Leistungsfähigkeit von Kademlia zu steigern.

In Abbildung 6.28 wird der Einfluss der pro Routingschritt betrachteten Bits b dargestellt. Es zeigt sich, dass die Effizienz von Kademlia durch die Betrachtung mehrerer Bits pro Routingschritt nicht verbessert werden kann. Zwar kann durch die Verwendung größerer b mittels der daraus resultierenden größeren Routingtabelle die durchschnittliche Anzahl benötigter Routingschritte und somit die Latenz reduziert werden. Allerdings stellt sich heraus, dass eine Vergrößerung der Routingtabelle anhand der Bucket-Größe k stets effizienter ist als eine Erhöhung von b. Dieses Ergebnis entspricht der in [151] dargestellten Analyse, in der gezeigt wird, dass im

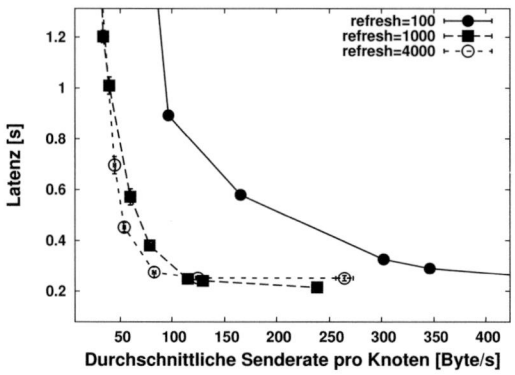

Abbildung 6.29 Kademlia: Wartungsintervall zur Bucket-Auffrischung (s)

Durchschnitt durch die Erhöhung von *k* bei gleicher Routingtabellengröße weniger
Routingschritte benötigt werden als bei Erhöhung von *b*. Als optimaler Wert wird
daher eine *Anzahl der betrachteten Bits von 1* gewählt.

Bei Kademlia erfolgt die Aktualisierung der Routingtabellen in der Regel implizit
durch Anwendungsverkehr. Falls ein Bucket innerhalb eines festgelegten Stabilisierungsintervalls nicht durch Anwendungs-Lookups verwendet wurde, wird dieser
aktiv durch einen Lookup erneuert. Der Einfluss dieses Stabilisierungsintervalls ist
in Abbildung 6.29 dargestellt. Für große Intervalle nimmt die Wahrscheinlichkeit für
veraltete Einträge in der Routingtabelle zu. Bei dem für die Evaluierung verwendeten
Szenario werden mit einem Stabilisierungsintervall von 4000 s nahezu keine zusätzlichen Stabilisierungs-Lookups durchgeführt. Durch ein mittleres Intervall von 1000 s
können geringfügig kleinere Latenzen mit etwas gesteigerter Senderate durch zusätzliche Stabilisierungs-Lookups erzielt werden. Ein kurzes Stabilisierungsintervall
von 100 s führt zu einer signifikanten Erhöhung der Senderate durch Stabilisierungs-
Lookups, ohne jedoch einen weiteren Latenzvorteil zu erzielen (da die Knoten in der
Routingtabelle bereits durch Anwendungs-Lookups hinreichend aktuell sind). Als
optimaler Wert wird daher für dieses Anwendungsszenario eine *Wartungsintervall
zur Bucket-Auffrischung von 1000 s* gewählt.

Der Einfluss der parallel gesendeten Lookup-Anfragen α ist in Abbildung 6.30
dargestellt. Durch eine Erhöhung der Parameters α wird durch zusätzliche Lookup-
Anfragen erwartungsgemäß eine höhere Senderate benötigt. Gleichzeitig lässt sich
die Latenz jedoch signifikant reduzieren. Einerseits wird der Lookup durch veraltete Knoten in der Routingtabelle nicht verzögert, solange mindestens einer der α
angefragten Knoten noch erreichbar ist. Als weiterer Effekt werden jedoch implizit
Antworten von im Underlay topologisch nahen Knoten bevorzugt, da diese als erste
beim Lookup-Initiator eintreffen. Somit kann die Latenz auf ähnliche Weise wie

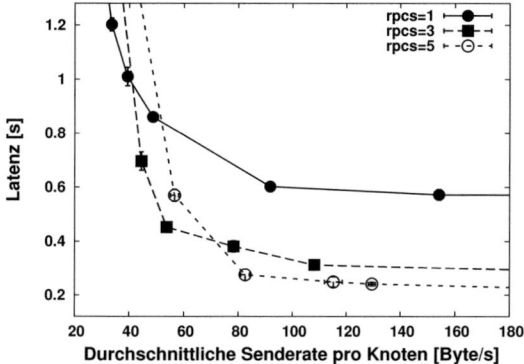

Abbildung 6.30 Kademlia: Anzahl paralleler Lookup-Anfragen α

Parameter	Wert
Bucket-Größe k	4, 8, 20, **40**, 80
Anzahl der pro Routingschritt zurückgelieferten Knoten	2, 4, **8**, 20
Anzahl der betrachteten Bits	**1**, 2, 4
Wartungsintervall zur Bucket-Auffrischung	100 s, **1000 s**, 4000 s
Anzahl paralleler Lookup-Anfragen α	1, 3, **5**

Tabelle 6.6 Gewählte Parameter für Kademlia

bei expliziten Topologieadaptionsverfahren wie *PNS (Proximity Neighbor Selection)* oder *PR (Proximity Routing)* reduziert werden. Als geeigneter Wert wird eine *Anzahl paralleler Lookup-Anfagen von 5* gewählt, da in diesem Fall mit einem für das Szenario angemessenen Sendeaufwand von $\approx 100 - 150$ Byte/s die geringsten Latenzen erzielt werden.

In Tabelle 6.6 sind die gewählten Parameter für Kademlia zusammengefasst.

6.5.6 Broose

Analog zu Pastry kann bei Broose aufgrund des aufwändigen Knotenbeitrittverfahrens die angestrebte Latenz von unter 0,5 s mit einer gewünschten Senderate von $100 - 150$ Byte/s nicht erreicht werden. Um die Latenzanforderungen dennoch zu erfüllen, wird für die Wahl geeigneter Overlay-Parameter eine höhere Senderate in Kauf genommen.

Für die Evaluierung von Broose wird eine einheitliche Bucket-Größe $k = k'$ verwendet. Wie in Abschnitt 6.2.4 beschrieben, wird bei Broose ein aufwändiges Knotenbeitrittsverfahren verwendet, dessen Kommunikationsaufwand hauptsächlich von der Bucket-Größe abhängt. In Abbildung 6.31 ist der Einfluss der Bucket-Größe

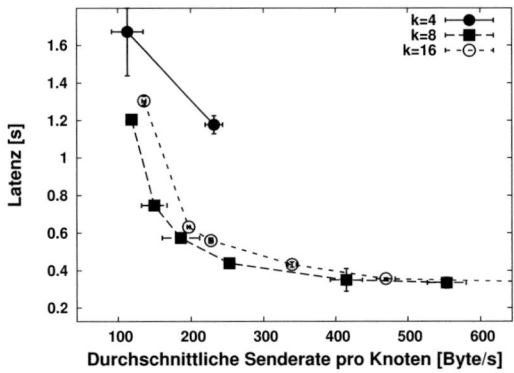

Abbildung 6.31 Broose: Bucket-Größe k und k'

dargestellt. Für eine kleine Bucket-Größe von 4 Knoten steht für die untersuchte Churn-Rate nicht ausreichend Redundanz zur Verfügung, um zuverlässige Lookups sicherzustellen. Mit einer Erhöhung der Bucket-Größe auf 8 Knoten kann durch zusätzliche Redundanz daher eine signifikant geringere Latenz erzielt werden. Eine weitere Erhöhung der Bucket-Größe auf 16 Knoten führt jedoch lediglich zu einer geringfügig höheren Senderate ohne die Latenz weiter zu verbessern. Dies liegt daran, dass sich bei Broose im Unterschied zu Kademlia durch größere Buckets lediglich eine erhöhte Ausfallsicherheit und keine Reduktion der durchschnittlichen Pfadlänge ergibt, da in jedem Routingschritt exakt b Bit des Routingschlüssels korrigiert werden. Da die zusätzliche Redundanz im untersuchten Szenario keinen Vorteil bietet, wird eine *Bucket-Größe von 8 Knoten* als optimaler Wert gewählt.

Für die Anzahl der pro Routingschritt betrachteten Bit ergibt sich ebenfalls ein anderes Bild als bei Kademlia. Wie in Abbildung 6.32 dargestellt, werden mit einer höheren Anzahl betrachteter Bit aufgrund kürzerer Pfade geringere Latenzen erzielt. Gleichzeitig steigt die erforderliche Senderate aufgrund der höheren Anzahl an Buckets, die unter anderem beim Knotenbeitritt aktualisiert werden müssen. Wie in Abschnitt 6.5.5 erläutert, ist bei Kademlia hingegen eine Vergrößerung der Routingtabelle durch ein größeres k stets effektiver als die Verwendung von $b > 1$. Für Broose muss hingegen für b eine Abwägung zwischen Latenz und Senderate getroffen werden. Für das in dieser Arbeit untersuchte Anwendungsszenario wird eine *Anzahl der betrachteten Bits von 3* gewählt, da so bei einer noch akzeptablen Senderate von ≈ 180 Byte/s die geringsten Latenzen erzielt werden.

Bei Broose werden alle Knoten aus den eigenen Buckets mit einer PING-Nachricht überprüft, falls zu diesen innerhalb eines parametrisierbaren Auffrischungsintervalls kein Kontakt bestand. Der Einfluss des Auffrischungsintervalls ist in Abbildung 6.33 dargestellt. Für diesen Parameter muss ebenfalls eine Abwägung zwischen Latenz

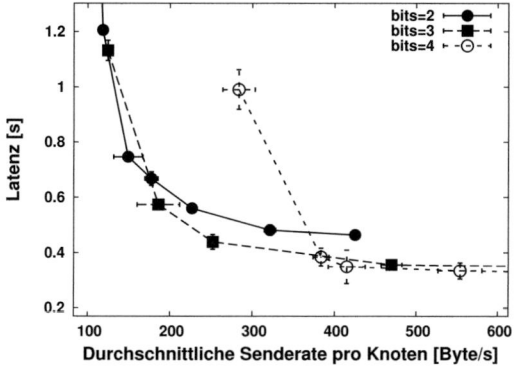

Abbildung 6.32   Broose: Anzahl betrachteter Bits

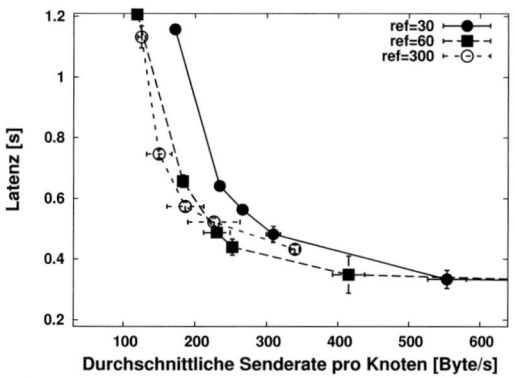

Abbildung 6.33   Broose: Wartungsintervall zur Bucket-Auffrischung (s)

und Senderate erfolgen. Für die folgende Evaluierung wird ein *Wartungsintervall zur Bucket-Auffrischung von 60 s* als geeigneter Wert gewählt, da gegenüber einem Intervall von 300 s eine deutliche Reduktion der Latenz mit einer nur geringfügig höheren Senderate erzielt werden kann.

Wie bei Kademlia werden bei Broose parallele Lookup-Anfragen verwendet, um die durchschnittliche Lookup-Latenz zu reduzieren. Aus Abbildung 6.34 wird der starke Einfluss der Anzahl paralleler Lookup-Anfragen auf die erzielte Latenz ersichtlich. Analog zu den bereits in Abschnitt 6.5.5 dargestellten Überlegungen für Kademlia, werden ähnliche Effekte erzielt, wie bei der Verwendung von Topologieadaptionsverfahren bei rekursivem Routing. Da mit größerer Anzahl an RPCs eine höhere Senderate benötigt wird, muss für diesen Parameter ebenfalls eine Abwägung anhand des Anwendungsszenarios erfolgen. Für die weitere Evaluierung wird hier,

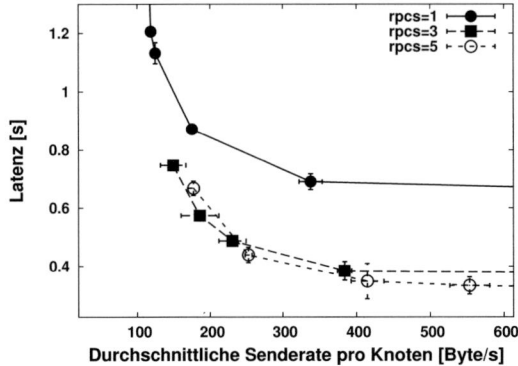

Abbildung 6.34 Broose: Anzahl paralleler Lookup-Anfragen α

Parameter	Wert
Bucket-Größe k und k'	4, **8**, 16
Anzahl der betrachteten Bits	2, **3**, 4
Wartungsintervall zur Bucket-Auffrischung	30 s, **60 s**, 300 s
Anzahl parallele Lookup-Anfragen α	1, 3, **5**

Tabelle 6.7 Gewählte Parameter für Broose

wie bereits bei Kademlia, eine *Anzahl paralleler Lookup-Anfragen von 5* gewählt, da hier bei noch moderater Senderate die geringsten Latenzen erzielt werden.

In Tabelle 6.7 sind die gewählten Parameter für Broose zusammengefasst.

6.6 Vergleich der Lookup-Varianten

In der *IETF P2PSIP WG* wird momentan intensiv diskutiert, welche der in Abschnitt 6.3 vorgestellten Lookup-Varianten für das IETF P2PSIP Protokoll verwendet werden soll. Um die Effizienz der Lookup-Varianten miteinander vergleichen zu können, wurden diese anhand des Standardszenarios evaluiert.

Abbildung 6.35 zeigt die konvexen Hüllen der Simulationsergebnisse für *Chord*. Erwartungsgemäß werden mit der *Semi-Recursive-Variante* sowohl die geringsten Latenzen also auch die geringste Senderate erzielt. Mit *iterativem Routing* wird etwas weniger als die doppelte Latenz benötigt, da in jedem Routingschritt zunächst auf die Antwort des angefragten Knotens gewartet werden muss. Aus den Simulationsergebnissen wird zudem ersichtlich, dass die Rückgabe mehrerer redundanter Knoten[8] die Lookup-Latenz deutlich verbessert. Ohne redundante Knoten schlägt ein iterativer Lookup bereits fehl, falls ein einzelner Knoten auf dem Routingpfad ausgefallen ist.

---

[8]Im untersuchten Szenario werden 4 redundante Knoten zurückgeliefert.

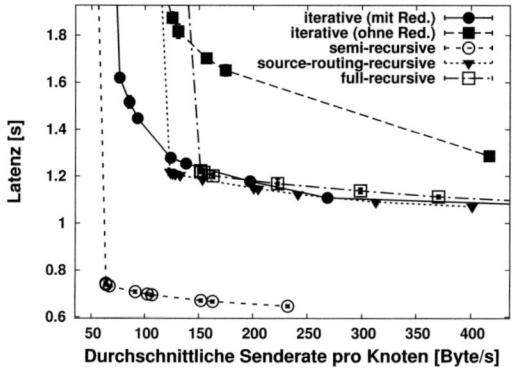

Abbildung 6.35 Vergleich rekursiver Lookup-Varianten mit Chord

Mit den beiden Varianten *Source-Routing-Recursive* und *Full-Recursive*, die in der IETF aufgrund von Vorteilen bei *NAT-Traversal* (siehe Abschnitt 6.3.1) in Betracht gezogen werden, ergeben sich ähnliche Latenzen und Senderaten wie mit iterativen Lookups. In der IETF wird momentan diskutiert, ob bei *Source-Routing-Recursive* unter Churn schlechtere Zustellraten erzielt werden, da gegebenenfalls auf dem Hinpfad verwendete Knoten für den Rückpfad nicht mehr zur Verfügung stehen. Wie aus Abbildung 6.35 ersichtlich[9] wird, tritt diese Problematik in dem hier untersuchten Churn-Szenario jedoch nicht auf.

Die *Full-Recursive-Variante* benötigt in dem untersuchten Szenario eine höhere Senderate als die *Source-Routing-Variante*. Dies scheint zunächst unerwartet, da für *Source-Routing* ein zusätzlicher Kommunikationsaufwand für die Übertragung der Source-Route anfällt. Die Erklärung für das hier dargestellte Ergebnis liegt an einer Eigenart des Chord-Protokolls. Ein hoher Anteil des Gesamtkommunikations-aufwands entfällt hier auf Lookups zur Wartung der Fingertabelle. Aufgrund der Konstruktionsvorschrift für die Fingertabelle liegen die gesuchten Schlüssel für die Finger im Schnitt näher an der eigenen NodeID als zufällig gewählte Schlüssel. Die Länge des Hinpfades für Finger-Lookups liegt daher unter der durchschnittlichen Pfadlänge. Bei *Full-Routing-Recursive* muss die Antwort jedoch auf einem Rückpfad weitergeleitet werden, der länger ist als die durchschnittliche Pfadlänge[10]. Durch den somit längeren Gesamtpfad bei *Full-Routing-Recursive* entsteht eine insgesamt höhere Senderate, obwohl kein zusätzlicher Kommunikationsaufwand für die Übertragung der Source-Route anfällt.

---

[9]Da die in Abbildung 6.35 dargestellte Latenz für fehlgeschlagene Lookups eine Straflatenz beinhaltet (siehe Abschnitt 6.4), hätten schlechtere Zustellraten in dieser Darstellung eine höhere Latenz zur Folge.

[10]Dies liegt daran, dass bei Chord Nachrichten immer nur im Uhrzeigersinn auf dem Ring weitergeleitet werden.

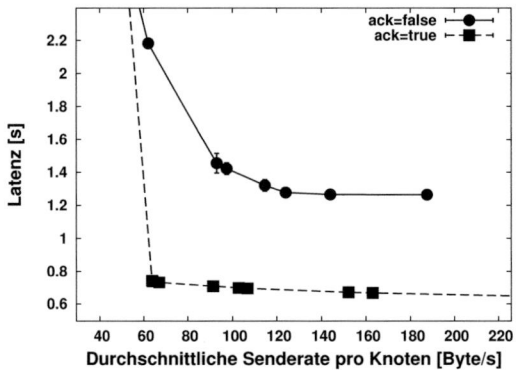

Abbildung 6.36 Einfluss von Bestätigungen auf rekursive Lookups (Chord)

In Abschnitt 6.3.1.4 wurde dargestellt, wie die Zuverlässigkeit rekursive Lookups durch *Hop-by-Hop-Bestätigungen* verbessert werden kann. Die in Abbildung 6.36 dargestellten Simulationsergebnisse zeigen anhand von Chord, dass die Verwendung von Bestätigungen einen deutlichen Einfluss auf die erzielte Latenz hat. Mit Bestätigungen ergeben sich aufgrund der deutlich höheren Lookup-Erfolgswahrscheinlichkeit bei gleicher Senderate stets signifikant geringere Latenzen. Die rekursiven Lookup-Varianten sollten somit unabhängig vom Anwendungsszenario immer nur mit *Hop-by-Hop-Bestätigungen* eingesetzt werden.

Die Evaluierungsergebnisse für die beiden in Abschnitt 6.3.2 vorgestellten iterativen Lookup-Varianten sind in Abbildung 6.37 anhand von Kademlia dargestellt. In [85] wird nur die *Exhaustive-Iterative*-Variante vorgeschlagen. Anhand der Simulationsergebnisse wird deutlich, dass diese Variante gegenüber der *Simple-Iterative*-Variante jedoch bei gleicher Senderate stets eine deutlich größere Lookup-Latenz zur Folge hat.

Da bei Kademlia Lookups auch zur Wartung der Routingtabelle verwendet werden, stellt sich die Frage, ob beide Lookup-Varianten auch zur zuverlässigen Routingtabellenwartung geeignet sind. Obwohl mit der *Simple-Iterative*-Variante pro Lookup eine deutlich geringere Anzahl an Knoten kontaktiert wird als mit der *Exhaustive-Iterative*-Variante, zeigen die Evaluierungsergebnisse auch in Anwendungsszenarien mit hoher Knotenfluktuationsrate für die *Simple-Iterative*-Variante eine hohe Lookup-Erfolgswahrscheinlichkeit mit niedriger Latenz. Somit stellt die in Abschnitt 6.2.3.1 beschriebene Erweiterung von Kademlia um die *Simple-Iterative*-Variante eine effektive Möglichkeit dar, um die Lookup-Latenz zu reduzieren und gleichzeitig Kommunikationsaufwand einzusparen.

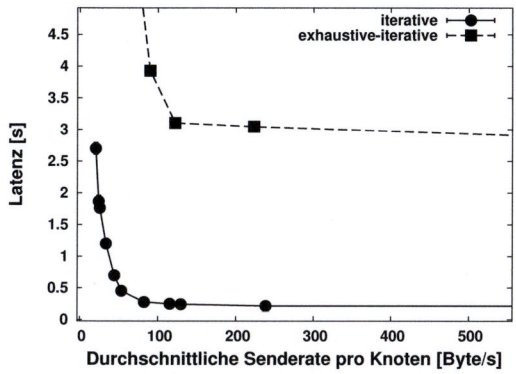

Abbildung 6.37 Vergleich iterativer Lookup-Varianten mit Kademlia

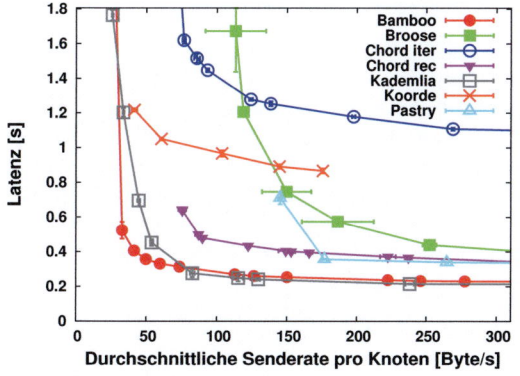

Abbildung 6.38 Vergleich der KBR-Protokolle

6.7 Vergleich der KBR-Protokolle

Um die Effizienz der einzelnen KBR-Protokolle untereinander vergleichen zu können, sind in Abbildung 6.38 die konvexen Hüllen über alle in den vorherigen Abschnitten vorgestellten Parameterkombinationen dargestellt. Anhand der Abbildung ist somit direkt ersichtlich, mit welchem Protokoll bei einer bestimmten Senderate die geringste Latenz erzielt werden kann.

Chord zählt heutzutage immer noch zu den in der Literatur am häufigsten zitierten Protokollen und wird in einer Variante auch im aktuellen RELOAD-Draft [65] verwendet. Abbildung 6.38 zeigt Chord sowohl mit rekursiven als auch mit iterativen Lookups. Anhand der Simulationsergebnisse wird deutlich, dass mit der iterativen Variante im Vergleich zur rekursiven Variante rund die dreifache Latenz benötigt wird. Anhand der in Abschnitt 6.3 gezeigten theoretischen Überlegungen wäre nur ungefähr eine Verdopplung der Latenz zu erwarten. Der Unterschied zwischen den Lookup-Varianten fällt in diesem Fall jedoch noch höher aus, da bei der rekursiven Variante in jedem Routingschritt topologisch nahe Knoten ausgewählt werden können (*Proximity Routing*), was bei iterativen Lookups aufgrund ständig wechselnder Kommunikationspartner nicht ohne Zusatzinformationen möglich ist.

Selbst die rekursive Variante von Chord erzielt jedoch durchgängig schlechtere Latenzen als die Protokolle Bamboo und Kademlia. Ein weiterer Nachteil von Chord gegenüber den anderen Protokollen stellt die *asymmetrische Nachbarschaftsbeziehung* dar, da beispielsweise die DHT-Komponente zur effizienten Replikation der Daten eine *symmetrische Nachbarschaftsbeziehung* benötigt. Dies ist bei Chord nicht gegeben, da jeder Knoten eine Reihe von Nachfolgern aber nur einen Vorgänger kennt. Schließlich ist die Definition der Zuständigkeit für einen Schlüssel bei Chord ungeeignet, um eine *Abstandsmetrik* definieren zu können. Somit ist es nicht möglich, aus einer gegebenen Menge von NodeIDs ohne weitere Zusatzinformationen den nächsten Knoten zu einem Schlüssel festzustellen.

Das Protokoll *Pastry* zeichnet sich vor allem durch ein sehr kommunikationsaufwändiges Knotenbeitrittsverfahren aus. Die hier dargestellte konvexe Hülle bezieht sich auf die in [24] veröffentlichte zweite Version des Pastry-Protokolls. Wie bereits in Abschnitt 6.5.3 gezeigt wurde, benötigt diese Version aufgrund von Optimierungen am Knotenbeitrittsverfahren bereits einen deutlich geringeren Kommunikationsaufwand als die erste in [127] vorgeschlagene Variante. Dennoch können für die untersuchte Knotenfluktuationsrate erst ab einer durchschnittlichen Senderate von ≈ 170 Byte/s ähnliche Latenzen wie mit rekursivem Chord erzielt werden.

Das Protokoll *Bamboo* basiert auf der gleichen Overlay-Topologie wie Pastry. Durch eine periodische Wartung der Routingtabelle kann das Knotenbeitrittsverfahren jedoch deutlich vereinfacht werden. Die Evaluierungsergebnisse zeigen, dass Bamboo dadurch im Gegensatz zu Pastry dazu geeignet, ist einen sehr effizienten KBR-Dienst zu erbringen. Mit einer durchschnittlichen Senderate von nur 50 Byte/s lässt sich mit Bamboo eine Latenz von $\approx 0,350$ s erzielen.

Mit *Kademlia* lassen sich trotz der Verwendung eines iterativen Lookups ähnliche Latenzen wie mit rekursivem Bamboo erzielen. Die Gründe für die im Vergleich zu iterativem Chord sehr geringen Latenzen liegen einerseits an der Verwendung paralleler Anfragen und andererseits an kürzeren Pfadlängen, die durch größere Routingtabellen bei Kademlia erreicht werden. Liegt der Fokus auf möglichst geringen Senderaten, zeigt Bamboo leichte Vorteile gegenüber Kademlia. Des Weiteren gelten die hier angestellten Untersuchungen für Netze mit 10.000 Knoten. Für größere Netze können bei gleicher Wahl der Parameter durch rekursives Bamboo geringere Latenzen als mit iterativem Kademlia erzielt werden (siehe Abschnitt 6.7.1).

Bei *Broose* sollen die Vorteile von Kademlia mit dem optimalen Durchmesser eines De-Bruijn-Graphen kombiniert werden. Die Evaluierungsergebnisse zeigen jedoch, dass Kademlia im Vergleich zu Broose stets das effizientere Protokoll darstellt. Dies hat mehrere Ursachen: Der in [51] beschriebene Knotenbeitrittsprozess ist vor allem für größere Routingtabellen wesentlich kommunikationsaufwändiger als bei Kademlia. Zusätzlich kann Broose aufgrund des De-Bruijn-Routings nicht auf die gleiche Weise wie Kademlia von redundanten Knoten profitieren und dadurch die durchschnittliche Pfadlänge verkürzen. Bei Broose muss zudem zu Beginn eines Lookups die Distanz zum Zielknoten geschätzt werden. Wird diese zu niedrig geschätzt, bricht der Lookup erfolglos ab. Eine zu hohe Abschätzung führt hingegen zu höheren Latenzen. Schließlich ist das in [51] vorgeschlagene Verfahren zur Stabilisierung der De-Bruijn-Topologie für Szenarien mit hohen Churn-Raten ungeeignet. In Abschnitt 6.2.4.1 wurde ein verbessertes Stabilisierungsverfahren vorgeschlagen. Aufgrund der Schwierigkeiten einen De-Bruijn-Graph unter Churn effizient zu stabilisieren stellt Broose jedoch keine Verbesserung zu Kademlia dar.

Mit *Koorde* wird ebenfalls versucht, das Chord-Protokoll durch Einbettung eines De-Bruijn-Graphen zu verbessern. Analog zu Broose wird das Problem der Stabilisierung des De-Bruijn-Graphen unter Churn in [66] jedoch nicht betrachtet. In Abschnitt 6.2.2.1 wurden daher eine Reihe von Verfahren vorgestellt, die eine zuverlässige Wartung der Routingtabelle auch mit dem hier untersuchten Knotenfluktuationsszenario erlauben. Ein zentraler Schwachpunkt bei Koorde stellen jedoch die im Vergleich zu anderen Protokollen längeren Pfade dar, woraus sich relativ hohe Latenzwerte ergeben.

Eine Vergrößerung der Routingtabelle durch Erhöhung des Parameters *b* ermöglicht zwar eine Reduktion der durchschnittlichen Pfadlänge. Dazu wird jedoch auch eine entsprechend längere Nachfolgerliste benötigt. Das bei Chord und Koorde verwendete Verfahren zur Stabilisierung der Nachfolgerliste ist jedoch nicht dazu geeignet, eine lange Nachfolgerliste in Netzen mit Knotenfluktuation aktuell zu halten. Eine Verbesserung für dieses Problem könnte ein alternatives Verfahren zur Wartung der Nachfolgerliste bieten, bei dem ähnlich wie zur Stabilisierung des *Leaf Set* bei Bamboo in einem periodischen Intervall ein zufällig ausgewählter Knoten aus der Nachfolgerliste nach seiner kompletten Nachfolgerliste gefragt wird.

In der in [66] und [51] vorgestellten Form sind beide Protokollvorschläge auf Basis eines De-Bruijn-Graphen jedoch nicht dazu geeignet, in dynamischen Netzen einen effizienten KBR-Dienst zu erbringen.

6.7.1 Variation der Knotenanzahl

Für die bisher vorgestellten Simulationsläufe wurde immer das in Abschnitt 6.4 vorgestellte *Standardanwendungsszenario* mit 10000 Knoten und einer durchschnittlichen Knotenlebenszeit von 10000 s verwendet, um für jedes der untersuchten Protokolle geeignete Parameterkombinationen zu ermitteln. Im Folgenden wird gezeigt, welchen Einfluss eine Variation von Netzgröße und Knotenlebenszeit haben, wenn die Protokolle mit den für das *Standardszenario ermittelten Overlay-Parametern* verwendet werden.

Bei der Interpretation der Simulationsergebnisse muss beachtet werden, dass die Protokolle gegebenenfalls mit, für ein bestimmtes Szenario, ungeeigneten Parametern

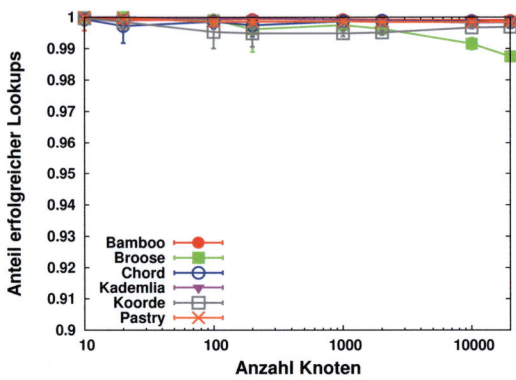

Abbildung 6.39   Anteil erfolgreicher Lookups abhängig von der Netzgröße

verwendet werden. In der Praxis werden Overlay-Protokolle in der Regel ebenfalls mit *festen* Parametern betrieben, da die *automatische, dynamische Anpassung* der Overlay-Parameter an ein verändertes Szenario eine komplexe und fehleranfällig Aufgabe darstellt. Die folgenden Schaubilder zeigen jeweils den Mittelwert sowie das 99%-Konfidenzintervall aus 10 Simulationsläufen mit verschiedenen Seeds.

In Abbildung 6.39 ist der Anteil erfolgreicher Lookups mit unterschiedlicher Anzahl an Knoten und einer festen Knotenlebenszeit von 10000 s dargestellt. Alle getesteten Protokolle erlauben unabhängig von der Netzgröße, einen zuverlässigen Dienst mit Lookup-Erfolgsraten im Bereich von 99%. Die Protokolle *Koorde* und *Broose*, die beide einen De-Bruijn-Graphen als Overlay-Topologie verwenden, zeigen jedoch im Vergleich zu den anderen Protokollen etwas höhere Fehlerraten.

Die durchschnittliche Latenz aller erfolgreichen Lookups ist in Abbildung 6.40 dargestellt. Alle Protokolle zeigen bei der durchschnittlichen Latenz logarithmisches Wachstum im Verhältnis zur Knotenzahl. Die Protokolle Kademlia und Broose erzielen aufgrund großer Routingtabellen in kleinen Netzen im Vergleich zu den anderen Protokollen besonders geringe Latenzen. Bei Koorde fällt der deutliche Latenzanstieg mit steigender Knotenzahl auf. Dieser ist auf den im Verhältnis zu den anderen Protokollen geringen Knotengrad bei Koorde zurückzuführen. Die Protokolle *Broose* und *Kademlia* zeigen im Vergleich zu *Bamboo*, *Pastry* und *Chord* ein stärkeres Latenzwachstum. Der Grund liegt an der Verwendung iterativer Lookups. Diese benötigen im Vergleich zu rekursiven Lookups rund die doppelte Anzahl an Routingschritten. Für die hier dargestellten Netze bis 20000 Knoten ist die Anzahl der Routingschritte jedoch so gering, dass der Latenzvorteil paralleler Lookup-Anfragen noch überwiegt.

In Abbildung 6.41 ist die benötigte Senderate abhängig von der Zahl der Knoten dargestellt. Die Protokolle *Chord*, *Bamboo*, *Pastry* und *Kademlia* weisen analog zur Latenz einen *logarithmischen* Zuwachs der Senderate im Verhältnis zur Knotenanzahl

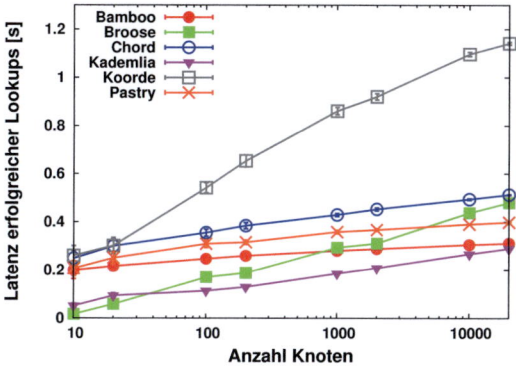

Abbildung 6.40 Latenz erfolgreicher Lookups abhängig von der Netzgröße

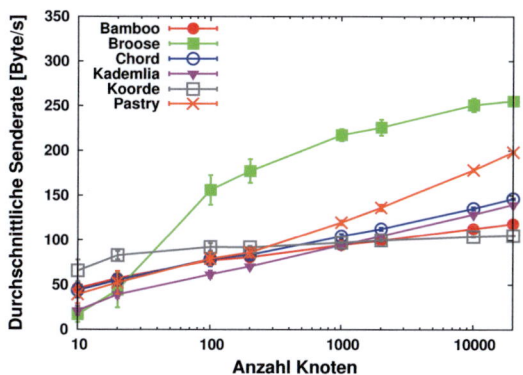

Abbildung 6.41 Durchschnittliche Senderate abhängig von der Netzgröße

auf. Die beiden Protokolle *Koorde* und *Broose* zeigen aufgrund des konstanten Knotengrads der De-Bruijn-Topologie *sublogarithmisches* Wachstum. Das Protokoll *Koorde* erfordert dadurch in Netzen mit mehr als 2000 Knoten von allen Protokollen den geringsten Kommunikationsaufwand. Das Protokoll *Broose* weist aufgrund des aufwändigen Knotenbeitrittsverfahrens trotz sublogarithmischen Wachstums für den in Abbildung 6.41 dargestellten Bereich mit Ausnahme von sehr kleinen Netzen den höchsten Bandbreitenbedarf auf.

6.7.2 Variation der Knotenfluktuationsrate

Zum Abschluss erfolgt die Evaluierung der Protokolle mit unterschiedlichen Knotenfluktuationsraten mit jeweils 10000 Knoten. Entsprechend der Variation der Netzgrö-

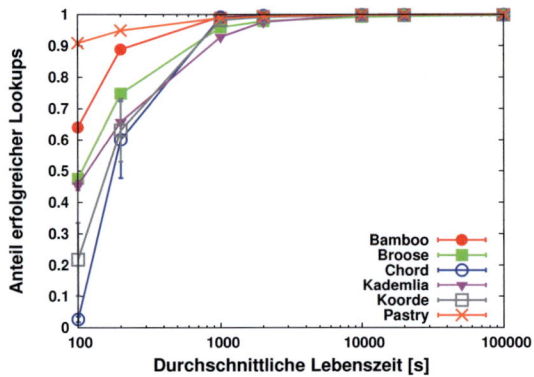

Abbildung 6.42   Anteil erfolgreicher Lookups abhängig von der Lebenszeit

ße werden wieder die für das Standardszenario mit einer mittleren Lebenszeit von 10000 s ermittelten Overlay-Parameter verwendet.

In Abbildung 6.42 ist der Anteil erfolgreicher Lookups abhängig von der durchschnittlichen Knotenlebenszeit dargestellt. Für Szenarien mit moderater Knotenfluktuation erreichen alle Protokolle Lookup-Erfolgsraten von über 98%. Ab einer durchschnittlichen Lebenszeit von 2000 s und weniger brechen die Lookup-Erfolgsraten deutlich ein. *Pastry* zeigt hier selbst bei extremem Churn mit 100 s mittlerer Lebenszeit noch eine Lookup-Erfolgsrate von über 90%. Da bei Pastry die Routingtabellen nicht in einem festen periodischen Intervall gewartet werden, sondern stattdessen die Stabilisierung im wesentlichen aus dem aufwändigen Knotenbeitrittsverfahren besteht, erfolgt durch die höhere Knotenbeitrittsrate automatisch eine häufigere Stabilisierung der Routingtabellen.

Bei *Chord* hingegen scheitert bei diesem Churn-Szenario nahezu jeder Lookup. Aufgrund der kurzen Lebenszeit der Knoten reicht das für eine Lebenszeit von 10000 s gewählte Stabilisierungsintervall zur Wartung der Nachfolgerliste nicht aus. Sobald bei einem Knoten im Ring während eines Stabilisierungsintervalls alle Knoten in der Nachfolgerliste ausfallen, zerbricht die Ringstruktur vollständig. Durch die Wahl kürzerer Stabilisierungsintervalle lassen sich alle Protokolle jedoch auch für Churn-Szenarien mit sehr kurzen Lebenszeiten optimieren.

Die Knotenfluktuationsrate zeigt auch einen deutlichen Einfluss auf die Latenz. Wie aus Abbildung 6.43 ersichtlich wird, führen insbesondere die Szenarien mit sehr kurzen Lebenszeiten bei den meisten Protokollen zu einem starken Latenzanstieg. Eine Ursache für den Latenzanstieg liegt in der höheren Wahrscheinlichkeit, während eines Lookups auf einen ausgefallenen Knoten zu treffen und der Lookup durch das Warten auf eine Zeitüberschreitung verzögert wird.

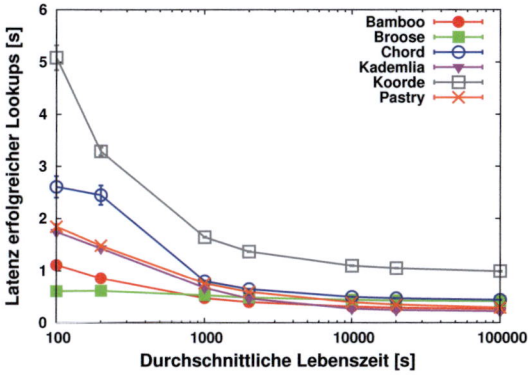

Abbildung 6.43 Latenz erfolgreicher Lookups abhängig von der Lebenszeit

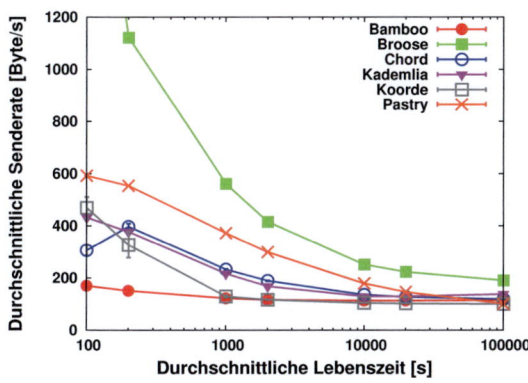

Abbildung 6.44 Durchschnittliche Senderate abhängig von der Lebenszeit

Ein weiterer Effekt, der insbesondere bei *Koorde* verstärkt auftritt, ist der Anstieg der durchschnittlichen Pfadlänge aufgrund unvollständiger Routingtabellen. Sofern bei Koorde bei einem Knoten keine aktuelle De-Bruijn-Liste vorhanden ist, muss diese Nachricht solange ineffizient über die Nachfolgerliste weitergeleitet werden, bis die De-Bruijn-Liste aktualisiert werden kann. Bei der Interpretation des Schaubilds muss zusätzlich zur Latenz die in Abbildung 6.42 dargestellte Lookup-Erfolgsrate berücksichtigt werden. Beispielsweise zeigt Broose im Gegensatz zu Pastry kaum einen Latenzanstieg unter Churn. Allerdings sind bei hohem Churn mit Broose auch weniger als 50% aller Lookups erfolgreich, während Pastry in diesem Fall eine Erfolgsquote von über 90% aufweist.

Die Protokolle *Pastry* und *Broose* haben, wie bereits erwähnt, ein sehr kommunikationsaufwändiges Knotenbeitrittsverfahren. Dies zeigt sich auch in Abbildung 6.44

anhand des starken Anstiegs der durchschnittlichen Senderate in Szenarien mit hohem Churn. Das Protokoll *Bamboo* hat hingegen ein sehr schlankes Beitrittsverfahren und stabilisiert die Routingtabellen in einem periodischen Intervall unabhängig von der Knotenfluktuationsrate. Daher zeigt sich hier selbst bei sehr kurzen Lebenszeiten kein signifikanter Anstieg des Kommunikationsaufwands.

6.8   Protokollauswahl für den Namensdienst

Das Ziel des hier durchgeführten KBR-Protokollvergleichs ist es, ein möglichst effizientes Protokoll zu identifizieren, das als Basis für die KBR-Komponente des Namensdienstes geeignet ist.

Der in Abschnitt 6.7 durchgeführte Protokollvergleich hat gezeigt, dass die häufig in der Literatur zitierten Protokolle *Chord* und *Pastry* im Vergleich zu anderen Protokollen trotz hoher Zuverlässigkeit hinsichtlich der Latenz nur mäßig effizient und daher für den Namensdienst ungeeignet sind. Die Protokolle *Koorde* und *Broose* weisen in der Theorie durch die Verwendung einer De-Bruijn-Topologie einen optimalen Netzdurchmesser bei konstantem Knotengrad auf. Die Simulationsergebnisse zeigen jedoch, dass die Stabilisierung einer De-Bruijn-Topologie in dynamischen Netzen sehr komplex und fehleranfällig ist. Dadurch liegen diese Protokolle hinsichtlich der Effizienz deutlich hinter den Erwartungen und sind somit für den Namensdienst nicht geeignet.

Hinsichtlich des Kriteriums Effizienz konnte *Bamboo* im Protokollvergleich am Besten abschneiden und hat sich auch in Szenarien mit hoher Knotenfluktuationsrate als sehr zuverlässiges Protokoll erwiesen. Mit *Kademlia* steht ebenfalls ein sehr effizientes Protokoll zur Verfügung, mit dem ähnlich geringe Latenzen wie mit Bamboo bei geringfügig höherem Kommunikationsaufwand erzielt werden können.

Aus *Sicherheitsaspekten* bietet Kademlia jedoch gegenüber Bamboo eine Reihe von Vorteilen. Der *iterative Lookup* von Kademlia erlaubt dem Initiator eines Lookups die kontinuierliche Überwachung des Lookup-Fortschritts, wodurch in Netzen mit bösartigen Knoten ein zuverlässigerer Dienst als mit rekursiven Lookups erbracht werden kann. Zudem ermöglicht Kademlia durch den hohen Grad an *Redundanz* in der Routingtabelle die Verwendung mehrerer disjunkter Pfade zur Durchführung eines Lookup, wodurch die Sicherheit des Lookup-Verfahrens weiter verbessert werden kann. Schließlich bietet der in Abschnitt 6.2.3 beschriebene Verdrängungsmechanismus zur *Routingtabellenwartung* bereits einen gewissen Schutz vor Angriffen auf die Routingtabelle.

Aufgrund dieser Überlegung wird *Kademlia* als Basis für die im folgenden Kapitel beschriebene KBR-Komponente verwendet.

6.9   Zusammenfassung

In den letzten Jahren wurde eine Vielzahl an Overlay-Protokollen vorgeschlagen, die sich hinsichtlich der Overlay-Topologie und des Stabilisierungsverfahrens unterscheiden. Um ein geeignetes Protokoll für die KBR-Komponente des Namensdienstes auszuwählen, wurden verschiedene Protokolle für den Simulator OverSim implementiert und in unterschiedlichen Szenarien miteinander verglichen.

Da jedes der Protokolle eine Reihe von Overlay-Parametern aufweist, die sich teilweise gegenseitig beeinflussen, erfolgt die Evaluierung nach der Methodik des *Performance vs. Cost Frameworks* [75]. Durch *umfangreiche Parameterstudien* in Netzen mit Knotenfluktuation konnten so für die Protokolle *Chord, Koorde, Pastry, Bamboo, Kademlia* und *Broose* geeignete Overlay-Parameter ermittelt werden, die abhängig vom gewünschten Kommunikationsaufwand eine möglichst geringe Lookup-Latenz ermöglichen. Zusätzlich wurden verschiedene iterative und rekursive Lookup-Varianten miteinander verglichen.

Die in dieser Arbeit durchgeführte Parameterstudie hebt sich in mehreren Punkten von der bisher umfangreichsten Studie [75] auf diesem Gebiet ab:

- Die Protokolle *Pastry, Bamboo, Broose* und *Koorde* wurden in [75] nicht betrachtet. In [75] wurden zudem keine Protokolle mit konstantem Knotengrad untersucht.

- In dieser Arbeit wurde der Kommunikationsaufwand für Overlay-Signalisierungsnachrichten exakt ermittelt, während in [75] lediglich eine Abschätzung des Kommunikationsaufwands anhand der Anzahl enthaltener IP-Adressen und NodeIDs erfolgte. Außerdem wurde in dieser Arbeit gegenüber [75] die Verzögerung von Nachrichten durch eine Sendewarteschlange berücksichtigt.

- Die Parameterstudie in dieser Arbeit wurde mit 10.000 Knoten anstelle von 1024 Knoten in [75] durchgeführt.

Zusätzlich zum Vergleich der Protokolle wurde eine Reihe von *Protokollverbesserungen* vorgeschlagen, wie beispielsweise Modifikationen für die Stabilisierungsprotokolle von Chord, Koorde und Broose sowie Vorschläge zur effizienteren Durchführung von iterativen Lookups bei Kademlia.

Anhand des Protokollvergleichs konnte Kademlia als geeignetes Protokoll für die KBR-Komponente identifiziert werden. Die aus theoretischer Sicht vielversprechenden Protokolle auf Basis von De-Bruijn-Graphen sind aufgrund von Schwierigkeit bei der Stabilisierung der Topologie hingegen für den Namensdienst ungeeignet.

7. KBR-Komponente

In diesem Kapitel wird das Protokoll für die KBR-Komponente des Namensdienstes beschrieben. Anhand des in Kapitel 6 durchgeführten KBR-Protokollvergleichs wurde *Kademlia* [85] als geeignete Protokollbasis für die KBR-Komponente identifiziert. Da das in [85] beschriebene Protokoll jedoch hinsichtlich *Effizienz* und *Sicherheit* einige Mängel aufweist, wird für die KBR-Komponente eine Protokollvariante vorgeschlagen, die das ursprüngliche Kademlia-Protokoll an mehreren Stellen modifiziert und erweitert.

Die Modifikationen zur Steigerung der Effizienz wurden bereits in Abschnitt 6.2.3.1 vorgestellt. Dort wurde vorgeschlagen für Lookups das *Simple-Iterative-Verfahren* anstelle des in Kademlia verwendeten *Exhaustive-Iterative-Verfahrens* einzusetzen. Dadurch kann die Lookup-Latenz reduziert und der Kommunikationsaufwand gesenkt werden (siehe Evaluierung in Abschnitt 6.6). Zusätzlich kann durch die vorgeschlagene Trennung von Bucket-Größe k und der pro Routingschritt zurückgelieferten Knoten r Kommunikationsaufwand eingespart werden (siehe Evaluierung in Abschnitt 6.5.5). Durch die Verwendung der vorgeschlagenen Nachbarschaftstabelle kann zudem Implementierungsaufwand eingespart werden.

In diesem Kapitel werden nun die Sicherheitsaspekte des KBR-Protokolls behandelt. Dazu wird eine Kademlia-Variante vorgeschlagen (*S/Kademlia* [13]), die sich durch eine Reihe von Sicherheitserweiterungen auszeichnet. In der Beschreibung des Kademlia-Protokolls [85] wurden Sicherheitsaspekte weitgehend nicht betrachtet. Anhand der Implementierung eines Angreifers konnte gezeigt werden, dass die häufig genutzte Dateitauschbörse *KAD* auf Basis von Kademlia daher mit geringem Aufwand angreifbar ist und selbst eine geringe Anzahl von bösartigen Knoten gezielt einzelne Inhalte im Netz unterdrücken kann [58].

Im folgenden Abschnitt wird zunächst die Grundfunktionalität von *S/Kademlia* einschließlich der verwendeten Datentypen und Nachrichtenformate beschrieben. Im Anschluss werden die Sicherheitsmechanismen im Detail vorgestellt.

Bei den in den vorherigen Abschnitten betrachteten strukturierten Overlay-Protokollen wurden Sicherheitsüberlegungen beim Entwurf der Protokolle zunächst nicht betrachtet. In einer Reihe von Folgearbeiten wurden daraufhin mehrere Sicherheitsprobleme identifiziert und verschiedene Schutzmaßnahmen vorgeschlagen. Ein Überblick über den Stand der Forschung in diesem Bereich wurde bereits in Abschnitt 2.2.3 gegeben. In diesem Kapitel werden nun auf Basis der Vorarbeiten konkrete und praxistaugliche Sicherheitsmechanismen vorgeschlagen, die geeignet sind, in Netzen mit bösartigen Knoten eine zuverlässige und effiziente Namensauflösung zu ermöglichen.

Zunächst erfolgt anhand des im folgenden Abschnitt spezifizierten Angreifermodells und der gewünschten Schutzziele eine Eingrenzung der zu betrachtenden Angriffe.

7.1   Angreifermodell

Absolute Sicherheit kann in realen Anwendungen in der Regel nicht garantiert werden, da sich allein die hierzu notwendige Modellierung des Gesamtsystems als zu komplex[1] erweist. Beim Entwurf einer Sicherheitsarchitektur muss daher zwischen dem Nutzen (Maß an gewonnener Sicherheit) und den Kosten (Ressourcenverbrauch und Komplexität) abgewogen werden.

Die Bewertung einer Sicherheitsarchitektur für ein konkretes Szenario kann anhand einer Aufstellung geforderter *Schutzziele* sowie möglicher *Angriffsszenarien* erfolgen. Im Rahmen dieser Arbeit werden die folgenden Schutzziele betrachtet:

Verfügbarkeit Der Namensdienst soll ununterbrochen verfügbar sein. Das bedeutet, dass ein registrierter Name von allen Knoten jederzeit zum aktuellen Aufenthaltsort des Nutzers aufgelöst werden kann.

Schutz vor Namensdiebstahl Jeder registrierte Name ist eindeutig einem Eigentümer zugeordnet. Nur der Eigentümer des Namens soll die Möglichkeit haben den Aufenthaltsort zu diesem Namen zu aktualisieren oder die Namenszuordnung zu löschen. Daraus ergibt sich auch, dass die *Eindeutigkeit* registrierter Namen sichergestellt werden muss und ein bereits vergebener Namen nicht erneut von einem anderen Benutzer registriert werden kann.

Das Schutzziel der *Vertraulichkeit* wird in dieser Arbeit explizit *nicht* betrachtet. Dies bedeutet, dass ein Nutzer des Namensdienstes für dezentrale IP-Telefonie jederzeit für einen Namen den aktuell registrierten Aufenthaltsort des Nutzers ermitteln kann.

---

[1]Das Gesamtsystem schließt unter anderem Aspekte wie Software-Fehler oder den sogenannten *Menschlichen Faktor* mit ein.

Dies ist in der Regel erwünscht, da nur durch Kenntnis des aktuellen Aufenthaltsorts eine Sprachverbindung aufgebaut werden kann.

Die hier betrachteten Schutzziele beziehen sich nur auf eine sichere Namensauflösung. Wird der Namensdienst für das Anwendungsszenario *dezentrale IP-Telefonie* verwendet, können sich dadurch zusätzliche Sicherheitsanforderungen wie die Vertraulichkeit, Integrität und Authentizität der übertragenen SIP- und RTP-Nachrichten ergeben. Da sich die SIP- und RTP-Signalisierung bei dem hier vorgestellten Ansatz für dezentraler IP-Telefonie nicht von der Signalisierung bei serverbasierter IP-Telefonie unterscheidet, können für diesen Bereich die zahlreich in der Literatur beschriebenen SIP-Sicherheitsmechanismen verwendet werden.

Für einen Angreifer gibt es unterschiedliche *Motivationen* den Namensdienst anzugreifen. Zunächst kann ein Angreifer gezielt versuchen einen bestimmten Namen unter seine Kontrolle zu bekommen um unrechtmäßig den registrierten Aufenthaltsort zu verändern (*Namensdiebstahl*). Dies ist zum Beispiel denkbar, wenn ein vom Nutzer bevorzugter Name zuvor bereits von einem anderen Nutzer registriert wurde. Des Weiteren kann ein Angreifer versuchen den Dienst zu stören, um dadurch beispielsweise einen wirtschaftlichen Schaden für ein Unternehmen zu verursachen (*Angriff auf die Verfügbarkeit*). Schließlich kann sich ein Angreifer *eigennützig* verhalten und keine eigenen Ressourcen für den Betrieb des Namensdienstes einbringen. In Dateitauschbörsen ist dieses Verhalten relativ verbreitet, da einerseits durch das Anbieten von Dateien ein hohes Datenvolumen anfällt und zudem oftmals urheberrechtlich geschütztes Material verbreitet wird, für das der Nutzer keine Rechte besitzt. Da für die Bereitstellung des Namensdienstes nur geringe Senderaten anfallen, ist diese Motivation für einen Angriff jedoch unwahrscheinlich.

Für das Angreifermodell wird angenommen, dass einem Angreifer nur beschränkte Ressourcen wie Rechenzeit, Kommunikationsbandbreite oder IP-Adressen zur Verfügung stehen. Mehrere Angreifer können jedoch kooperieren, um die zur Verfügung stehenden Ressourcen zu vergrößern. Ein besonders starker Angreifer kann auf die Ressourcen eines sogenannten *Botnetzes* zurückgreifen. Dabei handelt es sich um eine Menge von Rechnern, die mit einer Schadsoftware infiziert wurden und dadurch vom Betreiber des Botnetzes über das Internet ferngesteuert werden können.

Für die Erreichung der oben genannten Schutzziele kommen kryptographische Verfahren wie Verschlüsselung mit *AES* und *ECDSA* sowie die Hashfunktion *SHA1* zum Einsatz. Für diese Arbeit wird davon ausgegangen, dass die eingesetzten Verfahren bei korrekter Anwendung nicht angreifbar sind.

An das verwendete TCP/IP-Underlay werden keine besonderen Sicherheitsanforderungen gestellt. Es wird davon ausgegangen, dass ein Angreifer unter anderem Pakete mit gefälschter Absenderadresse versenden (*IP-Spoofing*) sowie Nachrichten, die nicht für ihn bestimmt sind, abhören kann. Sofern es einem Angreifer durch einen *Denial-of-Service-Angriff* auf das TCP/IP-Underlay gelingt, sämtliche Kommunikation eines Knotens mit dem restlichen Netz zu unterbinden, kann dieser Knoten nicht mehr am Namensdienst teilnehmen. Gegen einen solchen Denial-of-Service-

Angriff können auf Overlay-Ebene (wie für andere TCP/IP-Anwendungen auch) keine effektiven Gegenmaßnahmen getroffen werden.

7.2   Protokollablauf

In diesem Abschnitt wird die Grundfunktionalität von *S/Kademlia* vorgestellt. Im Anschluss werden die Sicherheitserweiterungen von *S/Kademlia* im Detail in jeweils eigenen Abschnitten erläutert.

Der grundsätzliche Ablauf des Protokolls orientiert sich an der in Abschnitt 6.2.3 bereits dargestellten Kademlia-Protokollbeschreibung. Jeder Knoten A besitzt eine $n = 160$ Bit lange NodeID id_A, die nach dem in Abschnitt 7.3 beschriebenen Verfahren vergeben wird. Für einen Schlüssel *key* sind die s Knoten (*Siblings*) zuständig, deren NodeIDs den geringsten Abstand zum Schlüssel *key* aufweisen. Zur Distanzberechnung zwischen NodeIDs und Schlüsseln wird die *XOR-Metrik* verwendet.

Die Routingtabelle eines Knotens besteht aus n *Buckets*, die jeweils bis zu k Knoten enthalten können, sowie einer Nachbarschaftstabelle (*Sibling Table*), in der die folgenden $5 \cdot s$ Knoten zur eigenen NodeID gespeichert werden. Durch die Nachbarschaftstabelle wird mit hoher Wahrscheinlichkeit sichergestellt, dass ein Knoten, der *Sibling* zu einem Schlüssel *key* ist, auch alle weiteren $s - 1$ *Siblings* kennt (siehe Abschnitt 6.2.3.1).

Mit der Durchführung von Lookups werden einerseits *neue Knoten kennengelernt*, die in die Routingtabelle aufgenommen werden können, sowie andererseits *veraltete Einträge* in der Routingtabelle erkannt. Der i-te Bucket eines Knotens A mit NodeID id_A enthält dabei jeweils die Knoten, deren NodeIDs in den obersten i Bit mit id_A übereinstimmen und sich an der Stelle $i + 1$ unterscheiden. Falls ein neuer Knoten B kennengelernt wird und der passende Bucket noch keine k Knoten enthält, wird B in den Bucket aufgenommen. Die Details für einen sicheren Algorithmus zur Wartung der Routingtabelle werden in Abschnitt 7.6 beschrieben.

Zum Netzbeitritt benötigt ein Knoten ein oder mehrere bereits aktive Knoten (sogenannte *Bootstrap-Knoten*), die über das in Abschnitt 9.1 beschriebene Verfahren aufgefunden werden können. Nach der Eintragung der Knoten in die lokale Routingtabelle wird zunächst ein sicherer iterativer Lookup auf die eigene NodeID durchgeführt, um die Nachbarschaftstabelle zu füllen. Im Anschluss werden durch sichere Lookups auf zufällig gewählte Schlüssel die einzelnen Buckets aktualisiert. Die Details zur Durchführung des sicheren iterativen Lookups werden in Abschnitt 7.5 erläutert.

7.2.1   Nachrichtenformat

Das Protokoll der KBR-Komponente verwendet lediglich vier Nachrichtentypen. Eine Nachricht stellt grundsätzlich entweder eine Anfrage (*BaseCallMessage*) oder eine zugehörige Antwort (*BaseResponseMessage*) dar. Für die Beschreibung der Nachrichtenformate wird wie in der Spezifikation des TLS-Standards [41] eine an die Programmiersprache C++ angelehnte Schreibweise verwendet. Die Beschreibung der in den Nachrichten enthaltenen Datentypen, befindet sich in Anhang A.

Alle Nachrichten besitzen den folgenden gemeinsamen Nachrichtenkopf:

```
packet BaseRpcMessage
{
    uint8_t msgType;
    uint8_t destComp;
    uint8_t srcComp;
    uint32_t nonce;
    NodeHandle srcNode;
    AuthBlock authBlock[];
}
```

Das Feld *msgType* dient zur Bestimmung des Nachrichtentyps. Die beiden Felder *destComp* und *srcComp* geben den numerischen Komponentenbezeichner der Empfänger- und Absenderkomponente an. Für die KBR-Komponente wird die Konstante 1 und für die DHT-Komponente die Konstante 2 verwendet. Das Feld *nonce* enthält eine 32 Bit Zufallszahl, die vom Sender einer *BaseCallMessage* gesetzt wird und vom Sender einer *BaseResponseMessage* kopiert wird, um eine Zuordnung von Antworten zu Anfragen zu ermöglichen.

Die Identität des Absenders (also NodeID und Transportadresse) wird im Feld *srcNode* hinterlegt. Der optionale *authBlock* besitzt eine Signatur über die Nachricht und wird im Detail in Abschnitt 7.4 beschrieben.

7.2.1.1 FindNodeCall

Nachrichten vom Typ *FindNodeCall* werden beim iterativen Lookup verwendet, um einen Knoten *B* nach nahen Knoten zu einem gegebenen Schlüssel *lookupKey* zu fragen. Dadurch erfolgt auch gleichzeitig die Wartung der Routingtabelle.

```
packet FindNodeCall extends BaseRpcMessage
{
    OverlayKey lookupKey;
    uint8_t numRedundantNodes;
    uint8_t numSiblings;
}
```

Der Empfänger eines *FindNodeCall* sucht in seiner Routingtabelle nach den *numRedundantNodes* nächsten Knoten zum gegebenen Schlüssel *lookupKey*. Sofern der Empfängerknoten zu den nächsten *numSiblings* Knoten gehört, markiert es diese in der Antwortnachricht, um den Lookup zu terminieren. In diesem Fall werden alle *numSiblings* dem nächsten Knoten zurückgeliefert.

7.2.1.2 FindNodeResponse

Eine *FindNodeResponse* ist die Antwort auf einen *FindNodeCall* und enthält die nächstgelegenen Knoten zum gesuchten Schlüssel.

```
packet FindNodeResponse extends BaseRpcMessage
{
    bool siblings;
    NodeHandle closestNodes[];
}
```

Das Flag *siblings* gibt an, ob der Knoten zu den *numSiblings* nächsten Knoten zum gesuchten Schlüssel gehört, und der Lookup somit beendet werden kann. Das Feld *closestNodes* enthält eine Liste nahegelegener Knoten zum Schlüssel.

7.2.1.3 PingCall

Mit einem *PingCall* wird überprüfen, ob ein Knoten erreichbar ist. Diese Nachricht wird bei dem in Abschnitt 7.5 beschriebenen Lookup-Verfahren verwendet, um Knoten zu authentifizieren.

```
packet PingCall extends BaseRpcMessage
{
}
```

Diese Nachricht enthält außer dem allgemeinen Nachrichtenkopf keine weiteren Felder.

7.2.1.4 PingResponse

Ein *PingResponse* ist die Antwort auf einen *PingCall*. Anhand des im Nachrichten-kopf enthaltenen *AuthBlock* kann die Authentizität des Absenderknotens überprüft werden.

```
packet PingResponse extends BaseRpcMessage
{
}
```

Diese Nachricht enthält, außer dem allgemeinen Nachrichtenkopf, keine weiteren Felder.

7.3   NodeID-Wahl

In Abschnitt 2.2.3 wurde bereits gezeigt, dass das Verfahren zur *Wahl der NodeID* eine entscheidende Rolle für die Sicherheit eines KBR-Protokolls spielt. Beispiels-weise wird durch die NodeID die Anordnung des Knotens in der Overlay-Topologie beeinflusst. Durch gezielte Wahl seiner NodeID kann sich ein Angreifer somit gezielt in den Routingtabellen einzelner Knoten platzieren. Auf gleiche Weise kann ein Angreifer durch gezielte Wahl seiner NodeID auch die Zuständigkeit über bestimmte Datensätze der DHT-Komponente erlangen, um diese zu modifizieren[2]. Sofern ein Angreifer ohne Restriktionen mehrere NodeIDs erzeugen kann, wird zudem der in

---

[2]Dieser Angriff auf die DHT-Komponente wird in Kapitel 8 beschrieben.

Abschnitt 2.2.3.1 beschriebene *Sybil-Angriff* [45] ermöglicht, bei dem ein einzelner Knoten unter mehreren Identitäten auftritt und dadurch Sicherheitsmechanismen wie beispielsweise Mehrheitsentscheide unterlaufen kann.

An eine sichere NodeID werden somit die folgenden Anforderungen gestellt:

- Ein Angreifer soll nicht gezielt eine *bestimmte NodeID* wählen können.
- Ein Angreifer soll nur unter einer *einzelnen NodeID* auftreten können.
- Die NodeID soll zur Authentifizierung von Nachrichten geeignet sein (siehe Abschnitt 7.4).

7.3.1 Lösungsvarianten

In der Literatur werden verschiedene Varianten zur Wahl der NodeID vorgeschlagen. Die einfachste Variante, die *keine* der Anforderungen an eine sichere NodeID erfüllt, besteht aus der *zufälligen Wahl* der NodeID wie beispielsweise bei *Broose* [51].

Eine sicherere Variante ist die Erzeugung der NodeID durch *Anwendung einer kryptographischen Hashfunktion* $H(x)$ auf die *IP-Adresse* ip_A eines Knotens A. Diese Variante wird unter anderem bei Chord [150] vorgeschlagen. Falls ein Angreifer nur eine kleine Anzahl an IP-Adressen zur Verfügung hat, kann dadurch ein Sybil-Angriff verhindert werden. Gegen einen Angreifer, der ein *Botnetz* mit einer großen Anzahl von Rechnern unter seiner Kontrolle hat, bietet dieses Verfahren jedoch keinen ausreichenden Schutz. Da sich die NodeID mit jedem IP-Adresswechsel ändert, ist diese zudem nicht für eine *dauerhafte* Identifizierung eines Knotens geeignet. Ein weiterer Nachteil ergibt sich bei der Verwendung von *NATs*. Da mehrere Rechner hinter demselben NAT-Router unter der gleichen öffentlichen IP-Adresse auftreten, muss in diesem Fall der *UDP-Port* $port_A$ in die Erzeugung der NodeID eingehen. Dies kann durch einfache Konkatenation von IP und Port erreicht werden:

$$id_A = H(ip_A | port_A)$$

In diesem Fall wird jedoch wiederum ein Sybil-Angriff ermöglicht, da ein Angreifer mit nur einer IP-Adresse durch freie Portwahl bis zu 2^{16} Identitäten erzeugen kann. Für die Verwendung von *IPv6* ist das Verfahren ebenfalls ungeeignet, da dort in der Regel jedem Nutzer eine große Anzahl von IP-Adressen zur Verfügung steht. Schließlich bietet das Verfahren keine Möglichkeit zur Authentifizierung von Nachrichten, sofern der Angreifer Pakete für fremde IP-Adressen abhören kann. Eine verbesserte Variante des Verfahrens wird in [42] beschrieben. Hier wird zusätzlich in einer DHT gespeichert, wie oft und mit welcher NodeID eine IP-Adresse bereits verwendet wird. Sofern ein neuer Knoten dem Netz beitreten möchte, kann in der DHT überprüft werden, ob die maximal zulässige Anzahl an NodeIDs für die IP-Adresse des beitretenden Knotens bereits erreicht ist. In diesem Fall wird der Knotenbeitritt abgelehnt. Der Nachteil des Verfahrens liegt in einem aufwändigeren Knotenbeitrittsprozess[3]

---

[3]Da der Empfänger für jede empfangene Join-Nachricht einen aufwändigen Lookup in der DHT durchführen muss, kann dies zur Durchführung von Denial-of-Service-Angriffen verwendet werden.

und erfordert zudem eine DHT-Komponente, die robust gegenüber Angriffen auf die Datenablage ist.

Alternativ kann die NodeID wie in [127] skizziert durch Anwendung einer kryptographischen Hashfunktion $H(x)$ auf den *öffentlichen Schlüssel* eines asymmetrischen Schlüsselpaares erzeugt werden. Durch die Einwegeigenschaft von $H(x)$ kann wie bei der vorherigen Variante verhindert werden, dass gezielt eine bestimmte NodeID erzeugt wird. Das asymmetrische Schlüsselpaar kann in diesem Fall zur Authentifizierung von Nachrichten (siehe Abschnitt 7.4) verwendet werden. Da die NodeID bei dieser Variante unabhängig von der IP-Adresse konstruiert wird und somit bei einem erneuten Overlay-Beitritt mit neuer IP-Adresse beibehalten werden kann, ist eine solche NodeID zur dauerhaften Identifikation eines Knoten geeignet.

Ein entscheidender Nachteil der Methode liegt im fehlenden Schutz vor Sybil-Angriffen. Da die Erzeugung eines asymmetrischen Schlüsselpaares keine besonders rechenaufwändige Operation darstellt, kann ein Angreifer in kurzer Zeit eine große Anzahl an gültigen NodeIDs generieren. Um die Rate zur Erzeugung von NodeIDs zu reduzieren, wird in [25] die Verwendung von Kryptopuzzles [89] in Betracht gezogen. Durch das Kryptopuzzle wird der Aufwand zur Erzeugung einer NodeID um einen Faktor c vervielfacht. Dadurch kann die Erzeugung einer einzelnen NodeID so aufwändig gemacht werden, dass ein Nutzer mit durchschnittlichen Ressourcen in akzeptabler Zeit eine *einzelne* NodeID erzeugen kann, aber die Erzeugung einer großen Anzahl von NodeIDs aufgrund von Ressourcenbeschränkungen nicht möglich ist.

Ein Sybil-Angriff lässt sich durch diese Maßnahme jedoch nicht vollständig verhindern, sondern erfordert für den Angreifer lediglich einen höheren Rechenaufwand zur Durchführung des Angriffs. In [45] wird bewiesen, dass ein vollständiger Schutz vor Sybil-Angriffen ohne Einsatz einer zentralen, vertrauenswürdigen Instanz nicht möglich ist, sofern nicht garantiert werden kann, dass einem Angreifer nicht mehr Ressourcen zur Verfügung stehen wie einem regulären Nutzer.

Insbesondere für Netze mit geringer Knotenzahl, in denen bereits durch die Erzeugung einer kleinen Anzahl von Identitäten ein hoher Anteil an der Gesamtknotenzahl erzielt werden kann, bleibt somit wie unter anderem in [25] vorgeschlagen nur die Verwendung einer *zentralen, vertrauenswürdigen Instanz* zum Schutz vor Sybil-Angriffen. Diese kann auf verschiedene Arten die Anzahl der NodeIDs pro Nutzer limitieren. Beispielsweise kann zur Ausstellung einer NodeID die *Identitätsüberprüfung des Antragstellers* anhand eines Ausweisdokuments gefordert werden. Eine Alternative um weiterhin die Ausstellung anonymer NodeIDs zu ermöglichen, ist die Erhebung einer geringen *Gebühr* für die Erzeugung einer NodeID. Somit wird ein Sybil-Angriff durch den hohen finanziellen Aufwand erschwert.

7.3.2 Entwurf

Um einen möglichst hohen Schutz vor Sybil-Angriffen zu bieten, wird zur sicheren Erzeugung von NodeIDs für die KBR-Komponente eine Kombination aus den im vorherigen Abschnitt vorgestellten Gegenmaßnahmen eingesetzt.

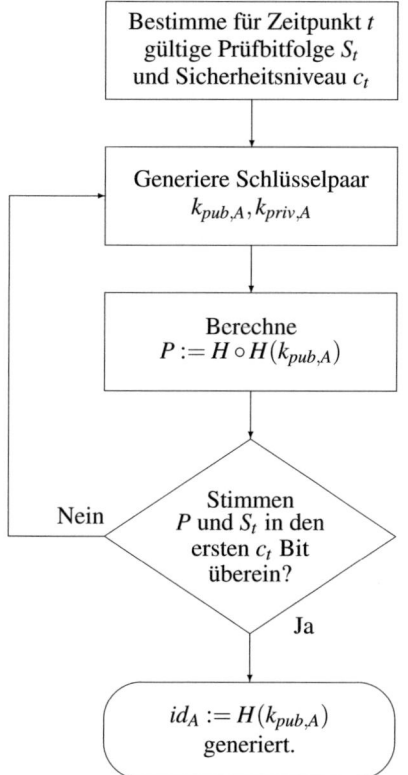

Abbildung 7.1 Kryptopuzzle-Algorithmus zur Erzeugung einer NodeID

7.3.2.1 Kryptopuzzle

Sofern der Namensdienst in einer *vollständig dezentralen Umgebung* ohne Vertrauensanker eingesetzt wird, werden NodeIDs mit dem im Abbildung 7.1 dargestellten *Kryptopuzzle-Algorithmus* erzeugt.

Für das Kryptopuzzle können zwei Varianten verwendet werden, die sich nur geringfügig unterscheiden.

In der ersten Variante des Kryptopuzzles besteht die *Prüfbitfolge S* nur aus Nullzeichen. Zusätzlich wird abhängig von der Rechnerleistung der Overlay-Knoten eine feste Puzzlekomplexität c festgelegt. Zur Erzeugung einer NodeID wird zunächst ein asymmetrisches Schlüsselpaar (k_{pub}, k_{priv}) erstellt. Als Signaturverfahren wird für den Namensdienst *ECDSA* mit 160 Bit Schlüssellänge verwendet (siehe Abschnitt 7.4). Auf den erzeugten öffentlichen Schlüssel k_{pub} wird im nächsten Schritt die *SHA1*-Hashfunktion $H(x)$ angewandt, um die *NodeID* des Knotens zu erhalten.

Da die *SHA1*-Hashfunktion die Anforderungen einer *kryptographischen Hashfunktion* erfüllt, existiert keine Umkehrfunktion $H^{-1}(x)$. Somit wird verhindert, dass ein Angreifer gezielt eine *bestimmte* NodeID erzeugen kann.

Zur Lösung des Kryptopuzzles muss das Abbild der *zweifachen* Anwendung der Hashfunktion in den obersten c Bit mit der Prüfbitfolge S übereinstimmen. Sofern das Kryptopuzzle mit dem gewählten Schlüsselpaar nicht gelöst wurde, wird das Verfahren mit neuen Schlüsselpaaren solange wiederholt, bis eine Lösung für das Kryptopuzzle gefunden wird. Zur Lösung des Kryptopuzzles werden mit diesem Verfahren im Schnitt 2^c Versuche benötigt. Aufgrund der Nichtexistenz einer Umkehrfunktion stellt dies auch die effizienteste Lösung für das Kryptopuzzle dar.

Die Puzzlekomplexität c wird so gewählt, dass ein Nutzer des Namensdienstes in angemessener Zeit eine einzelne NodeID erzeugen kann. Auf einem aktuellen Desktop-PC[4] erfordert die Berechnung und Überprüfung einer Kryptopuzzle-Iteration mit 160 Bit Schlüssellänge $t_{\text{iter}} \approx 1,9\ ms$. Wird beispielsweise eine Zeit von $t_{\text{puzzle}} \approx 2\ h$ zur Erzeugung einer gültigen NodeID als angemessen betrachtet, ergibt sich als geeignete Puzzlekomplexität c:

$$c = \lceil \log_2 \frac{t_{\text{puzzle}}}{t_{\text{iter}}} \rceil = \lceil \log_2 \frac{2 \cdot 3600\ s}{1,9 \cdot 10^{-3}\ s} \rceil = 22$$

Durch technologische Fortschritte bei der Entwicklung neuer Prozessoren stehen sowohl für gutartige Overlay-Knoten sowie für Angreifer mit der Zeit mehr Ressourcen zur Verfügung. Um das Sicherheitsniveau des Kryptopuzzles aufrecht zu erhalten, muss daher die Puzzlekomplexität c dem technologischen Fortschritt angepasst werden.

Die erste Variante des Kryptopuzzles erfordert von einem Angreifer oder von einem legitimen Knoten nur *einmaligen* Rechenaufwand zur Erzeugung einer NodeID, die dann unbegrenzt gültig ist. Dies ermöglicht es einem Angreifer, mit der Zeit eine *kontinuierlich steigende* Anzahl von NodeIDs zu erzeugen. Um dies zu verhindern, kann mit der zweiten Variante des Kryptopuzzles die *periodische Neuerzeugung* der NodeID gefordert werden. In diesem Fall fließt zur Erzeugung der NodeID zusätzlich die zeitabhängige Variable t ein. Diese kann entweder aus dem aktuellen Datum konstruiert werden oder aus einem Versionszähler bestehen, der bei jeder Aktualisierung einer Softwareanwendung erhöht wird. Aus der zeitabhängigen Variablen t wird einerseits eine zeitabhängige Prüfbitfolge S_t generiert[5] sowie gegebenenfalls eine an den technologischen Fortschritt angepasste Puzzlekomplexität c_t abgeleitet. Durch die neue Prüfbitfolge S_t werden alle Knoten gezwungen, ihre NodeID neu zu erzeugen, selbst wenn sich c_t zu c_{t-1} nicht geändert hat.

Um zu verhindern, dass alle Overlay-Knoten gleichzeitig einen Wechsel ihrer Node-ID vornehmen müssen, werden zusätzlich zu NodeIDs mit aktuellem t auch NodeIDs

---

[4]Die Messungen wurden auf einer *Intel Core2 Duo L7500 1.6 GHz* CPU unter Verwendung der OpenSSL-Bibliothek [165] durchgeführt.

[5]Die Prüfbitfolge S_t kann entweder mit $S_t = H(t)$ berechnet oder per Software-Update verteilt werden.

aus der vorherigen Periode $t - 1$ akzeptiert. Als praxistaugliches Intervall ist beispielsweise eine *monatliche Neuerzeugung* der NodeIDs denkbar.

Für die Sicherheitsmechanismen der DHT-Komponente (siehe Kapitel 8) wird an mehreren Stellen vorausgesetzt, dass sich die *Mehrheit* der Knoten im Netz gutartig verhält. Um die Mehrheit in einem Netz mit N Knoten zu übernehmen, muss ein Angreifer somit $N + 1$ zusätzliche Identitäten erzeugen. Das hier vorgeschlagene Verfahren zur sicheren Wahl der NodeID ist daher nur in großen Netzen wirksam.

Stehen einem Angreifer die r-fachen Ressourcen wie einem legitimen Knoten zur Verfügung, kann er bei einem Erneuerungsintervall $t_{erneuer}$ und einem Zeitbedarf zur Lösung eines Kryptopuzzles t_{puzzle} somit ein Netz der Größe $N_{verwundbar} = r \cdot \frac{t_{erneuer}}{t_{puzzle}}$ erfolgreich angreifen. Für die zuvor genannten Richtwerte $t_{puzzle} = 2h$ und einem monatlichen Erneuerungsintervall kann ein Angreifer mit $r = 1$ somit ein Netz der Größenordnung $N_{verwundbar} \approx 365$ erfolgreich angreifen. In der Praxis dürfte ein Angreifer jedoch über ein Vielfaches der Ressourcen eines legitimen Nutzers verfügen. Um ein Netz der Größenordnung von 10^6 Knoten anzugreifen, müsste ein Angreifer Zugriff auf um den Faktor $r \approx 2750$ größere Ressourcen haben als einem legitimen Nutzer zur Verfügung stehen.

Ein Angriff wird zudem durch zwei weitere Aspekte erschwert: Einerseits muss ein Angreifer über ausreichend Kommunikationsbandbreite und Rechenleistung verfügen, um den Overlay-Signalisierungsverkehr für $N_{verwundbar}$ Identitäten erfolgreich abwickeln zu können. Andererseits benötigt ein Angreifer aufgrund des in Abschnitt 7.6 beschriebenen Verfahrens zur sicheren Wartung der Routingtabellen zusätzlich eine große Anzahl von IP-Adressen, um einen effektiven *Eclipse-Angriff* durchführen zu können.

7.3.2.2 Zentrale Identitätsvergabestelle

Insbesondere die Sicherheit kleiner Netze lässt sie durch den Rückgriff auf eine *zentrale Identitätsvergabestelle* als Vertrauensanker signifikant verbessern. Die optionale zentrale Identitätsvergabestelle erfüllt in dieser Arbeit zwei Aufgaben: Zum eine muss sich ein Nutzer anhand eines Ausweisdokuments eindeutig identifizieren, um eine NodeID zu erhalten. Dadurch wird die Ausstellung *mehrerer* Identitäten pro Nutzer wirksam verhindert. Zum anderen wird dem Nutzer durch die Vergabestelle eine NodeID *zugewiesen* und somit unterbunden, dass der Nutzer selbst gezielt eine *bestimmte* NodeID auswählen kann.

Der Ablauf einer Identitätserzeugung mit zentraler Identitätsvergabestelle ist wie folgt: Nachdem sich der Nutzer A gegenüber der Vergabestelle ausgewiesen hat und überprüft wurde, dass dem Nutzer nicht bereits eine Identität zugewiesen wurde, erzeugt die Vergabestelle ein neues asymmetrische ECDSA-Schlüsselpaar $(k_{pub,A}, k_{priv,A})$. Analog zur NodeID-Erzeugung unter Verwendung des Kryptopuzzleverfahrens wird die NodeID durch Anwendung der SHA1-Hashfunktion auf den öffentlichen Schlüssel erzeugt:

$$id_A := H(k_{pub,A})$$

Damit A beweisen kann, dass die NodeID id_A durch die Vergabestelle erzeugt wurde, erhält A von der Vergabestelle zusätzlich ein *Zertifikat* $cert_A$. Die Vergabestelle besitzt zur Zertifikaterzeugung ein asymmetrisches ECDSA-Schlüsselpaar $(k_{pub,CERT}, k_{priv,CERT})$. Zur Erstellung des Zertifikats wird die ECDSA-Signaturmethode $Sign(m, k_{priv})$ verwendet, die über den Datensatz m mit dem geheimen Schlüssel k_{priv} eine Signatur erstellt. Das Zertifikat $cert_A$ für Knoten A wird als Signatur der Vergabestelle über den öffentlichen Schlüssel von A erstellt:

$$cert_A := Sign(k_{pub,A}, k_{priv,CERT})$$

Da der Schlüssel $k_{priv,CERT}$ geheim ist, kann nur die Vergabestelle gültige Zertifikate erstellen. Zur Überprüfung der Zertifikats besitzt jeder Knoten eine Kopie des öffentlichen Schlüssel der Vergabestelle $k_{pub,CERT}$. Die Überprüfung kann somit auf jedem Knoten *offline* erfolgen, ohne die Vergabestelle kontaktieren zu müssen. Da die Vergabestelle in den eigentlichen Betrieb des Overlay-Netzes nicht involviert ist, wird die Skalierbarkeit und Ausfallsicherheit des Namensdienstes durch die zentrale Komponente auch nicht eingeschränkt.

Bei *RELOAD* [65] wird ebenfalls eine zentrale Identitätsvergabestelle eingesetzt. Im Gegensatz zu dem hier vorgeschlagenen Ansatz hat diese jedoch zusätzlich zur Absicherung der NodeID die Aufgabe, die *Eindeutigkeit* von Namen sicherzustellen und diese an einen bestimmten Nutzer zu *binden*. Somit muss bei RELOAD für jede weitere Namensregistrierung die Vergabestelle erneut kontaktiert werden, damit diese ein neues Zertifikat ausstellt, in dem der zu registrierende Namen enthalten ist.

Durch die Kopplung des Namens an ein Zertifikat der Vergabestelle werden bei RELOAD eine ganze Reihe von Sicherheitsproblemen umgangen. Neben der Sicherstellung der Eindeutigkeit von Namen und der Verhinderung eines Namensdiebstahls wird zudem die Anzahl der Einträge, die ein Nutzer in der DHT speichern darf, limitiert, wodurch Denial-of-Service-Angriffe erschwert werden. Durch die Vielzahl an Aufgaben, die von der Vergabestelle übernommen werden, wird diese zu einer tragenden zentralen Komponente der RELOAD-Architektur. Im Gegensatz dazu spielt die Vergabestelle in dieser Arbeit nur die Rolle einer optionalen Instanz, die in kleinen Netzen verwendet werden kann, um die Sicherheit des Namensdienstes zu verbessern.

7.4   Authentifizierung

In dem in Abschnitt 7.1 beschriebenen Angreifermodell wird angenommen, dass ein Angreifer auf Vermittlungsschicht Nachrichten mit gefälschter Absenderadresse versenden kann (*IP-Spoofing*). Daher werden in dieser Arbeit alle sicherheitskritischen Nachrichten zur Overlay-Signalisierung mit einer Signatur versehen, die eine Authentifizierung des Absenders ermöglicht. Solche Nachrichten enthalten einen *AuthBlock* mit folgendem Aufbau:

struct AuthBlock

```
{
    BinaryValue  signature;
    BinaryValue  pubKey;
    BinaryValue  cert;
}
```

Das Feld *signature* enthält eine ECDSA-Signatur über die gesamte Nachricht *m* mit Ausnahme des *AuthBlock* selbst. Die Signatur $s_{m,A}$ wird mittels des privaten Schlüssels $k_{priv,A}$ des Absenderknotens *A* berechnet:

$$s_{m,A} := Sign(H(m), k_{priv,A})$$

Zusätzlich enthält der *AuthBlock* im Feld *pubKey* den öffentlichen Schlüssel des Absenders $k_{pub,A}$. Im Feld *cert* ist das optionale Zertifikat $cert_A$ enthalten, das von der zentralen Identitätsvergabestelle ausgestellt wurde.

Der Empfänger *B* überprüft beim Erhalt einer Nachricht *m* die folgenden beiden Punkte:

- Die NodeID des Absenders id_a muss dem Hashwert über den öffentlichen Schlüssel $H(k_{pub,A})$ entsprechen.

- Die Signatur $s_{m,A}$ ist eine gültige Signatur über die Nachricht *m* und passt zu dem beigefügten Schlüssel $k_{pub,A}$.

Abhängig davon, ob eine zentrale Identitätsvergabestelle eingesetzt wird, muss zusätzlich entweder

- das beigefügte Zertifikat $cert_A$ einer gültigen Signatur über den beigefügten Schlüssel $k_{pub,A}$ entsprechen, die mit $k_{pub,CERT}$ überprüft werden kann, oder

- falls keine Vergabestelle verwendet wird, die NodeID des Absenders id_A die aktuellen Anforderungen des Kryptopuzzles erfüllen.

Um unterscheiden zu können, ob eine empfangene Nachricht aktuell ist oder ob es sich um eine alte Nachricht handelt, die von einem Angreifer wieder eingespielt wurde (*Replay-Angriff*), werden üblicherweise *Zeitstempel* oder *Nonces* verwendet. Die Verwendung von Zeitstempeln erfordert jedoch *synchrone Uhren* zwischen den beteiligten Overlay-Knoten und wird aufgrund dieser Anforderung für diese Arbeit abgelehnt. Stattdessen ist in jeder *BaseCallMessage* ein zufälliger *Nonce* enthalten, der in die zugehörige *BaseResponseMessage* kopiert wird. So kann der Empfänger einer *BaseResponseMessage* einerseits die Antwort eindeutig einer Anfrage zuordnen und andererseits wiedereingespielte Nachrichten erkennen.

Nachrichten, die entweder keine gültige Signatur aufweisen oder deren Nonce keiner aktuellen Anfrage zugeordnet werden kann, werden vom Empfänger verworfen. Da der Nonce nur für eine *BaseResponseMessage* einen Schutz vor Replay-Angriffen bietet[6], werden auch nur diese durch einen *AuthBlock* geschützt. Eine *BaseCallMessage* enthält keine Signatur und kann somit auch nicht zur Authentifizierung des Senders verwendet werden. Das KBR-Protokoll ist jedoch so ausgelegt, dass die Authentifizierung des Absenders einer *BaseCallMessage* nicht erforderlich ist (siehe Abschnitt 7.6). Durch die Beschränkung der Authentifizierung auf *BaseResponse-Messages* wird zudem Kommunikations- und Rechenaufwand eingespart.

Als Alternative zur Übertragung von öffentlichem Schlüssel und Zertifikat in jeder signierten Nachricht wäre auch die Hinterlegung von Schlüssel und Zertifikat in der DHT denkbar. Da zur Absicherung des in Abschnitt 7.5.1 beschriebenen iterativen Lookup-Verfahrens jedoch kontinuierlich Nachrichten mit *wechselnden* Kommunikationspartnern ausgetauscht werden und sich die Kommunikation in der Regel auf den Austausch weniger Nachrichten pro Kommunikationspartner beschränkt, wäre diese Alternative wesentlich zeit- und kommunikationsaufwändiger.

Um den Kommunikationsaufwand für die Übertragung des *AuthBlock* gering zu halten, wird das *ECDSA-Signaturverfahren* verwendet (siehe Abschnitt 2.5.4). Im Vergleich zu den bekannteren Alternativen *RSA* und *DSA* erfordert das ECDSA-Verfahren bei gleichem Sicherheitsniveau deutlich kürzere Schlüssellängen. In Tabelle 7.1 sind die erforderlichen Schlüssellängen für ein laut [29] vergleichbares Sicherheitsniveau von ECDSA, RSA und DSA dargestellt. Ein Sicherheitsniveau von 80 Bit bedeutet, dass ein Angreifer den Aufwand von ungefähr 2^{80} Signaturerzeugungen benötigt, um den geheimen Schlüssel zu finden.

Wie aus der Tabelle ersichtlich wird, kann durch die Verwendung von ECDSA ein hohes Maß an Kommunikationsaufwand eingespart werden. Bei der Verwendung der zentralen Identitätsvergabestelle enthält jeder *AuthBlock* einen öffentlichen Schlüssel und zwei Signaturen (das Zertifikat der Vergabestelle ist eine Signatur über den öffentlichen Schlüssel). Für ein Sicherheitsniveau von 80 Bit ergibt sich mit ECDSA mit den Werten aus Tabelle 7.1 somit eine Länge des *AuthBlock* von 100 Byte. Für das gleiche Sicherheitsniveau werden mit DSA hingegen 208 Byte und mit RSA 512 Byte benötigt. Da die meisten Nachrichten zur Overlay-Signalisierung ohne *AuthBlock* kleiner als 200 Byte sind, kann somit durch die Verwendung von ECDSA der Kommunikationsaufwand deutlich reduziert werden.

Zur Abschätzung des Rechenaufwands für Erzeugung und Überprüfung von ECDSA-Signaturen wurden Leistungsmessungen mit der OpenSSL-Bibliothek 0.9.8k [165] auf einem aktuellen Desktop-Rechner mit einer *Intel Core2 Duo L7500 1.6 GHz* CPU durchgeführt. Für die Evaluierung wurden Schlüssel der Länge 160, 192 und 224 Bit mit den im SEC-Standard [28] vorgeschlagenen Kurvenparametern *secp160k1*, *secp192k1* und *secp224k1* verwendet. In Tabelle 7.2 ist der gemessene Zeitaufwand für die einzelnen ECDSA-Operationen dargestellt. Da ein Knoten die Nachrichten immer mit dem gleichen geheimen Schlüssel signiert, kann, wie aus der Tabelle

---

[6]Die *BaseResponseMessage* ist die kryptographische *Response* auf eine *Challenge*, die mit der zugehörigen *BaseCallMessage* gestellt wurde.

Sicherheitsniveau	Schlüssellänge ECDSA	Signaturlänge ECSDA und DSA	Schlüssellänge DSA und RSA
80 Bit	160 Bit	320 Bit	1024 Bit
112 Bit	224 Bit	448 Bit	2048 Bit
128 Bit	256 Bit	512 Bit	3072 Bit
192 Bit	384 Bit	768 Bit	7680 Bit
256 Bit	512 Bit	1024 Bit	15360 Bit

Tabelle 7.1 Schlüssel- und Signaturlängen von ECDSA, DSA und RSA im Vergleich

ECDSA-Operation	Benötigte Zeit
Signaturerstellung (ohne Vorberechnung) mit *secp160k1*	1,998 ms
Signaturerstellung (mit Vorberechnung) mit *secp160k1*	0,00157 ms
Signaturüberprüfung mit *secp160k1*	2,443 ms
Kryptopuzzle mit *secp160k1*	1,9 ms
Signaturerstellung (ohne Vorberechnung) mit *secp192k1*	2,969 ms
Signaturerstellung (mit Vorberechnung) mit *secp192k1*	0,00177 ms
Signaturüberprüfung mit *secp192k1*	3,538 ms
Kryptopuzzle mit *secp192k1*	2,8 ms
Signaturerstellung (ohne Vorberechnung) mit *secp224k1*	3,850 ms
Signaturerstellung (mit Vorberechnung) mit *secp224k1*	0,00187 ms
Signaturüberprüfung mit *secp224k1*	4,548 ms
Kryptopuzzle mit *secp224k1*	4,0 ms

Tabelle 7.2 Rechenaufwand für ECDSA-Operationen mit unterschiedlichen Kurvenparametern

ersichtlich wird, die *Erstellung einer Signatur* durch Vorberechnungen signifikant beschleunigt werden und erfordert so nur einen geringen Rechenaufwand pro Nachricht. Die *Signaturüberprüfung* ist hingegen deutlich aufwändiger und hängt stark von der verwendeten Schlüssellänge ab. Die Überprüfung einer Signatur mit 160 Bit Schlüssellänge benötigt ≈ 2,5*ms*. Für einen Schlüssel der Länge 224 Bit wird annähernd der doppelte Aufwand benötigt.

Um den Kommunikations- und Rechenaufwand für die Authentifizierung möglichst gering zu halten, sollte daher stets die kürzeste Schlüssellänge gewählt werden, die nach aktuellem Forschungsstand noch als sicher zu betrachten ist. In [16] wird dargelegt, dass ECDSA-Schlüssel mit 160 Bit Schlüssellänge mit hoher Wahrscheinlichkeit erst im Jahr 2020 gebrochen werden können. Somit wird die Verwendung eines 160 Bit Schlüssels für die nahe Zukunft als ausreichend erachtet. Für die weitere Evaluierung wird daher ECDSA nach dem Standard *secp160k1* verwendet.

Bei *RELOAD* [65] wird zur Absicherung der Kommunikation zwischen zwei benachbarten Overlay-Knoten TLS [41] eingesetzt. Da bei TLS für jede neue Verbindung zunächst ein Sitzungsschlüssel aufgebaut wird, ist dieses Verfahren zur Durchführung eines *iterativen Lookups* mit ständig wechselnden Kommunikationspartnern jedoch ungeeignet. Zusätzlich zur Verwendung von TLS enthält jede Nachricht bei *RELOAD* auch Zertifikate und Signaturen ähnlich dem hier vorgestellten Ansatz. Diese werden verwendet, um eine *Ende-zu-Ende-Authentifizierung* für rekursiv weitergeleitete Nachrichten zu ermöglichen (die einzelnen Zwischenschritte sind zusätzlich jeweils mit einer TLS-Verbindung gesichert).

Für die Overlay-Signalisierung zu benachbarten Overlay-Knoten mit etablierter TLS-Verbindung wird die Übertragung von Zertifikaten und Signaturen aus Sicherheitsaspekten eigentlich nicht benötigt, wird aber in [65] dennoch vorgeschrieben. Zusätzlich werden in [65] momentan *RSA* und *DSA* als asymmetrische Verschlüsselungsverfahren vorgeschlagen, wodurch entsprechend lange Schlüssellängen verwendet werden müssen. Durch den Verzicht auf *ECDSA* und den zusätzlichen Aufwand für TLS dürfte sich daher im Vergleich zu dem hier vorgestellten Ansatz ein signifikant höherer Kommunikationsaufwand ergeben.

7.5   Sicherer Lookup

Ein zentrales Sicherheitsproblem für KBR-Protokolle stellen Angriffe auf die *Weiterleitung von Nachrichten* im rekursiven Fall sowie Angriffe auf den *Lookup* im iterativen Fall dar.

Im *rekursiven* Fall kann ein bösartiger Knoten M, der eine Nachricht an den nächsten Knoten in Richtung Zielschlüssel k weiterleiten soll, diese beliebig *modifizieren* oder *verwerfen*. Außerdem kann M behaupten, selbst für den Zielschlüssel k zuständig zu sein, obwohl noch Knoten mit einer näheren NodeID zu k existieren.

Diese Angriffe auf die rekursive Weiterleitungen von Nachrichten können auch analog auf *iterative* Lookups übertragen werden. In Fall von *S/Kademlia* kann ein bösartiger Knoten M eine erhaltene *FindNodeCall*-Nachricht verwerfen oder ungültige Knoten zurückliefern, die keinen Lookup-Fortschritt ermöglichen. Außerdem kann M wie im rekursiven Fall behaupten selbst für den Zielschlüssel k zuständig zu sein und somit den Lookup terminieren.

Bei iterativen Lookups können, abhängig von der Art des Zielschlüssels k, zwei Lookup-Varianten unterschieden werden. Bei einem *Knoten-Lookup* entspricht der Zielschlüssel k der NodeID eines Overlay-Teilnehmers. Diese Art von Lookup wird unter anderem für die zweite Stufe der in Abschnitt 5.5 beschriebenen zweistufigen Namensauflösung verwendet. Bei einem *Daten-Lookup* werden anstelle eines Knotens mit bekannter NodeID hingegen die s nächsten Knoten zum Zielschlüssel k gesucht.

Abhängig von der Art des Lookups kann das Lookup-Ergebnis auf Gültigkeit geprüft werden:

Knoten-Lookup: Für einen erfolgreichen *Knoten-Lookup* muss der Zielschlüssel k mit der NodeID des aufgefundenen Zielknotens Z übereinstimmen. Zusätzlich muss die *FindNodeResponse*-Nachricht von Z eine gültige Signatur mit dem öffentlichen Schlüssel $k_{pub,Z}$ aufweisen sowie die Bedingung $H(k_{pub,Z}) = k$ erfüllt sein.

Daten-Lookup: Für einen Daten-Lookup kann nicht *eindeutig* festgestellt werden, ob die s aufgefundenen Zielknoten Z_i auch die nächsten s Knoten zum Zielschlüssel k sind. In [25] wird vorgeschlagen, den *Abstand* zwischen den NodeIDs der aufgefundenen Zielknoten Z_i mit dem Abstand der NodeIDs der nächstgelegenen Knoten zur eigenen NodeID zu überprüfen. Dieses Verfahren ist jedoch, wie in [25], dargestellt für einen hohen Anteil bösartiger Knoten sehr unzuverlässig und kann zudem auch bei korrekten Lookup-Ergebnissen fälschlicherweise einen Angriff detektieren.

Grundsätzlich gilt, dass ein Lookup oder die Weiterleitung einer Nachricht fehlschlägt, sobald sich *mindestens ein bösartiger Knoten* auf dem verfolgten Pfad befindet. Um die Lookup-Erfolgswahrscheinlichkeit in Gegenwart bösartiger Knoten zu verbessern, wird in dieser Arbeit eine iterative Lookup-Variante vorgeschlagen, die mehrerer disjunkte Pfade verfolgt und so die Wahrscheinlichkeit erhöht, mindestens einen Pfad ohne bösartige Knoten zu verwenden.

7.5.1 Iterativer Lookup über disjunkte Pfade

Bevor das eigentliche Lookup-Verfahren vorgestellt wird, erfolgt zunächst eine analytische Abschätzung des Sicherheitsniveaus, das durch Verwendung disjunkter Pfade erzielt werden kann.

7.5.1.1 Analytische Sicherheitsabschätzung

Aus den vorhergehenden Überlegungen wurde ersichtlich, dass ein Lookup-Pfad fehlschlägt, sobald mindestens ein Knoten auf dem Pfad bösartig ist. Da die Gesamtwahrscheinlichkeit, auf mindestens einen bösartigen Knoten zu treffen, mit jedem Lookup-Schritt steigt, stellt die durchschnittliche *Pfadlänge* der Overlay-Topologie einen entscheidenden Sicherheitsparameter dar. Für einen Pfad der Länge h und einem Anteil bösartiger Knoten m beträgt die Erfolgswahrscheinlichkeit für einen Lookup bei Verwendung eines einzelnen Pfades somit:

$$p_{\text{einzel}}(m,h) = (1-m)^h \tag{7.1}$$

Werden wie bei Kademlia gleichzeitig α parallele Anfragen versendet, steigt die Wahrscheinlichkeit, in einem Lookup-Schritt einen bösartigen Knoten zu kontaktieren, um den Faktor α. Somit ergibt sich die folgende Erfolgswahrscheinlichkeit:

$$p_{\text{parallel}}(m,h,\alpha) = (1-m)^{\alpha \cdot h} \tag{7.2}$$

Durch die gleichzeitige Verwendung von d disjunkten Pfaden kann die Erfolgswahrscheinlichkeit signifikant gesteigert werden, da für einen erfolgreichen Lookup nur einer der Pfade aus gutartigen Knoten bestehen muss (siehe Abbildung 7.2). Sofern sichergestellt werden kann, dass alle d Pfade *disjunkt* sind, ergibt sich als Gesamtwahrscheinlichkeit für einen erfolgreichen Lookup:

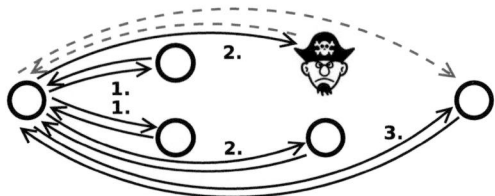

Abbildung 7.2 Iterativer Lookup über disjunkte Pfade mit bösartigem Knoten

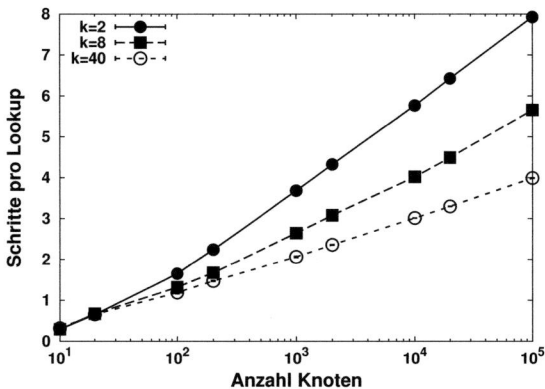

Abbildung 7.3 Lookup-Schritte bei Kademlia abhängig von der Bucket-Größe k

$$p_{\text{gesamt}}(m,h,\alpha,d) = 1 - \left(1 - (1-m)^{\alpha \cdot h}\right)^{d} \qquad (7.3)$$

Zur Abschätzung der Erfolgswahrscheinlichkeit für ein Kademlia-Netz mit N Knoten bedarf es noch einer Abschätzung der durchschnittlichen Pfadlänge h. In [85] wird lediglich eine Obergrenze für die Pfadlänge mit $\log_2 N$ angegeben. Wie in [151] gezeigt wird, werden jedoch insbesondere bei der Verwendung großer Bucket-Größen k im Durchschnitt deutlich kürzere Pfadlängen erzielt.

Zur Ermittlung der durchschnittlichen Pfadlänge in einem Kademlia-Netz wurden Simulationen mit OverSim anhand der bereits in Abschnitt 6.4 vorgestellten Evaluierungsmethodik durchgeführt. In Abbildung 7.3 ist die Anzahl der im Durchschnitt benötigten Lookup-Schritte mit 99%-Konfidenzintervallen[7] abhängig von der Anzahl der Knoten N und der Bucket-Größe k für Netze bis zu 100.000 Knoten dargestellt. Für alle getesteten Bucket-Größen ergibt sich erwartungsgemäß eine *logarithmi-*

---

[7]Für Simulationsläufe bis 10.000 Knoten wurden 10 Seeds und für Simulationsläufe mit 100.000 Knoten 3 Seeds verwendet.

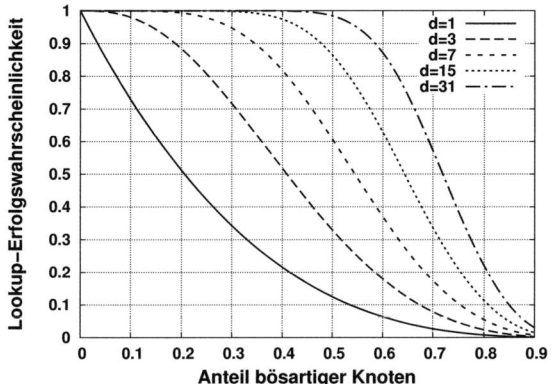

Abbildung 7.4 Theoretische Wahrscheinlichkeit für einen erfolgreichen Lookup bei d disjunkten Pfaden und $N = 10\,000$ Knoten

sche Anzahl an Lookup-Schritten abhängig von der Netzgröße. Außerdem wird der deutliche Einfluss der Bucket-Größe k auf die durchschnittliche Pfadlänge ersichtlich.

Anhand der ermittelten Pfadlänge lässt sich nun mit der Formel 7.3 die Lookup-Erfolgswahrscheinlichkeit unter Verwendung von d disjunkten Pfaden abschätzen. Abbildung 7.4 zeigt eine Abschätzung für ein Netz mit 10.000 Knoten[8] und $k = 40$. Anhand der theoretischen Überlegungen wird deutlich, welche wesentliche Rolle die Verwendung disjunkter Pfade für den Lookup-Erfolg spielt. Wird nur $d = 1$ Pfad verwendet, schlägt bei 20% bösartiger Knoten rund die Hälfte aller Lookups fehl. Mit $d = 7$ disjunkten Pfaden lässt sich die Lookup-Erfolgswahrscheinlichkeit im gleichen Szenario bereits auf über 99% steigern. Bei Verwendung von $d = 31$ disjunkten Pfaden können selbst bei 50% bösartiger Knoten noch $\approx$ 98,4% aller Lookups erfolgreich abgeschlossen werden.

In Abbildung 7.5 sind die theoretischen Erfolgswahrscheinlichkeiten für $d = 15$ disjunkte Pfade für unterschiedliche *Netzgrößen* dargestellt. Da eine Simulation von Netzen mit mehr als 100.000 Knoten aufgrund des hohen Ressourcenaufwands nicht praktikabel ist, wurde die zu erwartende Pfadlänge anhand der in Abbildung 7.3 dargestellten Simulationswerte für Netze mit 10^6 und 10^7 Knoten extrapoliert. Aufgrund der längeren Pfade wird in größeren Netzen bei gleichem Anteil bösartiger Knoten und gleicher Anzahl disjunkter Pfade nur eine geringere Lookup-Erfolgswahrscheinlichkeit erzielt. Für ein Netz mit 10^7 Knoten können bei 20% bösartiger Knoten dennoch rund 99% aller Lookups erfolgreich beendet werden. Für Anwen-

---

[8]Für ein Netz mit 10.000 Knoten ergibt sich aus Abbildung 7.3 für $k = 40$ eine durchschnittliche Pfadlänge von $h \approx 3{,}01$.

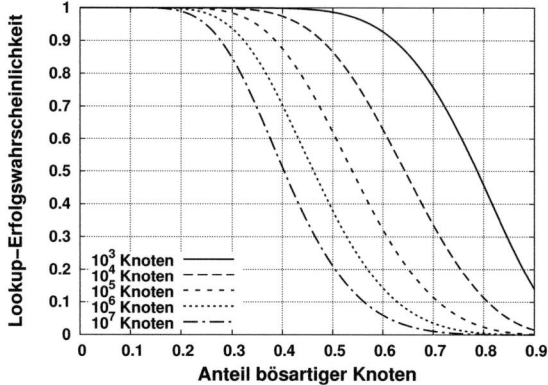

Abbildung 7.5 Theoretische Wahrscheinlichkeit für einen erfolgreichen Lookup abhängig von der Netzgröße bei $d = 15$ disjunkten Pfaden

dungsszenarien mit mehr als 10^7 Knoten besteht zudem die Möglichkeit, durch eine Erhöhung der Parameter k und d das Sicherheitsniveau entsprechend anzupassen.

7.5.1.2 Lookup-Algorithmus

Im Folgenden wird das in Algorithmus 7.1 dargestellte iterative Lookup-Verfahren beschrieben, mit dem über d disjunkte Pfade und α parallelen Anfragen die s nächsten Knoten zum Schlüssel k aufgefunden werden können. Mit jeder *FindNodeResponse*-Nachricht werden dazu bis zu r Knoten zurückgeliefert, die näher am gesuchten Schlüssel liegen. Für die folgende Beschreibung des Algorithmus wird mit kalligraphischen Großbuchstaben eine *geordnete Menge* von Knoten bezeichnet, die nach ihrer Nähe zum Schlüssel k sortiert ist. Mit der Schreibweise $\mathcal{B}[i]$ wird auf das i-te Element der geordneten Menge $\mathcal{B}$ verwiesen.

Die Prozedur *lookup*(k) in Algorithmus 7.1 stellt die Hauptmethode des Verfahrens dar. Zunächst wird in den Zeilen 1-6 für jeden der d Pfade ein Bucket $\mathcal{W}_p$ angelegt, der während des Lookups jeweils die nächsten bekannten Knoten zum Suchschlüssel für den Pfad p enthält. Die Buckets $\mathcal{W}_p$ werden daraufhin reihum mit den jeweils nächsten bekannten Knoten zum Suchschlüssel k aus der lokalen Routingtabelle gefüllt, wobei jeder Knoten nur einmal verwendet wird.

Zusätzlich zu dem Bucket $\mathcal{W}_p$ wird für jeden Pfad p ein Bucket $\mathcal{P}_p$ verwaltet, der alle Knoten des Pfades enthält, an die eine *FindNodeCall*-Nachricht oder *PingCall*-Nachricht gesendet, aber bisher keine Antwort empfangen wurde. Der für alle Pfade gemeinsam genutzte Bucket $\mathcal{V}$ enthält alle Knoten, von denen bereits eine Antwort für den Lookup-Fortschritt verwendet wurde. Schließlich wird noch ein Bucket $\mathcal{S}$ verwaltet, der am Ende des Lookups die s nächsten Knoten zum Schlüssel k enthält.

procedure lookup(k)

1: // Verteile Knoten aus lokaler Routingtabelle auf d Pfade
2: $\mathscr{W} = \text{findNode}(k)$
3: **for** $i = 1$ to $r \cdot d$ **do**
4:    $p \leftarrow (i \mod d)$
5:    $\mathscr{W}_p \leftarrow \mathscr{W}_p \cup \mathscr{W}[i]$
6: **end for**
7: **for** $p = 1$ to d **do**
8:    sendPathRpcs(p)
9: **end for**
10: **while** $\bigcup_i \mathscr{P}_i \neq \emptyset$ **do**
11:    $(m, p, R, \mathscr{F}) = \text{waitForRpcResponseOrTimeout}(t_{\text{timeout}})$
12:    $\mathscr{P}_p \leftarrow \mathscr{P}_p \setminus \{R\}$
13:    $\mathscr{V} \leftarrow \mathscr{V} \cup \{R\}$
14:    **if** getMsgType(m) = *FindNodeResponse* **then**
15:      handleFindNodeReponse($m, p, \mathscr{F}$)
16:    **else if** getMsgType(m) = *FindNodeTimeout* **then**
17:      **if** $\mathscr{P}_p = \emptyset$ **then**
18:        sendPathRpcs(p)
19:      **end if**
20:    **else if** getMsgType(m) = *PingResponse* **then**
21:      $\mathscr{S} \leftarrow \mathscr{S} \cup \{R\}$ mit $|\mathscr{S}| \leq s$
22:    **end if**
23: **end while**
24: **return** $\mathscr{S}$

procedure sendPathRpcs(p)

1: $\mathscr{P}_p \leftarrow \emptyset$
2: $\mathscr{C} \leftarrow \mathscr{W}_p \setminus (\bigcup_i \mathscr{P}_i \cup \mathscr{V})$
3: **for** $i = 0$ to $\min(\alpha, |\mathscr{C}|)$ **do**
4:    $\mathscr{P}_p \leftarrow \mathscr{P}_p \cup \mathscr{C}[i]$
5:    $\mathscr{C}[i].\text{findNode}(k)$
6: **end for**

procedure handleFindNodeResponse($m, p, \mathscr{F}$)

1: **if** siblingFlag(m) **then**
2:    **for all** $X \in \mathscr{F} \setminus (\bigcup_i \mathscr{P}_i \cup \mathscr{V})$ **do**
3:      $X.\text{ping}()$
4:      $\mathscr{P}_P \leftarrow \mathscr{P}_p \cup \{X\}$
5:    **end for**
6: **else**
7:    $\mathscr{W}_p \leftarrow \mathscr{W}_p \cup \mathscr{F}$ mit $|\mathscr{W}_p| \leq r$
8:    sendPathsRpcs(p)
9: **end if**

Algorithmus 7.1 Iterativer Lookup-Algorithmus, um die nächsten s Knoten zum Schlüssel k über d disjunkte Pfade mit α parallelen Anfragen aufzufinden

Nach der Initialisierung der Buckets $\mathscr{W}_p$ wird in Zeile 8 für jeden Pfad p die Prozedur *sendPathRpcs(p)* aufgerufen, um *FindNodeCall*-Nachrichten an die in $\mathscr{W}_p$ gespeicherten Knoten zu senden. In Zeile 2 der *sendPathRpcs*-Methode wird ein temporärer Bucket $\mathscr{C}$ mit geeigneten Empfängern für *FindNodeCall*-Nachrichten erzeugt. Zu diesen gehören die momentan am nächsten liegenden, bekannten Knoten, die in $\mathscr{W}_p$ gespeichert sind, abzüglich der Knoten, von denen schon eine Antwort verwendet ($\mathscr{V}$) oder denen bereits von einem anderen Pfad eine Anfrage gestellt wurde ($\bigcup_i \mathscr{P}_i$). In den Zeilen 3-6 werden daraufhin an die ersten α Knoten aus $\mathscr{C}$ parallel *FindNodeCall*-Nachrichten gesendet. Zusätzlich wird jeder Knoten, an den eine Anfrage gestellt worden ist, in $\mathscr{P}_p$ gespeichert.

Solange auf mindestens einem Pfad noch Antworten auf RPC-Nachrichten ausstehen (also $\bigcup_i \mathscr{P}_i \neq \emptyset$), wird in den Zeilen 10-23 der Hauptprozedur auf *eingehende Antworten* oder *Zeitüberschreitungen* nach Ablauf der Zeit t_{timeout} gewartet. Die Funktion *waitForRpcResponseOrTimeout()* liefert die Nachricht m, den Pfad p, den Absender R sowie die Menge der r nächsten Knoten $\mathscr{F}$ aus einer *FindNodeResponse*- oder *PingResponse*-Nachricht zurück. Sobald eine Antwort eingegangen oder eine Zeitüberschreitung aufgetreten ist, wird der betroffene Knoten R in den Zeilen 12-13 zum Bucket der verwendeten Knoten $\mathscr{V}$ hinzugefügt und aus dem Bucket der wartenden Anfragen $\mathscr{P}_p$ entfernt.

Für jeden Pfad werden jetzt die ersten α Knoten von W_i nach P_i verschoben und an diese eine *FindNodeCall*-Nachricht gesendet sowie ein Timer t_{timeout} aufgezogen. Sobald eine *FindNodeResponse*-Nachricht empfangen wird, kann diese einem Pfad p zugeordnet werden, indem alle P_i nach dem Absender der *FindNodeResponse*-Nachricht durchsucht werden.

Handelt es sich bei der empfangenen Nachricht m um eine *FindNodeResponse*-Nachricht, wird die Unterprozedur *handleFindNodeResponse()* aufgerufen. In dieser Methode wird in Zeile 1 zunächst überprüft, ob in der Nachricht m das Flag *siblings* gesetzt ist. In diesem Fall wird an alle in der *FindNodeResponse*-Nachricht enthaltenen Knoten eine *PingCall*-Nachricht gesendet, sofern diese nicht bereits zuvor kontaktiert worden sind (Zeile 2-5). Dieser Schritt dient zur Authentifizierung der potentiellen *Siblings*.

Falls das Flag *siblings* nicht gesetzt ist, wird der Lookup fortgesetzt. Dazu werden die in der *FindNodeResponse*-Nachricht enthaltenen Knoten in Zeile 7 dem Bucket $\mathscr{W}_p$ hinzugefügt und erneut die Methode *sendPathRpcs* aufgerufen. Die weiteren $\alpha - 1$ *FindNodeResponse*-Nachrichten, die zu einem späteren Zeitpunkt eintreffen, sollen für diesen Pfad nicht mehr betrachtet werden. Für den ursprünglichen Pfad kann durch diese Nachrichten in der Regel kein zusätzlicher Lookup-Fortschritt erbracht werden. Durch das Löschen von $\mathscr{P}_p$ in Zeile 1 von *sendPathRpcs* stehen diese Knoten jedoch weiterhin für die anderen Pfade zur Verfügung.

Der Lookup terminiert, sobald die letzte ausstehende Nachricht empfangen wird oder für diese eine Zeitüberschreitung auftritt (Zeile 10 in der Hauptprozedur). Der Bucket $\mathscr{S}$ enthält dann die nächsten s Knoten zum gesuchten Schlüssel k.

Der hier beschriebene Lookup-Algorithmus stellt sicher, dass die *verwendeten* Pfade disjunkt sind. Es kann jedoch nicht garantiert werden, dass auch durch die Overlay-Topologie ausreichend disjunkte Pfade zur Verfügung gestellt werden. In Abschnitt 7.7.2 wird anhand von Simulationsergebnissen gezeigt, dass von Kademlia jedoch eine ausreichende Anzahl disjunkter Pfade bereitgestellt wird.

Der Lookup-Algorithmus stellt außerdem mittels *Ping-Nachrichten* sicher, dass alle zurückgelieferten Knoten unter ihrer *NodeID* erreichbar sind. Da der Lookup erst terminiert, sobald der letzte Pfad beendet wird und alle gefundenen Knoten nach Abstand zum Schlüssel k in dem gemeinsamen Bucket $\mathscr{S}$ gesammelt werden, wird sichergestellt, dass $\mathscr{S}$ die nächsten s Knoten zu k enthält, sofern mindestens ein Pfad nur aus gutartigen Knoten besteht.

7.6   Wartung der Routingtabelle

Zur sicheren Wartung der Routingtabelle müssen gegenüber dem in Abschnitt 6.2.3 beschriebenen Kademlia-Protokoll einige Änderungen vorgenommen werden. Das Ziel der Änderungen ist es, dass aufgrund eines Angriffs der *Anteil bösartiger Knoten in den Routingtabellen* nicht den *Gesamtanteil* aller bösartigen Knoten im Netz m übersteigen kann. Falls es einem Angreifer gelingt, überproportional viele Knoten in die Routingtabellen zu stellen, kann er dadurch die Wahrscheinlichkeit für einen erfolgreichen Lookup senken oder einen Knoten vollständig vom Netz abtrennen (*Eclipse-Angriff*).

Grundsätzlich werden zur sicheren Wartung der Routingtabelle nur *authentifizierte* Knoten eingetragen. Dadurch wird sichergestellt, dass die Routingtabelle nur Knoten mit gültiger NodeID enthält und gültige Knoten nicht von Knoten mit einer gefälschten NodeID verdrängt werden können. Die Absender von *FindNodeResponse*-Nachrichten und *PingResponse*-Nachrichten sind bereits durch den in der Nachricht enthaltenen *AuthBlock* authentifiziert und können daher direkt in die Routingtabelle aufgenommen werden. Soll hingegen der Absender einer *FindNodeCall*-Nachricht oder *PingCall*-Nachricht in die Routingtabelle aufgenommen werden, so wird dieser zunächst anhand einer *Ping-Nachricht* authentifiziert.

Einen wesentlichen Aspekt für die sichere Wartung einer Routingtabelle stellen die *Einschränkungen* dar, die an die NodeID eines Knotens gestellt werden, damit dieser eine bestimmte Stelle der Routingtabelle einnehmen darf. Bei Kademlia werden an alle Knoten, die in den entferntesten[9] Bucket aufgenommen werden, nur sehr geringe Restriktionen gestellt, da lediglich das oberste Bit der NodeID mit dem obersten Bit der eigenen NodeID übereinstimmen muss. Je *näher* ein Bucket an der eigenen NodeID liegt, umso *geringer* ist die Anzahl potentieller Kandidaten, die aufgenommen werden können. Dies ergibt sich aus der Anforderung, dass diese einen entsprechend längeren gemeinsamen Präfix mit der eigenen NodeID teilen müssen. Für den i-ten Bucket kommen somit in einem Netz mit N Knoten im Schnitt

---

[9]Als *entferntester* Bucket wird der Bucket bezeichnet, der die Knoten mit dem größten XOR-Abstand zur eigenen NodeID enthält.

$\frac{N}{2^i}$ potentielle Kandidaten in Betracht, die bei gleichverteilten NodeIDs in diesen Bucket aufgenommen werden können. Um zu verhindern, dass ein Angreifer eine große Anzahl bösartiger Knoten in den Routingtabellen eines Knotens platzieren kann, müssen somit insbesondere die entferntesten Buckets geschützt werden, für die eine große Anzahl Kandidaten in Frage kommt.

Bei *S/Kademlia* kommt ein ähnlicher Verdrängungsalgorithmus wie bei Kademlia zum Einsatz, der sicherstellt, dass ein Knoten möglichst lange in der Routingtabelle erhalten bleibt, solange dieser noch erreichbar ist. Bei Kademlia wird dieses Ziel primär aufgrund von Beobachtungen zum Knotenfluktuationsverhalten in Peer-to-Peer-Systemen verfolgt. Diese haben gezeigt, dass ein Knoten, der bereits seit längerem am Netz teilnimmt, mit höherer Wahrscheinlichkeit auch in Zukunft weiterhin am Netz teilnimmt als ein Knoten, der erst seit kurzem dem Netz beigetreten ist. Diese Verdrängungsstrategie stellt bei *S/Kademlia* jedoch auch zusätzlich sicher, dass ein Angreifer keine gutartigen Knoten aus den Routingtabellen *verdrängen* kann.

Sobald ein Knoten dem Netz beigetreten ist und durch Lookups seine Buckets gefüllt hat, sind bei gleichverteilten NodeIDs in einem Netz mit N Knoten die entferntesten $f = \lfloor \log_2 \frac{N}{k} \rfloor$ Buckets vollständig mit k Knoten gefüllt. Für alle näheren Buckets existieren nur weniger als k Knoten, die einen passenden NodeID-Präfix besitzen.

Für die Eintragung eines neuen Knotens B in die Routingtabelle von Knoten A können nach Abschluss des Netzbeitritts somit drei Fälle unterschieden werden:

- Der Knoten B fällt in einen Bucket, der *nicht zu den entferntesten f Buckets* von Knoten A gehört. In diesem Fall ist der Bucket noch nicht voll und der neue Knoten B kann aufgenommen werden. Die Aufnahme des Knotens ist in diesem Fall unproblematisch, da für den entsprechenden Bucket keine weiteren Knoten im Netz existieren, die durch den neuen Knoten verdrängt werden könnten. Falls der Knoten B noch nicht authentifiziert wurde, wird dieser vor der Eintragung in den Bucket mit einer *Ping*-Nachricht authentifiziert. Da ein Angreifer seine NodeID aufgrund des in Abschnitt 7.3 beschriebenen Verfahrens nicht frei wählen kann, ist der Anteil bösartiger Knoten in diesem Bucket somit gleich hoch wie der Gesamtanteil bösartiger Knoten.

- Der Knoten B fällt in einen Bucket, der *zu den entferntesten f Buckets gehört* und dieser *enthält bereits k Knoten*. In diesem Fall wird der Knoten *nicht* in den Bucket aufgenommen. Falls der Knoten B bereits authentifiziert ist, wird er jedoch analog zu Kademlia in einen *Ersetzungscache* aufgenommen. Falls zu einem späteren Zeitpunkt erkannt wird, dass ein Knoten aus einem Bucket aufgefallen ist, wird dieser mit dem zuletzt[10] in den Ersetzungscache eingefügten Knoten ersetzt. Da nur authentifizierte Knoten in den Ersetzungscache eingetragen werden (also Knoten, die von A selbst aufgrund eines Lookups gleichverteilt ausgewählt wurden), liegt der Anteil bösartiger Knoten im Ersetzungscache ebenfalls nicht über dem Gesamtanteil bösartiger Knoten

---

[10]Der Ersetzungscache stellt somit einen *LIFO (Last-In-First-Out)* dar.

- Der Knoten B fällt in einen Bucket, der *zu den entferntesten f Buckets* gehört und dieser *enthält weniger als k Knoten*. In diesem Fall hat der Bucket zuvor k Knoten enthalten und ein Knoten ist ausgefallen. Da ein Knotenausfall nur detektiert wird, wenn A im Rahmen eines Lookups einen Knoten kontaktiert und dieser nicht antwortet, stehen durch die Verwendung paralleler Anfragen und disjunkter Pfade bereits geeignete Kandidaten im Ersetzungscache zur Verfügung, die verwendet werden, um den Bucket wieder auf k Knoten aufzufüllen. Da, wie für den vorherigen Fall beschrieben, der Anteil bösartiger Knoten im Ersetzungscache nicht über dem Gesamtanteil bösartiger Knoten liegt, gilt dies auch für den Bucket nach der Übernahme neuer Knoten aus dem Ersetzungscache.

Für den Netzbeitritt werden, wie bereits in Abschnitt 7.2 skizziert, mehrere Bootstrap-Knoten in Kombination mit dem iterativen Lookup-Verfahren verwendet, um sicherzustellen, dass die Routingtabelle nicht schon beim Netzbeitritt mit einem überdurchschnittlichen Anteil bösartiger Knoten gefüllt wird.

7.6.1 Beschränkung gleicher IP-Adressen

In Abschnitt 7.3 wurde gezeigt, dass die Beschränkung der NodeID-Erzeugung durch ein Kryptopuzzle insbesondere für kleine Netze keinen ausreichenden Schutz vor Sybil-Angriffen bietet. Sofern der Angreifer nur Zugriff auf eine kleine Anzahl von IP-Adressen besitzt, kann durch geeignete Wartung der Routingtabelle ein Sybil-Angriff jedoch eingeschränkt werden.

Hierzu wird zunächst ein Parameter e festgelegt, der die maximale Anzahl an Knoten angibt, die dem Netz gleichzeitig unter der *gleichen öffentlichen IP-Adresse* beitreten dürfen, da sich die Knoten hinter dem gleichen *NAT-Router* befinden. Des Weiteren ist eine lokale Abschätzung der Netzgröße erforderlich. Diese lässt sich über die Distanz der eigenen Nachbarschaft abschätzen. Sei id_0 die NodeID des eigenen Knotens sowie $id_1, \ldots, id_i$ die NodeIDs der nächsten i Knoten zur eigenen NodeID. Die durchschnittliche Distanz D zwischen den Nachbarn beträgt dann:

$$D := \frac{1}{i} \cdot \sum_{j=1}^{j-1} \left((id_0 \oplus id_{j+1}) - (id_0 \oplus id_j) \right)$$

Damit ergibt sich für NodeIDs der Länge n Bit eine Abschätzung der Netzgröße N_D mit:

$$N_D := \frac{2^n}{D}$$

Um einen Sybil-Angriff zu erschweren, wird nun die Anzahl der gleichen IP-Adressen, die in den Buckets und der Nachbarschaftstabelle eines Knotens auftreten dürfen, beschränkt. Die maximale Anzahl zulässiger Knoten l mit gleicher Adresse ergibt sich aus der Anzahl aller Knoten in der Routingtabelle r mit:

$$l := \lceil e \cdot \frac{r}{N_D} \rceil$$

Sofern ein neuer Knoten in einen Bucket aufgenommen werden könnte und dadurch die maximale Anzahl an Einträgen l für dessen IP-Adresse überschritten würde, wird der Knoten verworfen. Dieses Verfahren ermöglicht auf einfache Art die Einschränkung eines Sybil-Angriffs ähnlich wie in [42]. Der Vorteil des hier beschriebenen Verfahrens liegt jedoch in der einfacheren und effizienteren Umsetzung, da die Entscheidung über die Aufnahme eines Knotens *lokal* getroffen werden kann und keine *sichere Datenablage* in einer DHT, wie in [42] , erforderlich ist. Im Gegensatz zu [42] beschränkt das hier vorgeschlagene Verfahren nur die Anzahl der Identitäten, mit der ein Angreifer bei *einem* Knoten auftreten kann. Das bedeutet, dass ein Angreifer unter der gleichen IP-Adresse bei verschiedenen Knoten mit jeweils einer anderen Identität auftreten kann. Bei [42] gilt die Beschränkung der Identitäten für das gesamte Netz. Eine lokale Beschränkung ist jedoch ausreichend, um beispielsweise zu verhindern, dass ein Angreifer mit nur einer IP-Adresse mehrere Knoten in der Nachbarschaftstabelle eines Knotens platzieren kann.

7.7 Sicherheitsevaluierung

Für die drei Bereiche *Wahl der NodeID mit zentraler Vergabestelle*, *Authentifizierung von Nachrichten* sowie *Wartung der Routingtabelle* wurde bereits bei der Beschreibung der Verfahren eine Analyse möglicher Angriffe durchgeführt und daraufhin das jeweilige Verfahren so konstruiert, dass die beschriebenen Angriffe verhindert werden können.

Für die Wahl der NodeID *ohne* zentrale Vergabestelle wurde dargestellt, dass ein vollständiger Schutz vor Angriffen nicht möglich ist, sofern der Angreifer über mehr Ressourcen verfügt als ein legitimer Nutzer. Für diesen Fall wurde anhand einer theoretischen Abschätzung gezeigt, welchen Anteil bösartiger Knoten ein Angreifer abhängig von den zur Verfügung stehenden Ressourcen stellen kann.

Im Folgenden bleibt zu evaluieren welchen Einfluss ein Angreifer auf das Lookup-Verfahren nehmen kann, wenn ein bestimmter Anteil der Identitäten im Netz von ihm kontrolliert werden. Insbesondere soll die Fragestellung untersucht werden, ob die analytischen Vorüberlegungen zur Erhöhung der Lookup-Erfolgswahrscheinlichkeit durch die Verwendung disjunkter Pfade auch anhand einer Simulation des vollständigen S/Kademlia-Protokolls in Netzen mit Knotenfluktuation bestätigt werden können. Zudem wird der Einfluss der Lookup-Parameter auf Latenz und Kommunikationsaufwand untersucht.

7.7.1 Angriffe auf den Lookup

Zur Evaluierung der Sicherheit des Lookup-Verfahrens im Simulator müssen zunächst anhand theoretischer Vorüberlegungen mögliche Angriffe auf das Lookup-Verfahren aufgestellt werden. Diese Vorüberlegungen werden darauf hin dazu verwendet, einen konkreten Angriff zu modellieren, mit dem ein Angreifer den größtmöglichsten Schaden erzielen kann, indem er die Erreichung der in Abschnitt 7.1 aufgestellten Schutzziele *Verfügbarkeit* und *Schutz vor Namensdiebstahl* verhindert.

Ein Angreifer M hat folgende Möglichkeiten, einen von Knoten A durchgeführten iterativen Lookup anzugreifen:

- Der Angreifer M sendet unaufgefordert eine *FindNodeResponse-* oder *PingResponse*-Nachricht an Knoten A ohne zuvor eine entsprechende *FindNodeCall-* oder *PingCall*-Nachricht erhalten zu haben. Alternativ kann M auch einen an Knoten B gerichteten *FindNodeCall* mithören und entweder eine *FindNodeResponse* mit passendem *Nonce* und Signatur von M erzeugen oder eine *FindNodeResponse*-Nachricht versenden, die M zu einem früheren Zeitpunkt von Knoten B mitgehört hat (*Replay-Angriff*).

  Solche Nachrichten werden von Knoten A umgehend verworfen, da sie entweder

  - keine gültige Signatur enthalten oder
  - keinen *Nonce* enthalten, der auf eine ausstehende Anfrage passt oder
  - eine gültige Signatur und einen passenden *Nonce* enthalten, aber die NodeID des Absenders nicht mit der angefragten NodeID übereinstimmt.

- Der Angreifer M hat eine *FindNodeCall*-Nachricht erhalten und sendet *keine* *FindNodeResponse*-Nachricht. In diesem Fall wird M von A wie ein ausgefallener Knoten behandelt und aus der lokalen Routingtabelle entfernt. Da Knoten A mehrere redundante Knoten zur Verfügung stehen, kann der Lookup erfolgreich fortgesetzt werden. Durch die parallele Versendung mehrerer *FindNodeCall*-Nachrichten wird der Lookup-Prozess durch den Angriff auch nicht verzögert.

- Der Angreifer M hat eine *FindNodeCall*-Nachricht erhalten und sendet eine *FindNodeResponse*-Nachricht, die mehrere *gültige Knoten* X_i enthält, deren NodeIDs id_{X_i} jedoch nicht näher am Zielschlüssel liegen als id_M. In diesem Fall wird durch die zurückgelieferten Knoten X_i kein Fortschritt für den Lookup-Prozess erzielt. Knoten A erkennt dieses, ignoriert die erhaltene *FindNodeResponse*-Nachricht von M und setzt den Lookup mit alternativen Knoten fort.

- Der Angreifer M hat eine *FindNodeCall*-Nachricht erhalten und sendet eine *FindNodeResponse*-Nachricht, die mehrere *gültige Knoten* X_i enthält, deren NodeIDs id_{X_i} näher am Zielschlüssel liegen als id_M, aber keinen optimalen Lookup-Fortschritt ermöglichen (d.h. M kennt Knoten, die einen besseren Lookup-Fortschritt ermöglichen würden, teilt diese A aber nicht mit). In diesem Fall kann der Lookup geringfügig *verzögert* werden, falls A nicht durch eine *FindNodeResponse*-Nachricht von einem parallel angefragten Knoten bereits nähere Knoten kennengelernt hat.

- Der Angreifer *M* hat eine *FindNodeCall*-Nachricht erhalten und sendet eine *FindNodeResponse*-Nachricht, die *nicht existierende Knoten* X_i enthält, deren NodeIDs id_{X_i} sehr nahe am gesuchten Schlüssel liegen. Knoten *A* versucht in diesem Fall zunächst alle Knoten X_i zu kontaktieren und wartet auf eine Zeitüberschreitung aufgrund ausbleibender *FindNodeResponse*-Nachrichten, bevor der Lookup mit alternativen Knoten fortgesetzt wird. Da zunächst alle Knoten X_i kontaktiert werden (da diese die nächsten bekannten Knoten zum gesuchten Schlüssel sind), kann der Lookup durch diesen Angriff stark *verzögert* werden. Sofern der Angreifer eine hinreichend große Anzahl an Knoten zurückliefert, werden durch diese alle weiteren redundanten Knoten verdrängt. Somit ist der Lookup für diesen Pfad fehlgeschlagen. Dieser Angriff wird im Folgenden als *InvalidNodes*-Angriff bezeichnet.

- Der Angreifer *M* hat eine *FindNodeCall*-Nachricht erhalten und sendet eine *FindNodeResponse*-Nachricht mit *gesetztem Sibling-Flag*, die *existierende und vom Angreifer kontrollierte Knoten* X_i enthält. Die Knoten X_i sind jedoch nicht die gesuchten nächsten *s* Knoten zum gesuchten Schlüssel, sondern haben NodeIDs id_{X_i} mit einem größeren Abstand zum Schlüssel. Da Knoten *A* nicht überprüfen kann, ob die Knoten X_i tatsächlich die nächsten *s* Knoten zum Zielschlüssel sind, ist der Lookup für diesen Pfad daher fehlgeschlagen. Dieser Angriff wird im Folgenden als *Sibling*-Angriff bezeichnet.

Der *InvalidNodes*-Angriff sowie der *Sibling*-Angriff stellen somit die effektivsten Methoden für den Angreifer dar, um dem Netz den größtmöglichen Schaden zuzufügen und werden daher für die Modellierung des Angreifers im Simulator verwendet.

7.7.2   Evaluierung durch die Simulation von Angriffen

Für die Sicherheitsevaluierung wurde das hier beschriebene *S/Kademlia*-Protokoll vollständig für OverSim implementiert. Zusätzlich wurde OverSim um die Modellierung der beiden im vorherigen Abschnitt aufgestellten Angriffe erweitert.

Als Anwendungsszenario kommt wieder das bereits in Abschnitt 6.4 beschriebene Standardszenario mit 10000 Knoten zur Anwendung. Zur Modellierung des Knotenfluktuationsverhaltens wird jedem Knoten erneut eine Weibull-verteilte Session-Zeit mit einem Mittelwert von 10000 s zugewiesen. Auf jedem Knoten läuft eine Testanwendung, die in einem normalverteilten Intervall mit einem Erwartungswert von 60 s jeweils einen Lookup nach einer zufällig existierenden NodeID durchführt, um die nächstgelegen $s = 8$ Knoten zu diesem Schlüssel aufzufinden. Soweit nicht anders angegeben, werden für S/Kademlia die in Abschnitt 6.5.5 ermittelten geeigneten Protokollparameter verwendet. In den folgenden Schaubildern sind jeweils die Mittelwerte und 99%-Konfidenzintervalle aus jeweils 6 Läufen mit unterschiedlichen Seeds abgebildet.

Alle Experimente werden mit einem unterschiedlichen Anteil an bösartigen Knoten im Bereich von 0% − 90% wiederholt. Für die Sicherheitsbetrachtung ist es ohne

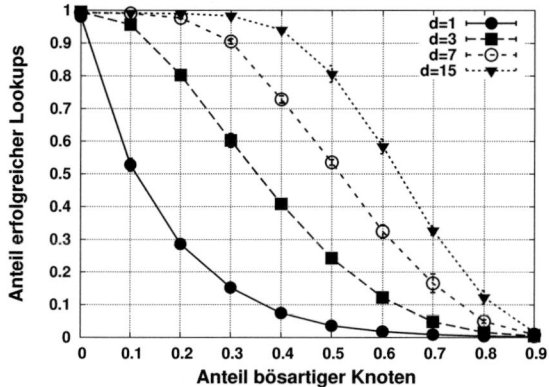

Abbildung 7.6 Anteil erfolgreicher Lookups bei d disjunkten Pfaden mit $r = 3$, $k = 40$ und $\alpha = 3$

Bedeutung, ob die bösartigen Knoten von *einem* Angreifer oder von *mehreren* Angreifern gestellt werden, die miteinander *kooperieren*. Sofern ein Angreifer aufgrund eines Sybil-Angriffs dem Netz mit mehreren Identitäten beitreten kann, werden diese für die Sicherbeitsbetrachtungen als eigenständige bösartige Knoten betrachtet, die entsprechend zum Gesamtanteil bösartiger Knoten im Netz beitragen.

Ein bösartiger Knoten verhält sich bis auf das im vorherigen Abschnitt beschriebene Angreiferverhalten protokollkonform. Dies beinhaltet insbesondere die reguläre Beantwortung von *PingCall*-Nachrichten sowie die eigene Durchführung von Lookups nach dem Anwendungsverkehrsmodell regulärer Knoten. Dadurch wird sichergestellt, dass ein Angreifer überhaupt in die Routingtabellen legitimer Knoten eingetragen wird und somit Schaden auf den Lookup-Prozess nehmen kann.

Zunächst wird der Einfluss der Anzahl disjunkter Pfade d auf die Lookup-Erfolgswahrscheinlichkeit untersucht. Für diese Untersuchung wird die Bucket-Größe k auf 40, die Anzahl redundanter Knoten r auf 3 sowie die Anzahl paralleler Anfragen α auf 3 festgelegt. Alle bösartigen Knoten verhalten sich entsprechend dem zuvor beschriebenen *InvalidNodes*-Angriff. Die Ergebnisse der Evaluierung sind in Abbildung 7.6 dargestellt.

Ohne bösartige Knoten werden, unabhängig von der Anzahl disjunkter Pfade, $\approx 99\%$ erfolgreiche Lookups erzielt. Dies ist das Maximum, das mit dem gegebenen Knotenfluktuationsszenario und den gewählten Protokollparametern erzielt werden kann. Wird ein Lookup ohne disjunkte Pfade durchgeführt (also mit $d = 1$), können mit 10% bösartigen Knoten nur noch $\approx 53\%$ aller Lookups erfolgreich abgeschlossen werden. Durch die Verwendung des Lookup-Verfahrens mit disjunkten Pfaden kann die Erfolgswahrscheinlichkeit signifikant gesteigert werden. Selbst mit nur $d = 3$ disjunkten Pfaden kann für 10% bösartige Knoten bereits $\approx 95\%$ Lookup-Erfolgs-

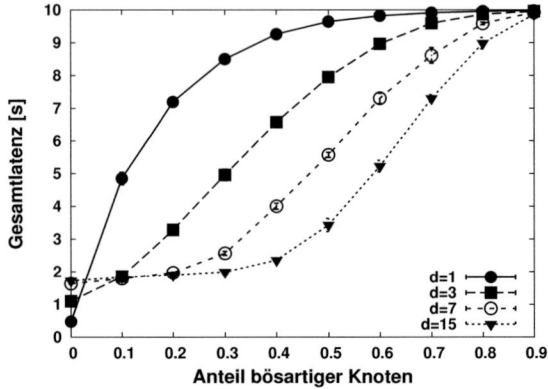

Abbildung 7.7 Gesamtlatenz bei d disjunkten Pfaden mit $r = 3$, $k = 40$ und $\alpha = 3$

wahrscheinlichkeit erzielt werden. Mit $d = 15$ kann schließlich bei 10% bösartiger Knoten die gleiche Erfolgswahrscheinlichkeit erzielt werden wie in einem Netz ohne bösartige Knoten.

Die erzielten Lookup-Erfolgswahrscheinlichkeiten zeigen eine gute Übereinstimmung mit den auf Seite 141 in Abbildung 7.4 dargestellten theoretischen Vorüberlegungen. Insgesamt sind die in der Simulation erzielten Erfolgswahrscheinlichkeiten geringer als in den theoretischen Vorüberlegungen. Die Ursachen liegen in mehreren Vereinfachungen, die für die theoretischen Überlegungen getroffen wurden. Zum einen wird in der Simulation ein *dynamisches Netz* mit Knotenfluktuation modelliert, wodurch auch ohne Angreifer insgesamt nur geringere Lookup-Erfolgswahrscheinlichkeiten erzielt werden können. Des Weiteren hat der modellierte Angriff auch Einfluss auf die Effektivität der Lookups zur *Wartung der Routingtabelle*. Insbesondere für den Fall $d = 1$ kann ein geringer Anteil bösartiger Knoten den Lookup-Prozess bereits massiv behindern. Dadurch wird die effektive Wartung der Routingtabelle erschwert, was zu einer zusätzlichen Reduktion der Lookup-Erfolgswahrscheinlichkeit führt. Schließlich liegt der Simulation eine realistische *Verteilung der Pfadlängen* zugrunde, während für die theoretischen Vorüberlegungen zur Vereinfachung gleichlange Pfade angenommen wurden.

In Abbildung 7.7 sind für das gleiche Szenario die erzielten *Gesamtlatenzen* aufgetragen. Diese ergeben sich mit der in Abschnitt 6.4 definierten Zielfunktion, die eine gemeinsame Darstellung der Kriterien *Latenz* und *Erfolgsrate* ermöglicht. Mit zunehmendem Anteil bösartiger Knoten wird die Zielfunktion durch den hohen Anteil fehlgeschlagener Lookups dominiert. Dieser Effekt zeigt sich besonders deutlich sofern nur $d = 1$ Pfad verwendet wird. Für Netze mit einem sehr geringen Anteil bösartiger Knoten können jedoch durch den Verzicht auf die Verwendung disjunkter Pfade deutliche Latenzeinsparungen erzielt werden.

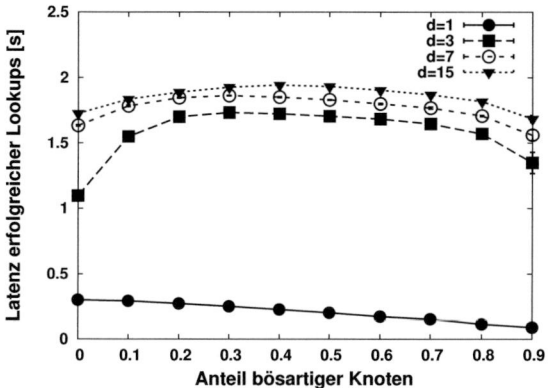

Abbildung 7.8 Latenz erfolgreicher Lookups bei d disjunkten Pfaden mit $r = 3$, $k = 40$ und $\alpha = 3$

Dieser Effekt ist mit der Eingrenzung auf die Latenz aller *erfolgreichen* Lookups, wie in Abbildung 7.8 dargestellt, nochmals deutlicher zu erkennen. Ohne bösartige Knoten wird mit nur einem Pfad eine durchschnittliche Latenz von $\approx 0{,}3$ s erzielt. Mit zunehmender Anzahl disjunkter Pfade steigt die benötigte Latenz stetig an. Bei $d = 15$ Pfaden werden schließlich $\approx 1{,}73$ s benötigt.

Der Grund für den Anstieg der Latenz liegt an der Konstruktion des Lookup-Verfahrens, das erst terminiert, sobald der letzte Pfad beendet wird. Die erzielte Latenz ist somit die Latenz des langsamsten Pfads. Insbesondere das Auftreten einer Zeitüberschreitung kann die Latenz eines Pfades signifikant erhöhen. Sofern auf einem Pfad alle α angefragten Knoten ausgefallen sind, muss zunächst die Zeitüberschreitung t_{timeout} abgewartet werden. Da in dem hier untersuchten Szenario $\alpha = r$ gewählt wurde, wird der Pfad nach dem Auftreten der Zeitüberschreitung mangels weiterer Kandidaten abgebrochen. In diesem Fall terminiert der Lookup frühestens nach t_{timeout}. Für die Evaluierung wird $t_{\text{timeout}} = 1{,}5$ s verwendet. Mit zunehmender Anzahl disjunkter Pfade steigt die Wahrscheinlichkeit, dass auf *mindestens einem* Pfad eine Zeitüberschreitung auftritt.

Für $d = 1$ kann bei *erfolgreichen* Lookups, wie sie in Abbildung 7.8 dargestellt sind, keine Zeitüberschreitung auftreten[11]. Daher ergeben sich im Vergleich zu $d = 3$ deutlich geringere Latenzen. Für $d = 15$ ist das Auftreten einer Zeitüberschreitung der Regelfall, so dass hier die erzielte Latenz stark vom gewählten t_{timeout} geprägt ist.

Falls der Lookup-Initiator A auf einem Pfad einen bösartigen Knoten B kontaktiert, bekommt dieser r nicht existierende Knoten zurückgeliefert. Bei dem Versuch, diese Knoten zu kontaktieren, tritt daher ebenfalls eine Zeitüberschreitung auf. Dies ist

---

[11]Falls mit $d = 1$ eine Zeitüberschreitung auftritt, stehen keine alternativen Pfade zur Verfügung. Ein Lookup mit Zeitüberschreitung ist bei $d = 1$ daher nie erfolgreich.

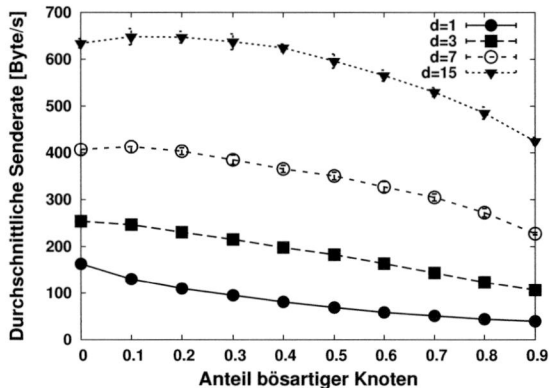

Abbildung 7.9 Durchschnittliche Senderate bei d disjunkten Pfaden mit $r = 3$, $k = 40$ und $\alpha = 3$

die Ursache für den leichten Anstieg der Latenz mit zunehmender Anzahl bösartiger Knoten. Für einen sehr hohen Anteil bösartiger Knoten ergibt sich wiederum (für die hier dargestellten *erfolgreichen* Lookups) eine etwas geringere Latenz. Das liegt daran, dass in diesem Fall nur noch Lookups mit *sehr kurzen Pfadlängen* erfolgreich sind, da nur für diese eine ausreichend hohe Wahrscheinlichkeit gegeben ist, nicht auf mindestens einen bösartigen Knoten zu treffen. Aufgrund der unterdurchschnittlichen Pfadlänge der erfolgreichen Lookups wird daher auch nur eine unterdurchschnittliche Latenz benötigt.

In Abbildung 7.9 ist die durchschnittliche Senderate dargestellt, die abhängig von der Anzahl disjunkter Pfade benötigt wird. Erwartungsgemäß steigt der Kommunikationsaufwand abhängig von der Anzahl redundanter Pfade signifikant an. Jedoch wird selbst mit $d = 15$ redundanten Pfaden nur eine moderate Senderate von ≈ 620 Byte/s benötigt. Somit stellt die Verwendung von $d = 15$ Pfaden für die meisten Anwendungsszenarien eine praxistaugliche Wahl dar. Mit einem steigenden Anteil bösartiger Knoten sinkt die erforderliche Senderate geringfügig. Dies liegt daran, dass bei einem hohen Anteil bösartiger Knoten Lookups bereits nach wenigen Lookup-Schritten erfolglos abgebrochen werden. Somit entsteht ein geringerer Kommunikationsaufwand.

In Abbildung 7.10 wird der Einfluss der Bucket-Größe k auf die Lookup-Erfolgswahrscheinlichkeit bei $d = 15$ disjunkten Pfaden dargestellt. Wie bereits in den theoretischen Vorüberlegungen in Abschnitt 7.5.1.1 erläutert wurde, führt eine Erhöhung von k zu kürzeren durchschnittlichen Pfadlängen. Dadurch sinkt die Wahrscheinlichkeit während des Lookups auf einen bösartigen Knoten zu treffen. Diese Überlegungen können anhand des abgebildeten Simulationsergebnisses bestätigt werden.

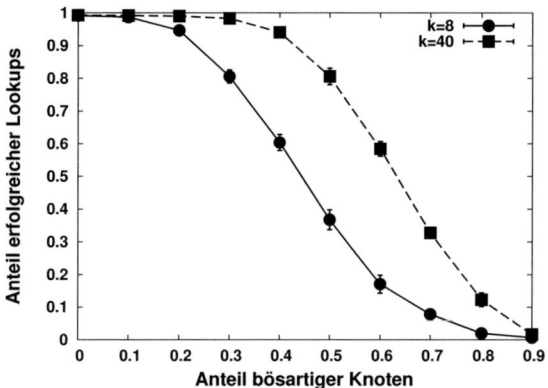

Abbildung 7.10   Anteil erfolgreicher Lookups abhängig von der Bucket-Größe k mit $d = 15$, $r = 3$ und $\alpha = 3$

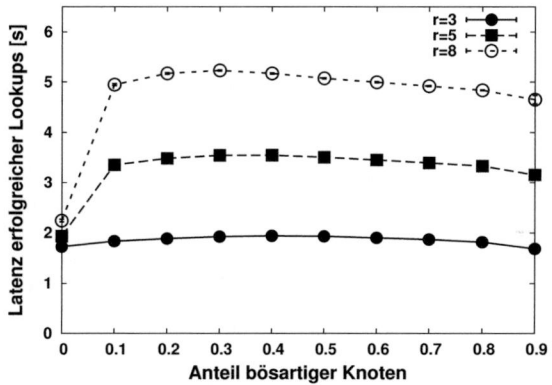

Abbildung 7.11   Latenz erfolgreicher Lookups bei r redundanten Knoten mit $d = 15$, $k = 40$ und $\alpha = 3$

Für die bisher vorgestellten Simulationsläufe wurde die Anzahl zurückgelieferter Knoten r stets gleich der Anzahl der parallelen Anfragen α gewählt. Abbildung 7.11 zeigt die Simulationsergebnisse für unterschiedliche r bei $\alpha = 3$ und $d = 15$ disjunkten Pfaden. Sofern $r = \alpha$ stehen bei einer Zeitüberschreitung keine weiteren Knoten zur Verfügung um den Lookup fortzusetzen, so dass dieser beim Auftreten der ersten Zeitüberschreitung abgebrochen wird.

Falls hingegen $r > \alpha$ gewählt wird, stehen bei einer Zeitüberschreitung noch $r - \alpha$ weitere Knoten zur Verfügung, die als nächster Routingschritt angefragt werden können. In diesem Fall können pro Routingpfad somit *mehrere* Zeitüberschreitungen

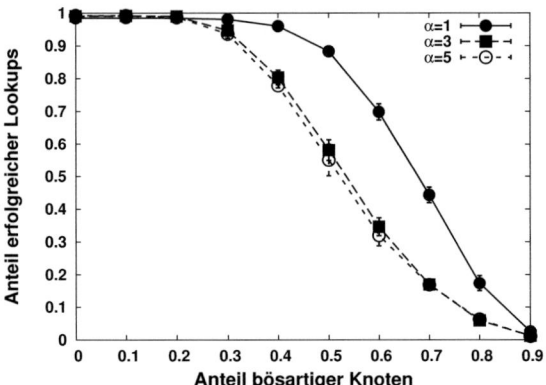

Abbildung 7.12   Anteil erfolgreicher Lookups anhängig von der Anzahl paralleler Lookup-Anfragen α bei einem *earlySibling*-Angriff mit $d = 15$, $r = 5$ und $k = 40$

auftreten, bevor dieser beendet wird. In einem Netz ohne bösartige Knoten führt dies nur zu einer geringen Erhöhung der Latenz, da Zeitüberschreitungen in diesem Fall nur auftreten, falls es sich bei mindestens α der zurückgelieferten Knoten um veraltete Routingtabelleneinträge handelt. Ein bösartiger Knoten liefert jedoch aufgrund des *InvalidNodes*-Angriffs r nicht existierende Knoten zurück, deren angebliche NodeIDs nahe am gesuchten Schlüssel k liegen. Somit wird erfolglos versucht, alle zurückgelieferten r Knoten zu kontaktieren. Bei α gleichzeitigen Anfragen treten somit $\lceil \frac{r}{\alpha} \rceil$ Zeitüberschreitungen auf, bevor der Lookup auf diesem Pfad erfolglos abgebrochen wird. Dies zeigt sich an einem deutlichen Anstieg der Latenz, sobald auch nur ein geringer Anteil an Knoten im Netz bösartig ist. Die Latenz der Lookups liegt dann in der Größenordnung $\lceil \frac{r}{\alpha} \rceil \cdot t_{\text{timeout}}$. Um die Latenz in Gegenwart bösartiger Knoten möglichst gering zu halten, sollte daher stets $r = \alpha$ gewählt werden.

In Abschnitt 7.5.1.1 wurde gezeigt, dass durch die Verwendung paralleler Anfragen einerseits die Latenz reduziert werden kann. Gleichzeitig wird dadurch jedoch in Gegenwart bösartiger Knoten die Lookup-Erfolgswahrscheinlichkeit reduziert, da in jedem Routingschritt die Wahrscheinlichkeit, auf einen bösartigen Knoten zu treffen, um den Faktor α steigt. In Abbildung 7.12 ist diese Problematik anhand eines *Sibling*-Angriffs unter Verwendung von $d = 15$ disjunkten Pfaden dargestellt. Die Simulationsergebnisse zeigen, dass die Lookup-Erfolgswahrscheinlichkeit mit Verwendung paralleler Lookup-Anfragen α deutlich geringer ausfällt.

Damit dieser Angriff erfolgreich ist, muss der Angreifer jedoch dafür sorgen, dass seine Antwort auf eine *FindNodeCall*-Nachricht stets *vor* den Antworten legitimer Knoten bei dem Lookup-Initiator eingeht. Bei einer weltweiten Benutzung des Namensdienstes erscheint es jedoch relativ unwahrscheinlich, dass ein Angreifer über eine flächendeckende Verteilung seiner bösartigen Knoten und über eine entsprechen-

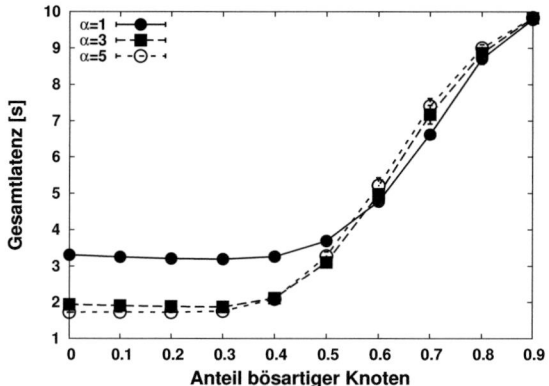

Abbildung 7.13 Gesamtlatenz abhängig von der Anzahl paralleler Anfragen α mit $d = 15, r = 5$ und $k = 40$

de Netzanbindung verfügt, um dies auch in der Praxis umsetzen zu können. Zudem muss es dem Angreifer in diesem Fall zunächst gelingen, einen oder mehrere seiner im Underlay topologisch nahen Knoten in die Routingtabelle des anzugreifenden Knotens zu platzieren. Die gezielte Platzierung von Knoten wird jedoch mittels des beschriebenen Verfahrens zur sicheren Wartung der Routingtabelle unterbunden.

In Abbildung 7.13 ist dargestellt, welchen Einfluss die Anzahl paralleler Anfragen α auf die erzielte Gesamtlatenz hat. Sofern der Anteil bösartiger Knoten unter 50% liegt, kann durch parallele Anfragen die Gesamtlatenz signifikant reduziert werden. Für einen höheren Anteil bösartiger Knoten wird die Gesamtlatenz durch die sinkende Lookup-Erfolgswahrscheinlichkeit dominiert. In diesem Fall liegen die Verhältnisse genau umgekehrt. Aufgrund des im vorherigen Abschnitt beschriebenen Angriffs wird mit einer größeren Anzahl paralleler Anfragen eine geringere Lookup-Erfolgswahrscheinlichkeit und damit eine höhere Gesamtlatenz erzielt.

Der Latenzvorteil, der durch die Versendung paralleler Anfragen erzielt werden kann, wird mit einem entsprechend höheren Kommunikationsaufwand erkauft. Dieser ist in Abbildung 7.14 für verschiedene Werte von α bei $d = 15$ disjunkten Pfaden dargestellt. Aufgrund des durchgeführten *Sibling*-Angriffs fällt der Kommunikationsaufwand umso geringer aus, je höher der Anteil bösartiger Knoten im Netz ist. Dies liegt daran, dass bei einem hohen Anteil bösartiger Knoten viele Pfade bereits nach wenigen Routingschritten terminieren, da sie auf einen bösartigen Knoten treffen, der sich als Zielknoten für den gesuchten Schlüssel ausgibt.

Des Weiteren haben die Evaluierungsergebnisse gezeigt, dass die Art des durchgeführten Angriffs (*InvalidNodes*-Angriff oder *Sibling*-Angriff) keinen signifikanten Unterschied auf den Lookup-Erfolg haben. Dies ist naheliegend, da für beide Angrif-

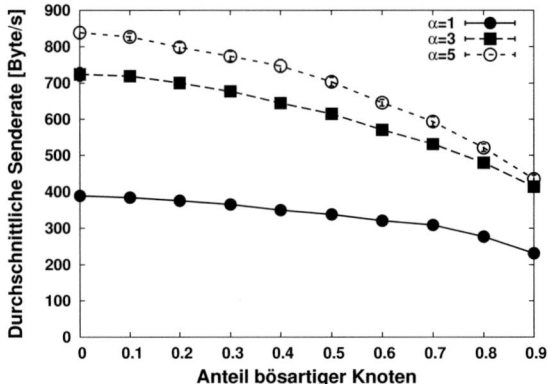

Abbildung 7.14 Durchschnittliche Senderate abhängig von der Anzahl paralleler
Anfragen α mit $d = 15$, $r = 5$ und $k = 40$

fe gilt, dass ein Lookup erfolgreich ist, sobald mindestens ein Pfad ohne bösartige
Knoten verwendet wird. Zusätzlich wurde untersucht, ob durch die Erhöhung der
Anzahl zurückgelieferter Knoten r eine Steigerung des Lookup-Erfolgs erreicht
werden kann. Die Ergebnisse haben gezeigt, dass die Verwendung von mehr als 3
redundanten Knoten bei $d = 15$ disjunkten Pfaden keinen Sicherheitsvorteil bietet.
Allerdings steigt der Kommunikationsaufwand für größere r deutlich an.

7.8   Zusammenfassung

In diesem Kapitel wurde das Protokoll für die KBR-Komponente des Namensdienstes
spezifiziert. Damit auch in Netzen mit bösartigen Knoten ein möglichst zuverlässiger
KBR-Dienst erbracht werden kann, kommen mehrere Sicherheitsmechanismen zum
Einsatz.

Um zu verhindern, dass ein Angreifer gezielt die Zuständigkeit für bestimmte regis-
trierte Namen erhalten kann (sog. *Eclipse-Angriff*), werden für den Namensdienst
Kryptopuzzles sowie kryptographische NodeIDs eingesetzt, um die freie Wahl der
NodeID eines Teilnehmers einzuschränken.

Damit der Einfluss bösartiger Knoten auf dem Routingpfad möglichst gering gehalten
werden kann, kommt zur Auffindung des Zielknotens eine *iterative Lookup-Variante*
zum Einsatz, die dem Lookup-Initiator die kontinuierliche Überwachung des Lookup-
Fortschritts erlaubt und aus diesem Grund Sicherheitsvorteile gegenüber den von der
IETF präferierten rekursiven Lookup-Varianten bietet.

Die Evaluierungsergebnisse haben gezeigt, dass das vorgeschlagene iterative Lookup-
Verfahren geeignet, ist die Lookup-Erfolgswahrscheinlichkeit in Gegenwart bösartiger Knoten signifikant zu steigern. Bei Verwendung von $d = 15$ disjunkten Pfaden

werden bei 10% bösartiger Knoten die gleichen Lookup-Erfolgsraten wie ohne bösartige Knoten erzielt. Für 40% bösartige Knoten werden immer noch $\approx$ 94% Lookup-Erfolgswahrscheinlichkeit erzielt. Der Kommunikationsaufwand liegt bei moderaten 620 Byte/s.

8. DHT-Komponente

In diesem Kapitel wird das Protokoll für die DHT-Komponente des Namensdienstes beschrieben, welches für die Ablage und Replikation von Datensätzen verwendet wird. Im Folgenden werden zunächst kurz die Anforderungen an ein geeignetes Protokoll dargelegt. Im Anschluss wird der grundsätzliche Protokollablauf einschließlich der verwendeten Nachrichtenformate vorgestellt.

Der Rest des Kapitels behandelt die für die Sicherheit und Zuverlässigkeit relevanten Themenkomplexe *Datenreplikation*, *Datenwartung* und *Datenlimitierung* im Detail. Das Protokoll der DHT-Komponente wurde zudem im Simulator OverSim evaluiert. Die Ergebnisse der Evaluierung werden zum Abschluss des Kapitels präsentiert.

8.1 Anforderungsanalyse

Die DHT-Komponente dient zur sicheren und effizienten Ablage der Zuordnung von *Namen* zur aktuellen *Transportadresse* eines Nutzers. Ein geeignetes Protokoll für die DHT-Komponente muss somit die folgenden Anforderungen erfüllen:

Eigentümerverwaltung Jeder abgelegte Datensatz ist einem *Eigentümer* zugeordnet. Die DHT-Komponente muss sicherstellen, dass nur der Eigentümer einen Datensatz *ändern* oder *löschen* kann. Auf diese Weise wird der *Diebstahl von Namen* verhindert.

Eindeutigkeit von Schlüsseln Die DHT-Komponente muss sicherstellen, dass unter einem Schlüssel nur ein *einzelner* Datensatz gespeichert werden kann. Auf diese Weise wird verhindert, dass der gleiche Name von mehreren Nutzern registriert werden kann. Das Anrecht auf die Ablage eines Datensatzes unter einem bestimmten Schlüssel steht dem Nutzer zu, der als Erster versucht, den zum Schlüssel gehörenden Namen zu registrieren.

Schutz vor Manipulation Bösartige Knoten können lokal gespeicherte Datensätze beliebig modifizieren oder verwerfen. Daher muss durch die *Replikation* der Datensätze auf mehrere Knoten vermieden werden, dass *einzelne* Knoten die Abfrage eines Datensatzes verhindern können.

Kontingentierung der Datenablage Jeder Nutzer soll nur eine begrenzte Anzahl an Datensätzen in der DHT ablegen können. Dadurch wird verhindert, dass die DHT von einem Angreifer mit einer großen Menge an Datensätzen überflutet wird, und somit unnötig Ressourcen verbraucht werden.

Verfügbarkeit unter Knotenfluktuation Die in der DHT abgelegten Datensätze sollen verfügbar bleiben, falls Knoten das Netz verlassen oder neue Knoten dem Netz beitreten. Dies soll auch dann sichergestellt sein, wenn der Eigentümer eines Datensatzes das Netz bereits verlassen hat und somit den Datensatz nicht mehr selbst weiterverbreiten kann.

8.2 Protokollablauf

Aufgrund der modularen Architektur des Namensdienstes kann die Grundfunktionalität der DHT-Komponente relativ einfach gehalten werden, da komplexe Aspekte wie die Stabilisierung der Overlay-Topologie oder das sichere Auffinden von Knoten bereits von der KBR-Komponente realisiert werden.

Zur sicheren *Ablage* eines Datensatzes $\mathscr{D}$ unter dem Schlüssel $k_{\mathscr{D}}$ wird dieser auf den s Siblings[1] zum Schlüssel $k_{\mathscr{D}}$ repliziert. Der erste Schritt für die Ablage des Datensatzes $\mathscr{D}$ besteht daher aus einem *Lookup* durch die KBR-Komponente, um die Siblings zum Schlüssel $k_{\mathscr{D}}$ aufzufinden. Daraufhin wird an jeden der s Knoten parallel eine *PutCall*-Nachricht mit Datensatz $\mathscr{D}$ gesendet, welche mit einer *PutResponse*-Nachricht bestätigt wird.

Zur *Auffindung* eines Datensatzes $\mathscr{D}$ wird ebenfalls zunächst über die KBR-Komponente ein Lookup mit dem Schlüssel $k_{\mathscr{D}}$ durchgeführt. Im zweiten Schritt werden parallel alle ermittelten Siblings mit einer *GetCall*-Nachricht nach ihrem lokal gespeicherten Datensatz gefragt, den diese mit einer *GetResponse*-Nachricht zurückschicken. Auf allen eingegangenen Antworten wird daraufhin ein *Mehrheitsentscheid* durchgeführt. Somit kann ein gültiger Datensatz ermittelt werden, falls weniger als die Hälfte aller *Siblings* bösartig ist.

Im Gegensatz zur RELOAD-Architektur [65], bei der ein neuer Name nur dann in der DHT abgelegt werden darf, wenn der Nutzer ein Berechtigungszertifikat für

---

[1]Der Begriff *Siblings* wurde in Abschnitt 5.1 eingeführt und bezeichnet eine symmetrische Nachbarschaft zu einem Schlüssel.

diesen Namen von der zentralen Vergabestelle vorweisen kann, erfolgt die Namensregistrierung in dieser Arbeit vollständig *dezentral*. Da ein Knoten grundsätzlich nur
zur Registrierung eines Namens berechtigt ist, falls unter dem zugehörigen Schlüssel
noch kein Name in der DHT gespeichert ist, muss auch die *Nichtexistenz* eines
Schlüssel anhand eines Mehrheitsentscheids geprüft werden. Das bedeutet, dass ein
Knoten, sofern er keinen Datensatz unter einem Schlüssel gespeichert hat, bei der
Auffindung einen *leeren* Datensatz zurückliefert. Sofern die Mehrheit der Siblings
einen leeren Datensatz zurückliefert, wird angenommen, dass unter dem gegebenen
Schlüssel noch kein Name registriert wurde.

Bezüglich des Sicherheitsgewinns durch Redundanz besteht somit ein entscheidender
Unterschied zwischen dem vorgestellten *iterativen Lookup-Verfahren über disjunkte
Pfade* und der *Datenablage mit Replikation*: Ein iterativer Lookup ist erfolgreich,
sofern *mindestens einer* der d disjunkten Pfade gutartig ist, während für eine erfolgreiche Datenauffindung die *Mehrheit* aller s Replikate gutartig sein muss.

8.2.1   Nachrichtenformat

Alle Nachrichten der DHT-Komponente besitzen den gleichen Nachrichtenkopf
BaseRpcMessage, der auch für Nachrichten der KBR-Komponente verwendet wird
und bereits in Abschnitt 7.2.1 vorgestellt wurde.

8.2.1.1   GetCall

Mit einer *GetCall*-Nachricht wird ein Datensatz von einem der zuständigen Knoten
abgefragt.

```
packet GetCall extends BaseRpcMessage
{
    OverlayKey key;
    uint32_t kind;   /* Typ */
    uint32_t id;     /* Kennung */
    bool hash;
}
```

Der Feld *key* gibt den Schlüssel an, unter dem der Datensatz abgelegt wurde.

Für bestimmte Anwendungen ist es erforderlich, unter einem Schlüssel *mehrere*
Datensätze ablegen zu können. Beispielsweise müssen für das Anwendungsszenario
dezentrales DNS (siehe Abschnitt 5.6.1) einerseits unterschiedliche Typen von Datensätzen (*Resource Record Types*) unter einem Namen abgelegt werden. Andererseits
müssen für bestimmte Typen (zum Beispiel *MX Records*) auch mehrere alternative
Datensätze unter dem gleichen Schlüssel und mit gleichem Typ hinterlegt werden
können.

Um dieses Anwendungsszenario zu unterstützen, gehört zu jedem Datensatz zusätzlich zum Schlüssel k der *Typ t* sowie eine *Kennung i*. Für jedes Tupel *(k, t, i)* darf
maximal ein Datensatz abgelegt werden. Ein Datensatz kann somit anhand dieses

Tupels eindeutig identifiziert werden. Für die Bestimmung des Ablageorts ist jedoch nur der Schlüssel *k* relevant.

Mit den Feldern *kind* und *id* in einer *GetCall*-Nachricht kann die Anfrage auf Datensätze mit einem bestimmten Typ *t* und einer bestimmten Kennung *i* eingeschränkt werden. Die Konstante 0 bedeutet jeweils, dass alle Datensätze unabhängig vom Typ bzw. von der Kennung zurückgeliefert werden sollen. Für das in Abschnitt 8.6 beschriebene Verfahren zur Kontingentierung der Datenablage werden spezielle *Kontingentierungsdatensätze* in der DHT abgelegt, die als Typ die Konstante 1 verwenden.

Die Definition weiterer Konstanten erfolgt abhängig vom gewählten Anwendungsszenario und muss für dieses einheitlich festgelegt werden. Für das Szenario *dezentrale IP-Telefonie* wird für jeden Schlüssel nur ein Datensatz erlaubt. Es wird vorgeschlagen für den Typ und die Kennung jeweils die Konstante 2 zu verwendet. Für das Szenario *dezentrales DNS* wird vorgeschlagen, die bereits von der *IANA*[2] vergebenen Konstanten für *DNS Resource Record Types* weiterzuverwenden. Um eine Kollision mit den bereits definierten Typen zu vermeiden, wird jedoch ein fester Offset von 2 verwendet.

Das Feld *hash* gibt schließlich an, ob der vollständige Datensatz oder nur ein Hashwert über diesen zurückgeliefert werden soll. Da für einen Mehrheitsentscheid grundsätzlich alle *s* Replikate abgefragt werden, ist es für größere Datensätze effizienter, zunächst nur jeweils die Hashwerte anzufordern. Auf diesen kann dann zuerst der Mehrheitsentscheid durchgeführt werden und danach von *einem* der Knoten der vollständige Datensatz abgerufen werden.

8.2.1.2 GetResponse

Eine *GetResponse*-Nachricht ist die Antwort auf eine *GetCall*-Nachricht. Sie enthält eine Liste von Datensätzen, die bezüglich *Schlüssel*, *Typ* und *Kennung* mit der Anfrage übereinstimmen. Die Nachricht besteht nur aus dem Feld *result*, das eine Liste von Datensätzen repräsentiert:

```
packet GetResponse extends BaseRpcMessage
{
        DhtRecord result[];
}
```

Der Datentyp *DhtRecord* hat den folgenden Aufbau:

```
class DhtRecord
{
        OverlayKey key;
        uint32_t kind;      /* Typ */
        uint32_t id;        /* Kennung */
```

---

[2]Die *Internet Assigned Numbers Authority (IANA)* ist eine Organisation, die unter anderem für die Vergabe von Konstanten zur Verwendung in Internet-Protokollen zuständig ist.

```
BinaryValue value;    /* Wert */
uint32_t seqNo;       /* Sequenznummer */
uint32_t ttl;         /* Lebenszeit */
OverlayKey ownerNodeId;
BinaryValue recordPubKey;
BinaryValue recordEncSecKey;
}
```

Die Felder *key*, *kind* und *id* geben jeweils den Schlüssel, den Typ und die Kennung des Datensatzes an und werden verwendet, um einen Datensatz eindeutig zu identifizieren. Das Feld *value* enthält entweder den Wert des Datensatzes oder, falls in der *GetCall*-Nachricht das Flag *hash* gesetzt wurde, den Hashwert über den Wert des Datensatzes.

Das Feld *seqNo* enthält eine fortlaufende Sequenznummer für diesen Eintrag. Bei jeder Aktualisierung des Datensatzes wird diese vom Eigentümer des Datensatzes erhöht. Die Sequenznummer dient zum Schutz vor *Replay-Angriffen* und wird in Abschnitt 8.3 näher beschrieben. Die verbleibende Lebenszeit des Datensatzes in Sekunden wird im Feld *ttl* übertragen. Das Feld *ownerNodeId* enthält die NodeID des Datensatzeigentümers.

Schließlich enthält das Feld *recordPubKey* den öffentlichen ECDSA-Schlüssel zu diesem Eintrag. Nur der Besitzer des zugehörigen geheimen Schlüssels ist berechtigt, den Datensatz zu verändern. Der geheime Schlüssel kann optional zusammen mit dem Datensatz *verschlüsselt* in der DHT abgelegt werden. In diesem Fall wird der geheime Schlüssel im Feld *recordEncSecKey* zurückgeliefert. Die optionale Ablage des geheimen Schlüssels in der DHT wird benötigt, falls ein Nutzer einen Namen registrieren möchte, aber selbst nicht am Overlay teilnehmen kann (zum Beispiel aufgrund Ressourcenbeschränkungen auf einem mobilen Endgerät). Das zugehörige Verfahren wird in Abschnitt 8.3 beschrieben.

Der Nachrichtenkopf *BaseRpcMessage* enthält, wie bereits in Abschnitt 7.2.1 beschrieben wurde, einen *AuthBlock*, der zur Authentifizierung empfangener Nachrichten verwendet wird. Gemäß dem in Abschnitt 7.4 beschriebenen Authentifizierungsverfahren werden Nachrichten mit ungültiger Signatur oder ungültigem Nonce vom Empfänger verworfen.

8.2.1.3 PutCall

Eine *PutCall*-Nachricht wird verwendet, um einen oder mehrere Datensätze in der DHT *abzulegen*, zu *modifizieren* oder zu *löschen*. Gleichzeitig wird diese Nachricht zur *Datenwartung* in dynamischen Netzen mit dem in Abschnitt 8.5 beschriebenen Verfahren eingesetzt.

```
packet PutCall extends BaseRpcMessage
{
        bool maintenance;
        DhtRecord records[];
}
```

Falls das Flag *maintenance* gesetzt ist, handelt es sich um eine Nachricht zur *Daten-wartung*. Das bedeutet, dass einer der Replikationsknoten mit dem in Abschnitt 8.5 beschriebenen Verfahren einen Datensatz auf einen neuen Replikationsknoten trans-feriert, da sich die Zuständigkeit aufgrund von Knotenfluktuation geändert hat.

Falls das Flag nicht gesetzt ist, dient die Nachricht zur Modifikation eines Datensatzes durch den Eigentümer. Das Feld *records* enthält eine Liste von Datensätzen mit dem bereits in Abschnitt 8.2.1.2 beschriebenen Datentyp *DhtRecord*.

Sofern ein Datensatz bereits existiert und der Absender einer *PutCall*-Nachricht zur Änderung des Datensatzes berechtigt ist, wird dieser durch eine *PutCall*-Nachricht überschrieben. Zum *Löschen* eines Datensatzes wird eine *PutCall*-Nachricht mit *leerem*[3] *value*-Feld verwendet.

In Abschnitt 7.4 wurde gezeigt, dass eine *BaseCallMessage* in der Regel nicht zur Authentifizierung eines Knotens geeignet ist, da kein Schutz vor *Replay-Angriffen* besteht. *PutCall*-Nachrichten können jedoch zur Authentifizierung verwendet werden, da in diesen jeder Datensatz mit einer *Sequenznummer* verknüpft ist und somit *Replay-Angriffe* verhindert werden. Aus diesem Grund enthält eine *PutCall*-Nachricht im Nachrichtenkopf einen *AuthBlock*, wie er sonst nur bei *BaseResponseMessages* verwendet wird.

Gemäß dem in Abschnitt 7.4 beschriebenen Authentifizierungsverfahren, werden Nachrichten mit ungültiger Signatur oder ungültigem Nonce verworfen.

8.2.1.4   PutResponse

Eine *PutResponse*-Nachricht wird als Empfangsbestätigung auf eine *PutCall*-Nach-richt versendet.

```
packet PutResponse extends BaseRpcMessage
{
    bool success;
}
```

Außer dem Nachrichtenkopf ist nur ein zusätzliches Flag *success* enthalten, das angibt, ob die Datenablage erfolgreich war.

8.3   Datenablage mit Berechtigungsprüfung

Jedem in der DHT abgelegten Datensatz $\mathcal{D}$ ist ein öffentlicher ECDSA-Schlüssel $k_{pub,\mathcal{D}}$ zugeordnet. Eine Modifikation des Datensatzes durch eine *PutCall*-Nachricht wird nur gestattet, falls die Nachricht eine gültige Signatur enthält, die mit dem zugehörigen geheimen Schlüssel $k_{priv,\mathcal{D}}$ erstellt wurde.

Sofern ein Knoten A selbst am Overlay teilnimmt und einen Datensatz $\mathcal{D}$ in der DHT ablegen möchte, kann Knoten A als öffentlichen Schlüssel $k_{pub,\mathcal{D}}$ den, an die eigene

---

[3]Ein *value*-Feld der Länge 0.

NodeID geknüpften, öffentlichen Schlüssel $k_{pub,A}$ verwenden. Dieser wird auch sonst zur Authentifizierung des Knotens verwendet.

Für das in Abschnitt 5.4 beschriebene Anwendungsszenario bei dem ein unmodifizierter *SIP User Agent U* über einen vom Provider gestellten *P2PSIP-Proxy P* einen Namen registrieren kann, ist dieses Verfahren jedoch ungeeignet. In diesem Fall würde der Name an den öffentlichen Schlüssel $k_{pub,P}$ gebunden werden. Somit könnte ein Nutzer den verwendeten Proxy nicht mehr ohne weiteres wechseln. Ein unmodifizierter *SIP User Agent* unterstützt zudem keine Erstellung von ECDSA-Signaturen, die eine Bindung des Namens an einen vom *SIP User Agent* erstellten Schlüssel ermöglichen würde.

Daher bietet die DHT-Komponente auch die Möglichkeit, einen Namen mit Hilfe eines einfachen Passworts zu registrieren und vor Modifikation zu schützen. Der Ablauf zur Ablage oder zur Modifikation eines passwortgeschützten Datensatzes $\mathscr{D}$ in der DHT ist wie folgt:

1. Stelle die Menge der Siblings $\mathscr{S}$ für den Schlüssel k durch einen Lookup über die KBR-Komponente fest.

2. Sende an alle s Knoten aus $\mathscr{S}$ eine *GetCall*-Nachricht.

3. Warte so lange auf eingehende *GetResponse*-Nachrichten, bis $\lceil \frac{s+1}{2} \rceil$ gleiche Datensätze $\mathscr{D}_i$ eingegangen sind.

4a. Falls mit dem vorherigen Schritt kein Datensatz $\mathscr{D}$ aufgefunden wurde, erstelle ein neues ECDSA-Schlüsselpaar $(k_{pub,\mathscr{D}}, k_{priv,\mathscr{D}})$ und verschlüssele den geheimen Schlüssel mit Passwort $k_{pass,\mathscr{D}}$.

4b. Anderenfalls entschlüssele den im Datensatz $\mathscr{D}$ enthaltenen geheimen Schlüssel $k_{priv,\mathscr{D}}$ mit dem Passwort $k_{pass,\mathscr{D}}$.

5. Sende an alle s Knoten aus $\mathscr{S}$ eine *PutCall*-Nachricht. Diese enthalten den neuen Datensatz $\mathscr{D}_{i+1}$ mit einer zu $\mathscr{D}_i$ inkrementierten Sequenznummer $i+1$ und dem mit $k_{pass,\mathscr{D}}$ verschlüsselten geheimen Schlüssel $k_{priv,\mathscr{D}}$. Die Nachricht enthält zudem eine mit dem geheimen Schlüssel $k_{priv,\mathscr{D}}$ erstellte Signatur.

6. Die Empfänger der *PutCall*-Nachrichten stellen fest, ob lokal bereits ein Datensatz $\mathscr{D}$ unter dem Schlüssel k vorhanden ist. In diesem Fall wird überprüft, ob der in der Nachricht enthaltene Datensatz $\mathscr{D}_{i+1}$ eine höhere Sequenznummer als $\mathscr{D}$ aufweist und die Nachricht eine gültige Signatur mit dem Schlüssel $k_{pub,\mathscr{D}}$ enthält. Sofern die Überprüfung erfolgreich ausfällt oder unter dem Schlüssel bisher kein Datensatz gespeichert wurde, wird der Datensatz $\mathscr{D}_{i+1}$ lokal gespeichert.

8.4   Replikation

Um die Modifikation von in der DHT abgelegten Daten durch bösartige Knoten zu erschweren, wird der gleiche Datensatz auf mehreren Knoten repliziert. Für die bisherige Protokollbeschreibung wurde davon ausgegangen, dass die Replikation eines Datensatzes auf den entsprechenden Siblings erfolgt. In diesem Abschnitt werden nun alternative *Replikationsverfahren* untersucht, die sich ebenfalls für die Erbringung eines sicheren Namensdienstes eignen können. Dies beinhaltet insbesondere die Auswahl geeigneter *Ablageorte* für die Replikate. Der Aspekt der *sicheren Datenwartung*, d.h. der Aufrechterhaltung einer ausreichend hohen Anzahl an Replikaten in Netzen mit Knotenfluktuation und bösartigen Knoten, wird hingegen erst in Abschnitt 8.5 beschrieben.

Im Folgenden wird der Begriff *Auffindungswahrscheinlichkeit* verwendet, um in einem Netz mit Angreifern die Wahrscheinlichkeit für die *erfolgreiche* Auffindung eines Datensatzes zu bezeichnen, der in der DHT abgelegt wurde.

8.4.1   Anforderungen an ein Replikationsverfahren

Damit ein zuverlässiger und effizienter Namensdienst erbracht werden kann, muss ein Replikationsverfahren die folgenden Anforderungen erfüllen:

Gleichwertige Replikate   Verschiedene Ansätze (u.a. [38][85]) sehen eine Unterscheidung zwischen einem *hauptverantwortlichen Knoten* und mehreren *untergeordneten Replikationsknoten* vor. Bei diesen Ansätzen ist nur der hauptverantwortliche Knoten für die Datenwartung verantwortlich. Dies stellt ein Sicherheitsrisiko dar, da ein *einzelner* bösartiger Knoten somit die vollständige Kontrolle über alle Datensätze besitzt, für die er hauptverantwortlich ist. In dieser Arbeit soll daher die Replikation und Datenwartung von *allen zuständigen Knoten* gemeinsam und gleichverantwortlich übernommen werden.

Eindeutige Zuständigkeit   Für jeden Datensatz muss eindeutig eine Menge von Knoten bestimmt werden können, die für die Speicherung des Datensatzes verantwortlich sind. Bei *DHash* [17] und *Kademlia* [85] ist dies beispielsweise nicht gegeben, da dort zur Lastverteilung häufig abgefragte Datensätze auf einer nicht beschränkten Menge an Knoten zwischengespeichert werden. In diesem Fall kann ein bösartiger Knoten selbst für Datensätze, die nicht in seinen direkten Verantwortungsbereich fallen, ungültige Werte zurückliefern.

Wahrnehmung von Knotenfluktuation   Um in Szenarien mit Knotenfluktuation eine effiziente und sichere Datenwartung zu ermöglichen, müssen *alle* Knoten, die ein Replikat eines Datensatzes speichern, erkennen, falls sich die Zuständigkeit für den Datensatz aufgrund von Knotenfluktuation ändert. Die Knoten können daraufhin entsprechende Datenwartungsmaßnahmen eingeleitet.

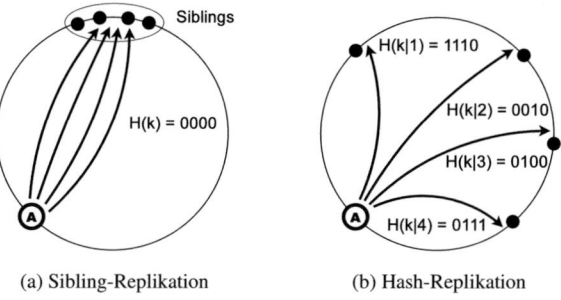

(a) Sibling-Replikation   (b) Hash-Replikation

Abbildung 8.1   Sibling-Replikation und Hash-Replikation

8.4.2   Replikationsvarianten

Im Folgenden werden eine Reihe möglicher Replikationsvarianten vorgestellt und hinsichtlich Effizienz und Sicherheit miteinander verglichen. Die analytische Abschätzung der jeweiligen Auffindungswahrscheinlichkeit wird in Abschnitt 8.7.1 bei den Evaluierungsergebnissen des DHT-Protokolls präsentiert.

8.4.2.1   Sibling-Replikation

Eine häufig vorgeschlagene Variante (u.a. in [150][38][85]) zur Replikation eines Datensatzes $\mathscr{D}$ mit Schlüssel $k_\mathscr{D}$ ist die Ablage auf den s nächsten Knoten zum Hashwert des Schlüssel $H(k_\mathscr{D})$. Für die Darstellung der Hashwerte wird im Folgenden die Binärschreibweise verwendet. Abbildung 8.1a zeigt ein Beispiel für diese Variante mit $H(k_\mathscr{D}) = 0000$ und $s = 4$. Die Darstellung in Kreisform steht symbolisch für den Schlüsselraum $\mathbb{Z}_{2^i}$ und impliziert in diesem Fall keine bestimmte Overlay-Topologie oder Distanzmetrik.

Damit diese Replikationsvariante die oben genannten Anforderungen erfüllt, muss die Nachbarschaftstabelle der KBR-Komponente der bereits in Abschnitt 5.1 definierten *Sibling*-Eigenschaft genügen. Das bedeutet, dass ein Knoten X, der sich unter den nächsten s Knoten zu einem Schlüssel k befindet, durch seine Nachbarschaftstabelle stets auch alle weiteren $s - 1$ nächsten Knoten kennt. Diese Anforderung wird zwar von Kademlia [85], jedoch nicht von der unidirektionalen Ringmetrik von Chord [150] oder der *Common-API*-Schnittstelle [38] erfüllt.

Durch die Sibling-Eigenschaft kann ein Knoten anhand seiner lokalen Nachbarschaftstabelle jederzeit effizient feststellen

- ob er zu den nächsten s Knoten für einen Schlüssel k gehört,

- welches in diesem Fall die weiteren $s - 1$ Knoten sind und

- ob sich die Zuständigkeit für einen Datensatz durch Knotenfluktuation geändert hat.

Im Gegensatz zu dem in [85] für Kademlia beschriebenen Verfahren dürfen Datensätze jedoch, außer auf den Siblings, nicht auf weiteren Knoten zwischengespeichert werden, um somit die Datenauffindung zu beschleunigen. Anderenfalls würde die Anforderung der *eindeutigen Zuständigkeit* verletzt werden.

Das Auffinden aller Replikationsknoten kann bei dieser Variante durch einen einzelnen Lookup erfolgen. Zur Erhöhung der Lookup-Erfolgswahrscheinlichkeit kann das in Abschnitt 7.5.1 beschriebene Lookup-Verfahren über d disjunkte Pfade verwendet werden. Die Berechnung der theoretischen Auffindungswahrscheinlichkeit bei Verwendung der Sibling-Replikation wird in Abschnitt 8.7.1 dargestellt.

8.4.2.2 Hash-Replikation

Eine Alternative zur Replikation auf benachbarten Knoten stellt die Streuung der Replikate über den gesamten Schlüsselraum dar. Dies kann, wie in Abbildung 8.1b dargestellt, durch Konkatenation des Schlüssels k mit einem fortlaufenden Replikatindex i erreicht werden. Der Ablageort ergibt sich durch die Anwendung einer Hashfunktion $H()$ zu $H(k|i)$.

Durch die Streuung der Replikate im Schlüsselraum können die Replikate bei Verwendung eines einfachen *Greedy*-Verfahrens zur Wegewahl mit hoher Wahrscheinlichkeit über disjunkte Pfade erreicht werden, ohne dass das in Abschnitt 7.5.1 beschriebene iterative Lookup-Verfahren verwendet werden muss. Daher eignet sich die Hash-Replikation im Gegensatz zur Sibling-Replikation insbesondere in Kombination mit *rekursiven Lookups*. Bei diesen kann der Lookup-Initiator keinen Einfluss auf den Lookup-Verlauf nehmen und hat somit, außer bei der Verwendung geeigneter Ablageorte, keine Möglichkeit, disjunkte Pfade zu erzwingen.

Die Auffindungswahrscheinlichkeit ist für die gleiche Anzahl an Replikaten s gegenüber der *Sibling-Replikation* mit iterativen Lookups über s disjunkte Pfade jedoch deutlich geringer. Für die Hash-Replikation mit rekursivem Routing ergeben sich mit s Replikaten zwar mit hoher Wahrscheinlichkeit ebenfalls s disjunkte Pfade. Allerdings steht *pro Replikat* nur ein Pfad zur Verfügung, während bei der *Sibling-Replikation* für *jedes Replikat s* Pfade zur Verfügung stehen (von denen nur *einer* aus gutartigen Knoten bestehen muss). Die Berechnung der Auffindungswahrscheinlichkeit erfolgt in Abschnitt 8.7.1.

Des Weiteren können die beiden Anforderungen *eindeutige Zuständigkeit* und *Wahrnehmung von Knotenfluktuation* mit der *Hash-Replikation* nicht effizient umgesetzt werden. Im Gegensatz zur Sibling-Replikation, bei der nur die Knoten aus der direkten Nachbarschaft für die Replikation zuständig sind, kommt bei dieser Variante abhängig vom Schlüssel potentiell jeder Knoten aus dem gesamten Netz als Replikationsknoten in Betracht. Zudem ist für jeden Schlüssel eine andere Menge von Replikationsknoten zuständig. Um die Menge der zuständigen Knoten festzustellen und um eine Änderung durch Knotenfluktuation zu erkennen, muss für jeden

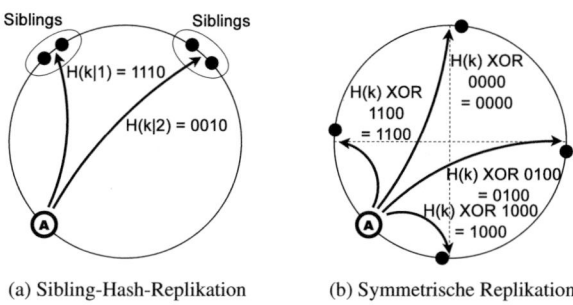

(a) Sibling-Hash-Replikation   (b) Symmetrische Replikation

Abbildung 8.2 Sibling-Hash-Replikation und symmetrische Replikation

lokal gespeicherten Datensatz periodisch ein Lookup durchgeführt werden. Dadurch entsteht ein hoher Kommunikationsaufwand.

8.4.2.3 Sibling-Hash-Replikation

Um den hohen Kommunikationsaufwand, der für die Datenwartung bei der *Hash-Replikation* entsteht, einzuschränken, ist eine Kombination von *Sibling-Replikation* und *Hash-Replikation* denkbar. Dazu werden, wie in Abbildung 8.2a dargestellt, die Datensätze zunächst durch Anwendung einer Hashfunktion auf die *Konkatenation des Schlüssels k mit einem fortlaufenden Replikatindex i* gestreut im Schlüsselraum abgelegt. An jedem Ablageort werden die Datensätze *zusätzlich* auf mehreren nächstgelegenen Knoten repliziert.

Somit kann die Datenwartung wie der bei *Sibling-Replikation* für jede Replikationsgruppe lokal erfolgen. Zusätzlich sind wie bei der *Hash-Replikation* die Pfade bei der Verwendung eines einfachen rekursiven Lookup-Verfahrens für verschiedene Replikationsgruppen mit hoher Wahrscheinlichkeit disjunkt. Die Auffindungswahrscheinlichkeit ist jedoch bei gleicher Anzahl an Replikaten geringer als bei der *Sibling-Replikation*: Zum einen stehen für die sichere Datenwartung innerhalb einer Replikationsgruppe weniger Replikate für die Durchführung eines Mehrheitsentscheids zur Verfügung. Zum anderen wird, wie bei der *Hash-Replikation* mit *rekursiven Lookups*, pro Replikat nur ein Pfad verwendet.

8.4.2.4 Symmetrische Replikation

Eine weitere Alternative, den hohen Kommunikationsaufwand für die Datenwartung mit gestreuten Replikaten zu beschränken, wird in [55] vorgeschlagen. Anstatt die Replikate mittels einer Hashfunktion im Schlüsselraum zu verteilen, werden diese bei der *symmetrischen Replikation* wie in Abbildung 8.2b dargestellt äquidistant durch Anwendung einer XOR-Operation verteilt. Als Eingabe für die XOR-Operation werden der Schlüssel k des Datensatzes, der Replikatindex i, die Schlüssellänge n

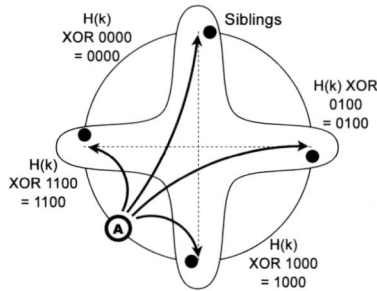

Abbildung 8.3 Symmetrische Replikation mit erweiterter Nachbarschaftstabelle

und die Anzahl der Replikate s verwendet. Der Schlüssel k_i für das i-te Replikat ergibt sich dann mit:

$$k_i := k \oplus \frac{i \cdot 2^n}{s} \text{ mit } i = 0, \ldots, s - 1 \qquad (8.1)$$

Gegenüber der *Hash-Replikation* ergeben sich zwei Vorteile. Zum einen ist der Abstand zwischen den Ablageorten der Replikate durch die angegebene Konstruktionsvorschrift jeweils maximal[4]. Zum anderen werden alle Datensätze eines Knotens in die gleichen $s - 1$ Schlüsselbereiche repliziert. Somit sind unabhängig von der Anzahl der abgelegten Datensätzen nur $s - 1$ Lookups erforderlich, um alle zuständigen Replikationsknoten aufzufinden und gegebenenfalls Änderungen durch Knotenfluktuation zu detektieren. Die Auffindungswahrscheinlichkeit bei Verwendung von rekursiven Lookups entspricht dem der Hash-Replikation.

8.4.2.5 Symmetrische Replikation mit erweiterter Nachbarschaftstabelle

Im Folgenden wird eine Erweiterung der *symmetrischen Replikation* vorgeschlagen, die geeignet ist, in Kombination mit rekursiven Lookups die gleiche Auffindungswahrscheinlichkeit zu erzielen, wie bei Verwendung der *Sibling-Replikation* mit iterativen Lookups und disjunkten Pfaden. Dadurch könnte der Aufwand für die Implementierung des komplexen iterativen Lookup-Verfahrens mit disjunkten Pfaden vermieden werden.

Die Ablageorte k_i für die s Replikate eines Schlüssels k sind bei dieser Variante identisch wie bei der bereits beschriebenen *symmetrischen Replikation*. Zusätzlich verwaltet ein Knoten A mit NodeID id_A wie in Abbildung 8.3 dargestellt eine Nachbarschaftstabelle mit $\delta \cdot s$ Knoten. Die Nachbarschaftstabelle enthält die jeweils δ nächsten Knoten zu den folgenden Schlüsseln $k_{A,i}$:

$$k_{A,i} := id_A \oplus \frac{i \cdot 2^n}{s} \text{ mit } i = 0, \ldots, s - 1 \qquad (8.2)$$

---

[4]Durch die XOR-Operation werden zunächst die höchstwertigsten Bits eines Schlüssels gekippt.

Die Konstante δ wird so gewählt, dass ein Knoten A mit hoher Wahrscheinlichkeit für jeden Schlüssel k, der in seinen Zuständigkeitsbereich fällt, alle weiteren $s - 1$ Replikationsknoten in seiner Nachbarschaftstabelle gespeichert hat. Die Abschätzung eines geeigneten δ kann analog zu den bereits in Abschnitt 6.2.3.1 dargestellten Überlegungen zur Größe der Nachbarschaftstabelle bei Kademlia erfolgen.

Damit die gleiche Auffindungswahrscheinlichkeit wie für die *Sibling-Replikation* mit iterativen Lookups erreicht wird, werden zur Auffindung eines Datensatzes $\mathscr{D}$ mit Schlüssel k zunächst s parallele rekursive Lookups zu den Schlüssel k_i durchgeführt. Solange *mindestens einer* der s Pfade nur aus gutartigen Knoten besteht, werden dadurch alle s Replikationsknoten aufgefunden. In einem zweiten Schritt werden alle s Replikationsknoten nach dem Datensatz $\mathscr{D}$ abgefragt und ein Mehrheitsentscheid durchgeführt.

8.4.2.6 Wahl des Replikationsverfahrens

Die höchste Auffindungswahrscheinlichkeit wird mit den Replikationsverfahren *Sibling-Replikation* und *symmetrischer Replikation mit erweiterter Nachbarschaftstabelle* erzielt (siehe Evaluierung in Abschnitt 8.7.1). Mit beiden Varianten werden zudem die in Abschnitt 8.4.1 aufgestellten Anforderungen an ein geeignetes Replikationsverfahren erfüllt.

Die *symmetrische Replikation mit erweiterter Nachbarschaftstabelle* lässt sich gut mit rekursiven Lookups kombinieren. Dadurch kann der Implementierungsaufwand für das komplexere iterative Lookup-Verfahren eingespart werden. Im Gegenzug ist jedoch der Implementierungsaufwand zur Wartung der erweiterten Nachbarschaftstabelle höher. Außerdem muss im Vergleich zur *Sibling-Replikation* eine größere Nachbarschaftstabelle gewartet werden, wodurch ein höherer Kommunikationsaufwand entsteht.

Aus diesen Gründen wird als bevorzugtes Replikationsverfahren für den Namensdienst die Verwendung der *Sibling-Replikation* in Kombination mit *iterativen Lookups über disjunkte Pfade* vorgeschlagen.

8.5 Datenwartung

Durch Knotenfluktuation kann sich die Zuständigkeit eines Knotens für einen Datensatz $\mathscr{D}$ ändern. Sobald ein Knoten J dem Overlay *beitritt*, müssen alle Knoten, die momentan für die Speicherung des Datensatzes $\mathscr{D}$ zuständig sind, überprüfen, ob J zu den nächsten s Knoten zum Schlüssel von $\mathscr{D}$ gehört und gegebenenfalls den Datensatz $\mathscr{D}$ an J übertragen. In diesem Fall verliert einer der bisherigen Replikationsknoten die Zuständigkeit für $\mathscr{D}$.

Sobald ein Knoten L, der für die Speicherung des Datensatzes $\mathscr{D}$ zuständig ist, das Netz *verlässt*, müssen die weiteren $s - 1$ Replikationsknoten ebenfalls die Übertragung des Datensatzes $\mathscr{D}$ an denjenigen Knoten E veranlassen, der nach dem Netzaustritt von L als Replikationsknoten für $\mathscr{D}$ nachrückt.

procedure A.update$(X, joined)$
1: **for all** $\mathscr{D} \in \mathscr{M}$ **do**
2:    $\mathscr{S} \leftarrow$ local_lookup$(k_{\mathscr{D}}, s)$
3:    **if** $joined =$ true **then**
4:       // Knoten X ist dem Netz beigetreten
5:       **if** $d(id_X, k_{\mathscr{D}}) \leq d(id_{\mathscr{S}[|\mathscr{S}|]}, k_{\mathscr{D}})$ **then**
6:          X.put$(\mathscr{D})$
7:       **end if**
8:       **if** $d(id_A, k_{\mathscr{D}}) \leq d(id_{\mathscr{S}[|\mathscr{S}|]}, k_{\mathscr{D}})$ **then**
9:          $\mathscr{M} \leftarrow \mathscr{M} \setminus \{\mathscr{D}\}$
10:      **end if**
11:   **else**
12:      // Knoten X hat das Netz verlassen
13:      **if** $d(id_X, k_{\mathscr{D}}) < d(id_{\mathscr{S}[|\mathscr{S}|]}, k_{\mathscr{D}})$ **then**
14:         $\mathscr{S}[|\mathscr{S}|]$.put$(\mathscr{D}, A)$
15:      **end if**
16:   **end if**
17: **end for**

procedure A.put$(\mathscr{D}, R)$
1: $\mathscr{S} \leftarrow$ local_lookup$(k_{\mathscr{D}}, s)$
2: **if** $(\mathscr{D} \notin \mathscr{M}) \wedge (A \in \mathscr{S}) \wedge (R \in \mathscr{S})$ **then**
3:    $\mathscr{T} \leftarrow \mathscr{T} \cup \{(\mathscr{D}, R)\}$
4:    $\mathscr{J} \leftarrow$ majorityDecision$(\mathscr{T}, s)$
5:    **if** $\mathscr{J} \neq \emptyset$ **then**
6:       $\mathscr{M} \leftarrow \mathscr{M} \cup \mathscr{J}$
7:    **end if**
8: **end if**

Algorithmus 8.1 Algorithmus zur sicheren Datenwartung

Durch diesen Ansatz ist der Eigentümer eines Datensatzes nicht an der Datenwartung beteiligt. Bei einem Ausfall des Eigentümerknotens bleibt der Datensatz somit auch in Netzen mit Knotenfluktuation erhalten.

Algorithmus 8.1 zeigt den Mechanismus zur sicheren Datenwartung durch Verwendung von Mehrheitsentscheiden im Pseudocode. Die Methode *update(X, joined)* wird von der KBR-Komponente aufgerufen, sobald erkannt wird, dass Knoten X dem Netz beigetreten ist oder das Netz verlassen hat. Bei einem Aufruf von *update()* auf Knoten A wird für jeden Datensatz $\mathscr{D}$ aus der Menge aller lokal gespeicherten Datensätze $\mathscr{M}$ zunächst die nach dem Schlüssel $k_{\mathscr{D}}$ geordnete Menge der s Replikationsknoten $\mathscr{S}$ bestimmt (Zeile 2). Im Folgenden wird mit der Schreibweise $\mathscr{S}[i]$ auf das i-te Element der geordneten Menge $\mathscr{S}$ verwiesen.

Falls Knoten X dem Netz beigetreten ist, werden die Zeilen 5-9 des Algorithmus ausgeführt. Zunächst wird in Zeile 5 anhand der Distanzfunktion $d(x, y)$ geprüft, ob der neu beigetretene Knoten X aufgrund seiner NodeID zu den nächsten s Knoten

| Schlüssel | Hashwert über den Datensatz | | | Mehrheitsentscheid |
	1	2	3	
6343	1423 (02)	5434 (03)	-	Unentschieden
8132	∅ (05)	9058 (02)	-	Gespeichert: ∅
9152	5433 (02)	5344 (02)	5433 (04)	Gespeichert: 5433

Tabelle 8.1 Beispiel für einen Mehrheitsentscheid mit $s = 7$ Replikaten

für den Datensatz $\mathscr{D}$ gehört. In diesem Fall wird der Datensatz $\mathscr{D}$ mit einer *PutCall*-Nachricht an X gesendet. Zusätzlich wird in Zeile 8 geprüft, ob Knoten A trotz des Beitritts von Knoten X weiterhin für die Speicherung von $\mathscr{D}$ zuständig ist. Falls nicht, wird der Datensatz aus dem lokalen Speicher entfernt.

Falls Knoten X hingegen das Netz verlassen hat, wird in Zeile 13 überprüft, ob X näher am Schlüssel $k_{\mathscr{D}}$ lag, als der jetzt entfernteste der s Replikationsknoten. In diesem Fall war X einer der Replikationsknoten für $\mathscr{D}$, so dass der Datensatz an den neuen Replikationsknoten $\mathscr{S}[|\mathscr{S}|]$ gesendet werden muss.

Sobald ein Knoten A eine *PutCall*-Nachricht zur Datenwartung empfängt, wird die in Algorithmus 8.1 dargestellte Methode $put(\mathscr{D}, \mathscr{R})$ mit Datensatz $\mathscr{D}$ und Absender R aufgerufen. Knoten A überprüft daraufhin, dass

- der Datensatz $\mathscr{D}$ nicht bereits in der Menge der lokal gespeicherten Datensätze $\mathscr{M}$ vorhanden ist,

- der Datensatz in den Zuständigkeitsbereich von Knoten A fällt und

- der Absenderknoten R ebenfalls zuständig für die Speicherung von $\mathscr{D}$ ist.

Sofern alle Bedingungen erfüllt sind, wird der Datensatz als Tupel $(\mathscr{D}, R)$ der temporäreren Menge aller neuen Datensatzkandidaten $\mathscr{R}$ hinzugefügt (Zeile 3). Daraufhin wird überprüft, ob sich in der Menge $\mathscr{R}$ zu einem Schlüssel mehr als $\frac{s}{2}$ gleiche Datensätze befinden.

Tabelle 8.1 zeigt ein Beispiel für einen solchen Mehrheitsentscheid. Für jeden Schlüssel ist dargestellt, welche Hashwerte für diesen bereits empfangen wurden. In Klammern ist die Anzahl der Replikationsknoten angegeben, die diesen Hashwert geliefert haben. Für das Beispiel werden $s = 7$ Replikate verwendet, sodass eine Mehrheit ab 4 gleichen Hashwerten erreicht wird. Der Hashwert, welcher durch den Mehrheitsentscheid ausgewählt wurde, ist in der Tabelle fettgedruckt.

Falls der Mehrheitsentscheid erfolgreich ist, wird der entsprechende Datensatz $\mathscr{J}$ zu der Menge aller lokal gespeicherten Datensätze hinzugefügt und damit die Datenwartung erfolgreich abgeschlossen.

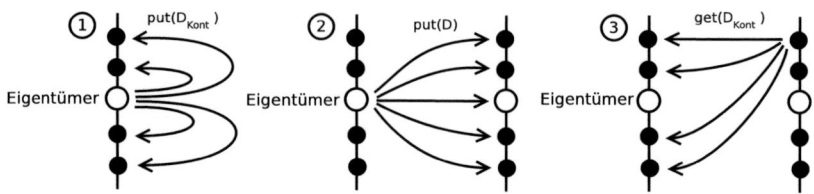

Abbildung 8.4 Kontingentierungsverfahren zur Beschränkung der Datenablage

8.6 Kontingentierung der Datenablage

Für jeden in der DHT abgelegten Datensatz entstehen Kosten in Form von Kommunikations- und Rechenaufwand. In Netzen mit Knotenfluktuation verursacht vor allem die Datenwartung einen hohen Kommunikationsaufwand. Daher wird die Anzahl der Datensätze, die von einem Knoten in der DHT abgelegt werden können beschränkt. So wird verhindert, dass ein Angreifer durch die Ablage einer großen Anzahl an Datensätzen einen Denial-of-Service-Angriff durchführen kann.

Zur Beschränkung der Datenablage wurde das in Abbildung 8.4 dargestellte *Kontingentierungsverfahren* entworfen. Damit ein Knoten A einen neuen Datensatz $\mathscr{D}$ unter dem Schlüssel $k_{\mathscr{D}}$ in der DHT ablegen darf, muss dieser im ersten Schritt die Datenablage bei den $s - 1$ nächsten Knoten zur eigenen NodeID id_A durch die Ablage eines *Kontingentierungsdatensatzes* $\mathscr{D}_{Kont}$ beantragen. Dieser enthält als *Schlüssel* die NodeID von Knoten A und als *Wert* den Schlüssel $k_{\mathscr{D}}$ des neuen Datensatzes. Da der Kontingentierungsdatensatz den Schlüssel id_A besitzt, und somit Knoten A und seine $s - 1$ Nachbarn die Replikationsknoten für den Datensatz.

Sobald A die Ablage eines neuen Datensatzes beantragt, wird von jedem der $s - 1$ Nachbarknoten lokal überprüft, ob die maximal erlaubte Anzahl an Datensätzen l für Knoten A noch nicht erreicht wurde. Im zweiten Schritt sendet Knoten A den Datensatz $\mathscr{D}$ an alle s Replikationsknoten für den Schlüssel $k_{\mathscr{D}}$. Diese überprüfen daraufhin im dritten Schritt, ob auf der Mehrheit der $s - 1$ Nachbarknoten von A ein passender Kontingentierungsdatensatz vorhanden ist und legen nach erfolgreicher Prüfung $\mathscr{D}$ lokal im Speicher ab.

Das Kontingentierungsverfahren kann ohne zusätzliche Nachrichtentypen mit den bereits beschriebenen Nachrichten zur Datenablage und Datenauffindung umgesetzt werden. Zur Ablage eines Datensatzes $\mathscr{D}$ unter dem Schlüssel $k_{\mathscr{D}}$ durch Knoten A wird der folgende Algorithmus eingesetzt:

1. Knoten A sendet jeweils eine *PutCall*-Nachricht mit dem Kontingentierungsdatensatz $\mathscr{D}_{Kont}$ an seine $s - 1$ Nachbarknoten N_i. Der *Kontingentierungsdatensatz* $\mathscr{D}_{Kont}$ enthält als Schlüssel id_A, als Typ die Konstante 1 und als Wert $k_{\mathscr{D}}$.

2. Jeder der Nachbarknoten N_i überprüft, ob die maximale Anzahl an Kontingentierungsdatensätzen l unter dem Schlüssel id_A noch nicht erreicht wurde und speichert in diesem Fall $\mathscr{D}_{Kont}$ lokal.

3. Knoten A löst das unten beschriebene Kryptopuzzle und legt den Datensatz $\mathscr{D}$ mit dem in Abschnitt 8.3 beschriebenen Verfahren auf den s Replikationsknoten R_i ab.

4. Jeder der Replikationsknoten R_i prüft zunächst die Lösung des Kryptopuzzles und führt eine reguläre Datenauffindung mit Mehrheitsentscheid nach dem Kontingentierungsdatensatz $\mathscr{D}_{\text{Kont}}$ mit Schlüssel id_A durch. Falls ein zu $\mathscr{D}$ passender Kontingentierungsdatensatz mit Wert $k_{\mathscr{D}}$ aufgefunden wird, erfolgt die lokale Speicherung von $\mathscr{D}$.

Der Kontingentierungsdatensatz wird wie ein regulärer Datensatz auf s Knoten repliziert und bleibt durch den Datenwartungsmechanismus auch in Netzen mit Knotenfluktuation erhalten.

Zur Ablage eines neuen Datensatzes $\mathscr{D}$ durch Knoten A wird die Lösung des folgenden Kryptopuzzles gefordert: Finde ein o, so dass die höchstwertigsten c_{puzzle} Bit von $H(k_{\mathscr{D}}|o)$ mit id_A übereinstimmen. Die Puzzlekomplexität c_{puzzle} wird so gewählt, dass ein Nutzer mit durchschnittlichen Ressourcen das Puzzle in ≈ 60 s lösen kann. Die Berechnung von c_{puzzle} kann analog zu den in Abschnitt 7.3.2.1 dargestellten Überlegungen erfolgen.

Durch das Kryptopuzzle wird verhindert, dass ein Angreifer M einen Denial-of-Service-Angriff auf das Verfahren durchführen kann. Für jede von einem Angreifer versendete *PutCall*-Nachricht an einen Knoten B muss dieser eine aufwändige Datenauffindung des Kontingentierungsdatensatzes mit Mehrheitsentscheid durchführen. Durch das Kryptopuzzle entsteht jedoch beim Angreifer M ebenfalls Rechenaufwand, wodurch die Rate von *PutCall*-Nachrichten eingeschränkt wird.

Das Kryptopuzzle bietet zusätzlich Schutz vor einem weiteren Angriff. Falls ein bösartiger Knoten M von Knoten A eine *PutCall*-Nachricht erhält, mit der Knoten A einen neuen Datensatz $\mathscr{D}_A$ ablegen möchte, kann Knoten M versuchen, einen eigenen Datensatz $\mathscr{D}_M$ unter dem selben Schlüssel k abzulegen. Sofern es Knoten M gelingt, den eigenen Datensatz auf $\lceil \frac{s-1}{2} \rceil$ weiteren Replikationsknoten abzulegen, *bevor* diese von A die Aufforderung zur Datenablage erhalten, ist Knoten M somit Eigentümer für den Datensatz unter Schlüssel k, und die Datenablage von A schlägt fehl.

Durch das Kryptopuzzle wird dieser Angriff wirksam unterbunden, da Knoten M zunächst das Kryptopuzzle für seine eigene NodeID id_M lösen muss, bevor er den eigenen Datensatz $\mathscr{D}_M$ ablegen kann. Somit steht Knoten A ausreichend Zeit zur Verfügung, alle s Replikationsknoten zu kontaktieren, um dort als Erster den Datensatz $\mathscr{D}_A$ abzulegen.

8.7 Evaluierung

Zur Evaluierung der Sicherheit des DHT-Protokolls werden zunächst mögliche Angriffe auf die Bereiche *Datenauffindung*, *Datenablage* und *Datenwartung* identifiziert. Auf Basis dieser Analyse wird im Simulator ein Angreifer modelliert und dessen Einfluss auf die DHT-Komponente untersucht.

8.7.1 Angriffe auf die Datenauffindung

Für die erfolgreiche Auffindung eines Datensatzes $\mathscr{D}$ mit Schlüssel $k_{\mathscr{D}}$ durch Knoten A müssen zwei Bedingungen erfüllt sein:

- Durch einen Lookup müssen mindestens $\lceil \frac{s+1}{2} \rceil$ gültige Replikationsknoten R_i aufgefunden werden können.

- Mindestens $\lceil \frac{s+1}{2} \rceil$ der Replikationsknoten R_i müssen gutartig sein und den Datensatz $\mathscr{D}$ lokal gespeichert haben.

Eine Sicherheitsanalyse für das Lookup-Verfahren wurde bereits in Abschnitt 7.7 durchgeführt. Im Hinblick auf Angriffe durch die Replikationsknoten können folgende Fälle unterschieden werden:

- Der Angreifer M sendet unaufgefordert eine *GetResponse*-Nachricht an Knoten A ohne zuvor eine entsprechende *GetCall*-Nachricht erhalten zu haben. Alternativ kann der Angreifer M auch eine an Knoten B gerichtete *GetCall*-Nachricht abhören und entweder eine *GetResponse*-Nachricht mit passendem *Nonce* und Signatur von M erzeugen oder eine *GetResponse*-Nachricht versenden, die M zu einem früheren Zeitpunkt von Knoten B mitgehört hat (*Replay-Angriff*).

  Solche Nachrichten werden von Knoten A umgehend verworfen, da sie im Nachrichtenkopf entweder

  - keine gültige Signatur enthalten oder
  - keinen *Nonce* enthalten, der auf eine ausstehende Anfrage passt oder
  - eine gültige Signatur und einen passenden *Nonce* enthalten, aber die NodeID des Absenders nicht mit der angefragten NodeID übereinstimmt.

- Der Angreifer M hat eine *GetCall*-Nachricht erhalten und sendet eine *GetResponse*-Nachricht mit einem ungültigen Datensatz $\mathscr{D}_M$. Ein Datensatz ist ungültig, sobald er sich in mindestens einem der Felder des Datensatzes (z.B. Typ, Wert oder Eigentümer) vom ursprünglich abgelegten Datensatz $\mathscr{D}$ unterscheidet. Alternativ kann M auch gar keine Antwort senden. Sofern mindestens $\lceil \frac{s+1}{2} \rceil$ der Replikationsknoten gutartig sind und den richtigen Datensatz $\mathscr{D}_M$ zurückliefern, werden alle ungültigen Datensätze durch den Mehrheitsentscheid erkannt und verworfen.

Der Fall, dass Angreifer M eine *GetCall*-Nachricht erhalten hat und eine *GetResponse*-Nachricht mit einem ungültigen Datensatz $\mathscr{D}_M$ sendet, obwohl M nicht für Schlüssel $k_{\mathscr{D}}$ zuständig ist, kann per Definition nicht auftreten, da von einem *erfolgreichen* Lookup nur *gültige* Replikationsknoten zurückgeliefert werden.

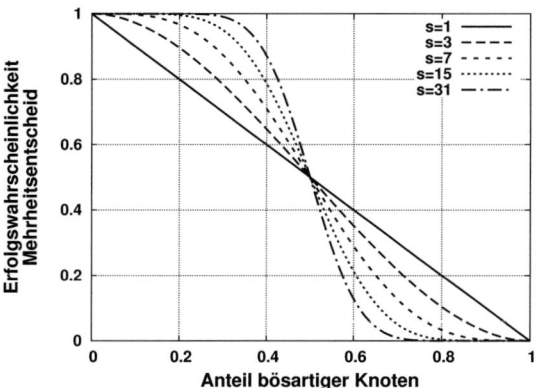

Abbildung 8.5 Theoretische Wahrscheinlichkeit für einen erfolgreichen Mehrheitsentscheid bei s Replikaten

8.7.1.1 Analytische Sicherheitsabschätzung zur Datenauffindung

Die Wahrscheinlichkeit, dass bei einem Mehrheitsentscheid unter s Replikaten bei
einem Anteil von m bösartigen Knoten die richtigen Daten gefunden werden, beträgt:

$$p_{\text{mehrheit}}(m,s) = \sum_{i=\lfloor \frac{s}{2} \rfloor}^{s} \binom{s}{i} m^{s-i}(1-m)^{i} \tag{8.3}$$

Diese Wahrscheinlichkeit für einen Mehrheitsentscheid ist in Abbildung 8.5 für
unterschiedliche s dargestellt.

Bei Verwendung der *symmetrischen Replikation mit erweiterter Nachbarschaftstabelle* und bei Verwendung der *Sibling-Replikation mit disjunkten Pfaden* müssen
für eine erfolgreiche Datenauffindung mindestens ein Pfad sowie die Mehrheit der
Replikationsknoten gutartig sein. Mit der Wahrscheinlichkeit für einen erfolgreichen
Lookup mit d disjunkten Pfaden und einer durchschnittlichen Pfadlänge h (siehe
Formel 7.3 auf Seite 140) ergibt sich somit die folgende Gesamtwahrscheinlichkeit
für eine erfolgreiche Datenauffindung:

$$p_{\text{total,sibRep}}(m,d,s) = \left(1 - \left(1-(1-m)^{h}\right)^{d}\right) \cdot \sum_{i=\lfloor \frac{s}{2} \rfloor}^{s} \binom{s}{i} m^{s-i}(1-m)^{i} \tag{8.4}$$

Während die Wahrscheinlichkeit für einen erfolgreichen Mehrheitsentscheid unabhängig von der Netzgröße ist, fließt für die Gesamtwahrscheinlichkeit einer erfolgreichen
Datenauffindung die durchschnittliche Pfadlänge und damit die Netzgröße mit ein.

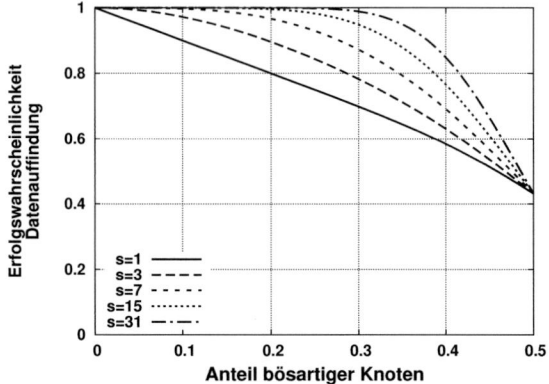

Abbildung 8.6 Theoretische Wahrscheinlichkeit für eine erfolgreiche Datenauffindung bei s Replikaten und $d = 15$ disjunkten Pfaden bei $N = 10\,000$ Knoten

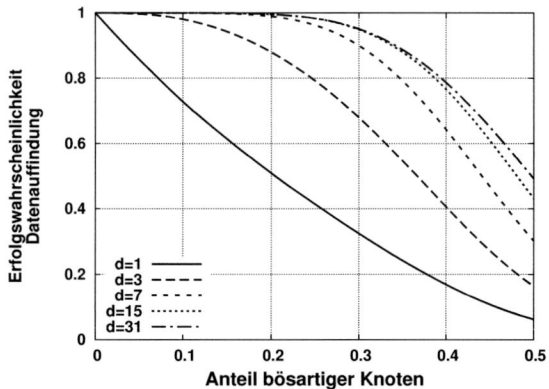

Abbildung 8.7 Theoretische Wahrscheinlichkeit für eine erfolgreiche Datenauffindung bei d disjunkten Pfaden und $s = 15$ Replikaten bei $N = 10\,000$ Knoten

Für ein Netz mit 10.000 Knoten wurde in Abschnitt 7.5.1.1 für Kademlia mit $k = 40$ eine durchschnittliche Pfadlänge von $h \approx 3{,}01$ ermittelt. Somit ergeben sich die in Abbildung 8.6 dargestellten Wahrscheinlichkeiten für eine erfolgreiche Datenauffindung abhängig von s bei $d = 15$ disjunkten Pfaden. Mit $s = 31$ Replikaten lässt sich so beispielsweise mit 30% bösartigen Knoten noch eine Erfolgswahrscheinlichkeit von $\approx 98{,}9\%$ erzielen.

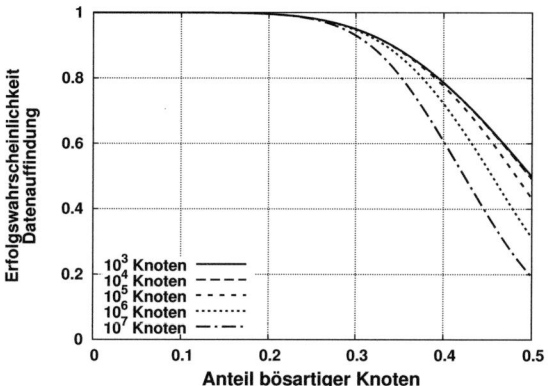

Abbildung 8.8 Wahrscheinlichkeit für eine erfolgreiche Datenauffindung abhängig von der Netzgröße bei $s = 15$ Replikaten und $d = 15$ disjunkten Pfaden

In Abbildung 8.7 ist der Einfluss der Anzahl disjunkter Pfade d bei einer festen Anzahl von $s = 15$ Replikaten dargestellt. Hier wird ersichtlich, dass durch die Verwendung disjunkter Pfade die Wahrscheinlichkeit einer erfolgreichen Datenauffindung signifikant gesteigert werden kann. Während für einen Pfad bei 20% bösartiger Knoten nur $\approx 50{,}9\%$ aller Datenauffindungen erfolgreich sind, können mit $d = 7$ Pfaden bereits $\approx 98{,}9\%$ erzielt werden.

In Abbildung 8.8 ist dargestellt, wie durch längere Pfade in größeren Netzen bei $s = 15$ Replikaten und $d = 15$ disjunkten Pfaden die Wahrscheinlichkeit für eine erfolgreiche Datenauffindung sinkt. Für ein großes Netz mit 10^7 Knoten sind dennoch mit einem Anteil von 20% bösartigen Knoten noch $\approx 98{,}5\%$ aller Datenauffindungen erfolgreich. Für noch größere Netze kann außerdem, wie bereits in Abschnitt 7.5.1.1 beschrieben, durch eine Erhöhung der Parameter k und d der KBR-Komponente die Auffindungswahrscheinlichkeit nach Bedarf angepasst werden.

Wird statt der *Sibling-Replikation* die *Hash-Replikation* oder die *symmetrische Replikation ohne erweiterte Nachbarschaftstabelle* verwendet, muss die *Mehrheit* der s Pfade einschließlich der Replikationsknoten gutartig sein. Somit ergibt sich für diese Replikationsvarianten die folgende Gesamtwahrscheinlichkeit für eine erfolgreiche Datenauffindung:

$$p_{\text{total,hashRep}}(m, s) = \sum_{i=\lfloor \frac{s}{2} \rfloor}^{s} \binom{s}{i} \left(1 - (1 - m)^h\right)^{s-i} \left(1 - m\right)^{h \cdot i} \tag{8.5}$$

Wie aus Abbildung 8.9 ersichtlich wird, ergibt sich mit diesen Replikationsvarianten insbesondere in größeren Netzen eine signifikant niedrigere Erfolgswahrscheinlich-

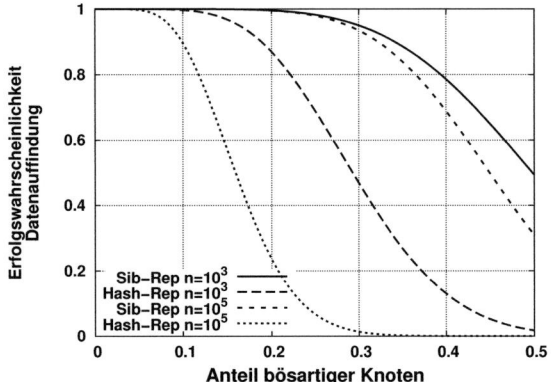

Abbildung 8.9 Wahrscheinlichkeit für eine erfolgreiche Datenauffindung abhängig vom Replikationsverfahren bei $s = 15$ Replikaten und $d = 15$ disjunkten Pfaden

keit als bei der *Sibling-Replikation* mit disjunkten Pfaden. Dies zeigt zudem, dass durch die in Abschnitt 8.4.2.5 vorgeschlagene erweiterte Nachbarschaftstabelle die Auffindungswahrscheinlichkeit für rekursives Routing bei Verwendung der *symmetrischen Replikation* deutlich verbessert werden kann[5].

8.7.2 Angriffe auf die Datenablage

Bezüglich Angriffen auf die Datenablage muss unterschieden werden, ob der Knoten, der einen Datensatz ablegen möchte, oder der Knoten, *auf dem* ein Datensatz abgelegt werden soll, bösartig ist.

Für den letzteren Fall gilt, dass es für die Verfügbarkeit eines Datensatzes keinen Unterschied macht, ob sich der bösartige Replikationsknoten bei der Aufforderung zur Datenablage nicht protokollkonform verhält und den Datensatz nicht korrekt speichert, oder ob er erst bei der Datenauffindung einen ungültigen oder keinen Datensatz zurückliefert. Solange sich mindestens $\lceil \frac{s+1}{2} \rceil$ Replikationsknoten protokollkonform verhalten, kann dennoch der richtige Datensatz aufgefunden werden.

Für den anderen Fall, dass ein bösartiger Knoten M versucht durch das Ablegen eines Datensatzes einen *Denial-of-Service-Angriff* durchzuführen, gibt es zwei Möglichkeiten:

- Einerseits kann der Angreifer M versuchen, eine große Menge an Datensätzen abzulegen und damit einen hohen Kommunikationsaufwand für die Datenwar-

---

[5]In Abschnitt 8.4.2.5 wurde erläutert, warum mit einer *erweiterten Nachbarschaftstabelle* die Auffindungswahrscheinlichkeit der *Sibling-Replikation* erzielt werden kann.

tung zu erzeugen. Durch das in Abschnitt 8.6 beschriebene Kontingentierungs-verfahren wird die Zahl der Datensätze, die ein einzelner Knoten ablegen kann, jedoch beschränkt, so dass dieser Angriff wirkungsvoll unterbunden wird.

- Andererseits kann der Angreifer M durch die Versendung einer großen Anzahl an *PutCall*-Nachrichten den Empfänger E der Nachrichten dazu veranlassen, einen Kontingentierungsdatensatz aufzufinden. Durch diesen Vorgang werden bei Empfänger E Kommunikations- und Rechenaufwand erzeugt. Da Angreifer M jedoch für jede *PutCall*-Nachricht ein Kryptopuzzle lösen muss, entsteht dadurch auch beim Angreifer ein hoher Ressourcenverbrauch, der die Rate zur Versendung von *PutCall*-Nachrichten beschränkt.

8.7.3 Angriffe auf die Datenwartung

Bezüglich Angriffen auf die Datenwartung können die folgenden Fälle unterschieden werden:

- Der Angreifer M sendet eine *PutCall*-Nachricht mit Datensatz $\mathscr{D}$ an einen Knoten A, obwohl A nicht für die Ablage von $\mathscr{D}$ zuständig ist. In diesem Fall erkennt A, dass er nicht zu den s nächsten Knoten zum Schlüssel $k_{\mathscr{D}}$ gehört und verwirft die *PutCall*-Nachricht.

- Der Angreifer M sendet eine *PutCall*-Nachricht mit Datensatz $\mathscr{D}$ an einen Knoten A, obwohl M nicht für die Ablage von $\mathscr{D}$ zuständig ist. In diesem Fall erkennt A, dass M nicht zu den s nächsten Knoten zum Schlüssel $k_{\mathscr{D}}$ gehört und verwirft die *PutCall*-Nachricht ebenfalls.

- Der Angreifer M sendet eine *PutCall*-Nachricht mit Datensatz $\mathscr{D}_M$ an einen Knoten A, obwohl ein solcher Datensatz zuvor nicht in der DHT abgelegt wurde. Alternativ sendet der Angreifer M den Datensatz $\mathscr{D}_M$, obwohl eigentlich ein anderer Datensatz $\mathscr{D}$ abgelegt wurde. Solange mindestens $\lceil \frac{s+1}{2} \rceil$ der Replikationsknoten gutartig sind, wird für den Datensatz $\mathscr{D}_M$ keine Mehrheit erreicht und dieser verworfen.

- Der Angreifer M sendet *keine PutCall*-Nachricht an einen neu beigetretenen Knoten A, obwohl ein Datensatz $\mathscr{D}$ in der DHT abgelegt wurde und in den Zuständigkeitsbereich von A und M fällt. Solange mindestens $\lceil \frac{s+1}{2} \rceil$ der Replikationsknoten gutartig sind, kann Knoten A über einen Mehrheitsentscheid den Datensatz $\mathscr{D}$ dennoch rekonstruieren und somit ein korrektes Replikat speichern.

Zusammengefasst ist die Datenwartung stets dann erfolgreich, wenn mindestens $\lceil \frac{s+1}{2} \rceil$ der Replikationsknoten gutartig sind. Im Gegensatz zur Erfolgswahrschein-lichkeit für die Datenauffindung ist die Wahrscheinlichkeit für eine erfolgreiche Datenwartung also unabhängig von der Netzgröße.

8.7.4 Evaluierung durch Simulation von Angriffen

Für die Evaluierung der DHT-Komponente wurde diese vollständig für OverSim implementiert. In OverSim wird zudem das folgende *Angreiferverhalten* modelliert, das aufgrund der bereits dargelegten Analyse möglicher Angriffe geeignet ist, die Auffindung eines abgelegten Datensatzes zu verhindern und zugleich die Eigentumsrechte das Datensatzes auf den Angreifer zu übertragen. Sofern der Anteil bösartiger Knoten nicht ausreicht, um die Auffindung eines abgelegten Datensatzes zu verhindern, soll durch den Angriff zumindest die Auffindung verzögert werden.

Dazu führt ein Angreifer den bereits in Abschnitt 7.7.1 beschriebenen *InvalidNodes*-Angriff auf das Lookup-Verfahren durch. Zusätzlich liefert ein Angreifer auf eine *GetCall*-Nachricht stets einen modifizierten Datensatz $\mathscr{D}_M$ zurück, der sich sowohl im Wert als auch im Eigentümer von dem ursprünglich abgelegten Datensatz $\mathscr{D}$ unterscheidet (*InvalidData*-Angriff). Alle Angreifer kooperieren und liefern den gleichen modifizierten Datensatz $\mathscr{D}_M$ zurück, um dadurch den Mehrheitsentscheid zu beeinflussen. Zusätzlich zum Angriff auf die Datenauffindung wird der modifizierte Datensatz $\mathscr{D}_M$ von bösartigen Knoten auch bei der Datenwartung verbreitet (*Maintenance*-Angriff).

Als Anwendungsszenario kommt wieder das in Abschnitt 6.4 beschriebene Standardszenario mit 10.000 Knoten und einer Weibull-verteilten Session-Zeit mit einem Mittelwert von 10.000 s zur Anwendung. Auf jedem Knoten läuft eine Testanwendung, die in einem normalverteilten Intervall mit einem Erwartungswert von 20 s und einer Standardabweichung von 2 s zufällig entweder einen neuen Datensatz ablegt, oder einen bereits hinterlegten Datensatz verändert oder einen zufälligen Datensatz auffindet. Eine Datenauffindung gilt als erfolgreich, wenn der zuletzt abgelegte Wert für diesen Datensatz aufgefunden wird. Jeder Datensatz besitzt eine Lebenszeit von 300 s, womit sich eine durchschnittliche Anzahl von 50.000 gleichzeitig hinterlegten Datensätzen ergibt.

Für die KBR-Komponente werden die in Abschnitt 6.5.5 ermittelten Protokollparameter verwendet. Die iterativen Lookups werden mit $d = 15$ disjunkten Pfaden durchgeführt und als Bucket-Größe wird $k = 40$ verwendet. In den Schaubildern sind jeweils die Mittelwerte und 95%-Konfidenzintervalle aus jeweils 3 Läufen mit unterschiedlichen Seeds abgebildet. Der Anteil bösartiger Knoten wird im Bereich 0% - 50% variiert.

Abbildung 8.10 zeigt den Anteil erfolgreicher Datenauffindungen abhängig von der Anzahl an Replikaten s. Da sich die Modifikation und Auffindung des gleichen Datensatzes zeitlich überschneiden können, schlägt auch ohne bösartige Knoten eine geringe Anzahl an Datenauffindungen fehl, indem ein veralteter Datensatz zurückgeliefert wird. Ohne bösartigen Knoten ergibt sich damit unabhängig von s eine Erfolgsrate von $\approx 99,3\%$.

Wie anhand der analytischen Vorüberlegungen zu erwarten ist, kann durch eine größere Anzahl an Replikaten die Erfolgswahrscheinlichkeit in Netzen mit bösartigen

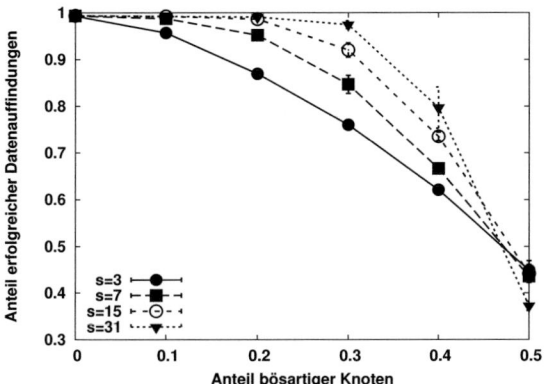

Abbildung 8.10 Anteil erfolgreicher Datenauffindungen abhängig von s bei $d = 15$ und $k = 40$

Knoten deutlich verbessert werden. Während diese für $s = 3$ Replikate mit 20% bösartigen Knoten nur $\approx 87\%$ beträgt, kann mit $s = 15$ Replikaten eine Erfolgswahrscheinlichkeit von $\approx 98{,}8\%$ erzielt werden. Mit $s = 31$ Replikaten sind selbst mit 30% bösartigen Knoten noch $\approx 97{,}3\%$ aller Datenauffindungen erfolgreich. Diese Ergebnisse sind trotz Knotenfluktuation und zusätzlichem Angriff auf die Datenwartung nur geringfügig schlechter, als die Ergebnisse der analytischen Abschätzung aus Abschnitt 8.7.1.1.

In Abbildung 8.11 ist der Einfluss von s auf die Latenz erfolgreicher Datenauffindungen dargestellt. Ohne bösartige Knoten lassen sich durch eine größere Anzahl an Replikaten geringere Latenzen erzielen. Dies liegt daran, dass bei nur 3 Replikaten auf die Antworten von $\approx 67\%$ aller gefragten Knoten (= 2 Antworten) gewartet werden muss, während es bei 31 Replikaten nur $\approx 52\%$ (= 15 Antworten) sind.

Mit steigendem Anteil bösartiger Knoten nimmt auch die benötigte Latenz zu. Dies liegt einerseits daran, dass durch den *InvalidNodes*-Angriff während des Lookups vermehrt Zeitüberschreitungen auftreten. Andererseits kann der Mehrheitsentscheid für die Datenauffindung bei einem geringeren Anteil bösartiger Knoten vorzeitig abgeschlossen werden, bevor alle s Antworten eingetroffen sind. Dennoch können selbst bei 20% bösartiger Knoten Datensätze in durchschnittlich $\approx 2{,}3$ s aufgefunden werden. Zusätzlich zeigt sich der Effekt, dass die Datenauffindung bei einem hohen Anteil bösartiger Knoten mit weniger Replikaten eine geringere Latenz benötigt als mit einer größeren Anzahl an Replikaten. Dies liegt daran, dass für eine große Anzahl an Replikaten die Wahrscheinlichkeit größer ist, dass *mindestens einer* der Replikationsknoten ausgefallen ist und daher eine Zeitüberschreitung abgewartet werden muss, wodurch sich eine höhere Latenz ergibt.

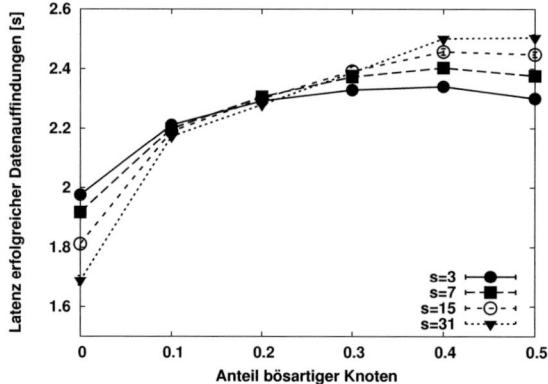

Abbildung 8.11 Latenz erfolgreicher Datenauffindungen abhängig von s bei $d = 15$
und $k = 40$

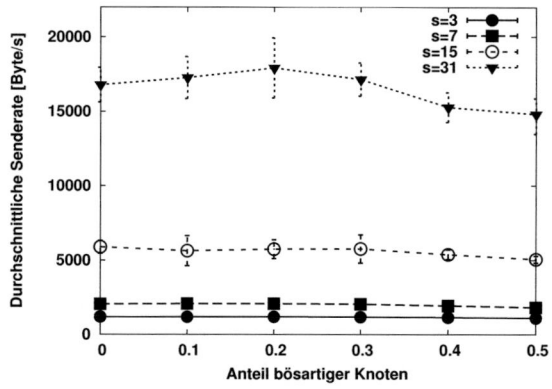

Abbildung 8.12 Durchschnittliche Senderate abhängig von s bei $d = 15$ und $k = 40$

In Abbildung 8.12 ist schließlich der erforderliche Kommunikationsaufwand abhängig von der Anzahl an Replikaten dargestellt. Die Ergebnisse verdeutlichen, dass der Sicherheitsgewinn, der durch eine höhere Anzahl an Replikaten erzielt werden kann, einen signifikant höheren Kommunikationsaufwand erfordert. So werden für $s = 3$ Replikate lediglich $\approx 1,2$ KByte/s benötigt, während mit $s = 31$ Replikaten ein Kommunikationsaufwand von ≈ 17 KByte/s entsteht. Dies ist naheliegend, weil sowohl für Datenablage, Datenauffindung und Datenwartung stets ein Vielfaches an Datensätzen übertragen werden muss.

8.8 Zusammenfassung

In diesem Kapitel wurde das Protokoll für die DHT-Komponente des Namensdienstes spezifiziert, welches die sichere, dezentrale Namensablage im Overlay ermöglicht.

Ein wesentlicher Aspekt der entworfenen Sicherheitsmechanismen für die DHT-Komponente ist die *Replikation* der gespeicherten Namen auf im Overlay benachbarten Knoten (sog. *Siblings*) sowie die Verwendung von *Mehrheitsentscheiden* zur Plausibilitätsüberprüfung. Diese werden auch für das entworfene Verfahren zur sicheren *Datenwartung* verwendet.

Anhand analytischer Überlegungen wurden verschiedene *Replikationsvarianten* hinsichtlich Auffindungswahrscheinlichkeit und Signalisierungsaufwand miteinander vergleichen. Beispielsweise wurde gezeigt, dass durch Replikation auf benachbarten Knoten in Kombination mit iterativen Lookups über disjunkte Pfade der Signalisierungsverkehr für die Datenwartung im Fall von Knotenausfällen im Vergleich zur Replikation auf Knoten ohne Nachbarschaftsbeziehung deutlich reduziert werden kann. Gleichzeitig wird eine hohe Auffindungswahrscheinlichkeit erzielt. Des Weiteren wurde eine Replikationsvariante vorgeschlagen, die durch Verwendung einer *erweiterten Nachbarschaftstabelle* auch in Kombination mit rekursiven Lookups eine sichere und effiziente Datenablage ermöglicht.

Durch eine Sicherheitsanalyse wurden zwei Angriffe auf das Protokoll der DHT-Komponente identifiziert und für OverSim implementiert. Anhand von Simulationen in Netzen mit 10.000 Knoten konnte gezeigt werden, dass die entworfenen Verfahren zur *Datenauffindung* und *Datenwartung* auch in Netzen mit Knotenfluktuation einen sicheren Dienst ermöglichen. So können im untersuchten Szenario beispielsweise durch $s = 15$ Replikate bei 20% bösartiger Knoten noch $\approx 97,3\%$ aller Datensätze erfolgreich aufgefunden werden.

9. Autokonfiguration

Der in dieser Arbeit entwickelte Namensdienst soll in der Praxis möglichst einfach und ohne manuellen Konfigurationsaufwand eingesetzt werden können. Ein Problem stellt dabei der automatische Netzbeitritt (*Bootstrapping*) ohne manuelle Konfiguration dar, sofern keine Infrastrukturkomponenten zur Verfügung stehen, die zur Auffindung weiterer Overlay-Teilnehmer genutzt werden können.

Ein weiterer Aspekt, der im heutigen Internet die Nutzung von Peer-to-Peer-Anwendungen erschwert, ist die zunehmende Verbreitung von *NAT-Routern (Network Address Translation)*. Diese schränken die Möglichkeit zur direkten Kommunikation zwischen Overlay-Teilnehmern oft stark ein. Für die meisten Peer-to-Peer-Anwendungen ist daher heutzutage eine aufwändige manuelle Konfiguration des NAT-Routers durch den Benutzer erforderlich. In vielen Fällen hat der Nutzer zudem gar keinen Zugriff auf die Konfigurationseinstellungen des NAT-Routers (z.B. bei der Nutzung von WLAN Hotspots).

Für beide Aspekte werden im Folgenden Lösungsvorschläge erbracht, die eine einfache Nutzung des Namensdienstes möglichst ohne manuelle Konfiguration durch den Nutzer erlauben sollen.

9.1 Netzbeitritt

Damit ein Knoten dem Overlay-Netz beitreten kann, muss mindestens ein weiterer Overlay-Knoten ermittelt werden, der bereits erfolgreich am Netz teilnimmt. Die effiziente Auffindung eines Bootstrap-Knotens in vollständig dezentralen Netzen stellt ein bislang ungelöstes Problem dar. Das hier vorgeschlagene Konzept bietet für dieses Problem ebenfalls keine umfassende Lösung. Dennoch kann durch Kombination einer Reihe bekannter Ansätze für die meisten Anwendungsszenarien ein automatischer Netzbeitritt ermöglicht werden.

Für das Netzbeitrittsverfahren verwaltet Knoten A eine Liste potentieller Bootstrap-Knoten B_i in der Form von *(IP-Adresse, UDP-Port)*-Tupeln. Die Liste wird durch Kombination der folgenden Verfahren mit Bootstrap-Knoten gefüllt:

DNS-SD Sofern eine DNS-Infrastruktur vorhanden ist, kann diese zur Auffindung von Bootstrap-Knoten verwendet werden. Dazu wird das *Zeroconf-Protokoll DNS-SD* [32] verwendet. Ein typisches Szenario für diese Bootstrap-Variante ist der Betrieb einer Reihe von Overlay-Knoten durch einen Netzbetreiber. Dieser trägt seine Knoten im DNS mit *SRV Records* ein und stellt diese dadurch seinen Nutzern als Bootstrap-Knoten zur Verfügung.

mDNS In Zugangsnetzen mit *Broadcast-Medium* oder Unterstützung von *IP-Multicast* kann das *Zeroconf-Protokoll mDNS* [33] verwendet werden, um Bootstrap-Knoten im lokalen Netz ohne weitere Infrastrukturkomponenten aufzufinden. Analog zu *DNS-SD* werden die Overlay-Knoten über *SRV Records* bekanntgemacht. Bei *mDNS* erfolgt die Verbreitung der *SRV Records* jedoch über *IP-Multicast-Nachrichten* anstelle von Nameserveranfragen.

Cache Sobald ein Overlay-Knoten das Netz verlässt, kann er alle Knoten, die sich zu diesem Zeitpunkt in seinen Overlay-Routingtabellen befinden, in einem lokalen Cache ablegen. Bei einem erneuten Netzbeitritt können die Knoten aus dem Cache als Bootstrap-Kandidaten verwendet werden. Die Erfolgswahrscheinlichkeit für diese Variante hängt von der Knotenfluktuationsrate des Netzes und der Zeit bis zum erneuten Netzbeitritt ab.

Random Address Probing Falls über keines der bisher genannten Verfahren ein Bootstrap-Knoten aufgefunden werden kann, wird durch Verwendung von *Random Address Probing* [43][70] durch Anfragen an zufällig ausgewählte IP-Adressen versucht einen bereits am Overlay teilnehmenden Knoten zu erkennen. Dieses Verfahren ist jedoch nur geeignet, falls der Namensdienst eine hohe Verbreitung hat und dadurch eine entsprechend hohe Wahrscheinlichkeit für die zufällige Auffindung eines weiteren Overlay-Knotens gegeben ist.

Um zu überprüfen, ob ein potentieller Bootstrap-Knoten B erreichbar ist, wird an diesen eine *PingCall*-Nachricht (siehe Abschnitt 7.2.1.3) gesendet. Sofern von B eine passende *PingResponse*-Nachricht mit gültiger Signatur empfangen wird, erfolgt der Netzbeitritt über B durch die KBR-Komponente. Anderenfalls wird das Verfahren mit dem nächsten Kandidaten aus der Liste wiederholt.

Der hier beschriebene Ansatz wurde im Rahmen von [168] implementiert sowie in einem lokalen Testbett erfolgreich getestet.

9.2 NAT-Traversal

Ein wesentlicher Grund für die zunehmende Verbreitung von NAT-Routern stellt die *Knappheit des IPv4-Adressraums* dar. Das häufigste Anwendungsszenario für die Verwendung eines NAT-Routers ist daher die Anbindung mehrerer Endgeräte mit *privaten IP-Adressen* [115] an das Internet unter Verwendung einer einzelnen *öffentlichen IP-Adresse*.

In diesem Szenario tauscht der NAT-Router für alle Pakete, die vom lokalen Netzwerk ins Internet gesendet werden, die private IP-Adresse durch die öffentliche IP-Adresse aus. Der NAT-Router verwaltet zudem für jede aktive Verbindung Zustandsinformationen, die eine Zuordnung eingehender Pakete erlauben. Für jedes aus dem Internet empfangene Paket erfolgt anhand dieser Zustandsinformationen ein Austausch der öffentlichen IP-Adresse im Empfängerfeld des Pakets durch die hinterlegte private IP-Adresse. Abhängig vom NAT-Typ wird zusätzlich zur IP-Adresse auch der UDP- und TCP-Port ausgetauscht.

9.2.1 Klassifikation von NATs

Da das Verhalten von NAT-Routern nicht standardisiert worden ist, existiert eine Vielzahl von NAT-Varianten. In [125] und [145] wird versucht diese anhand verschiedener Verhaltensweisen zu kategorisieren.

Für diese Arbeit sind die folgenden NAT-Varianten relevant:

Full cone NAT Sobald durch ein ausgehendes Paket eine Zuordnung von der internen Adresse $(ip_I, port_I)$ zu der externen Adresse $(ip_E, port_E)$ erstellt wurde, wird diese für alle weiteren Pakete beibehalten. Da diese Zuordnung unabhängig von der Zieladresse ist, wird diese NAT-Variante in [145] als *Endpoint-Independent Mapping with Endpoint-Independent Filtering* bezeichnet. Jedes Paket von einem externen Knoten an die externe Adresse $(ip_E, port_E)$ wird an die interne Adresse $(ip_I, port_I)$ weitergeleitet.

Restricted cone NAT Sobald durch ein ausgehendes Paket eine Zuordnung von der internen Adresse $(ip_I, port_I)$ zu der externen Adresse $(ip_E, port_E)$ erstellt wurde, wird diese, wie bei einem *Full cone NAT*, für alle weiteren Pakete beibehalten. Ein externer Knoten mit Adresse $(ip_Z, port_Z)$ kann nur dann über $(ip_E, port_E)$ an $(ip_I, port_I)$ Pakete schicken, falls von $(ip_I, port_I)$ zunächst ein Paket an $(ip_Z, port_Z)$ gesendet wurde. Diese Variante wird in [145] als *Endpoint-Independant-Mapping with Endpoint-Dependent Filtering* bezeichnet.

Symmetric NAT Für jedes ausgehende Paket wird abhängig von der Empfängeradresse $(ip_{Z_i}, port_{Z_i})$ eine Zuordnung von der internen Adresse $(ip_I, port_I)$ zu der externen Adresse $(ip_{EZ_i}, port_{EZ_i})$ erstellt. Für jede neue Empfängeradresse wird somit eine neue externe Absenderadresse verwendet. Ein externer Knoten mit Adresse $(ip_{Z_i}, port_{Z_i})$ kann nur dann über $(ip_{ZE_i}, port_{ZE_i})$ an $(ip_I, port_I)$

Pakete schicken, falls von $(ip_I, port_I)$ zunächst ein Paket an $(ip_{Z_i}, port_{Z_i})$ gesendet wurde. Diese Variante wird in [145] als *Endpoint-Dependant-Mapping with Endpoint-Dependent Filtering* bezeichnet und stellt die restriktivste NAT-Variante dar.

Für die folgende Beschreibung des Verfahrens wird für das Tupel (*private IP-Adresse, privater Port*) die Bezeichnung *Interface-Adresse* verwendet und das Tupel (*öffentliche IP-Adresse, öffentlicher Port*) als *reflexive Adresse* bezeichnet.

9.2.2   Existierende Lösungsansätze für NAT-Traversal

Innerhalb der IETF wurde eine Reihe von Protokollen und Verfahren vorgeschlagen, welche die Durchdringung von NATs ermöglichen sollen.

STUN   Das Protokoll *Simple Traversal of UDP through NATs (STUN)* [125][122] bietet die Möglichkeit über einen *STUN-Server* im Internet die *reflexive Adresse* eines Knotens zu ermitteln. Diese kann von der Anwendung an potentielle Kommunikationspartner verbreitet werden und ermöglicht so die Kommunikation über UDP für die NAT-Varianten *Full cone NAT* und *Restricted cone NAT*. Im Fall eines *Restricted cone NAT* muss zusätzlich das später beschriebene Verfahren *UDP Hole Punching* verwendet werden. Mit *symmetrischen NATs* funktioniert STUN nicht.

UDP Hole Punching   Um zwei Endgeräte, die sich beide hinter verschiedenen *Restricted cone NATs* befinden, den direkten Austausch von UDP-Pakete zu ermöglichen, kann *UDP Hole Punching* [49][145] verwendet werden. Bei diesem Verfahren müssen beide Endgeräte zunächst über einen Zwischenknoten mitgeteilt bekommen, dass ein Kommunikationswunsch besteht. Daraufhin beginnen beide Endgeräte gleichzeitig Pakete an die reflexive Adresse des jeweiligen Kommunikationspartners zu senden. Auf diese Weise werden in beiden NAT-Routern Filter-Einträge angelegt, die danach eine direkte Kommunikation zwischen den Endgeräten erlauben.

TURN   Das Protokoll *Traversal Using Relay NAT (TURN)* [121] wird in Kombination mit STUN verwendet und ermöglicht in Szenarien mit *symmetrischen NATs* die Kommunikation über einen *TURN-Relay-Server*. Da der komplette Datenverkehr zwischen zwei Endgeräten über den Relay-Server abgewickelt werden muss, ist diese Lösung sehr kommunikationsaufwändig.

ICE   Der Internet-Draft *Interactive Connectivity Establishment (ICE)* [120] schlägt die Kombination der Verfahren *STUN* und *TURN* vor. Bei ICE wird zunächst eine Reihe von potentiellen Adresskandidaten ermittelt. Durch verschiedene Konnektivitätsprüfungen wird dann versucht anhand der Adresskandidaten das effizienteste Verfahren zur Durchdringung des NATs zu ermitteln.

Die Verfahren *STUN* und *TURN* sind für den Einsatz im Namensdienst in unmodifizierter Form ungeeignet, da sie mit den *STUN-* und *TURN-Servern* Infrastrukturkomponenten voraussetzen. Ein entscheidender Nachteil von *ICE* stellen die aufwändigen Konnektivitätsprüfungen dar, die jeden neuen Verbindungsaufbau zeit- und kommunikationsaufwändig machen. Für das iterative Lookup-Verfahren der KBR-Komponente werden jedoch ständig Verbindungen zu neuen Overlay-Knoten aufgebaut, so dass *ICE* für die Verwendung im Namensdienst ebenfalls ungeeignet ist.

9.2.3 NAT-Traversal in P2PNS

Für den Namensdienst wurde daher ein neues NAT-Traversal-Verfahren entwickelt, das eine Kombination von *Source-Routing* und *UDP-Hole-Punching* verwendet.

Für die Beschreibung des Verfahrens wird die folgende Notation verwendet: *Overlay-Knoten* werden mit Großbuchstaben, die zugehörigen *Interface-Adressen* mit Kleinbuchstaben und die *reflexiven Adressen* mit Kleinbuchstaben und Index bezeichnet. In Szenarien mit mehrstufigen oder symmetrischen NATs besitzt ein Knoten mehrere reflexive Adressen, die durch einen fortlaufenden Index gekennzeichnet werden.

Das vorgeschlagene NAT-Traversal-Verfahren beruht auf den folgenden Konzepten:

- In jeder Overlay-Signalisierungsnachricht ist die *Interface-Adresse a* des Absenderknotens A enthalten[1].

- In den Routingtabellen der KBR-Komponente wird zu jedem Knoten A die *Source-Route* gespeichert, über die A kennen gelernt wurde.

- Jeder Empfänger E einer Nachricht von Knoten A prüft, ob sich die enthaltenen *Interface-Adresse a* von der *reflexiven Adresse* a_1 im IP-Paketkopf unterscheidet. In diesem Fall befindet sich Knoten A hinter einem NAT und die reflexive Adresse a_1 wird als solche mit einem Flag markiert sowie an die Source-Route angehängt.

- Jeder Empfänger E einer von einem Knoten B gesendeten Nachricht prüft zudem, ob es sich bei der letzten Adresse der Source-Route um eine reflexive Adresse handelt (also ob das entsprechende Flag gesetzt ist). Falls eine solche Adresse a_1 enthalten ist, wird die reflexive Adresse b_1 von Knoten B an die Source-Route angehängt, da B in diesem Fall ein Relay-Knoten für A ist.

- Sobald ein Knoten A eine Source-Route zu Knoten B kennen lernt, die kürzer ist als die momentan in der Routingtabelle hinterlegte Source-Route, wird die längere Source-Route durch die neue, kürzere Source-Route ersetzt.

---

[1]Die Interface-Adresse wird in der in Abschnitt 7.2.1 beschriebenen *BaseRpcMessage* im Feld *srcNode* übertragen.

- Möchte ein Knoten *A* eine Nachricht an Knoten *B* senden, wird die Nachricht über alle Zwischenknoten der in der Routingtabelle hinterlegten Source-Route gesendet. Gleichzeitig wird ein Duplikat der Nachricht mit einer Source-Route gesendet, die der Source-Route der ersten Nachricht gleicht, aber um den letzten Zwischenknoten gekürzt wurde. Falls sich *A* hinter einem *Restricted cone NAT* befindet, wird so eine Zuordnung für Knoten *A* im NAT-Router angelegt (*UDP-Hole-Punching*). Auf diese Weise kann die Source-Route schrittweise gekürzt werden. Falls die Source-Route nach drei Versuchen nicht weiter gekürzt werden konnte, wird angenommen, dass die NAT-Topologie keine weitere Kürzung der Source-Route erlaubt. Dies wird in der Routingtabelle markiert, so dass keine weiteren Duplikate versendet werden und somit unnötiger Kommunikationsaufwand eingespart wird.

- Anhand eines *Duplicate-Cache* überprüft jeder Empfänger einer Nachricht anhand des Nonce-Wertes, ob es sich bei der Nachricht um ein Duplikat handelt und verwirft diese gegebenenfalls.

Somit ergeben sich für das Verfahren die folgenden Eigenschaften:

- Für die Kommunikation zwischen Knoten ohne NAT-Router entsteht nur ein sehr geringer zusätzlicher Kommunikationsaufwand von 6 Byte pro Nachricht, der durch die Übertragung der *Interface-Adresse* entsteht.

- Für die Kommunikation zwischen Knoten ohne NAT-Router entsteht keine zusätzliche Verzögerung für den Verbindungsaufbau.

- Für die Kommunikation zwischen Knoten mit NAT-Routern wird durch das parallele Versenden einer Nachricht auf direktem Weg und über den Relay-Knoten stets die geringstmögliche Verzögerung für den Verbindungsaufbau erzielt.

Neben der geringeren Latenz für den Verbindungsaufbau weist das Verfahren im Vergleich zu *ICE* zudem eine deutlich geringere Komplexität auf.

9.2.4 Analytische Untersuchung anhand von zwei Szenarien

Im Folgenden soll die Funktionalität des Verfahrens analytisch anhand von zwei typischen NAT-Szenarien untersucht werden.

Abbildung 9.1 zeigt ein Beispiel für die im Folgenden verwendete Darstellungsform eines NAT-Szenarios. Ein NAT-Router wird als ein senkrechter Strich mit einem Pfeil, der vom privaten in das öffentliche Netz zeigt, symbolisiert. Der mit *1.* gekennzeichnete Bogen stellt eine Nachricht dar, die von Knoten *A* an Knoten *B* gesendet wird. Die Stelle, an der der Nachrichtenpfeil in der Darstellung das NAT kreuzt, ist mit a_1 die reflexive Adresse von *A* für diese Nachricht angegeben. Des Weiteren ist für Knoten *B* dessen Routingtabelle mit Source-Routen abgebildet.

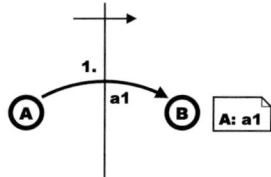

Abbildung 9.1 Beispiel für die Darstellung eines einfachen NAT-Szenarios

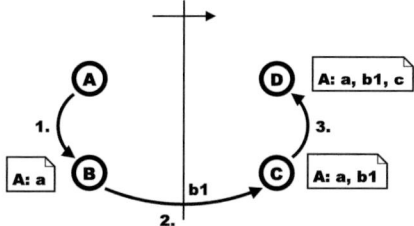

Abbildung 9.2 Szenario 1: Knoten D lernt Knoten A durch Knoten C kennen

9.2.4.1 Szenario 1: Zwei Knoten hinter einem NAT

Im ersten in Abbildung 9.2 dargestellten Szenario befinden sich die Knoten A und B hinter einem gemeinsamen NAT. Durch den Austausch von Overlay-Signalisierungsnachrichten wird Knoten A nach seinem Netzbeitritt schrittweise in die Routingtabellen der anderen Overlay-Knoten B, C und D eingetragen.

Zunächst sendet Knoten A an Knoten B eine Nachricht, der Knoten A mit der Interface-Adresse a in seine Routingtabelle aufnimmt. Im zweiten Schritt erfährt Knoten C über Knoten B von der Existenz von Knoten A. Da sich bei Knoten B die Interface-Adresse b von seiner reflexiven Adresse b_1 unterscheidet, befindet sich Knoten B hinter einem NAT. Daher wird von Knoten C die Adresse b_1 an die Source-Route angehängt und in der Routingtabelle gespeichert. Im dritten Schritt lernt Knoten D über Knoten C den Knoten A kennen. Da die letzte Adresse der Source-Route mit b_1 eine reflexive Adresse ist, wird zusätzlich die Interface-Adresse von C an die Source-Route angehängt. Der Knoten C ist damit Relay-Knoten für Knoten A.

Wie in Abbildung 9.3 dargestellt, antwortet Knoten D mit zwei parallelen Nachrichten. Die Nachricht in Schritt 1a wird an die um c gekürzte Source-Route $\{a,b1\}$ gesendet. Falls es sich um ein *Full cone NAT* handelt, wird die Nachricht vom NAT-Router an B weitergeleitet. Für die beiden anderen NAT-Typen fehlt ein entsprechender Filtereintrag, weswegen die Nachricht in diesen Fällen verworfen wird. Für

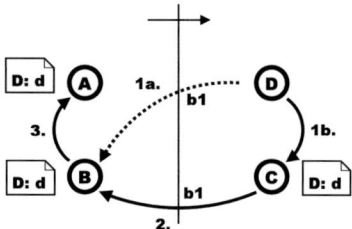

Abbildung 9.3   Szenario 1: Knoten *D* sendet eine Antwort über Relay-Knoten *C*

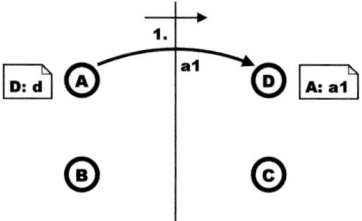

Abbildung 9.4   Szenario 1: Knoten *A* sendet direkt eine Nachricht an Knoten *D*

diese NAT-Typen erreicht dafür jedoch die duplizierte Nachricht in den Schritten 1b und 2 über die ungekürzte Source-Route Knoten *B*. Von Knoten *B* wird die Nachricht schließlich an Knoten *A* weitergeleitet. In allen Fällen stimmt die Interface-Adresse des Absenders mit der reflexiven Adresse überein, so dass Knoten *D* auf allen Knoten *ohne Source-Route* in den Routingtabellen eingetragen wird.

Wie in Abbildung 9.4 dargestellt, kann Knoten *A* nun direkt an Knoten *D* eine Nachricht senden. Dieser lernt dadurch die reflexive Adresse *a*1 kennen und legt diese in der Routingtabelle ab. Zwischen Knoten *A* und Knoten *D* ist nun unabhängig von der NAT-Variante eine direkte Kommunikation möglich.

9.2.4.2   Szenario 2: Zwei NATs mit UDP-Hole-Punching

Das zweite Szenario besteht aus zwei NATs hinter denen sich jeweils zwei Knoten befinden.

In Abbildung 9.5 ist dargestellt, wie Knoten *F* über mehrere Schritte Knoten *A* kennenlernt. Knoten *C* erkennt, dass Knoten *B* hinter einem NAT ist und hängt die reflexive Adresse b_1 an die Source-Route an. Da es sich bei der letzten Adresse der Source-Route um eine reflexive Adresse handelt, hängt Knoten *D* zudem Knoten *C* als Relay-Knoten an. Auf den Knoten *E* und *F* muss die Source-Route nicht weiter

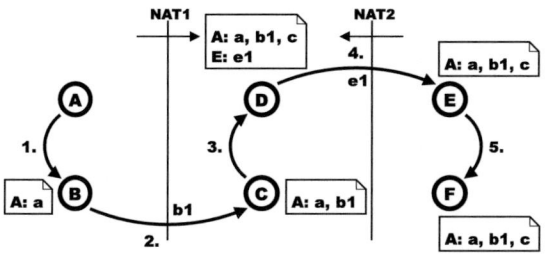

Abbildung 9.5 Szenario 2: Knoten F lernt Knoten A kennen

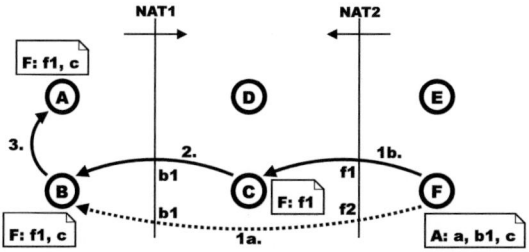

Abbildung 9.6 Szenario 2: Knoten F sendet eine Antwort über Relay-Knoten C

ergänzt werden, da sich der Relay-Knoten C auf der öffentlichen Seite des NATs befindet.

In Abbildung 9.6 ist dargestellt, wie Knoten F eine Antwort an Knoten A über den Relay-Knoten C sendet. Wie bereits im ersten Szenario wird die Nachricht von Knoten F dupliziert und sowohl über die vollständige Source-Route als auch über die um c gekürzte Source-Route versendet. Falls es sich bei NAT1 um ein *Restricted cone NAT* oder ein *Symmetric NAT* handelt, wird die in Schritt 1a versendete Nachricht verworfen. In diesem Fall erreicht die Nachricht in Schritt 2 Knoten B, der daraufhin Knoten F mit der Source-Route $\{f_1, c\}$ einträgt. Knoten A übernimmt folglich diese Source-Route. Falls es sich bei NAT1 hingegen um ein *Full cone NAT* handelt, erreicht die Nachricht in Schritt 1a direkt Knoten B, der schließlich die reflexive Adresse f_2 in seine Routingtabelle einträgt.

In dem Fall, dass NAT1 ein *Full cone NAT* ist, sendet Knoten A an Knoten F wie in Abbildung 9.7 dargestellt sowohl direkt an f_2 sowie über die vollständige Source-Route $\{b, f_2\}$ eine Nachricht. Falls NAT2 ebenfalls ein *Full cone NAT* ist, erreicht die direkt gesendete Nachricht Knoten F und dieser trägt die reflexive Adresse $a1$ in seine Routingtabelle ein. In diesem Fall können Knoten A und Knoten F nun direkt miteinander kommunizieren.

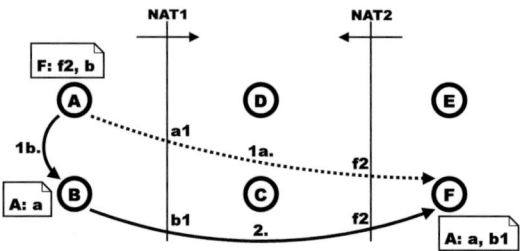

Abbildung 9.7 Szenario 2: NAT1 ist ein *Full cone NAT* und Knoten *A* sendet eine
Nachricht über Relay-Knoten *B*

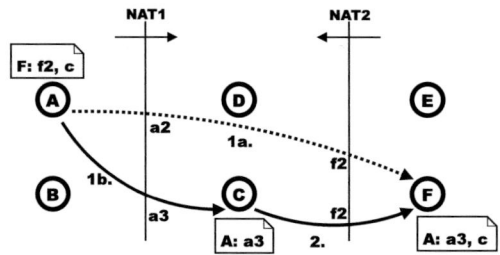

Abbildung 9.8 Szenario 2: NAT1 ist ein *Restricted cone NAT* oder ein *Symmetric
NAT* und Knoten *A* sendet eine Nachricht über Relay-Knoten *B*

Falls NAT2 kein *Full cone NAT* ist, erreicht die Nachricht aus Schritt 2 den Knoten
F, da Knoten *F* zuvor bereits eine Nachricht an b_1 gesendet hat. In allen Fällen kann
Knoten *F* nun direkt eine Nachricht an die reflexive Adresse a_1 senden (da NAT1
ein *Full cone NAT* ist).

Falls es sich bei NAT1 um ein *Restricted cone NAT* oder ein *Symmetric NAT* handelt,
ergibt sich das in Abbildung 9.8 dargestellte Szenario. Knoten *A* sendet in diesem
Fall eine direkte Nachricht an f_2 sowie eine Nachricht über Relay-Knoten *C*. Falls
NAT2 ein *Full cone NAT* ist, erreicht die direkte Nachricht Knoten *F* und dieser
kann Knoten *A* unter der reflexiven Adresse a_2 direkt kontaktieren. Anderenfalls
erreicht die über Knoten *C* gesendete Nachricht Knoten *F* und dieser trägt für Knoten
A die Source-Route $\{a_3, c\}$ ein. Für den Fall, dass sowohl NAT1 als auch NAT2
ein *Restricted cone NAT* sind, wurde durch Nachricht 1a eine Zuordnung in NAT1
eingetragen, die Knoten *F* über die reflexive Adresse *a* die direkte Kommunikation
mit *A* ermöglicht (*UDP-Hole-Punching*).

Für die verbleibenden Fälle mit zwei *Symmetric NATs* oder jeweils einem *Symmetric
NAT* und einem *Restricted cone NAT* kann die Source-Route nicht weiter verkürzt
werden, so dass die Kommunikation immer über den Relay-Knoten *C* erfolgen muss.

Wie anhand des Ablaufs gezeigt wurde, wird für alle übrigen NAT-Kombinationen eine direkte Kommunikation zwischen Knoten A und Knoten F ermöglicht.

Zusätzlich zu der hier vorgestellten Analyse anhand von typischen NAT-Szenarien wurde das Konzept für OverSim implementiert und im Testbed mit unterschiedlichen NAT-Konfigurationen erfolgreich getestet [86].

9.3 Zusammenfassung

In diesem Kapitel wurden zwei Verfahren vorgeschlagen, die dazu dienen, den Konfigurationsaufwand für den Betrieb des Namensdienstes zu reduzieren.

Zunächst wurde ein Verfahren zur automatischen Auffindung geeigneter Bootstrap-Knoten skizziert, das durch die Kombination einer Reihe bekannter Ansätze für die meisten Anwendungsszenarien einen automatischer Netzbeitritt ermöglicht.

Da die direkte Kommunikation zwischen zwei Endgeräten im heutigen Internet zunehmend durch die Verbreitung von NAT-Routern eingeschränkt wird, wurde zudem ein Verfahren zur automatischen Durchdringung von *NAT-Routern* entwickelt (*NAT-Traversal*). Das Verfahren funktioniert im Gegensatz zu den üblicherweise verwendeten *STUN-* und *TURN-Servern* vollständig dezentral und beruht auf einer Kombination von *Source-Routing* und *UDP-Hole-Punching*.

Im Vergleich zum IETF-Protokoll *ICE* weist das Verfahren eine deutlich *geringere Komplexität* auf und ermöglicht aufgrund der *geringen Latenz für den Verbindungsaufbau* eine effiziente Verwendung des in Kapitel 7 vorgestellten iterativen Lookup-Verfahrens.

10. Gesamtevaluation

In diesem Kapitel werden die Ergebnisse der Evaluierung des entworfenen Namensdienstes vorgestellt. Dies beinhaltet einerseits die Simulation des Namensdienstes mit unterschiedlichen Netzgrößen und Knotenfluktuationsraten sowie einem variablen Anteil bösartiger Knoten. Zum anderen wurde der Namensdienst als Prototyp implementiert und sowohl in einem lokalen Demonstrator sowie auf den Experimentierplattformen *PlanetLab* und *G-Lab* validiert.

10.1 Simulation des Namensdienstes

Verschiedene Aspekte des entworfenen Namensdienstes wurden bereits in den vorhergehenden Kapiteln untersucht und im Simulator evaluiert. Dies beinhaltet die Wahl geeigneter Parameter und Lookup-Varianten für die KBR-Komponente in den Abschnitten 6.4 bis 6.8. Des Weiteren wurden die Sicherheitsmechanismen der KBR-Komponente in Abschnitt 7.7 sowie die DHT-Komponente in Abschnitt 8.7 evaluiert.

In diesem Abschnitt werden somit noch die Evaluierungsergebnisse des *Gesamtsystems* vorgestellt. Für die Evaluierung wird der Einfluss der *Netzgröße*, der *Knotenfluktuationsrate* sowie des *Anteils bösartiger Knoten* betrachtet.

10.1.1 Evaluierungsszenario

Für die Evaluierung des Namensdienstes mit OverSim wird als Anwendungsszenario ein dezentraler IP-Telefoniedienst ähnlich zu *Skype*[166] betrachtet, bei dem ein Nutzer durch eine Softwareanwendung kostenlos Gespräche über das Internet führen kann.

Die Modellierung des Knotenfluktuationsverhaltens erfolgt analog zur Modellierung für den KBR-Protokollvergleich und wurde bereits in Abschnitt 6.4 beschrieben. Auf Basis dieser Überlegungen wird jedem Overlay-Knoten eine *Weibull-verteilte* Session-Zeit mit Parameter $k = 0{,}5$ und einer durchschnittlichen Lebenszeit von 10^4 s zugewiesen.

Für die Modellierung des Underlays wird, wie bereits in Abschnitt 6.4 beschrieben, das *Simple-Underlay*-Modell von OverSim verwendet, das die Modellierung typischer Internet-Latenzen ermöglicht. Der Nachrichtenaustausch erfolgt über *UDP* [109] und *IPv4* [110]. Zur Erkennung von Paketverlusten wird der RPC-Mechanismus von OverSim mit einem Timeout-Wert $t_1 = 1{,}5$ s für direkt ausgetauschte Nachrichten und einem Timeout-Wert $t_2 = 10$ s für Lookups verwendet.

Anhand des Anwendungsszenarios ergibt sich das folgende Verkehrsmodell: Falls ein Nutzer dem Netz zum ersten Mal beitritt, wird ein neuer Name registriert. Aufgrund des bereits dargestellten Knotenfluktuationsverhaltens verlässt der Nutzer das Netz nach einiger Zeit. Wenn der Nutzer dem Netz zu einem späteren Zeitpunkt erneut beitritt, aktualisiert er seinen zuvor registrierten Namen mit seiner aktuellen IP-Adresse.

In Anlehnung an [79] wird das Telefonieverhalten eines Nutzers durch einen Poisson-Prozess mit einer durchschnittlichen Ankunftsrate von 2 Anrufen pro Stunde modelliert. Solange ein Knoten am Overlay teilnimmt, wird somit anhand dieser Ankunftsrate eine Namensauflösung durchgeführt. Eine Namensauflösung wird als *erfolgreich* gewertet, falls innerhalb der Zeitdauer t_2 die zuletzt abgelegte IP-Adresse zu diesem Namen aufgefunden werden konnte. Die erzielten Erfolgsraten sowie die benötigten Latenzen zur Namensauflösung werden in einem Statistikmodul von OverSim gesammelt.

Nach dem initialen Aufbau des Netzes wird zunächst eine Übergangsphase von 1800 s abgewartet, in der sich das Knotenfluktuationsverhalten einschwingen kann und noch keine Statistikdaten erfasst werden. Im Anschluss werden in einer Messphase von 1800 s Statistikdaten erfasst, die am Ende der Simulation gesammelt ausgegeben werden. Die Schaubilder in den folgenden Abschnitten zeigen jeweils den Mittelwert sowie das 99%-Konfidenzintervall aus mehreren[1] Simulationsläufen mit verschiedenen Seeds.

10.1.2 Anpassung des Sicherheitsniveaus

In den Kapiteln 7 und 8 wurden eine Reihe von Parametern vorgeschlagen, die auf der einen Seite geeignet sind, die Zuverlässigkeit des Namensdienstes in Netzen mit bösartigen Knoten zu erhöhen, jedoch auf der anderen Seite einen erhöhten Zeitbedarf sowie Kommunikationsaufwand für die Namensauflösung erfordern. Daher wird die Evaluierung des Namensdienstes anhand der folgenden drei Parameterkombinationen durchgeführt, die sich hinsichtlich der Sicherheitsniveaus unterscheiden und aufgrund der Evaluierungsergebnisse aus den Abschnitten 7.7 und 8.7 ausgewählt wurden:

---

[1]Für Szenarien bis 1000 Knoten wurden 40 Läufe, für 2000 Knoten 10 Läufe und für 10.000 Knoten 3 Läufe durchgeführt.

LowSec Die Konfiguration *LowSec* bietet ein *niedriges Sicherheitsniveau* und ermöglicht eine *schnelle Namensauflösung*. Dies wird erreicht, indem bei der Durchführung von Lookups auf die Verwendung disjunkter Pfade verzichtet wird. In jedem Lookup-Schritt werden $r = 8$ Knoten zurückgeliefert. Zusätzlich kann beim Lookup auf eine zeitaufwändige *Authentifizierung der Siblings verzichtet werden*, da ohne Verwendung disjunkter Pfade keine alternativen Knoten zur Verfügung stehen, die anstelle der potentiellen Siblings verwendet werden könnten.

Um möglichst geringe Latenzen zu erzielen, werden $\alpha = 5$ parallele Lookup-Anfragen verwendet. Aufgrund der niedrigen Sicherheitsanforderungen werden nur $s = 7$ Replikate verwendet, die ausreichen, um ohne bösartige Knoten einen zuverlässigen Dienst zu erbringen. Zur schnellen Auffindung eines Datensatzes durch die DHT-Komponente wird kein Mehrheitsentscheid durchgeführt, sondern die Datenauffindung beendet, sobald mindestens 2 gleiche Replikate eingetroffen sind.

MidSec Die Konfiguration *MidSec* bietet ein *mittleres Sicherheitsniveau*. Dies wird durch Verwendung von $d = 7$ disjunkten Pfaden zur Durchführung eines Lookup erreicht. Für jeden Pfad werden $\alpha = 3$ parallele Anfragen versendet und $r = 3$ Knoten pro Lookup-Schritt zurückgeliefert. Für die DHT-Komponente werden $s = 15$ Replikate mit Mehrheitsentscheid verwendet.

HighSec Die Konfiguration *HighSec* bietet eine *hohes Sicherheitsniveau*. Im Unterschied zur Konfiguration *MidSec* werden $d = 15$ Pfade sowie $s = 31$ Replikate verwendet.

Für alle Konfigurationen wird die Größe der Nachbarschaftstabelle aufgrund der in Abschnitt 6.2.3.1 dargestellten Überlegungen abhängig von der Anzahl an Replikaten s auf $5s$ festgelegt.

10.1.3 Einfluss der Knotenanzahl

Im Folgenden werden die Ergebnisse einer Skalierbarkeitsuntersuchung hinsichtlich der Netzgröße präsentiert. Die folgenden Schaubilder weisen jeweils eine *logarithmische* x-Achse auf. In Abbildung 10.1 ist der Anteil erfolgreicher Namensauflösungen abhängig von der Anzahl an Overlay-Knoten dargestellt. Die Ergebnisse zeigen, dass trotz des Knotenfluktuationsverhaltens stets über 99% aller Namensauflösungen erfolgreich sind.

In sehr kleinen Netzen sind nahezu alle Namensauflösungen erfolgreich. In diesen Netzen ergibt sich mit den gewählten KBR-Parametern eine vollvermaschte Overlay-Topologie, die sehr geringe Latenzen für die Namensauflösung ermöglicht. Für größere Netze mit höheren Latenzen schlagen hingegen einige Namensauflösungen fehl, da sich mit höherer Wahrscheinlichkeit die Aktualisierung und die Auffindung

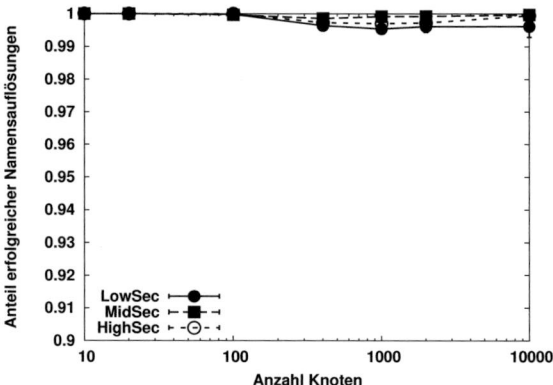

Abbildung 10.1 Anteil der erfolgreichen Namensauflösungen abhängig von der Netzgröße

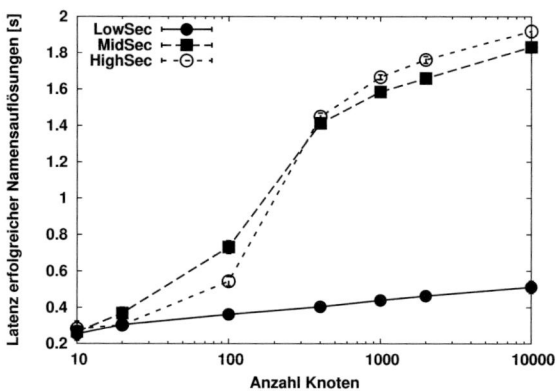

Abbildung 10.2 Latenz der erfolgreichen Namensauflösungen abhängig von der Netzgröße

eines Namens überschneiden und somit übergangsweise ein veralteter Datensatz aufgefunden wird. Zusätzlich zeigt sich, dass in der Konfiguration *LowSec* aufgrund der geringen Anzahl an Replikaten die Namensauflösung unter Knotenfluktuation tendenziell öfter fehlschlägt.

Der Einfluss der Netzgröße auf die erforderliche Zeit zur Auflösung eines Namens ist in Abbildung 10.2 dargestellt. Wie bereits in Abschnitt 6.7.1 gezeigt wurde, ergeben sich mit zunehmender Netzgröße längere Overlay-Pfade und somit auch eine höhere Lookup-Latenz, die sich auf die benötigte Zeit für eine Namensauflösung auswirkt. Wesentlich stärker als die Länge der Pfade wirkt sich jedoch die Anzahl disjunkter

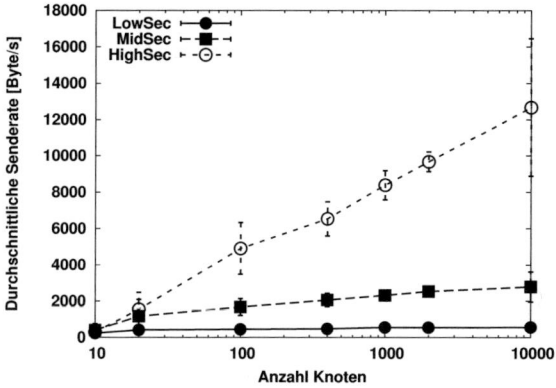

Abbildung 10.3 Durchschnittliche Senderate abhängig von der Netzgröße

Pfade aus, die für den iterativen Lookup verwendet werden. Wie in Abschnitt 7.7.2 dargestellt, steigt mit zunehmender Anzahl an Pfaden die Wahrscheinlichkeit, dass auf *mindestens einem* Pfad eine Zeitüberschreitung auftritt, die den gesamten Lookup um den Timeout-Wert $t_1 = 1{,}5$ s verzögert.

Aus diesem Grund erfolgt die Namensauflösung mit der Konfiguration *LowSec* ohne Verwendung disjunkter Pfade im Schnitt deutlich schneller als mit den Konfigurationen *MidSec* und *HighSec*. Für kleine Netze bis 100 Knoten werden mit der Konfiguration *HighSec* geringere Latenzen erzielt als mit der Konfiguration *MidSec*. Dies liegt an der größeren Nachbarschaftstabelle, die mit der Konfiguration *HighSec* bis zu $5s = 155$ Einträge enthalten kann und somit bei Netzen mit 100 Knoten zu einer vollvermaschten Overlay-Topologie führt. Für größere Netze werden hingegen mit der Konfiguration *MidSec* geringere Latenzen erzielt. Hier dominiert der Effekt, dass die Wahrscheinlichkeit für eine Zeitüberschreitung aufgrund der größeren Anzahl disjunkter Pfade bei der Konfiguration *HighSec* höher ist.

Der erforderliche Kommunikationsaufwand für den Betrieb des Namensdienstes hängt stark vom gewählten Sicherheitsniveau ab. In Abbildung 10.3 ist die durchschnittliche Senderate pro Knoten abhängig von der Netzgröße und der gewählten Parameterkonfiguration dargestellt. Für alle Parameterkombinationen ergibt sich ein *logarithmisches* Wachstum des Kommunikationsaufwands abhängig von der Netzgröße. Der größte Anteil des Kommunikationsaufwands wird durch die *Datenwartung der DHT-Komponente* in Netzen mit Knotenfluktuation verursacht. Mit zunehmender Anzahl an Replikaten vervielfacht sich der Kommunikationsaufwand, was sich so auch in den Evaluierungsergebnissen widerspiegelt.

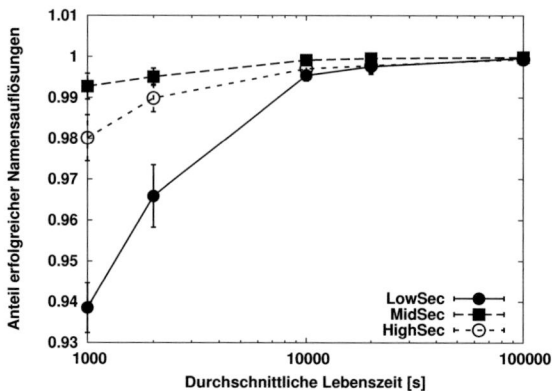

Abbildung 10.4 Anteil der erfolgreichen Namensauflösungen abhängig von der Lebenszeit

10.1.4 Einfluss der Knotenfluktuationsrate

Da bisher noch keine Untersuchungsergebnisse über ein mögliches Nutzerverhalten für das Anwendungsszenario dezentrale IP-Telefonie vorliegen, erfolgt die Modellierung des Knotenfluktuationsverhaltens wie bereits in Abschnitt 10.1.1 beschrieben anhand von Beobachtungen des Nutzerverhaltens in der Dateitauschbörse *KAD*.

Da ein Nutzer in dem hier untersuchten Anwendungsszenario nur erreichbar ist, solange die Telefonieanwendung ausgeführt wird, ist jedoch vorstellbar, dass sich in der Praxis größere Lebenszeiten als im Anwendungsszenario Dateitauschbörse ergeben können. Die hier gewählte mittlere Lebenszeit von 10000 s stellt somit eine eher pessimistische Abschätzung des Knotenfluktuationsverhaltens dar. Im Folgenden wird gezeigt, welchen Einfluss eine Variation der Knotenfluktuationsrate auf die Effizienz des Namensdienstes in einem Netz mit 1000 Knoten hat.

In Abbildung 10.4 wird zunächst der Einfluss der Knotenfluktuationsrate auf den Anteil erfolgreicher Namensauflösungen dargestellt. Wie zu erwarten führt eine sehr kurze durchschnittliche Knotenlebenszeit zu einem geringeren Anteil erfolgreicher Namensauflösungen. Mit der Konfiguration *LowSec* schlagen aufgrund des geringen Replikationsgrades in hochdynamischen Netzen gut 6% aller Namensauflösungen fehl.

In Szenarien mit höherer Knotenfluktuationsrate steigt zudem die Wahrscheinlichkeit, dass der iterative Lookup durch das Auftreten einer Zeitüberschreitung verzögert wird. Dies zeigt sich auch in den in Abbildung 10.5 dargestellten Evaluierungsergebnissen. Der deutliche Latenzunterschied zwischen der Konfiguration *LowSec* und den beiden

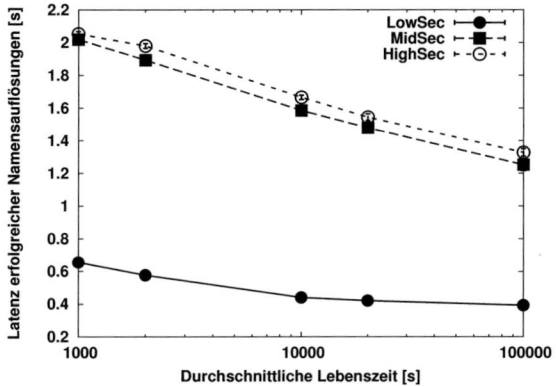

Abbildung 10.5 Latenz erfolgreicher Namensauflösungen abhängig von der Lebenszeit

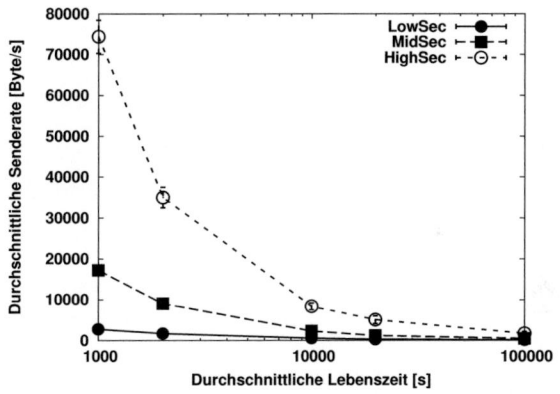

Abbildung 10.6 Durchschnittliche Senderate abhängig von der Lebenszeit

Varianten *MidSec* und *HighSec* ergibt sich durch die Verwendung disjunkter Pfade und wurde bereits in Abschnitt 10.1.3 erläutert.

Wie aus Abbildung 10.6 ersichtlich ist, führt eine hohe Knotenfluktuationsrate insbesondere bei Verwendung einer Parameterkonfiguration mit hohem Sicherheitsniveau zu einem hohen Kommunikationsaufwand. Dies hat zwei Ursachen: Einerseits erfordert eine hohe Knotenfluktuationsrate die ständige Übertragung von Datensätzen durch den Datenwartungsmechanismus der DHT-Komponente. Andererseits sieht das Verkehrsmodell die Aktualisierung einer Namensregistrierung nach jedem Knotenbeitritt vor, wodurch zusätzlicher Kommunikationsaufwand entsteht.

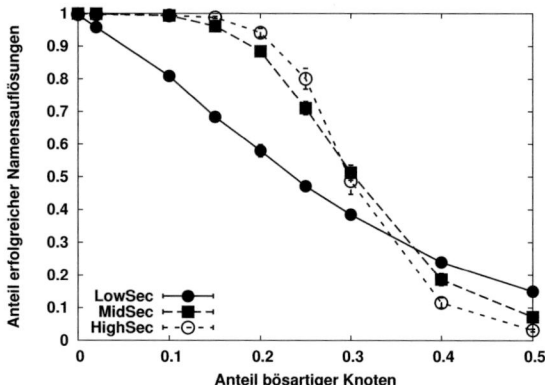

Abbildung 10.7   Anteil erfolgreicher Namensauflösung abhängig vom Anteil bösartiger Knoten

10.1.5   Einfluss von Angreifern

Um den Einfluss bösartiger Knoten auf den Namensdienst zu evaluieren, wird ein Angreifer simuliert, der eine Kombination der in den Abschnitten 7.7.1 und 8.7.4 beschriebenen *InvalidNodes*-, *InvalidData*- und *Maintenance*-Angriffe in einem Netz mit 1000 Knoten durchführt. Wie in den zuvor durchgeführten Sicherheitsevaluierungen wird angenommen, dass mehrere Angreifer miteinander kooperieren können.

Wie aus Abbildung 10.7 ersichtlich wird, kann mit der Konfiguration *LowSec* nur eine geringe Erfolgsrate für die Namensauflösung erzielt werden. So sind mit 2% bösartigen Knoten zwar noch $\approx 96\%$ aller Namenslösungen erfolgreich, mit 10% bösartigen Knoten wird jedoch nur noch ein Anteil von $\approx 81\%$ erzielt. Im Gegensatz dazu können mit der Konfiguration *MidSec* mit 10% bösartigen Knoten noch $\approx 99{,}4\%$ aller Namensauflösungen erfolgreich abgeschlossen werden. Die Konfiguration *HighSec* ermöglicht selbst mit 20% bösartigen Knoten noch Erfolgsraten von $\approx 94{,}1\%$.

Bei einem hohen Anteil bösartiger Knoten wird bei Verwendung einer geringeren Anzahl von Replikaten eine höhere Erfolgsrate für die Namensauflösung erzielt. In diesen Fällen gelingt es dem Angreifer die Mehrheit der Replikate zu stellen und dadurch den Mehrheitsentscheid zu seinen Gunsten zu entscheiden. Für diese Szenarien sind jedoch unabhängig von der gewählten Konfiguration nur noch weniger als 50% aller Namensauflösungen erfolgreich, so dass ein zuverlässiger Dienst nicht mehr erbracht werden kann.

Mit einem zunehmenden Anteil bösartiger Knoten steigt die Latenz für eine erfolgreiche Namensauflösung an. Dieser Effekt wird in Abbildung 10.8 dargestellt. Der

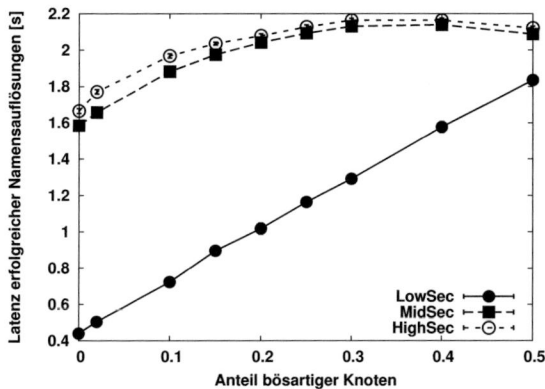

Abbildung 10.8 Latenz erfolgreicher Namensauflösungen abhängig vom Anteil bösartiger Knoten

Latenzanstieg ist zum einen auf den *InvalidNodes*-Angriff zurückzuführen, mit dem der iterative Lookup bei Verwendung disjunkter Pfade signifikant verzögert werden kann. Zum anderen müssen aufgrund des *InvalidData*-Angriffs die Antworten von zusätzlichen Replikationsknoten abgewartet werden, um einen Mehrheitsentscheid fällen zu können. Dies erhöht zudem die Wahrscheinlichkeit für das Auftreten einer Zeitüberschreitung, die die Namensauflösung um den Timeout-Wert $t_1 = 1,5$ s verzögert.

10.2 Prototypische Implementierung

Um die Praxistauglichkeit des entwickelten Ansatzes zu validieren, wurde zusätzlich zur Evaluierung im Simulator ein Prototyp des Namensdienstes für die Anwendungsszenarien *dezentrale IP-Telefonie*, *dezentrales DNS* und *ID/Locator-Split* implementiert.

10.2.1 Implementierung des Namensdienstes

Das Overlay-Framework *OverSim* wurde so konstruiert, dass die zur Simulation verwendeten Protokollimplementierungen durch Verwendung des in Abschnitt 4.3.2.2 beschriebenen *Single-Host-Underlay* auch in echten Netzen eingesetzt werden können. Die Implementierung des Namensdienstes für OverSim kann daher sowohl für die Evaluierung im Simulator als auch zum Aufbau des Prototypen verwenden werden. Durch diese Vorgehensweise kann einerseits Implementierungsaufwand eingespart und andererseits eine hohe Vergleichbarkeit zwischen Simulation und praktischer Validierung sichergestellt werden.

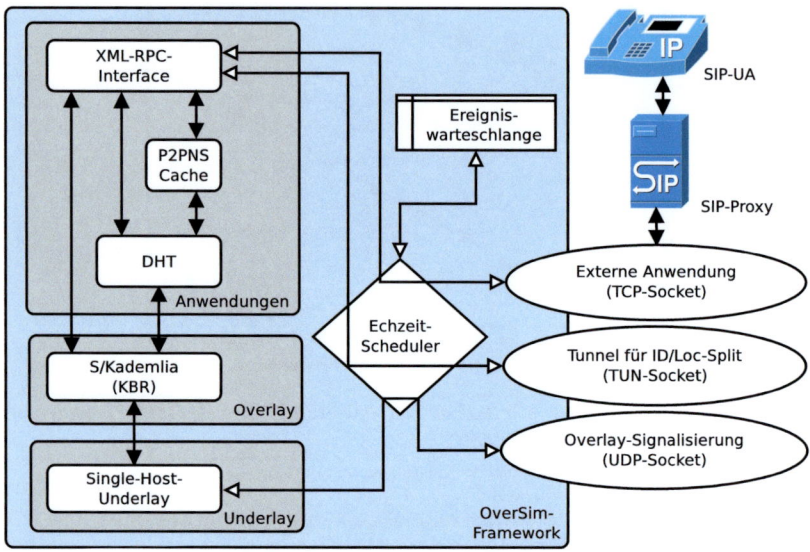

Abbildung 10.9   Implementierung des Namensdienstes in OverSim mit Anbindung
an eine externe Anwendung und ein echtes Netzwerk

10.2.1.1   Anbindung an Netzwerkschnittstellen des Betriebssystems

Damit OverSim-Instanzen über ein echtes Netzwerk Overlay-Signalisierungsnachrichten austauschen können, wird eine Anbindung an die *Socket-Schnittstelle* des
Betriebssystems benötigt. Die Anbindung externer Anwendungen, die den Namensdienst in Anspruch nehmen (z.B. ein SIP-Proxy), erfolgt ebenfalls über die Socket-
Schnittstelle.

Abbildung 10.9 zeigt, wie diese Anbindung umgesetzt wird. Nach dem Starten von
OverSim werden sowohl ein *TCP*-Socket für die Anbindung externer Anwendungen
sowie ein *UDP*-Socket für die Overlay-Signalisierung geöffnet. Für da Anwendungsszenario *ID/Locator-Split* wird zusätzlich ein *TUN*-Socket geöffnet, dessen
Verwendung in Abschnitt 10.2.4 erläutert wird.

Der OMNeT++-Scheduler, der im Simulationsmodus für die Abarbeitung der Ereigniswarteschlange zuständig ist, wird für die Anbindung an echte Netze durch eine
Instanz der Klasse `RealtimeScheduler` ersetzt. Der `RealtimeScheduler`
überwacht, zusätzlich zur Abarbeitung der Ereigniswarteschlange, die Netzwerk-
Sockets auf eingehende Nachrichten mittels eines `select()`-Aufrufs.

Alle Overlay-Signalisierungsnachrichten, die über den UDP-Socket versendet werden sollen, müssen zunächst von der internen OMNeT++-Struktur entsprechend

Methodenaufruf	Beschreibung
register(base64 *name*, int *kind*, int *id*, base64 *addr*, int *ttl*)	Registrierung eines Namens
resolve(base64 *name*, int *kind*)	Auflösung eines Namens
lookup(base64 *key*, int *numSiblings*, int *RoutingType*)	Lookup eines Schlüssels
local_lookup(base64 *key*, int *num*)	Lookup in Routingtabelle
join(base64 *nodeID*)	Netzbeitritt
put(base64 *key*, int *kind*, int *id*, base64 *value*, int *ttl*)	Ablage in DHT
get(base64 *key*, int *kind*, int *id*, *num*)	Auffinden in DHT
dump_dht()	Liste lokaler Datensätze

Tabelle 10.1 Liste aller Dienste, die über die XML-RPC-Schnittstelle exportiert werden

der in Abschnitt 7.2.1, Abschnitt 8.2.1 und Anhang A spezifizierten Nachrichtenformate mittels der Klasse `GenericPacketParser` *serialisiert* werden. Analog dazu müssen empfangene Nachrichten durch den `GenericPacketParser` in OMNeT++-Objekte umgewandelt werden.

Nachdem empfangene Nachrichten in OMNeT++-Objekte umgewandelt worden sind, werde diese vom `RealtimeScheduler` abhängig vom Socket, auf dem die Nachricht empfangen wurde, an das passende OverSim-Modul weitergeleitet. Overlay-Signalisierungsnachrichten, die auf dem UDP-Socket empfangen wurden, werden an das *Single-Host-Underlay*-Modul vermittelt und von dort über die UDP-Schnittstelle an das Overlay-Modul durchgereicht. Für das Overlay-Modul besteht somit kein Unterschied zwischen Nachricht, die während eines Simulationslaufs empfangen und Nachrichten, die über einen Netzwerk-Socket empfangen werden.

10.2.1.2 XML-RPC-Schnittstelle

Zur Anbindung externer Anwendungen wird die Funktionalität des Namensdienstes über eine XML-RPC-Schnittstelle [71] exportiert. Die Schnittstelle wird durch eine Instanz der Klasse `XmlRpcInterface` bereitgestellt und unterstützt über den TCP-Socket die asynchrone Abarbeitung paralleler Anfragen. Auf diese Weise können durch die externe Anwendung mehrere zeitaufwändige Operationen wie die Auflösung eines Namens oder die Durchführung eines Lookups gleichzeitig durchgeführt werden.

In Tabelle 10.1 sind alle exportierten Methoden aufgeführt. Für die Nutzung des Namensdienstes werden von der externen Anwendung lediglich die Methoden `register()` und `resolve()` benötigt. Die anderen Methoden werden zur Entwicklungs- und Demonstrationszwecken benötigt und werden beispielsweise für den in Abschnitt 10.4.3 vorgestellten Demonstrator in der PlanetLab-Experimentierplattform verwendet.

Die Skriptsprache *Python* bietet ein Modul zur Durchführung von XML-RPC-Aufrufen und erlaubt so einen einfachen Zugriff auf den Namensdienst. In Abbildung 10.10 ist dargestellt, wie über den Python-Interpreter in wenigen Schritten

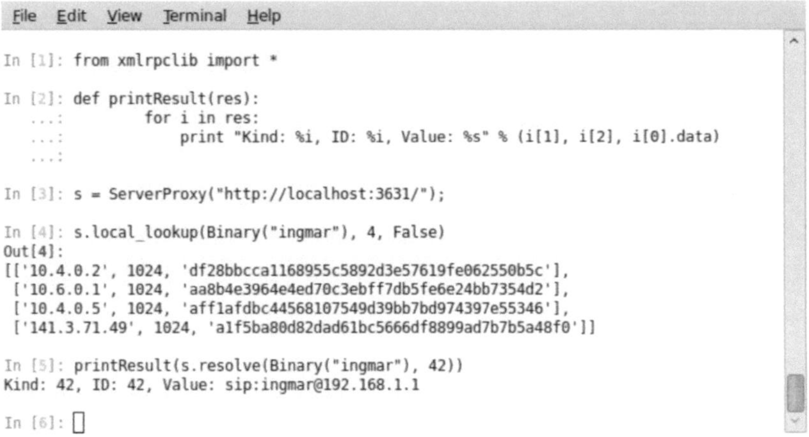

```
File  Edit  View  Terminal  Help

In [1]: from xmlrpclib import *

In [2]: def printResult(res):
   ...:         for i in res:
   ...:             print "Kind: %i, ID: %i, Value: %s" % (i[1], i[2], i[0].data)
   ...:

In [3]: s = ServerProxy("http://localhost:3631/");

In [4]: s.local_lookup(Binary("ingmar"), 4, False)
Out[4]:
[['10.4.0.2', 1024, 'df28bbcca1168955c5892d3e57619fe062550b5c'],
 ['10.6.0.1', 1024, 'aa8b4e3964e4ed70c3ebff7db5fe6e24bb7354d2'],
 ['10.4.0.5', 1024, 'afflafdbc44568107549d39bb7bd974397e55346'],
 ['141.3.71.49', 1024, 'a1f5ba80d82dad61bc5666df8899ad7b7b5a48f0']]

In [5]: printResult(s.resolve(Binary("ingmar"), 42))
Kind: 42, ID: 42, Value: sip:ingmar@192.168.1.1

In [6]:
```

Abbildung 10.10 Zugriff auf die XML-RPC-Schnittstelle mit *Python*

eine Namensauflösung sowie die Abfrage der lokalen Routingtabelle durchgeführt werden kann.

10.2.1.3 Nachrichtensignaturen

Für die Simulation des Namensdienstes wurde auf die Erzeugung von Nachrichtensignaturen verzichtet. Stattdessen wurde lediglich der Kommunikationsaufwand für die Übertragung der Signaturen und des Schlüsselmaterials berücksichtigt[2].

Für die Erzeugung von Nachrichtensignaturen im Prototyps wird die *OpenSSL-Bibliothek* [165] verwendet, die die erforderlichen kryptographischen Verfahren *SHA1*, *AES* und *ECDSA* bereitstellt. Die Erzeugung und Überprüfung von Nachrichtensignaturen wird in OverSim durch die Klasse `CryptoModule` durchgeführt. Bei der Instantiierung der Klasse wird das in einer externen Datei gespeicherte ECDSA-Schlüsselpaar eingelesen und Vorberechnungen durchgeführt, die im weiteren Verlauf eine effiziente Erzeugung von Nachrichtensignaturen ermöglichen.

10.2.2 Anwendungsszenario dezentrale IP-Telefonie

Für das Anwendungsszenario dezentrale IP-Telefonie kommt die in Abschnitt 5.4 beschriebene Proxy-Architektur zum Einsatz. In dieser Architektur stellt ein *SIP-Proxy* die Schnittstelle zwischen einem unmodifizierten SIP-Telefon (*SIP UA*) und dem dezentralen Namensdienst dar.

---
[2]Da die verwendeten kryptographischen Verfahren als sicher angenommen werden und somit keine Angriffe auf das Signaturverfahren simuliert wurden, hat diese Vereinfachung keinen Einfluss auf die Ergebnisse der Evaluierung.

Für die prototypische Umsetzung wurde der Open-Source SIP-Proxy *OpenSIPS* [63] verwendet und um eine Anbindung an den Namensdienst erweitert. OpenSIPS besteht aus einer schlanken Kernkomponente, deren Funktionalität mit Modulen erweitert werden kann. Die Verknüpfung der Module erfolgt durch eine zentrale Konfigurationsdatei, deren Syntax an die Skriptsprache Perl angelegt ist. Jedes Modul exportiert eine Reihe von Methoden, die mit der Konfigurationsdatei aufgerufen werden können, um empfangene SIP-Nachrichten zu interpretieren, zu modifizieren oder um neue SIP-Nachrichten zu erzeugen.

Für die Anbindung an den dezentralen Namensdienst wurde ein neues Modul p2pns entwickelt. Das Modul exportiert die Funktion p2pns_save(), um einen Namen neu zu registrieren oder eine Registrierung zu aktualisieren sowie die Funktion p2pns_lookup(), die den in der *Request URI (R-URI)* enthaltenen *Address of Record (AoR)* zur im Namensdienst hinterlegten *Contact URI* (der aktuellen IP-Adresse des Teilnehmers) umschreibt.

Da die gesamte Komplexität des Namensdienstes in OverSim gekapselt ist, besteht die wesentliche Aufgabe des Moduls p2pns darin, den Kontakt zum Namensdienst über die XML-RPC-Schnittstelle zu realisieren. Zur Erzeugung der XML-RPC-Nachrichten wird die Bibliothek *XmlRpc++* [71] verwendet.

Die Integration des Moduls p2pns in die Konfigurationsdatei von OpenSIPS ist in Listing 10.1 dargestellt. Sobald der Proxy eine *REGISTER*-Nachricht empfängt, wird die Methode p2pns_save() aufgerufen. In dieser Methode wird zunächst die Methode extract_contact_and_aor() aus dem Modul registrar aufgerufen, die aus der *REGISTER*-Nachricht den *AoR* und die *Contact URI* extrahiert. In einem zweiten Schritt wird die extrahierte *Contact URI* unter der *AoR* mit einem register()-Aufruf über die XML-RPC-Schnittstelle im Namensdienst abgelegt.

Für alle empfangenen SIP-Nachrichten wird zudem in Zeile 10 der Konfigurationsdatei die Methode p2pns_lookup() aufgerufen. Diese führt zunächst einen resolve-Aufruf über die XML-RPC-Schnittstelle durch, um über den Namensdienst die in der SIP-Nachricht enthaltenen *AoR* zu einer *Contact URI* aufzulösen. Daraufhin wird die *R-URI* in der SIP-Nachricht um die erhaltene *Contact URI* durch die Methode rewrite_ruri() aus dem Modul alias_db ergänzt. Falls die Namensauflösung fehlschlägt, wird eine SIP-Fehlernachricht erzeugt. Anderenfalls wird die SIP-Nachricht an die *Contact URI* des Endsystems weitergeleitet. Die weitere SIP-Signalisierung erfolgt dann direkt zwischen den beteiligten Endsystemen.

10.2.3   Anwendungsszenario dezentrales DNS

Für die Implementierung eines Prototyps für das in Abschnitt 5.6.1 beschriebene Anwendungsszenario *dezentrales DNS* wird ein ähnlicher Ansatz zu der Proxy-Architektur für dezentrale IP-Telefonie gewählt. Durch die Erweiterung eines Nameservers um eine Anbindung an den Namensdienst P2PNS wird unmodifizierten Anwendungen die dezentrale Abfrage von DNS-Einträgen in einem flachen Namensraum ermöglicht.

```
 1  route {
 2    ...
 3    if (is_method("REGISTER"))
 4    {
 5       if (!p2pns_save()) {
 6          sl_reply_error();
 7          exit;
 8       }
 9
10       if (!p2pns_lookup()) {
11          switch (retcode) {
12             case -1:
13             case -3:
14                t_newtran();
15                t_reply("404", "Not_Found");
16                exit;
17             case -2:
18                sl_send_reply("405", "Method_Not_Allowed");
19                exit;
20          }
21       }
22       route(1);
23       ...
24  }
```

Listing 10.1 Konfigurationsdatei für OpenSIPS mit P2PNS-Modul

Der Prototyp kann auf zwei Arten umgesetzt werden. Soll die Namensauflösung unabhängig von einer existierenden DNS-Infrastruktur ermöglicht werden, muss auf jedem beteiligten Endgerät eine lokale Instanz des Nameservers mit P2PNS-Anbindung betrieben werden.

Zu Demonstrationszwecken kann alternativ auch eine Reihe von Nameservern mit P2PNS-Anbindung betrieben werden, die als Gateway zwischen infrastrukturgebundenem DNS und dem P2PNS-Namensdienst fungieren. In diesem Szenario werden die DNS-Server als *autoritativer Nameserver* [92][93] für eine gemeinsame *P2P-Domain* in der hierarchischen DNS-Infrastruktur eingetragen. Ein Nutzer kann nun ohne Installation zusätzlicher Software auf die im Namensdienst registrierten Namen als *Subdomains* der P2P-Domain zugreifen. In diesem Fall ermittelt der lokale *Resolver* auf dem Rechner des Nutzers zunächst über eine herkömmliche DNS-Anfrage einen der Gateway-Nameserver als autoritativen Nameserver für die P2P-Domain. Der Gateway-Nameserver verwendet dann den P2PNS-Namensdienst, um die angefragte Subdomain aufzulösen und liefert den gewünschten *Resource Record* [92] zurück.

Für den Prototyp wurde der Nameserver *PowerDNS* [111] um eine Schnittstelle zum P2PNS-Namensdienst erweitert. PowerDNS steht als Open-Source-Projekt zur Verfügung und ist aufgrund der modularen Architektur leicht erweiterbar. Die Anbindung an den P2PNS-Namensdienst erfolgt über die Klasse `P2PNSBackend`. Die Klasse stellt über die beiden Methode `lookup` und `get` eine Schnittstelle zum Auffinden von *Resource Records* bereit.

Die Methode `lookup` wird verwendet, um eine Anfrage nach einem gegebenen Namen mit bestimmtem Typ zu starten. Da der P2PNS-Namensdienst über die `resolve`-Methode bereits die Auffindung von Namen mit unterschiedlichen Typen unterstützt, muss somit in der `lookup`-Methode lediglich ein *resolve*-Aufruf an die XML-RPC-Schnittstelle von OverSim durchgeführt werden. Über die Methode `get` können dann die aufgefundenen *Resource Records* abgefragt werden.

Zusätzlich zur Auffindung von *Resource Records* wurde mit *DNS Update* [158] auch ein Verfahren implementiert, mit dem neue *Resource Records* im P2PNS-Namensdienst abgelegt sowie existierende geändert werden können. Die Klasse `P2PNSBackend` stellt dazu die Methode `update` zur Verfügung, die über einen `register`-Aufruf über die XML-RPC-Schnittstelle von OverSim die gewünschte Modifikation durchführt.

10.2.4 Anwendungsszenario ID/Locator-Split

Für das Anwendungsszenario *ID/Locator-Split* (siehe Abschnitt 5.6.2) wurde ebenfalls ein Prototyp konstruiert. Der Prototyp besteht einerseits aus dem bereits beschriebenen PowerDNS-Nameserver mit P2PNS-Erweiterung sowie andererseits einer Erweiterung von OverSim, die das Abgreifen und Weiterleiten von IP-Paketen aus dem Betriebssystem übernimmt.

Für die Umsetzung in OverSim wird ein sogenanntes *TUN-Interface* verwendet. Mit einem TUN-Interface können Anwendungen IP-Pakete aus dem Betriebssystem abgreifen sowie durch die Anwendung erstellte IP-Pakete in ein Netzwerk einspielen. Das TUN-Interface wird primär zur Konstruktion *virtueller privater Netze (VPNs)* verwendet. Für den Zugriff auf das TUN-Interface wird wie in Abbildung 10.9 auf Seite 210 dargestellt ein *TUN-Socket* geöffnet. Der TUN-Socket wird durch den `RealtimeScheduler` auf eingehende Pakete überwacht, die an das Modul *XmlRpcInterface* weitergeleitet werden.

Nach dem Starten einer OverSim-Instanz wird zunächst ein *AAAA Resource Record* [153] unter dem Namens des Nutzers im Namensdienst abgelegt. Der Eintrag verweist auf eine IPv6-Adresse, die nach dem in Abschnitt 5.6.2 beschrieben Verfahren aus dem *ORCHID-Präfix* [100] und der *NodeID* der OverSim-Instanz konstruiert wird.

Über den *TUN-Socket* werden alle IPv6-Pakete, die von einer Anwendung an eine IPv6-Adresse mit ORCHID-Präfix `2001:10::/28` gesendet werden, abgefangen und an das `XmlRpcInterface` weitergereicht. Durch einen internen Aufruf der `tunnel`-Methode wird das IPv6-Paket in eine `TunnelMessage` eingekapselt und anhand der IPv6-Empfängeradresse (*Identifier*) die aktuelle Adresse der entsprechenden OverSim-Instanz (*Lokator*) ermittelt und das Paket weitergeleitet.

Beim Empfänger wird das IPv6-Paket ausgepackt und über den TUN-Socket an das Betriebssystem übergeben.

Für den Nutzer ist der Dienst völlig transparent. Nach dem Starten von OverSim und dem PowerDNS-Nameserver kann jede IPv6-Anwendung ohne Modifikationen wie gewohnt verwendet werden. Der Namensdienst übernimmt in diesem Fall die Auffindung des aktuellen Lokators und sorgt dafür, dass ein Wechsel der IP-Adresse nicht zum Abbrechen der Verbindung führt.

10.3 Validierung durch einen lokalen Demonstrator

Um die Funktionsfähigkeit des Namensdienstes zu validieren, wurde zunächst ein lokaler Demonstrator aufgebaut. Der Demonstrator besteht wie in Abbildung 10.11 dargestellt aus mehreren Nokia N800 Internet-Tablets mit 802.11g Schnittstellen, einem Linux-Laptop, einem unmodifizierten SIP-Telefon *snom 230* sowie einem analogen Wählscheibentelefon, das über einen WLAN-Router vom Typ *AVM Fritz!Box 7170* angebunden ist. Abbildung 10.12 zeigt ein Foto des Demonstratoraufbaus.

Auf den Nokia N800 und dem Laptop laufen jeweils ein *SIP User Agent*, der *OpenSIPS-Proxy mit P2PNS-Modul* sowie eine OverSim-Instanz mit *Single-Host-Underlay*, die den Namensdienst über die XML-RPC-Schnittstelle zur Verfügung stellt. Um die Anzahl an Overlay-Knoten zu erhöhen, werden zusätzlich durch eine weitere OverSim-Instanz mehrere Overlay-Knoten emuliert. Diese OverSim-Instanz bietet zudem eine graphische Benutzeroberfläche, die den emulierten Netzwerkverkehr und die Overlay-Topologie visualisiert. Abbildung 10.13 zeigt diese Oberfläche für ein Netz mit 10 emulierten Knoten. Der Zustand jedes emulierten Knoten kann über die Oberfläche eingesehen werden. In der dargestellten Abbildung wird beispielsweise ein in der DHT-Komponente abgelegte Datensatz visualisiert.

In mehreren Testläufen konnte gezeigt werden, dass der entworfene Namensdienst in der lokalen Testumgebung geeignet ist schnell und effizient die IP-Adressen der Kommunikationsteilnehmer zu ermitteln und so zwischen allen Endgeräten ein zuverlässiger dezentraler IP-Telefoniedienst realisiert werden kann. Zusätzlich zur Durchführung von Testanrufen wurde die Registrierung und Auflösung von Namen auch mit der in Abbildung 10.14 dargestellten Testanwendung überprüft. Die Testanwendung erlaubt über eine einfache graphische Benutzeroberfläche die Inanspruchnahme des Namensdienstes über die XML-RPC-Schnittstelle von OverSim.

Anhand des Demonstratoraufbaus konnte zudem gezeigt werden, dass das entwickelte Overlay-Framework nicht nur zur Simulation von Overlay-Netzen geeignet ist, sondern die vorhandenen Overlay-Implementierungen auch effektiv zur Konstruktion eines Prototyps verwendet werden können. Selbst auf den relativ leistungsschwachen

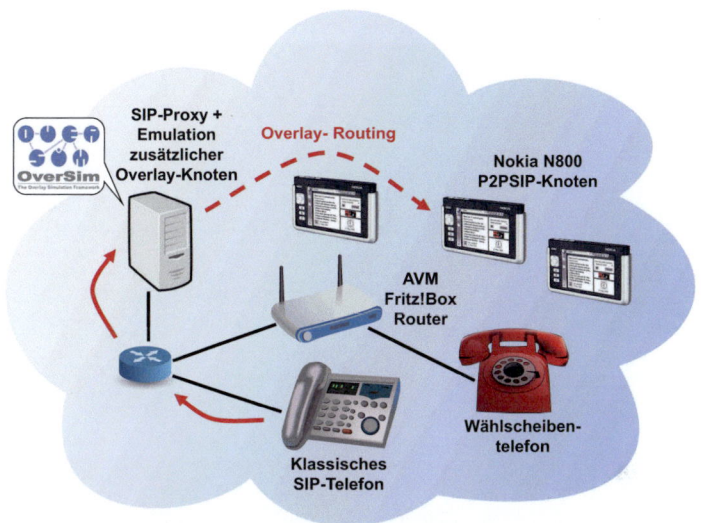

Abbildung 10.11 Architektur des lokalen P2PSIP-Demonstrators

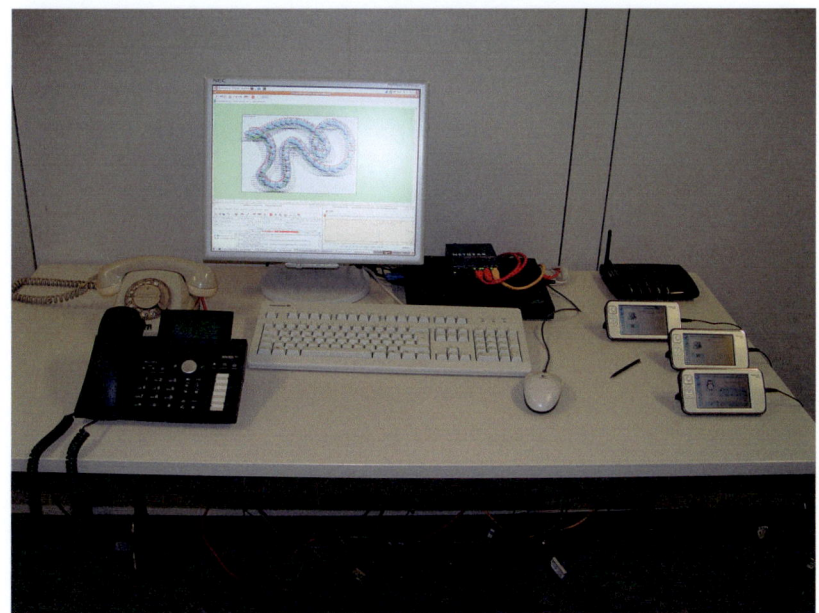

Abbildung 10.12 Foto des lokalen P2PSIP-Demonstrators

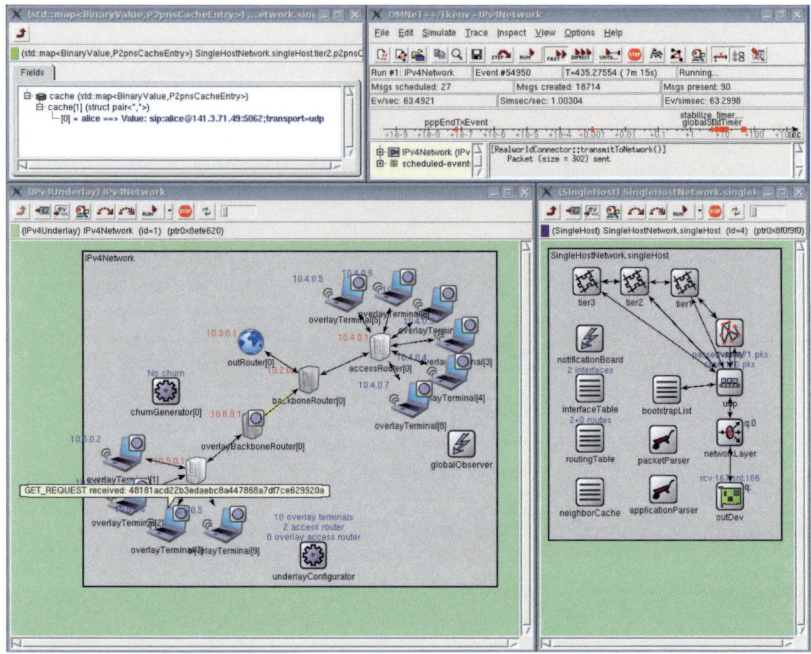

Abbildung 10.13   Screenshot einer OverSim-Instanz im P2PSIP-Demonstrator

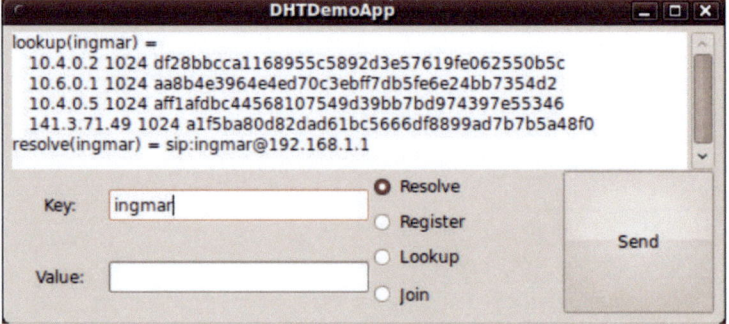

Abbildung 10.14   Graphische Benutzeroberfläche der P2PNS-Testanwendung

Nokia N800 (*320 Mhz ARM CPU, 128 MB RAM*) kann mit OverSim-Framework ein zuverlässiger Namensdienst erbracht werden.

10.4   Validierung in PlanetLab und G-Lab

Für die Validierung des Namensdienstes in größeren Netzen wurden die in Abschnitt 2.4 beschriebenen Experimentierplattformen *PlanetLab* und *G-Lab* verwendet.

10.4.1   Steuerungs- und Überwachungswerkzeuge

Um den Namensdienst auf eine große Anzahl von Knoten in PlanetLab und G-Lab zu verteilen sowie um die Steuerung und Überwachung von Experimenten zur ermöglichen, wurde eine Reihe von Werkzeugen in der Skriptsprache *Python* entwickelt [162]. Zur Steuerung- und Überwachung des Betriebs wird ein dedizierter *Management-Knoten* verwendet, der selbst nicht Teil der Experimentierplattform ist.

Die Architektur der Werkzeuge ist in Abbildung 10.15 dargestellt und bestehen aus folgenden Komponenten:

Master Die *Master*-Komponente läuft auf dem Management-Knoten und nimmt über eine XML-RPC-Schnittstelle Statusmeldungen der PlanetLab-Knoten entgegen und speichert diese in einer lokalen Datenbank.

PostgreSQL-Datenbank Die Datenbank läuft ebenfalls lokal auf dem Management-Knoten. In der Datenbank werden kontinuierlich ermittelte Statusinformationen wie der Zustand des Namensdienstes oder die Auslastung der PlanetLab-Knoten hinterlegt.

Webserver Auf dem Managemen--Knoten können über einen Webserver Status-informationen abgerufen werden. Diese werden als *Geodaten* in Form einer *KML-Datei (Keyhole Markup Language)* bereitgestellt und können über den *Google Earth^{TM}-Kartenservice* und *Google Maps^{TM}-Kartenservice* angezeigt werden. Des weiteren nimmt der Webserver Befehle mit *HTTP POST* entgegen, die zur Steuerung der PlanetLab-Knoten verwendet werden und vom Webserver an die Master-Komponente weitergereicht werden.

Noderunner Die *Noderunner*-Komponente ist für die Einrichtung der Testumgebung auf den PlanetLab-Knoten zuständig. Über die *PLCAPI* (siehe Abschnitt 2.4) wird eine Liste aller im *Slice* enthaltenen Knoten abgefragt und die Testumgebung mittels des Unix-Tools *rsync* auf diese übertragen. Nach der erfolgreichen Übertragung wird auf jedem PlanetLab-Knoten die *Client*-Komponente gestartet.

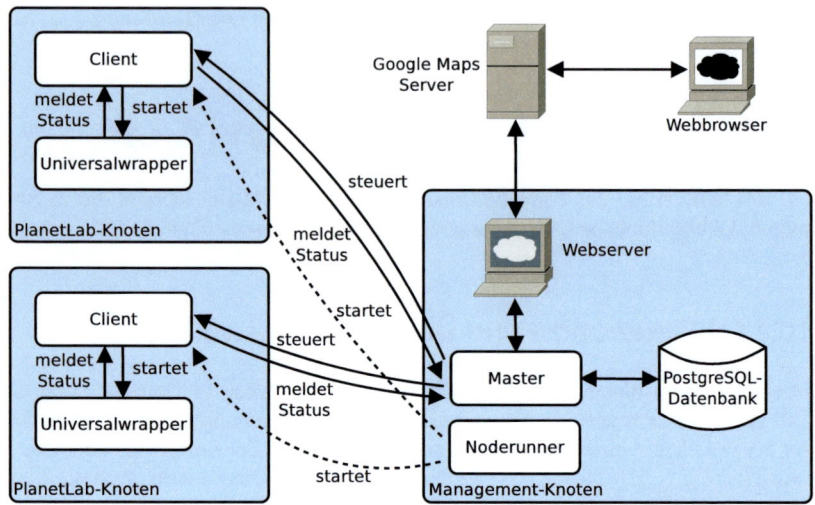

Abbildung 10.15 Steuerungs- und Überwachungswerkzeug für PlanetLab/G-Lab

Client Die *Client*-Komponente läuft auf jedem PlanetLab-Knoten und sendet periodisch Statusinformationen an die *Master*-Komponente auf dem Management-Knoten. Des Weiteren nimmt die *Client*-Komponente Befehle von der Master-Komponente über eine XML-RPC-Schnittstelle entgegen. Diese sind anwendungsspezifisch und können beispielsweise verwendet werden, um den Status einer OverSim-Instanz abzufragen. Des Weiteren kann die Master-Komponente über diese Schnittstelle das Starten oder Beenden einer Anwendung veranlassen.

Universalwrapper Für jede Anwendung, die auf einem PlanetLab-Knoten ausgeführt werden soll, wird eine Instanz der *Universalwrapper*-Komponente gestartet. Die Komponente ist dafür zuständig die Ausgaben der Anwendung zu interpretieren und diese an die Master-Komponente zurückzumelden. Eine solche Status-Meldung ist beispielsweise der erfolgreiche Netzbeitritt einer OverSim-Instanz.

Die Werkzeuge sind sowohl zur Durchführung kurzer Evaluierungsläufe als auch zur dauerhaften Erbringung und Überwachung des Namensdienstes in PlanetLab geeignet.

10.4.2 Validierungsablauf

Für die Validierung des Namensdienstes wurde dieser mit Hilfe der vorgestellten Werkzeuge auf ≈ 500 Knoten in PlanetLab installiert. Analog zu der in Abschnitt 10.3

vorgestellten lokalen Demonstratorarchitektur laufen auf jedem PlanetLab-Knoten eine OverSim-Instanz sowie ein OpenSIPS-Proxy mit P2PNS-Erweiterung. Zusätzlich läuft für die Validierung auf jedem Knoten eine Instanz der SIP-Testanwendung *SIPp* [54]. Diese fungiert als *Sip User Agent* und wird verwendet, um Testanrufe zwischen den PlanetLab-Knoten durchzuführen. Neben der Erzeugung von SIP-Signalisierungsnachrichten bietet *SIPp* auch die Möglichkeit empfangene RTP-Pakete an den Absender zurückzusenden und somit einen Echo-Dienst für Sprache zu realisieren.

Für einen Validierungslauf werden die folgenden Schritte durchgeführt:

1. Über den *CoMon-Dienst* [105] werden von der *Noderunner*-Komponente 500 geeignete[3] Knoten ausgewählt und zum *Slice* PlanetLab-Knoten zum Slice hinzugefügt.

2. Die *Noderunner*-Komponente überträgt *OverSim*, *OpenSIPS* und *SIPp* auf die PlanetLab-Knoten und startet diese.

3. Die *Universalwrapper*-Komponente für *SIPp* kontaktiert die *Master*-Komponente und bekommt einen Namen zugewiesen.

4. *SIPp* registriert den zugewiesenen Namen am *OpenSIPS-Proxy*.

5. Auf einem der PlanetLab-Knoten werden durch *SIPp* kontinuierlich SIP-Anrufversuch zu einer zufälligen Auswahl registrierter Namen durchgeführt. Die Erfolgsrate sowie die benötigte Zeit für die Namensauflösung und den Verbindungsaufbau wird protokolliert und zur späteren Auswertung in der Datenbank auf dem Management-Knoten hinterlegt.

Anhand mehrere durchgeführter Validierungsläufe konnte gezeigt werden, dass der Namensdienst auch in der unzuverlässigen PlanetLab-Umgebung geeignet ist eine zuverlässige Namensauflösung zu erbringen und somit einen dezentralen IP-Telefoniedienst zu realisieren. Die durchschnittlich benötigte Zeit für einen SIP-Verbindungsaufbau beträgt in *PlanetLab* $\approx$ 720 ms, wovon $\approx$ 390 ms auf die Namensauflösung mit P2PNS entfallen. Der Wert für den SIP-Verbindungsaufbau gibt dabei die Zeitspanne zwischen initialer *INVITE*-Nachricht an den Proxy und empfangener *ACK*-Nachricht von der Gegenstelle an. Die Erfolgsrate für den Verbindungsaufbau beträgt $\approx$ 99%. Die Fehlversuche lassen sich darauf zurückführen, dass auf einzelnen PlanetLab-Knoten der Standard-SIP-Port 5060 nicht verfügbar war.

Neben der Evaluierung im PlanetLab-Forschungsnetzwerk wurden die entwickelten Konzepte zudem auf der neuen Experimentierplattform des *G-Lab-Projekts* getestet. In *G-Lab* werden für den SIP-Verbindungsaufbau durchschnittlich $\approx$ 190 ms benötigt, wovon $\approx$ 155 ms auf die Namensauflösung entfallen. Die deutlich geringeren

---

[3]Ein geeigneter Knoten muss einen erfolgreichen SSH-Verbindungsaufbau innerhalb der letzten 20 Minuten sowie 1 GByte freien Festplattenspeicher aufweisen.

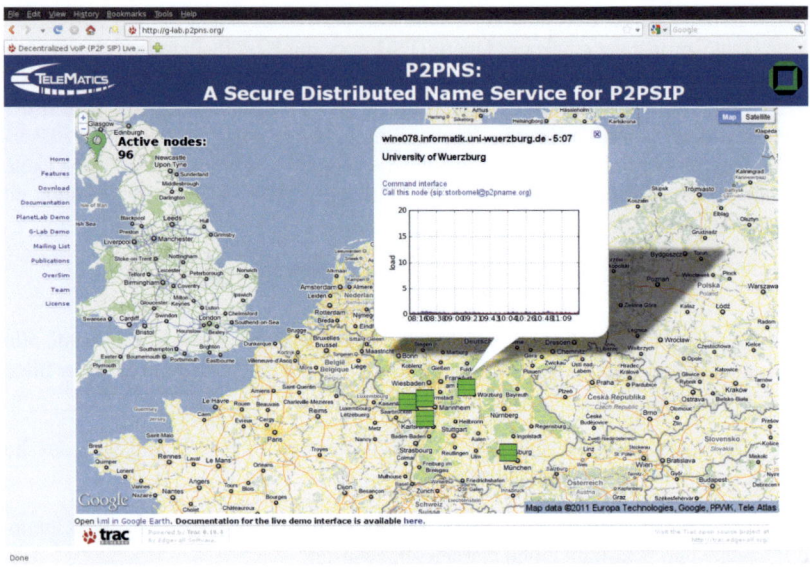

Abbildung 10.16 Webseite mit Visualisierung des Namensdienstes in *G-Lab* durch
den *Google Maps^{TM}-Kartenservice*

Latenzen im Vergleich zu PlanetLab ergeben sich aus der geringeren Knotenzahl,
der physischen Nähe der Knoten sowie einer geringeren Knotenauslastung. In G-Lab
waren zudem alle durchgeführten Verbindungsversuche erfolgreich.

Als weiterer Test wurde die Anbindung eines unmodifizierten Mobiltelefons vom Typ
Nokia E71 an einen der OpenSIPS-Proxys untersucht. Hier konnte gezeigt werden,
dass vom Mobiltelefon aus erfolgreich Anrufe zu registrierten Namen durchgeführt
werden können. Die Annahme der Anrufe auf den PlanetLab-Knoten erfolgt durch
die Anwendung *SIPp*, die dem Anrufer einen Echo-Dienst bereitstellt.

10.4.3   Offener Demonstrator in PlanetLab und G-Lab

Zu Demonstrationszwecken wird der Namensdienst in PlanetLab und G-Lab dauer-
haft betrieben. Über die Webseite `http://www.p2pns.org/` können interessierte Nutzer den aktuellen Zustand des Netzes einsehen sowie Testanrufe durchführen.

Die Visualisierung des Netzzustandes kann entweder im Webbrowser über den
Google Maps^{TM}-Kartenservice (siehe Abbildung 10.16) oder über mittels externer
Anwendung über den *Google Earth^{TM}-Kartenservice* (siehe Abbildung 10.17) erfolgen. In beiden Fällen wird die Visualisierung anhand einer KML-Datei realisiert,
die vom Webserver auf dem Management-Knoten bereitgestellt wird und Geodaten aller aktiven Knoten enthält. Anhand farbiger Symbole wird dargestellt, ob auf

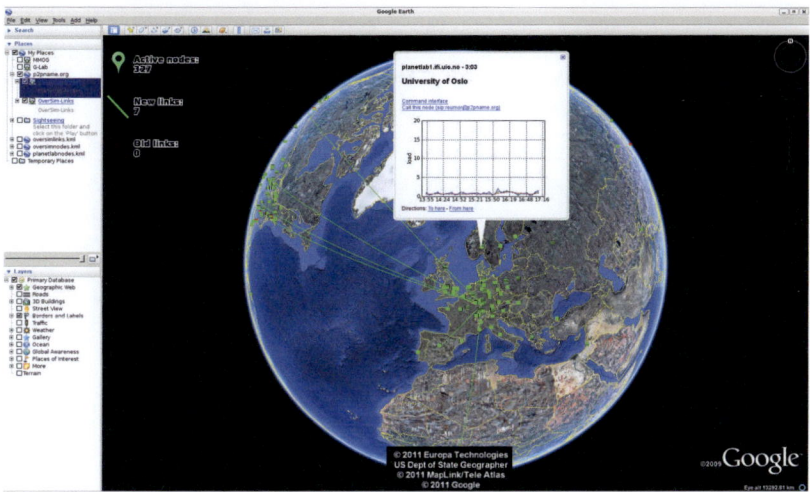

Abbildung 10.17 Visualisierung des Namensdienstes in *PlanetLab* mit dem *Google Earth^{TM}-Kartenservice*

einem Knoten die *Client*-Komponente aktiv ist, ob *OverSim* erfolgreich dem Netz beigetreten ist und ob die Namensregistrierung erfolgreich verlaufen ist. Zusätzlich wird in einem Schaubild der zeitliche Verlauf der Knotenauslastung angezeigt.

Über den Webserver besteht zudem die Möglichkeit die einzelnen OverSim-Instanzen über die in Abschnitt 10.2.1.2 beschriebene XML-RPC-Schnittstelle fernzusteuern. Auf diese Weise können beispielsweise die Overlay-Routingtabellen der Knoten abgefragt oder Daten in der DHT abgelegt werden.

Schließlich können sich interessierte Nutzer mit einem eigenen *SIP User Agent* am dezentralen IP-Telefoniedienst anmelden, um Anrufe über den Dienst zu führen. Da der Quellcode von OverSim veröffentlicht wurde, besteht zudem die Möglichkeit mit einer eigenen OverSim-Instanz dem Netz als vollwertiger Overlay-Knoten beizutreten.

10.5   Zusammenfassung

Die Evaluierung des Namensdienstes im Simulator OverSim hat gezeigt, dass die entwickelten Konzepte zur Erbringung eines sicheren, effizienten und skalierbaren Namensdienstes geeignet sind. Die Evaluierungsergebnisse verdeutlichen zudem, dass die Erzielung eines hohen Sicherheitsniveaus an Kosten geknüpft ist: Einerseits entsteht durch die Verwendung einer großen Anzahl an Replikaten insbesondere in Netzen mit hoher Knotenfluktuation ein erhöhter Kommunikationsaufwand. Anderseits führt die Verwendung einer hohen Anzahl an disjunkten Pfaden zu höhere

Latenzen für die Namensauflösung. Dabei stellt jedoch selbst die untersuchte Parameterkombination für ein hohes Sicherheitsniveau mit einer durchschnittlichen Senderate von 12 KByte/s und einer erzielten Latenz von $\approx 1\,8$ s für die meisten Anwendungsszenarien eine geeignete Lösung dar.

Mit der Ausbringung des Namensdienstes auf 500 Knoten im weltweiten PlanetLab-Netzwerk konnte die Praxistauglichkeit des Ansatzes gezeigt werden. Aufgrund der modularen und flexiblen Architektur des Namensdienstes konnte außerdem für eine Reihe von Anwendungsszenarien mit wenig Aufwand ein Prototyp entwickelt werden. Durch die öffentliche Ausbringung des Namensdienstes in PlanetLab und G-Lab steht der Dienst für interessierte Nutzer für weitere Experimente zur Verfügung.

11. Zusammenfassung und Ausblick

Seit geraumer Zeit existieren verschiedene Ansätze, um über das Internet Telefoniedienste zu erbringen. Die meisten Anbieter setzen dazu heutzutage das von der Internet-Standardisierungsorganisation *IETF* spezifizierte *Session Initiation Protocol (SIP)* ein. Ein Nachteil der SIP-Architektur stellt jedoch die Verwendung zentraler SIP- und DNS-Server zur Auffindung eines Kommunikationsteilnehmers dar, da der Server-Betrieb laufende Kosten verursacht, und die Verfügbarkeit und Skalierbarkeit des Gesamtsystems von einer einzelnen Komponente abhängig ist (sog. *Single-Point-of-Failure*).

Aus diesen Gründen werden in der populären *Skype*-Anwendung proprietäre *Peer-to-Peer-Technologien* zur Erbringung eines dezentralen IP-Telefoniedienstes eingesetzt. Das Skype-Netzwerk stellt jedoch ebenfalls kein vollständig dezentrales Netz dar, da zumindest für die Authentifizierung und Vergabe von eindeutigen Nutzerkennungen ein zentraler Login-Server benötigt wird. Inzwischen wird daher in der IETF an der Standardisierung offener dezentraler Ansätze auf Basis von Peer-to-Peer-Architekturen mit *strukturierten Overlay-Protokollen* gearbeitet.

Aufgrund der dezentralen und nicht vertrauenswürdigen Umgebung ergibt sich jedoch eine Reihe von *Sicherheitsherausforderungen*, die bisher nur unzureichend betrachtet wurden. Des Weiteren liegen bisher keine umfassenden Untersuchungen zur Wahl eines geeigneten Overlay-Protokolls hinsichtlich *Zuverlässigkeit* und *Kommunikationsaufwand* vor. Schließlich konzentrieren sich bisherige Ansätze allein auf das Anwendungsszenario IP-Telefonie, anstatt die Problematik der dezentralen Namensauflösung allgemeiner zu betrachten, um diese dann auf weitere Anwendungsbereiche in Kommunikationssystemen übertragen zu können.

Aus diesen Gründen wurde im Rahmen dieser Arbeit der generische, dezentrale *Namensdienst P2PNS* mit *modularer Architektur* auf Basis eines strukturieren Overlays entworfen. Der Namensdienst ermöglicht in *vollständig dezentralen Umgebungen* die effiziente Auflösung von Namen zu Nutzerlokationen trotz Gegenwart *bösartiger Knoten*. Zusätzlich zur Anwendung für dezentrale IP-Telefonie ist der Namensdienst auch für andere Dienste wie beispielsweise dezentrales DNS geeignet. Die wesentlichen Beiträge beim Entwurf des Namensdienstes liegen auf den beiden bisher nicht ausreichend betrachteten Kriterien *Sicherheit* und *Effizienz*, die sich gegenseitig beeinflussen und somit im Zusammenspiel miteinander betrachtet werden müssen.

Um verschiedene Overlay-Strukturen für den Namensdienst evaluieren zu können, wurde zudem zusammen mit weiteren Kollegen das Overlay Framework *OverSim* entwickelt, das zum einen die Evaluierung der entwickelten Konzepte im Simulator ermöglicht und zum anderen die Validierung der Konzepte in echten Netzen erlaubt. Neben dieser Wiederverwendbarkeit der Protokollimplementierungen in echten Netzen bietet OverSim eine Reihe von weiteren Eigenschaften wie hohe Skalierbarkeit (bis zu 100.000 Overlay-Knoten), flexible Underlay-Modelle, Visualisierung der Overlay-Topologie sowie die Anbindung externer Anwendungen, die in bisherigen Simulatoren in dieser Form nicht verfügbar waren. Das Overlay-Framework Over-Sim ist als Open-Source-Projekt veröffentlicht und wird inzwischen von zahlreichen internationalen Institutionen zu Forschungszwecken eingesetzt.

Die Schwerpunkte der Dissertation lassen sich in folgende Beiträge gliedern:

- Entwurf eines generischen Namensdienstes P2PNS mit modularer Gesamtarchitektur:
  - Evaluierung geeigneter Overlay-Protokolle und Entwurf sicherer Routingmechanismen (*KBR-Komponente*)
  - Entwurf und Evaluierung geeigneter Replikationsstrategien zur sicheren Datenablage (*DHT-Komponente*)
- Entwicklung des Overlay-Frameworks OverSim zur Evaluierung der entworfenen Konzepte

Bezüglich des Kriteriums *Sicherheit* ergeben sich für den Namensdienst die folgenden Anforderungen: Zum einen muss die *Eindeutigkeit* registrierter Namen sichergestellt werden, ohne auf die Dienste einer zentralen Vergabestelle zurückgreifen zu können. Des Weiteren muss der *Identitätsdiebstahl* durch bösartige Teilnehmer möglichst erschwert werden. Schließlich soll die Auflösung registrierter Namen auch trotz der Angriffsversuche bösartiger Teilnehmer zuverlässig und effizient möglich sein. Dies mündet in der zentralen Fragestellung, welches Maß an Sicherheit in einem vollständig dezentralen System überhaupt erreichbar ist und welche Kosten dabei entstehen.

Die zweite Herausforderung neben der Sicherheit stellt die *Effizienz* des entworfenen Systems dar. Der Betrieb eines dezentralen Systems erfordert die Bereitstellung von Ressourcen wie Rechenleistung und Bandbreite auf den beteiligten Endgeräten. Ziel des Entwurfs ist es daher, einen Namen möglichst *zuverlässig* und mit *geringen*

Latenzen aufzulösen, während auf der anderen Seite der *Kommunikationsaufwand* möglichst gering gehalten werden soll.

11.1 Ergebnisse der Arbeit

Die Architektur des Namensdienstes sieht pro Overlay-Knoten die Komponenten *Key-based Routing (KBR)*, *Distributed Hash Table (DHT)* und einen *Namenscache* vor. Die KBR-Komponente stellt die Basis des Namensdienstes dar und verwendet ein strukturiertes Overlay-Netz, um anhand eindeutiger *NodeIDs* effizient Nachrichten an andere Overlay-Teilnehmer versenden zu können. Die darauf aufsetzende DHT-Komponente ist für die dezentrale Ablage registrierter Namen zuständig. Zur Verbesserung der Verfügbarkeit der gespeicherten Namen, müssen diese von der DHT-Komponente effizient auf mehreren Knoten repliziert werden. Mit Hilfe des Namenscache kann schließlich die wiederholte Auflösung eines Namens beschleunigt und Kommunikationsaufwand eingespart werden. Durch die modulare Architektur lassen sich Teile des Systems im Gegensatz zu existierenden Ansätzen sehr flexibel für weitere Anwendungen einsetzen (beispielsweise als sicherer Ersatz für den *OpenDHT*-Dienst [118], der inzwischen wieder eingestellt wurde).

Zur dezentralen Datenablage, wie sie zur Erbringung des Namensdienstes erforderlich ist, wurde bisher eine Vielzahl verschiedener *strukturierter Overlay-Protokolle* vorgeschlagen, die sich in Mechanismen zur Wartung der Routingtabellen (reaktiv vs. proaktiv) sowie der zugrundeliegenden Overlay-Topologie (Ring, Hyperkubus) sowie Pfadredundanz unterscheiden. Diese Eigenschaften haben entscheidenden Einfluss auf die Effizienz des Overlay-Protokolls, insbesondere in Netzen mit hoher *Knotenfluktuation* (sog. Churn) sowie in Gegenwart bösartiger Knoten. Da jedoch ein hoher Grad an Redundanz in den Routingtabellen neben einem verbesserten Sicherheitsniveau und geringeren Latenzen gleichzeitig einen hohen Kommunikationsaufwand verursacht, muss anhand des Anwendungsszenarios eine Abwägung zwischen den Parametern Sicherheit, Zuverlässigkeit, Latenz und entstehendem Kommunikationsaufwand erfolgen.

Zur Wahl eines geeigneten Protokolls für die KBR-Komponente wurden die Protokolle *Koorde*, *Pastry*, *Bamboo*, *Kademlia* und *Broose* in OverSim mit unterschiedlichen Parametern und Knotenfluktuationsraten hinsichtlich Zuverlässigkeit, Latenz und Kommunikationsaufwand evaluiert. Durch die umfangreichen Parameterstudien lassen sich nun erstmals für eine breite Auswahl von Protokollen an das Szenario angepasste optimale Parameterkombinationen angeben.

Als geeignetes Protokoll für die KBR-Komponente des Namensdienstes hat sich *Kademlia* aufgrund geringer Lookup-Latenz bei moderatem Kommunikationsaufwand erwiesen. Das Protokoll bietet außerdem einen hohen Grad an Redundanz in den Routingtabellen, der für die entworfenen Sicherheitsmechanismen von Vorteil ist. Zusätzlich zum Vergleich der Protokolle wurde eine Reihe von Protokollverbesserungen vorgeschlagen, wie beispielsweise Modifikationen für die Stabilisierungsprotokolle von Chord, Koorde und Broose sowie Vorschläge zur effizienteren Durchführung von iterativen Lookups bei Kademlia.

Für die KBR-Komponente wurden mehrere Sicherheitsmechanismen entwickelt, damit auch in Netzen mit bösartigen Knoten ein möglichst zuverlässiger Dienst erbracht werden kann. Um zu verhindern, dass ein Angreifer gezielt die Zuständigkeit für bestimmte registrierte Namen erhalten kann (sog. *Eclipse-Angriff*), werden im entworfenen Namensdienst Kryptopuzzles und kryptographische NodeIDs eingesetzt. Zur Auffindung eines Zielknotens wurde ein iteratives Lookup-Verfahren entworfen, das dem Lookup-Initiator die kontinuierliche Überwachung des Lookup-Fortschritts ermöglicht und dadurch der Einfluss bösartiger Knoten auf dem Routingpfad möglichst gering gehalten werden kann. Somit kann im Vergleich zu den von der IETF präferierten rekursiven Lookup-Varianten eine höhere Lookup-Erfolgswahrscheinlichkeit erzielt werden. Gegenüber existierenden Ansätzen konnte die Zuverlässigkeit des iterativen Lookup-Verfahrens zudem deutlich verbessert werden, indem *parallele* Lookup-Anfragen über *disjunkte Pfade* zum Zielknoten geroutet werden. Die Evaluierung hat ergeben, dass mit 15 disjunkten Pfaden selbst bei 40% bösartigen Teilnehmern noch über 94% erfolgreiche Lookups erzielt werden können. Damit das iterative Lookup-Verfahren auch in Netzen mit NAT-Routern effizient verwendet werden kann, wurde ein neues *NAT-Traversal-Verfahren* vorgeschlagen, das im Gegensatz zur IETF-Lösung *ICE* eine deutlich geringere Komplexität aufweist und geringere Lookup-Latenzen ermöglicht.

Ein wesentlicher Aspekt der Sicherheitsmechanismen der DHT-Komponente ist die *Replikation* der gespeicherten Namen auf im Overlay benachbarten Knoten (sog. *Siblings*) und die Verwendung von *Mehrheitsentscheiden* zur Plausibilitätsüberprüfung. Anhand analytischer Überlegungen wurden verschiedene Replikationsvarianten hinsichtlich Sicherheitsniveau und Signalisierungsaufwand miteinander vergleichen. Beispielsweise wurde gezeigt, dass durch Replikation auf benachbarten Knoten in Kombination mit iterativen Lookups über disjunkte Pfade der Signalisierungsverkehr für die Datenwartung im Fall von Knotenausfällen im Vergleich zur Replikation auf Knoten ohne Nachbarschaftsbeziehung deutlich reduziert werden kann und gleichzeitig ein hohes Sicherheitsniveau erzielt wird. Zusätzlich wurde eine Replikationsvariante vorgeschlagen, die auch bei Verwendung rekursiver Lookups eine sichere und effiziente Datenablage ermöglicht.

Zur Evaluierung der entwickelten Konzepte wurde der Namensdienst vollständig in OverSim implementiert. Anhand von Simulationen mit bis zu 10.000 Knoten[1] konnte die Effizienz und Skalierbarkeit des Gesamtsystems erfolgreich validiert werden. Des weiteren konnte die Effektivität der entworfenen Sicherheitsmechanismen anhand verschiedener implementierter Angriffe nachgewiesen werden. So konnten im untersuchten Szenario bei 15% bösartigen Knoten noch $\approx$ 99% aller Namensauflösungen erfolgreich durchgeführt werden.

Schließlich wurden die Simulationsergebnisse durch die Validierung des Namensdienstes anhand eines Prototyps für die Anwendungsszenarien *IP-Telefonie, dezentrales DNS* und *ID/Locator-Split* im weltweiten *PlanetLab-Forschungsnetzwerk* unter realistischen Netzbedingungen auch in der Praxis bestätigt. Eine Demonstration des

---

[1]Für Teilaspekte des Systems wurden zudem Simulationen mit 100.000 Knoten durchgeführt.

Namensdienstes auf mobilen Endgeräten wurde zudem erfolgreich auf nationalen und internationalen Konferenzen (IEEE P2P, KiVS) präsentiert.

11.2   Weiterführende Arbeiten

Ein Aspekt, der in dieser Arbeit nicht betrachtet wurde, ist die *Partitionierung* und *Verschmelzung* von Overlay-Netzen. In [168] konnte gezeigt werden, dass für eine Ring-Topologie wie bei *Chord* oder *Bamboo* zwei Overlay-Partitionen mit N Knoten in $\mathcal{O}(N)$ Schritten verschmolzen werden können. Für die Hyperkubus-Topologie von *Kademlia* konnte jedoch zunächst kein effizientes Verfahren gefunden werden.

Eine Variante, um auch mit Kademlia eine effiziente Netzverschmelzung durchführen zu können, bestünde in der Verwendung einer Nachbarschaftstabelle mit Ring-Metrik anstelle der bisher verwendeten XOR-Metrik. Eine solche Kademlia-Variante hätte große Ähnlichkeit mit dem Protokoll *Bamboo*, das sich im durchgeführten KBR-Protokollvergleich als sehr effizientes Protokoll erwiesen hat.

Eine Nachbarschaftstabelle mit Ring-Metrik benötigt zudem im Gegensatz zu einer Nachbarschaftstabelle mit XOR-Metrik nur $2 \cdot s + 2$ anstelle von $5 \cdot s$ Knoten, um die Sibling-Eigenschaft für s Knoten zu gewährleisten. Auf diese Weise könnte somit der Signalisierungsaufwand für die Wartung der Nachbarschaftstabelle reduziert werden. Gegenüber Bamboo würde sich diese Kademlia-Variante weiterhin durch den Redundanzgrad der Routingtabelle sowie den Wartungsmechanismus unterscheiden – beides Eigenschaften, die Sicherheitsvorteile bieten.

Der KBR-Protokollvergleich hat ergeben, dass die beiden Protokolle *Koorde* und *Broose* aufgrund der eingesetzten De-Bruijn-Topologie zwar theoretisch bei gleichem Knotengrad kürzere Pfadlängen im Gegensatz zu den anderen untersuchten Protokollen aufweisen, aber diese für den praktischen Einsatz in Netzen mit hoher Knotenfluktuationsrate aufgrund ungenügender Stabilisierungsverfahren dennoch ungeeignet sind. Im Rahmen dieser Arbeit wurde für *Koorde* bereits skizziert, wie die Effizienz des Stabilisierungsverfahrens verbessert werden könnte. Sofern dieses gelingt, könnte die Effizienz des Namensdienstes durch Verwendung eines Protokolls mit De-Bruijn-Topologie weiter gesteigert werden.

Eine Variante, um die Sicherheit des Namensdienstes weiter zu erhöhen, stellt die Detektion bösartigen Knotenverhaltens dar. Sofern zwischen den Overlay-Knoten Vertrauensbeziehungen aufgebaut werden können, könnte es effektiv sein, solche Hinweise über bösartiges Knotenverhalten auch an andere Overlay-Teilnehmer weiterzuleiten. Aufgrund der hohen Komplexität des Themenfeldes wurde dies in der vorliegenden Arbeit jedoch nicht betrachtet.

Schließlich konnte anhand der Szenarien *dezentrale IP-Telefonie, dezentrales DNS* sowie *ID/Locator-Split* gezeigt werden, dass sich der Namensdienst für ein breites Anwendungsspektrum eignet. Weitere Anwendungsszenarien für den Namensdienst, die in dieser Arbeit nicht betrachtet wurden, sind unter anderem *dezentrales Instant-Messaging* oder der *Ersatz des zentralen Rendezvous-Servers bei HIP*.

Aktuell wird intensiv an der Weiterentwicklung des Internets mit den Schwerpunkten *Namensgebung* und *Adressierung* geforscht. In diesem Bereich ergeben sich ähnliche Problemstellungen, wie sie auch im Rahmen dieser Arbeit für das Anwendungsszenario *ID/Locator-Split* betrachtet wurden. Die in dieser Arbeit entwickelten Konzepte und Ergebnisse können somit auch die Weiterentwicklung in diesem Anwendungsfeld vorantreiben.

A. Anhang: Datentypen

Im Folgenden werden die Datentypen beschrieben, die in den Signalisierungsnachrichten des Namensdienstes verwendet werden. Für die Beschreibung der Datentypen und wird wie in der Spezifikation des TLS-Standards [41] eine an die Programmiersprache C++ angelehnte Schreibweise verwendet.

A.1   OverlayKey

Der Datentyp *OverlayKey* stellt eine 160 Bit Langzahl dar, die zur Repräsentation von *NodeIDs* und *Schlüsseln* verwendet wird.

```
class OverlayKey
{
    uint8_t[20] key;
}
```

Der Schlüssel wird intern als Feld von Bytes gespeichert. Bei der Übertragung eines *OverlayKey* über das Netzwerk wird das höchstwertigste Byte des Schlüssels zuerst übertragen (*Big-Endian*).

A.2   TransportAddress

Der Datentyp *TransportAddress* dient Adressierung eines Knotens im Underlay und ist abhängig von der im Underlay eingesetzten Protokollfamilie. In der vorliegenden Arbeit wird davon ausgegangen, dass im Underlay die Protokolle IPv4 und UDP zur Verfügung stehen. In diesem Fall hat eine *TransportAddress* den folgenden Aufbau:

```
class TransportAddress
{
    uint8_t addrType;
    uint32_t ip;
    uint16_t port;
    bool nat;
}
```

Das Feld *addrType* legt die verwendete Protokollfamilie fest. Für UDP mit IPv4 wird diese Feld auf 1 gesetzt. Die beiden Felder *ip* und *port* enthalten jeweils die IPv4-Adresse sowie den UDP-Port. Das Feld *bool* gibt schließlich an, ob sich der zugehörige Knoten hinter einem *NAT* befindet. Die Verwendung des Felds zur Durchdringung von NATs wird in Abschnitt 9.2 beschrieben.

A.3   NodeHandle

Der Datentyp *NodeHandle* besteht aus einer *TransportAddress*, die um die *NodeID* eines Knoten ergänzt wird.

```
class NodeHandle extends TransportAddress
{
    OverlayKey key;
}
```

Um einen zusammengesetzten Datentyp (*A extends B*) über das Netzwerk zu übertragen, werden zunächst die Felder des Basisdatentyps *B* übertragen und im Anschluss die zusätzliche Felder aus *A*.

B. Anhang: OverSim-Parameter für KBR-Protokollvergleich

Die in Kapitel 6 erstellen Evaluierungsergebnisse wurden mit OverSim und den folgenden Parametern erstellt:

```
[General]
SimpleUnderlayNetwork.underlayConfigurator.nodeCoordinateSource =
    "nodes_2d_15000.xml"
*.underlayConfigurator.churnGeneratorTypes = "oversim.common.
    LifetimeChurn"
*.churnGenerator*.lifetimeDistPar1 = 0.5
**.measurementTime = 1800s
**.transitionTime = 1800s
**.tier1Type = "KBRTestAppModules"
**.targetOverlayTerminalNum = 10000
**.initPhaseCreationInterval = 0.1s
**.lifetimeMean = 10000s
**.debugOutput = false
**.drawOverlayTopology = false
**.vector-recording = false
**.routingType = "iterative"
*.underlayConfigurator.gracefulLeaveDelay = 0s
**.tier1*.kbrTestApp.kbrOneWayTest = false
**.tier1*.kbrTestApp.kbrRpcTest = false
**.tier1*.kbrTestApp.kbrLookupTest = true
**.overlay*.*.rejoinOnFailure = false
**.overlay*.*.lookupRedundantNodes = 4
```

```
[Config KbrChordIterative]
**.overlayType = "ChordModules"
**.overlay*.chord.numFingerCandidates = ${extFinger=0}
**.overlay*.chord.lookupRedundantNodes = 1
**.overlay*.*.routingType = "iterative"
**.overlay*.chord.stabilizeDelay = ${stab=10,30,90}s
**.overlay*.chord.fixfingersDelay = ${fix=30,120,240,480}s
**.overlay*.chord.checkPredecessorDelay = ${check=10,30,60}s
**.overlay*.chord.successorListSize = ${succ=4,8,16,32}

[Config KbrChordIterativeExt]
**.overlayType = "ChordModules"
**.overlay*.chord.extendedFingerTable = true
**.overlay*.chord.numFingerCandidates = ${extFinger=1,4,8,16}
**.overlay*.chord.lookupRedundantNodes = ${extFinger}
**.overlay*.*.routingType = "iterative"
**.overlay*.chord.stabilizeDelay = ${stab=10,30,90}s
**.overlay*.chord.fixfingersDelay = ${fix=120,240,480}s
**.overlay*.chord.checkPredecessorDelay = ${check=10,30,60}s
**.overlay*.chord.successorListSize = ${succ=4,8,16,32}

[Config KbrChordRecursive]
**.overlayType = "ChordModules"
**.overlay*.*.routingType = ${rType="semi-recursive","full-
    recursive","source-routing-recursive"}
**.overlay*.*.routeMsgAcks = ${ack=true}
**.overlay*.chord.stabilizeDelay = ${stab=10,30,90}s
**.overlay*.chord.fixfingersDelay = ${fix=120,240,480}s
**.overlay*.chord.checkPredecessorDelay = ${check=10,30,60}s
**.overlay*.chord.successorListSize = ${succ=4,8,16,32}

[Config KbrChordRecursiveNoAck]
**.overlayType = "ChordModules"
**.overlay*.*.routingType = ${rType="semi-recursive"}
**.overlay*.*.routeMsgAcks = ${ack=false}
**.overlay*.chord.stabilizeDelay = ${stab=10,30,90}s
**.overlay*.chord.fixfingersDelay = ${fix=120,240,480}s
**.overlay*.chord.checkPredecessorDelay = ${check=10,30,60}s
**.overlay*.chord.successorListSize = ${succ=4,8,16,32}


[Config KbrChordRecursivePR]
**.overlayType = "ChordModules"
**.overlay*.*.routingType = ${rType="semi-recursive","full-
    recursive","source-routing-recursive"}
**.overlay*.*.routeMsgAcks = ${ack=true}
**.overlay*.chord.stabilizeDelay = ${stab=10,30,90}s
```

```
**.overlay*.chord.fixfingersDelay  =  ${fix=30,120,240,480}s
**.overlay*.chord.checkPredecessorDelay  =  ${check=10,30,60}s
**.overlay*.chord.successorListSize  =  ${succ=4,8,16,32}
**.overlay*.chord.numFingerCandidates  =  ${extFinger=1,4,8,16}
**.overlay*.chord.extendedFingerTable  =  true
constraint  =  $extFinger <= $succ
**.overlay*.chord.proximityRouting  =  true


[Config KbrKoorde]
**.overlayType  =  "KoordeModules"
**.overlay*.*.routingType  =  "semi-recursive"
**.overlay*.koorde.stabilizeDelay  =  ${stab=10,30,120}s
**.overlay*.koorde.deBruijnDelay  =  ${deb=30,120,480}s
**.overlay*.koorde.successorListSize  =  ${succ=8,16,32}
**.overlay*.koorde.deBruijnListSize  =  ${succ}
**.overlay*.koorde.shiftingBits  =  ${bits=1,2,4,6}
**.overlay*.koorde.checkPredecessorDelay  =  ${check=10,30,120}s
**.overlay*.*.routeMsgAcks  =  true


[Config KbrPastry]
**.overlayType  =  "PastryModules"
**.neighborCache.enableNeighborCache  =  true
**.overlay*.*.routingType  =  ${rType="semi-recursive"}
**.overlay*.pastry.bitsPerDigit  =  ${bits=1,2,4}
**.overlay*.pastry.numberOfNeighbors  =  ${neigh=0,8,16}
**.overlay*.pastry.numberOfLeaves  =  ${leafs=4,8,16,32}
**.neighborCache.maxSize  =  400


[Config KbrNewPastry]
**.overlayType  =  "PastryModules"
**.neighborCache.enableNeighborCache  =  true
**.overlay*.*.routingType  =  ${rType="semi-recursive"}
**.overlay*.pastry.bitsPerDigit  =  ${bits=1,2,4}
**.overlay*.pastry.numberOfLeaves  =  ${leafs=4,8,16,32}
**.overlay*.pastry.overrideNewPastry  =  true
**.neighborCache.maxSize  =  400



[Config KbrBamboo]
**.overlayType  =  "BambooModules"
**.neighborCache.enableNeighborCache  =  true
**.overlay*.*.routingType  =  ${rType="semi-recursive"}
**.overlay*.bamboo.bitsPerDigit  =  ${bits=1,2,4,8}
**.overlay*.bamboo.numberOfLeaves  =  ${leafs=4,8,16,32}
**.overlay*.bamboo.repairTaskTimeoutAmount  =  ${localTuning
    =4,10,100}s
**.overlay*.bamboo.leafsetMaintenanceTimeoutAmount  =  ${
    leafSetMaint=4,15,60,240}s
```

```
**.overlay*.bamboo.globalTuningTimeoutAmount = ${globalTuning
   =4,10,60,300}s


[Config KbrKademliaIter]
**.overlay*.*.hopCountMax = 300
**.overlayType = "KademliaModules"
**.overlay*.kademlia.k = ${k=4,8,20,40,80}
**.overlay*.kademlia.s = ${s=8}
**.overlay*.kademlia.b = ${b=1,2,4}
**.overlay*.kademlia.lookupRedundantNodes = ${red=2,4,8,20}
constraint = $red <= $k
**.overlay*.kademlia.lookupParallelRpcs = ${rpcs=1,3,5}
**.overlay*.kademlia.routingType = ${rType="iterative"}
**.overlay*.kademlia.minSiblingTableRefreshInterval = ${refresh
   =100, 1000, 4000}s
**.overlay*.kademlia.minBucketRefreshInterval = ${refresh}s

[Config KbrKademliaExt]
**.overlayType = "KademliaModules"
**.overlay*.*.hopCountMax = 300
**.overlay*.kademlia.k = ${k=4,8,20,40,80}
**.overlay*.kademlia.s = ${s=8}
**.overlay*.kademlia.b = ${b=1}
**.overlay*.kademlia.lookupRedundantNodes = ${red=2,4,8,20}
constraint = ($red <= $k) && ($red >= $s)
**.overlay*.kademlia.lookupParallelRpcs = ${rpcs=1,3,5}
**.overlay*.kademlia.routingType = ${rType="exhaustive-iterative"
   }
**.overlay*.kademlia.minSiblingTableRefreshInterval = ${refresh
   =100, 1000, 4000}s
**.overlay*.kademlia.minBucketRefreshInterval = ${refresh}s

[Config KbrBroose]
**.overlayType = "BrooseModules"
**.overlay*.broose.bucketSize = ${k=4,8,16}
**.overlay*.broose.rBucketSize = ${k}
**.overlay*.broose.refreshTime = ${ref=30,60,300}s
**.overlay*.brooseShiftingBits = ${bits=2,3,4}
**.overlay*.broose.lookupParallelRpcs = ${rpcs=1,3,5}

include ../default.ini
```

Literaturverzeichnis

[1] BARUCH AWERBUCH und CHRISTIAN SCHEIDELER: *Towards a scalable and robust DHT*. In: *SPAA '06: Proceedings of the eighteenth annual ACM symposium on Parallelism in algorithms and architectures*, Seiten 318–327, Cambridge, MA, USA, ACM Press, Juli 2006.

[2] HELGE BACKHAUS und STEPHAN KRAUSE: *QuON - a Quad-Tree Based Overlay Protocol for Distributed Virtual Worlds*. In: *2nd International Workshop on Massively Multiuser Virtual Environments (MMVE'09)*, Lafayette, Louisiana, USA, März 2009.

[3] HARI BALAKRISHNAN, KARTHIK LAKSHMINARAYANAN, SYLVIA RATNASAMY, SCOTT SHENKER, ION STOICA und MICHAEL WALFISH: *A layered naming architecture for the internet*. In: *SIGCOMM '04: Proceedings of the 2004 conference on Applications, technologies, architectures, and protocols for computer communications*, Seiten 343–352, Portland, OR, USA, ACM, August 2004.

[4] NILANJAN BANERJEE, ARUP ACHARYA und SAJAL K. DAS: *Enabling SIP-based sessions in ad hoc networks*. Wirel. Netw., 13(4):461–479, 2007.

[5] SALMAN BASET und HENNING SCHULZRINNE: *An Analysis of the Skype Peer-to-Peer Internet Telephony Protocol*. In: *INFOCOM 2006. 25th IEEE International Conference on Computer Communications, Joint Conference of the IEEE Computer and Communications Societies, 23-29 April 2006, Barcelona, Catalunya, Spain*, 2006.

[6] SALMAN A. BASET, HENNING SCHULZRINNE und MARCIN MATUSZEWSKI: *Peer-to-Peer Protocol*. IETF Internet-Draft, work in progress, draft-baset-p2psip-p2pp-01, November 2007.

[7] INGMAR BAUMGART: *Neue Entwicklungen im Bereich dezentraler Voice-over-IP-Netze*. Praxis der Informationsverarbeitung und Kommunikation (PIK), 4:199–205, Dezember 2007.

[8] INGMAR BAUMGART: *P2PNS: A Secure Distributed Name Service for P2PSIP*. In: *Proceedings of the Sixth Annual IEEE International Conference on Pervasive Computing and Communications (PerCom 2008), Hong Kong, China*, März 2008.

[9] INGMAR BAUMGART, BERNHARD HEEP und STEPHAN KRAUSE: *A P2PSIP Demonstrator Powered by OverSim*. In: *Proceedings of 7th IEEE International Conference on Peer-to-Peer Computing (P2P'07)*, Seiten 243–244, Galway, Ireland, September 2007.

[10] INGMAR BAUMGART, BERNHARD HEEP und STEPHAN KRAUSE: *OverSim: A Flexible Overlay Network Simulation Framework*. In: *Proceedings of 10th IEEE Global Internet Symposium (GI '07) in conjunction with IEEE INFOCOM 2007*, Seiten 79–84, Anchorage, AK, USA, Mai 6–12, 2007.

[11] INGMAR BAUMGART, BERNHARD HEEP und STEPHAN KRAUSE: *OverSim: A scalable and flexible overlay framework for simulation and real network applications*. In: *9th International Conference on Peer-to-Peer Computing (IEEE P2P'09)*, Seiten 87–88, September 9–11, 2009.

[12] INGMAR BAUMGART, BERNHARD HEEP und STEPHAN KRAUSE: *OverSim: Ein skalierbares und flexibles Overlay-Framework für Simulation und reale Anwendungen*. PIK - Praxis der Informationsverarbeitung und Kommunikation, 32(3):179–182, Oktober 2009.

[13] INGMAR BAUMGART und SEBASTIAN MIES: *S/Kademlia: A Practicable Approach Towards Secure Key-Based Routing*. In: *Proceedings of the 13th International Conference on Parallel and Distributed Systems (ICPADS '07), Hsinchu, Taiwan*, Dezember 2007.

[14] ANDY BAVIER, MIC BOWMAN, BRENT CHUN, DAVID CULLER, SCOTT KARLIN, STEVE MUIR, LARRY PETERSON, TIMOTHY ROSCOE, TAMMO SPALINK und MIKE WAWRZONIAK: *Operating system support for planetary-scale network services*. In: *NSDI'04: Proceedings of the 1st conference on Symposium on Networked Systems Design and Implementation*, Seiten 19–19, Berkeley, CA, USA, USENIX Association, 2004.

[15] PHILIPPE BIONDI und FABRICE DESCLAUX: *Silver Needle in the Skype*. Black Hat Europe'06, Amsterdam, the Netherlands, März 2006.

[16] JOPPE W. BOS, MARCELO E. KAIHARA, THORSTEN KLEINJUNG, ARJEN K. LENSTRA und PETER L. MONTGOMERY: *On the Security of 1024-bit RSA and 160-bit Elliptic Curve Cryptography*. Cryptology ePrint Archive, Report 2009/389, 2009.

[17] EMMA BRUNSKILL: *Building Peer-to-Peer Systems with Chord, a Distributed Lookup Service*. In: *HOTOS '01: Proceedings of the Eighth Workshop on Hot Topics in Operating Systems*, Seite 81, Washington, DC, USA, IEEE Computer Society, 2001.

[18] DAVID A. BRYAN, BRUCE LOWEKAMP und CULLEN JENNINGS: *SOSIM-PLE: A Serverless, Standards-based, P2P SIP Communication System*. In: *First International Workshop on Advanced Architectures and Algorithms for Internet Delivery and Applications (AAA-IDEA 2005), 15 June 2005, Orlando, Florida, USA*, Seiten 42–49, 2005.

[19] DAVID A. BRYAN und BRUCE B. LOWEKAMP: *Decentralizing SIP*. Queue, 5(2):34–41, 2007.

[20] DAVID A. BRYAN, BRUCE B. LOWEKAMP und CULLEN JENNINGS: *dSIP: A P2P Approach to SIP Registration and Resource Location*. IETF Internet-Draft, work in progress, draft-bryan-p2psip-dsip-00, Februar 2007.

[21] DAVID A. BRYAN, BRUCE B. LOWEKAMP und MARCIA ZANGRILLI: *The design of a versatile, secure P2PSIP communications architecture for the public internet*. In: *Proc. IEEE International Symposium on Parallel and Distributed Processing IPDPS 2008*, Seiten 1–8, April 2008.

[22] DAVID A. BRYAN, PHILIP MATTHEWS, EUNSOO SHIM und DEAN WILLIS: *Concepts and Terminology for Peer to Peer SIP*. IETF Internet-Draft, work in progress, draft-ietf-p2psip-concepts-00, Juni 2007.

[23] C. CACHIN und A. SAMAR: *Secure distributed DNS*. In: *Proc. International Conference on Dependable Systems and Networks*, Seiten 423–432, Florence, Italy, IEEE Computer Society, Juni 2004.

[24] MIGUEL CASTRO, PETER DRUSCHEL und Y. C. HU AND ANTONY ROWSTRON: *Topology-Aware Routing in Structured Peer-to-Peer Overlay Networks*. Technischer Bericht MSR-TR-2002-82, Microsoft Research, One Microsoft Way, Redmond, WA 98052, 2002.

[25] MIGUEL CASTRO, PETER DRUSCHEL, AYALVADI GANESH, ANTONY ROWSTRON und DAN S. WALLACH: *Secure routing for structured peer-to-peer overlay networks*. SIGOPS Oper. Syst. Rev. - OSDI '02: Proceedings of the 5th symposium on Operating systems design and implementation, 36(SI):299–314, 2002.

[26] MIGUEL CASTRO, PETER DRUSCHEL, ANNE-MARIE KERMARREC und ANTONY I.T ROWSTRON: *Scribe: a large-scale and decentralized application-level multicast infrastructure*. IEEE Journal on Selected Areas in Communications, 20(8):1489–1499, Oktober 2002.

[27] DAVIDE CERRI, ALESSANDRO GHIONI, STEFANO PARABOSCHI und SIMONE TIRABOSCHI: *ID Mapping Attacks in P2P Networks*. In: *Global Telecommunications Conference, GLOBECOM'05. IEEE*, St. Louis, MO, USA, November 2005.

[28] CERTICOM RESEARCH: *Standards for efficient cryptography, SEC 2: Recommended Elliptic Curve Domain Parameters*, September 2000.

[29] CERTICOM RESEARCH: *Standards for efficient cryptography, SEC 1: Elliptic Curve Cryptography*, Mai 2009.

[30] YATIN CHAWATHE, SYLVIA RATNASAMY, LEE BRESLAU, NICK LANHAM und SCOTT SHENKER: *Making gnutella-like P2P systems scalable*. In: *SIGCOMM '03*, Seiten 407–418, Karlsruhe, Germany, ACM Press, 2003.

[31] CHIEN-MING CHENG, SHIAO-LI TSAO und JIN-CHANG CHOU: *Unstructured Peer-to-Peer Session Initiation Protocol for Mobile Environment*. In: *Proc. IEEE 18th International Symposium on Personal, Indoor and Mobile Radio Communications PIMRC 2007*, Seiten 1–5, September 2007.

[32] STUART CHESHIRE und MARC KROCHMAL: *DNS-Based Service Discovery*. IETF Internet-Draft, work in progress, draft-cheshire-dnsext-dns-sd-05, September 2008.

[33] STUART CHESHIRE und MARC KROCHMAL: *Multicast DNS*. IETF Internet-Draft, work in progress, draft-cheshire-dnsext-multicastdns-08, September 2009.

[34] ERIC COOPER, ALAN JOHNSTON und PHILIP MATTHEW: *A Distributed Transport Function in P2PSIP using HIP for Multi-Hop Overlay Routing*. IETF Internet-Draft, work in progress, draft-matthews-p2psip-hip-hop-00, Juni 2007.

[35] RUSS COX, ATHICHA MUTHITACHAROEN und ROBERT MORRIS: *Serving DNS Using a Peer-to-Peer Lookup Service*. In: *IPTPS '01: Revised Papers from the First International Workshop on Peer-to-Peer Systems*, Seiten 155–165, London, UK, Springer-Verlag, 2002.

[36] FRANK DABEK, RUSS COX, FRANS KAASHOEK und ROBERT MORRIS: *Vivaldi: a decentralized network coordinate system*. In: *SIGCOMM '04: Proceedings of the 2004 conference on Applications, technologies, architectures, and protocols for computer communications*, Seiten 15–26, Portland, OR, USA, August 2004.

[37] FRANK DABEK, JINYANG LI, EMIL SIT, JAMES ROBERTSON, M. FRANS KAASHOEK und ROBERT MORRIS: *Designing a DHT for low latency and high throughput*. In: *Proceedings of the 1st USENIX Symposium on Networked Systems Design and Implementation (NSDI '04)*, San Francisco, California, USA, März 2004.

[38] FRANK DABEK, BEN ZHAO, PETER DRUSCHEL, JOHN KUBIATOWICZ und ION STOICA: *Towards a Common API for Structured Peer-to-Peer Overlays*. In: *Proceedings of the 2nd International Workshop on Peer-to-Peer Systems (IPTPS '03)*, Band 2735/2003, Seiten 33–44, Berkeley, CA, USA, Februar 20–21, 2003.

[39] NIS INGVAR DAMM, DIETRICH FAHRENHOLTZ und VOLKER TURAU: *On Fluctuation Resilience of Second Generation Distributed Hash Tables.* In: T. BRAUN, G. CARLE und B. STILLER (Herausgeber): *Kommunikation in Verteilten Systemen (KiVS 2007)*, Seiten 105–110, 2007.

[40] KISHORE DHARA, VENKATESH KRISHNASWAMY und SALMAN BASET: *Dynamic peer-to-peer overlays for voice systems.* In: *Proc. Fourth Annual IEEE International Conference on Pervasive Computing and Communications Workshops PerCom Workshops 2006*, Seiten 151–156, Pisa, Italy, März 2006.

[41] TIM DIERKS und ERIC RESCORLA: *The Transport Layer Security (TLS) Protocol Version 1.2.* IETF RFC 5246, August 2008.

[42] JOCHEN DINGER und HANNES HARTENSTEIN: *Defending the Sybil Attack in P2P Networks: Taxonomy, Challenges, and a Proposal for Self-Registration.* International Conference on Availability, Reliability and Security (ARES 2006), 0:756–763, April 2006.

[43] JOCHEN DINGER und OLIVER WALDHORST: *Decentralized Bootstrapping of P2P Systems: A Practical View.* In: *Proc. 8th IFIP TC6 Int. Conf. on Networking*, Seiten 703–715, Aachen, Germany, Mai 2009.

[44] YUSUKE DOI: *DNS meets DHT: treating massive ID resolution using DNS over DHT.* Proceedings of the 2005 Symposium on Applications and the Internet, Seiten 9–15, Januar 2005.

[45] JOHN R. DOUCEUR: *The Sybil Attack.* In: *IPTPS '02: Revised Papers from the First International Workshop on Peer-to-Peer Systems*, Seiten 251–260, London, UK, Springer-Verlag, 2002.

[46] ALI FESSI, HEIKO NIEDERMAYER, HOLGER KINKELIN und GEORG CARLE: *A cooperative SIP infrastructure for highly reliable telecommunication services.* In: *IPTComm '07: Proceedings of the 1st international conference on Principles, systems and applications of IP telecommunications*, Seiten 29–38, New York, NY, USA, ACM, 2007.

[47] AMOS FIAT, JARED SAIA und MAXWELL YOUNG: *Making Chord Robust to Byzantine Attacks.* In: *ESA*, Lecture Notes in Computer Science, Seiten 803–814. Springer, 2005.

[48] BRYAN FORD: *Unmanaged Internet Protocol: taming the edge network management crisis.* SIGCOMM Comput. Commun. Rev., 34(1):93–98, Januar 2004.

[49] BRYAN FORD, PYDA SRISURESH und DAN KEGEL: *Peer-to-peer communication across network address translators.* In: *ATEC '05: Proceedings of the annual conference on USENIX Annual Technical Conference*, Seiten 13–13, Berkeley, CA, USA, USENIX Association, April 2005.

[50] MICHAEL J. FREEDMAN, ERIC FREUDENTHAL und DAVID MAZIÈRES: *Democratizing content publication with coral*. In: *NSDI'04: Proceedings of the 1st conference on Symposium on Networked Systems Design and Implementation*, Seiten 18–18, Berkeley, CA, USA, USENIX Association, 2004.

[51] ANH-TUAN GAI und LAURENT VIENNOT: *Broose: a Practical Distributed Hashtable based on the De-Bruijn Topology*. In: *Fourth International Conference on Peer-to-Peer Computing (P2P 2004)*, Seiten 167–174, Zurich, Switzerland, August 2004.

[52] ANH-TUAN GAI und LAURENT VIENNOT: *Broose: A practical distributed hashtable based on the de-brujin topology*. Technischer Bericht, INRIA, 2004.

[53] PEDRO GARCÍA, CARLES PAIROT, RUBÉN MONDÉJAR, JORDI PUJOL, HELIO TEJEDOR und ROBERT RALLO: *PlanetSim: A New Overlay Network Simulation Framework*. In: *Software Engineering and Middleware*, Band Volume 3437/2005, Seiten 123–136, 2005.

[54] RICHARD GAYRAUD und OLIVIER JACQUES: *SIPp traffic generator for the SIP protocol*. http://sipp.sourceforge.net/, August 2009.

[55] ALI GHODSI, LUC ONANA ALIMA und SEIF HARIDI: *Symmetric Replication for Structured Peer-to-Peer Systems*. In: *Proceedings of The 3rd International Workshop on Databases, Information Systems and Peer-to-Peer Computing*, Band 4125/2007 der Reihe *Lecture Notes in Computer Science*, Seiten 74–85. Springer, 2007.

[56] ARNT GULBRANDSEN, PAUL VIXIE und LEVON ESIBOV: *A DNS RR for specifying the location of services (DNS SRV)*. IETF RFC 2782, Februar 2000.

[57] KRISHNA P. GUMMADI, RAMAKRISHNA GUMMADI, STEVEN D. GRIBBLE, SYLVIA RATNASAMY, SCOTT SHENKER und ION STOICA: *The Impact of DHT Routing Geometry on Resilience and Proximity*. In: *SIGCOMM '03: Proceedings of the 2003 conference on Applications, technologies, architectures, and protocols for computer communications*, Seiten 381–394, Karlsruhe, Germany, 2003.

[58] FABIAN HARTMANN: *Analyse von Angriffen auf verbreitete Kademlia-Implementierungen*. Studienarbeit, Institut für Telematik, Universität Karlsruhe (TH), Betreuer: Ingmar Baumgart und Martina Zitterbart, Januar 2008.

[59] JANI HAUTAKORPI und GONZALO CAMARILLO: *Evaluation of DHTs from the Viewpoint of Interpersonal Communications*. In: *MUM '07: Proceedings of the 6th international conference on Mobile and ubiquitous multimedia*, Seiten 74–83, Oulu, Finland, 2007.

[60] SHUN-YUN HU und GUAN-MING LIAO: *Scalable peer-to-peer networked virtual environment*. In: *NetGames '04: Proceedings of 3rd ACM SIGCOMM*

workshop on Network and system support for games, Seiten 129–133, Redwood City, CA, USA, ACM Press, Mai 2004.

[61] LICAN HUANG: *VIRGO P2P Based Distributed DNS Framework for IPv6 Network*. In: *Proc. Fourth International Conference on Networked Computing and Advanced Information Management NCM '08*, Band 1, Seiten 698–702, September 2008.

[62] BRADLEY HUFFAK, DANIEL PLUMMER, DANIEL, DAVID MOORE und K. CLAFFY: *Topology Discovery by Active Probing*. In: *SAINT-W '02: Proceedings of the 2002 Symposium on Applications and the Internet (SAINT) Workshops*, Seiten 90–96, Nara, Japan, Januar/Februar 28–1, 2002.

[63] BOGDAN-ANDREI IANCU: *OpenSIPS SIP server*. http://www.opensips.org/, August 2009.

[64] MÁRK JELASITY, ALBERTO MONTRESOR, GIAN PAOLO JESI und SPYROS VOULGARIS: *The Peersim Simulator*. http://peersim.sf.net/, Dezember 2008.

[65] CULLEN JENNINGS, BRUCE B. LOWEKAMP, ERIC RESCORLA, SALMAN A. BASET und HENNING SCHULZRINNE: *REsource LOcation And Discovery (RELOAD)*. IETF Internet-Draft, work in progress, draft-ietf-p2psip-base-03, Juli 2009.

[66] M. FRANS KAASHOEK und DAVID R. KARGER: *Koorde: A Simple Degree-Optimal Distributed Hash Table*. In: *Proceedings of the 2nd International Workshop on Peer-to-Peer Systems (IPTPS '03)*, Band 2735/2003, Seiten 98–107, Berkeley, CA, USA, 2003.

[67] BJÖRN KNUTSSON, HONGHUI LU, WEI XU und BRYAN HOPKINS: *Peer-to-peer support for massively multiplayer games*. 23rd Annual Joint Conference of the IEEE Computer and Communications Societies (INFOCOM 2004), 1:107, März 2004.

[68] ALEKSANDRA KOVACEVIC, SEBASTIAN KAUNE, NICOLAS LIEBAU, RALF STEINMETZ und PATRICK MUKHERJEE: *Benchmarking Platform for Peer-to-Peer Systems (Benchmarking Plattform für Peer-to-Peer Systeme)*. it - Information Technology, 49(5):312–319, 2007.

[69] MICHAEL KÖHNLEIN: *Evaluierung des P2P-Protokolls Distance Halving hinsichtlich Sicherheitsaspekten*. Diplomarbeit, Institut für Telematik, Universität Karlsruhe (TH), Betreuer: Ingmar Baumgart und Martina Zitterbart, Dezember 2006.

[70] MICHAEL KÖHNLEIN: *P2P-Bootstrapping ohne Mogeln*. Studienarbeit, Institut für Telematik, Universität Karlsruhe (TH), Betreuer: Ingmar Baumgart, Michael Conrad und Martina Zitterbart, Februar 2006.

[71] SIMON ST. LAURENT, JOE JOHNSTON und EDD DUMBILL: *Programming Web Services with XML-RPC*. O'Reilly Internet Series. O'Reilly Media, Paperback Auflage, Juni 2001.

[72] LIFENG LE und GENG-SHENG KUO: *Hierarchical and Breathing Peer-to-Peer SIP System*. In: *Proc. IEEE International Conference on Communications ICC '07*, Seiten 1887–1892, Juni 2007.

[73] CHANG-HWAN LEE, KYU SUK HAN und YOUNG-HEE LEE: *Efficient Resource Registration and Location Scheme in P2P-SIP, using ID-based Signature*. In: *Proc. 10th International Conference on Advanced Communication Technology ICACT 2008*, Band 3, Seiten 1823–1827, Februar 2008.

[74] JONATHAN LENNOX, XIAOTAO WU und HENNING SCHULZRINNE: *Call Processing Language (CPL): A Language for User Control of Internet Telephony Services*. IETF RFC 3880, Oktober 2004.

[75] JINYANG LI, JEREMY STRIBLING, ROBERT MORRIS, M. FRANS KAASHOEK und THOMER M. GIL: *A performance vs. cost framework for evaluating DHT design tradeoffs under churn*. In: *24th Annual Joint Conference of the IEEE Computer and Communications Societies (INFOCOM 2005)*, Band 1, Seiten 225–236, Miami, FL, USA, März 13–17, 2005.

[76] LICHUN LI, JUWEI SHI, WENJIE LIN, YAO WANG, YINONG LI und YANG JI: *Transit-Stub Architecture for Peer-to-Peer SIP*. In: *Proc. 33rd EUROMICRO Conference on Software Engineering and Advanced Applications*, Seiten 175–184, August 2007.

[77] DMITRI LOGUINOV, JUAN CASAS und XIAOMING WANG: *Graph-theoretic analysis of structured peer-to-peer systems: routing distances and fault resilience*. IEEE/ACM Trans. Netw., 13(5):1107–1120, Oktober 2005.

[78] ENG KEONG LUA, JON CROWCROFT, MARCELO PIAS, RAVI SHARMA und STEVEN LIM: *A Survey and Comparison of Peer-to-Peer Overlay Network Schemes*. IEEE Communications Survey and Tutorial, 7:72–93, 2005.

[79] JOUNI MAENPAA und GONZALO CAMARILLO: *Study on maintenance operations in a chord-based Peer-to-Peer session initiation protocol overlay network*. In: *IEEE International Symposium on Parallel and Distributed Processing (IPDPS 2009)*, Band 0, Seiten 1–9, Rome, Italy, IEEE Computer Society, Mai 2009.

[80] PRIYA MAHADEVAN, DMITRI KRIOUKOV, MARINA FOMENKOV, BRADLEY HUFFAKER, XENOFONTAS DIMITROPOULOS, KC CLAFFY und AMIN VAHDAT: *Lessons from Three Views of the Internet Topology*. Technischer Bericht tr-2005-02, Cooperative Association for Internet Data Analysis (CAIDA), University of California, San Diego, 2005.

[81] GURMEET SINGH MANKU, MAYANK BAWA und PRABHAKAR RAGHAVAN: *Symphony: Distributed hashing in a small world.* In: *4th USENIX Symposium on Internet Technologies and Systems*, Seiten 127–140, Seattle, WA, USA, März 2003.

[82] ENRICO MAROCCO und EMIL IVOV: *Extensible Peer Protocol (XPP).* IETF Internet-Draft, work in progress, draft-marocco-p2psip-xpp-00, Juni 2007.

[83] MARCIN MATUSZEWSKI und ESKO KOKKONEN: *Mobile P2PSIP - Peer-to-Peer SIP Communication in Mobile Communities.* In: *5th IEEE Consumer Communications and Networking Conference (CCNC 2008)*, Seiten 1159–1165, Las Vegas, NV, USA, Januar 2008.

[84] MARKUS MAUCH: *Implementierung und Evaluierung des Peer-to-Peer-Protokolls Chord.* Studienarbeit, Institut für Telematik, Universität Karlsruhe (TH), Betreuer: Ingmar Baumgart, Stephan Krause und Martina Zitterbart, Februar 2006.

[85] PETAR MAYMOUNKOV und DAVID MAZIÈRES: *Kademlia: A Peer-to-Peer Information System Based on the XOR Metric.* In: *Peer-to-Peer Systems: First International Workshop (IPTPS 2002). Revised Papers*, Band 2429/2002, Seiten 53–65, Cambridge, MA, USA, März 7–8, 2002.

[86] SEBASTIEN MAZY: *NAT traversal for the OverSim overlay framework.* Software-Projekt, Institut für Telematik, Universität Karlsruhe (TH), Dezember 2009.

[87] ALFRED J. MENEZES, PAUL C. VAN OORSCHOT und SCOTT A. VANSTONE: *Handbook of Applied Cryptography.* CRC Press, 2001.

[88] GÉGOIRE MENUEL: *Distributed Data Storage with OverSim.* Studienarbeit, Institut für Telematik, Universität Karlsruhe (TH), Betreuer: Ingmar Baumgart und Martina Zitterbart, November 2007.

[89] RALPH C. MERKLE: *Secure communications over insecure channels.* Commun. ACM, 21(4):294–299, April 1978.

[90] BENJAMIN MEYER und MARIUS PORTMANN: *Practical Performance Evaluation of Peer-to-Peer Internet Telephony Using SIP.* In: *Proc. IEEE 8th International Conference on Computer and Information Technology (CIT Workshops 2008)*, Seiten 204–209, Sydney, Australia, Juli 2008.

[91] SEBASTIAN MIES: *Entwurf und Evaluierung einer sicheren DHT für dezentrales Voice-over-IP.* Diplomarbeit, Insitut für Telematik, Universität Karlsruhe (TH), Betreuer: Ingmar Baumgart und Martina Zitterbart, September 2006.

[92] PAUL MOCKAPETRIS: *Domain Names - Concepts and Facilities.* IETF RFC 1034, November 1987.

[93]   PAUL MOCKAPETRIS: *Domain Names - Implementation and Specification*. IETF RFC 1035, November 1987.

[94]   ROBERT MOSKOWITZ, PEKKA NIKANDER, PETRI JOKELA und THOMAS HENDERSON: *Host Identity Protocol*. IETF RFC 5201, April 2008.

[95]   LABAN MWANSA und JAN JANEČEK: *Investigating generic network location service based on dht technology*. In: *SEESE '08: Proceedings of the 2008 international workshop on Software Engineering in east and south europe*, Seiten 43–50, Leipzig, Germany, ACM, 2008.

[96]   STEPHEN NAICKEN, ANIRBAN BASU, BARNABY LIVINGSTON und SETHA-LAT RODHETBHAI: *A Survey of Peer-to-Peer Network Simulators*. Proceedings of The Seventh Annual Postgraduate Symposium, Liverpool, UK, 2006.

[97]   MONI NAOR und UDI WIEDER: *Novel architectures for P2P applications: the continuous-discrete approach*. In: *SPAA '03: Proceedings of the fifteenth annual ACM symposium on Parallel algorithms and architectures*, Seiten 50–59, New York, NY, USA, ACM, Juni 2003.

[98]   T. S. EUGENE NG und HUI ZHANG: *Predicting Internet Network Distance with Coordinates-Based Approaches*. In: *Proceedings of the Twenty-First Annual Joint Conference of the IEEE Computer and Communications Societies (INFOCOM 2002)*, Seiten 170–179, New York, NY, USA, Juni 2001.

[99]   SETH NIELSON, SCOTT CROSBY und DAN WALLACH: *A Taxonomy of Rational Attacks*. In: *4th International Workshop on Peer-To-Peer Systems*, Ithaca, New York, USA, Februar 2005.

[100] PEKKA NIKANDER, JULIEN LAGANIER und FRANCIS DUPONT: *An IPv6 Prefix for Overlay Routable Cryptographic Hash Identifiers (ORCHID)*. IETF RFC 4843, April 2007.

[101] AISLING O'DRISCOLL, SUSAN REA und DIRK PESCH: *Hierarchical clustering as an approach for supporting P2P SIP sessions in ubiquitous environments*. In: *Proc. 9th IFIP International Conference on Mobile Wireless Communications Networks*, Seiten 76–80, September 2007.

[102] FELIX PALMEN: *Evaluierung von Pastry im Next Generation Internet*. Studienarbeit, Institut für Telematik, Universität Karlsruhe (TH), Betreuer: Bernhard Heep und Martina Zitterbart, Oktober 2007.

[103] ROBERT PALMER: *GIA - Implementierung und Evaluierung eines Gnutella-ähnlichen P2P-Systems*. Studienarbeit, Institut für Telematik, Universität Karlsruhe (TH), Betreuer: Ingmar Baumgart, Bernhard Heep und Martina Zitterbart, Juli 2006.

[104] VASILEIOS PAPPAS, DANIEL MASSEY, ANDREAS TERZIS und LIXIA ZHANG: *A Comparative Study of the DNS Design with DHT-Based Alternatives*. In: *25th IEEE International Conference on Computer Communications (INFOCOM 2006)*, Seiten 1–13, Barcelona, Spain, April 2006.

[105] KYOUNGSOO PARK und VIVEK S. PAI: *CoMon: a mostly-scalable monitoring system for PlanetLab*. SIGOPS Oper. Syst. Rev., 40(1):65–74, Januar 2006.

[106] LARRY PETERSON, TOM ANDERSON, DAVID CULLER und TIMOTHY ROSCOE: *A blueprint for introducing disruptive technology into the Internet*. SIGCOMM Comput. Commun. Rev., 33(1):59–64, Januar 2003.

[107] LARRY PETERSON, ANDY BAVIER, MARC E. FIUCZYNSKI und STEVE MUIR: *Experiences building PlanetLab*. In: *OSDI '06: Proceedings of the 7th symposium on Operating systems design and implementation*, Seiten 351–366, Berkeley, CA, USA, USENIX Association, 2006.

[108] GERHARD PETRUSCHAT: *Evaluierung von Topologieadaptionsmechanismen in strukturierten Overlaynetzen*. Studienarbeit, Institut für Telematik, Universität Karlsruhe (TH), Betreuer: Bernhard Heep und Martina Zitterbart, Oktober 2008.

[109] JONATHAN POSTEL: *User Datagram Protocol*. IETF RFC 768, August 1980.

[110] JONATHAN POSTEL: *Internet Protocol*. IETF RFC 791, September 1981.

[111] POWERDNS BV: *PowerDNS Community Page*. http://wiki.powerdns.org/, August 2009.

[112] ZHANG QIANG, ZHAO ZHENG und YANTAI SHU: *P2PDNS: A Free Domain Name System Based on P2P Philosophy*. In: *Proc. Canadian Conference on Electrical and Computer Engineering CCECE '06*, Seiten 1817–1820, Mai 2006.

[113] VENUGOPALAN RAMASUBRAMANIAN und EMIN GÜN SIRER: *The design and implementation of a next generation name service for the internet*. SIGCOMM Comput. Commun. Rev., 34(4):331–342, Oktober 2004.

[114] SYLVIA RATNASAMY, PAUL FRANCIS, SCOTT SHENKER und MARK HANDLEY: *A Scalable Content-Addressable Network*. In: *In Proceedings of ACM SIGCOMM*, Seiten 161–172, San Diego, CA, USA, August 2001.

[115] YAKOV REKHTER, ROBERT G. MOSKOWITZ, DANIEL KARRENBERG, GEERT JAN DE GROOT und ELIOT LEAR: *Address Allocation for Private Internets*. IETF RFC 1918, Februar 1996.

[116] SEAN RHEA, DENNIS GEELS, TIMOTHY ROSCOE und JOHN KUBIATOWICZ: *Handling Churn in a DHT*. Technischer Bericht UCB/CSD-03-1299, EECS Department, University of California, Berkeley, CA, USA, Dezember 2003.

[117] SEAN RHEA, DENNIS GEELS, TIMOTHY ROSCOE und JOHN KUBIATOWICZ: *Handling Churn in a DHT*. In: *ATEC '04: Proceedings of the annual conference on USENIX Annual Technical Conference*, Seiten 127–140, Boston, MA, USA, Juni/Juli 27–2, 2004.

[118] SEAN RHEA, BRIGHTEN GODFREY, BRAD KARP, JOHN KUBIATOWICZ, SYLVIA RATNASAMY, SCOTT SHENKER, ION STOICA und HARLAN YU: *OpenDHT: a public DHT service and its uses*. In: *SIGCOMM '05: Proceedings of the 2005 conference on Applications, technologies, architectures, and protocols for computer communications*, Seiten 73–84, Philadelphia, PA, USA, ACM Press, August 2005.

[119] MATEI RIPEANU: *Peer-to-Peer Architecture Case Study: Gnutella Network*. In: *First International Conference on Peer-to-Peer Computing (P2P'01)*, Seiten 99–100, Linköpings, Sweden, IEEE Computer Society, August 2001.

[120] JONATHAN ROSENBERG: *Interactive Connectivity Establishment (ICE): A Protocol for Network Address Translator (NAT) Traversal for Offer/Answer Protocols*. IETF Internet-Draft, work in progress, draft-ietf-mmusic-ice-19, Oktober 2007.

[121] JONATHAN ROSENBERG, ROHAN MAHY und PHILIP MATTHEWS: *Traversal Using Relays around NAT (TURN): Relay Extensions to Session Traversal Utilities for NAT (STUN)*. IETF Internet-Draft, work in progress, draft-ietf-behave-turn-16, Juli 2009.

[122] JONATHAN ROSENBERG, ROHAN MAHY, PHILIP MATTHEWS und DAN WING: *Session Traversal Utilities for NAT (STUN)*. IETF RFC 5389, Oktober 2008.

[123] JONATHAN ROSENBERG und HENNING SCHULZRINNE: *Session Initiation Protocol (SIP): Locating SIP Severs*. IETF RFC 3263, Juni 2002.

[124] JONATHAN ROSENBERG, HENNING SCHULZRINNE, GONZALO CAMARILLO, ALAN JOHNSTON, JON PETERSON, ROBERT SPARKS, MARK HANDLEY und EVE SCHOOLER: *SIP: Session Initiation Protocol*. IETF RFC 3261, Juni 2002.

[125] JONATHAN ROSENBERG, JOEL WEINBERGER, CHRISTIAN HUITEMA und ROHAN MAHY: *STUN - Simple Traversal of User Datagram Protocol (UDP) Through Network Address Translators (NATs)*. IETF RFC 3489, März 2003.

[126] HOSAM ROWAIHY, WILLIAM ENCK, PATRICK MCDANIEL und THOMAS LA-PORTA: *Limiting Sybil Attacks in Structured Peer-to-Peer Networks*. Technischer Bericht NAS-TR-0017-2005, Network and Security Research Center, Department of Computer Science and Engineering, Pennsylvania State University, University Park, PA, USA, 2005.

[127] ANTONY ROWSTRON und PETER DRUSCHEL: *Pastry: Scalable, Decentralized Object Location, and Routing for Large-Scale Peer-to-Peer Systems.* In: *Middleware 2001 : Proceedings of the IFIP/ACM International Conference on Distributed Systems Platforms*, Band 2218/2001, Seiten 329–350, Heidelberg, Germany, November 12–16, 2001.

[128] JOCHEN SCHENK: *Evaluierung von P2P-Protokollen auf Basis von De-Bruijn-Graphen.* Diplomarbeit, Insitut für Telematik, Universität Karlsruhe (TH), Betreuer: Ingmar Baumgart und Martina Zitterbart, Februar 2007.

[129] HOLGER SCHMIDT, BURCIN AKSOY, FRANZ J. HAUCK und ANDREAS KASSLER: *How Well Does JXTA Fit Peer-to-Peer SIP?* Communications, 2008. ICC '08. IEEE International Conference on, Seiten 1792–1796, Mai 2008.

[130] HENNING SCHULZRINNE, STEPHEN L. CASNER, RON FREDERICK und VAN JACOBSON: *RTP: A Transport Protocol for Real-Time Applications.* IETF RFC 3550, Juli 2003.

[131] HENNING SCHULZRINNE, RONGMEI SHACHAM, WOLFGANG KELLERER und SRISAKUL THAKOLSRI: *Composing Presence Information.* IETF Internet-Draft, work in progress, draft-schulzrinne-simple-composition-02, Juni 2006.

[132] MATTHIAS SCHWENDE: *Evaluierung von Peer-to-Peer-Protokollen mit OverSim.* Studienarbeit, Institut für Telematik, Universität Karlsruhe (TH), Betreuer: Ingmar Baumgart und Martina Zitterbart, Oktober 2007.

[133] JAN SEEDORF: *Security challenges for peer-to-peer SIP.* Network, IEEE, 20(5):38–45, September 2006.

[134] JAN SEEDORF: *Using Cryptographically Generated SIP-URIs to Protect the Integrity of Content in P2P-SIP.* In: *Third Annual VoIP Security Workshop*, Berlin, Germany, Juni 2006.

[135] JAN SEEDORF, FRANK RUWOLT, MARTIN STIEMERLING und SAVERIO NICCOLINI: *Evaluating P2PSIP under Attack: An Emulative Study.* In: *Proc. IEEE Global Telecommunications Conference 2008 (GLOBECOM '08)*, Seiten 1–6, New Orleans, LA, USA, November 2008.

[136] JUWEI SHI, YAO WANG, LANZHI GU, LICHUN LI, WENJIE LIN, YINONG LI, YANG JI und PING ZHANG: *A Hierarchical Peer-to-Peer SIP System for Heterogeneous Overlays Interworking.* In: *Global Telecommunications Conference 2007 (GLOBECOM '07)*, Seiten 93–97, Washington, DC, USA, November 2007.

[137] KAZUYUKI SHUDO, YOSHIO TANAKA und SATOSHI SEKIGUCHI: *Overlay Weaver: An overlay construction toolkit.* Computer Communications - Special Issue: Foundation of Peer-to-Peer Computing, 31(2):402 – 412, Februar 2008.

[138] M. SIEBERT, B. XU, T. BANNIZA, R. KELLER, A. DEKORSY, J. EICHINGER, R. BLESS, I. BAUMGART und S. STEFANOV: *ScaleNet - Converged Networks of the Future*. it - Information Technology, Themenheft "IP basierte mobile Systeme", 5:253–263, Oktober 2006.

[139] ATUL SINGH, MIGUEL CASTRO, PETER DRUSCHEL und ANTONY ROWSTRON: *Defending against eclipse attacks on overlay networks*. In: *EW11: Proceedings of the 11th workshop on ACM SIGOPS European workshop: beyond the PC*, Leuven, Belgium, ACM Press, September 2004.

[140] ATUL SINGH, TSUEN-WAN NGAN, PETER DRUSCHEL und DAN WALLACH: *Eclipse Attacks on Overlay Networks: Threats and Defenses*. In: *25th IEEE International Conference on Computer Communications (INFOCOM 2006)*, Barcelona, Spain, April 2006.

[141] KUNDAN SINGH und HENNING SCHULZRINNE: *Peer-to-peer internet telephony using SIP*. In: *NOSSDAV '05: Proceedings of the international workshop on Network and operating systems support for digital audio and video*, Seiten 63–68, Skamania, WA, USA, ACM Press, Juni 2005.

[142] EMIL SIT und ROBERT MORRIS: *Security Considerations for Peer-to-Peer Distributed Hash Tables*. In: *IPTPS '02: Revised Papers from the First International Workshop on Peer-to-Peer Systems*, Seiten 261–269, London, UK, Springer-Verlag, 2002.

[143] NIGEL SMART: *Yearly Report on Algorithms and Keysizes (2009), Revision 1.0*. Technischer Bericht D.SPA.7, ICT-2007-216676, ECRYPT II, Juli 2009.

[144] HAIBIN SONG, MARCIN MATUSZEWSKI und DAN YORK: *P2PSIP Security Overview and Risk Analysis*. draft-matuszewski-p2psip-security-overview-01, Oktober 2009.

[145] PYDA SRISURESH, BRYAN FORD und DAN KEGEL: *State of Peer-to-Peer (P2P) Communication across Network Address Translators (NATs)*. IETF RFC 5128, März 2008.

[146] MUDHAKAR SRIVATSA und LING LIU: *Vulnerabilities and Security Threats in Structured Overlay Networks: A Quantitative Analysis*. In: *ACSAC '04: Proceedings of the 20th Annual Computer Security Applications Conference (ACSAC'04)*, Seiten 252–261, Tucson, AZ, USA, IEEE Computer Society, Dezember 2004.

[147] MORITZ STEINER, TAOUFIK EN-NAJJARY und ERNST W. BIERSACK: *Long Term Study of Peer Behavior in the KAD DHT*. IEEE/ACM Transactions on Networking, 17(6):1371–1384, Oktober 2009.

[148] RALF STEINMETZ und KLAUS WEHRLE (Herausgeber): *Peer-to-Peer Systems and Applications*, Band 3485 der Reihe *Lecture Notes in Computer Science*. Springer, 2005.

[149] ION STOICA, DANIEL ADKINS, SHELLEY ZHUANG, SCOTT SHENKER und SONESH SURANA: *Internet indirection infrastructure.* IEEE/ACM Trans. Netw., 12(2):205–218, April 2004.

[150] ION STOICA, ROBERT MORRIS, DAVID LIBEN-NOWELL, DAVID KARGER, M. FRANS KAASHOEK, FRANK DABEK und HARI BALAKRISHNAN: *Chord: a scalable peer-to-peer lookup protocol for Internet applications.* IEEE/ACM Transactions on Networking, 11(1):17–32, Februar 2003.

[151] DANIEL STUTZBACH und REZA REJAIE: *Improving Lookup Performance Over a Widely-Deployed DHT.* In: *Proc. 25th IEEE International Conference on Computer Communications INFOCOM 2006*, Seiten 1–12, Barcelona, Catalunya, Spain, April 2006.

[152] DANIEL STUTZBACH und REZA REJAIE: *Understanding Churn in Peer-to-Peer Networks.* In: *IMC '06: Proceedings of the 6th ACM SIGCOMM conference on Internet measurement*, Seiten 189–202, Rio de Janeiro, Brazil, Oktober 25–27, 2006.

[153] SUSAN THOMSON, CHRISTIAN HUITEMA, VLADIMIR KSINANT und MOHSEN SOUISSI: *DNS Extensions to Support IP Version 6.* IETF RFC 3596, Oktober 2003.

[154] PHUOC TRAN-GIA, ANJA FELDMANN, RALF STEINMETZ, JÖRG EBERSPÄCHER, MARTINA ZITTERBART, PAUL MÜLLER und HANS SCHOTTEN: *G-Lab White Paper Phase 1 - Studien und Experimentalplattform für das Internet der Zukunft.* https://www.german-lab.de/fileadmin/Press/G-Lab_White_Paper_Phase1.pdf, Januar 2009.

[155] MOSIUOA TSIETSI, ALFREDO TERZOLI und GEORGE WELLS: *Prototyping a P2P SIP User Agent with Support for Multiple Overlays.* In: *Proc. Sixth Annual IEEE International Conference on Pervasive Computing and Communications PerCom 2008*, Seiten 474–479, Hong Kong, China, März 2008.

[156] ANDRÁS VARGA: *INET Framework for OMNeT++ 4.0 Community Site.* http://inet.omnetpp.org/, Juni 2009.

[157] ANDRÁS VARGA und RUDOLF HORNIG: *An overview of the OMNeT++ simulation environment.* In: *Simutools '08: Proceedings of the 1st international conference on Simulation tools and techniques for communications, networks and systems & workshops*, Seiten 1–10, Belgium, Belgium, ICST (Institute for Computer Sciences, Social-Informatics and Telecommunications Engineering), März 2008.

[158] PAUL VIXIE, SUSAN THOMSON, YAKOV REKHTER und JIM BOUND: *Dynamic Updates in the Domain Name System (DNS UPDATE).* IETF RFC 2136, April 1997.

[159] MICHAEL WALFISH, HARI BALAKRISHNAN und SCOTT SHENKER: *Untangling the web from DNS*. In: *NSDI'04: Proceedings of the 1st conference on Symposium on Networked Systems Design and Implementation*, Seiten 17–17, Berkeley, CA, USA, USENIX Association, 2004.

[160] YAO WANG, CHUNHONG ZHANG, TAO MA, LICHUN LI und YANG JI: *Design and Evaluation of Reliability Mechanisms in P2PSIP-Based Conference System*. In: *Proc. 4th International Conference on Wireless Communications, Networking and Mobile Computing WiCOM '08*, Seiten 1–6, Dalian, China, Oktober 2008.

[161] JEAN-FRANÇOIS WAUTHY und LAURENT SCHUMACHER: *Implementation and Performance Evaluation of a P2PSIP Distributed Proxy/Registrar*. In: *Proc. International Conference on Next Generation Mobile Applications, Services and Technologies NGMAST '07*, Seiten 119–124, Cardiff, Wales, UK, September 2007.

[162] THOMAS WITZENRATH: *Entwicklung einer Testumgebung zur Evaluierung von P2PSIP in PlanetLab*. Studienarbeit, Institut für Telematik, Universität Karlsruhe (TH), Betreuer: Ingmar Baumgart und Martina Zitterbart, Oktober 2008.

[163] SHINYA YAMAMOTO, YOSHIHIRO MURATA, KEIICHI YASUMOTO und MINORU ITO: *A distributed event delivery method with load balancing for MMORPG*. In: *NetGames '05: Proceedings of 4th ACM SIGCOMM workshop on Network and system support for games*, Seiten 1–8, Hawthorne, NY, USA, ACM Press, Oktober 2005.

[164] ZHONGMEI YAO, DEREK LEONARD, XIAOMING WANG und DMITRI LOGUINOV: *Modeling Heterogeneous User Churn and Local Resilience of Unstructured P2P Networks*. In: *Proceedings of the 14th International Conference on Network Protocols (IEEE ICNP'06)*, Seiten 32–41, Santa Barbara, CA, USA, November 2006.

[165] ERIC A. YOUNG und TIM J. HUDSON: *OpenSSL: Cryptography and SSL/TLS Toolkit*. http://www.openssl.org/, Januar 2009.

[166] NIKLAS ZENNSTRÖM und JANUS FRIIS: *Skype Software*. http://www.skype.org/, Dezember 2008.

[167] CHUNHONG ZHANG, JUWEI SHI, LICHUN LI, WENJIE LIN, YAO WANG, LANZHI GU, YANG JI und ZHIYONG FENG: *Signaling Latency Analysis of Peer-to-Peer SIP Systems*. In: *Proc. 5th IEEE Consumer Communications and Networking Conference (CCNC 2008)*, Seiten 505–509, Las Vegas, NV, USA, Januar 2008.

[168] BIN ZHENG: *Automatic Configuration and Merging of Peer-to-Peer Networks*. Diplomarbeit, Institut für Telematik, Universität Karlsruhe (TH), Betreuer: Ingmar Baumgart und Martina Zitterbart, Mai 2008.